PARTY POLITICS IN AMERICA

SIXTEENTH EDITION

驴象之争

美国政党政治

（第十六版）

[美] 玛乔丽·兰登·赫希（Marjorie Randon Hershey） 著
仇朝兵　宋红美　译
仇朝兵　校

中国人民大学出版社
·北京·

译　序

美国以及与美国相关的各种问题，包括美国总统及其他政要、总统大选、国会中期选举、立法行动、对外关系、对外战争、美国社会中的种族问题、文化冲突、毒品泛滥、移民问题、枪击案、同性恋等，几乎一直都是各类媒体关注的热点问题。和很多国家一样，美国也存在各种各样的问题，可谓矛盾重重，乱象丛生。近年来，学术界、舆论界和战略界也一直在热烈讨论美国“衰落”的问题。但与此同时，各界人士也都承认美国依然是世界上综合实力最强大的国家。美国依然对世界上各个角落的各种议题都保持着密切关注，四处插手，试图继续在世界事务中发挥“领导作用”。

中美关系是当今世界最重要的一对双边关系。对美外交在我国外交工作中居于重要地位。整体来看，从 1979 年两国正式建立外交关系到奥巴马政府时期，中美关系虽然历经波折，但整体上是不断向前发展的：双边贸易和投资不断攀升，经济相互依赖程度不断加深；建立了数十个政府间交流机制，就双边、地区及全球事务保持着密切沟通与合作；人员、教育、科技、文化交流逐步深化，美国是中国留学生首选目的地；两国军事关系也取得积极进展。但自从 2017 年特朗普总统入主白宫之后，美国对中国的外交政策发生了根本性变化。2018 年 6 月，特朗普政府开启了对中国的“贸易战”。此后，中美关系全面恶化，两国战略竞争态势日益加剧。在台湾问题等攸关中国核心利益的重要问题上，美国政府不断对中国施压。拜登总统在 2021 年 1 月入主白宫后非但未如预期的那样改善对华关系，反而在这些关键议题上进一步加码，继续强调对华战略竞争。美国对中国国家安全，特别是周边安全具有重要影响。我们在统筹和谋划总体国家安全时必须从各个方面高度重视它。

美国对华政策为何会发生如此巨大的变化？人们常说，“外交是内政的延续”。认识美国对华政策及其变化，必须以全面和平衡地认识美国、充分认识其国内政治，特别是准确地理解其国内政治运作为基础。这也是认识和理解中美关系之发展变化时不能忽视的一个方面。美国国内政治变化始终是影响其外交行为和对外政策，包括对华政策的一个至关重要的因素（当然，也不是唯一因素）。

《驴象之争：美国政党政治》一书为我们观察和研究美国政治（特别是美国政党政治）提供了一个非常好的指南，为我们准确认识和理解美国国内政治运作提供了一种非常好的视角。

之所以说它为学习和研究美国政治（特别是美国政党政治）提供了非常好的指南，是因为本书涵盖了关于美国政党和政党政治的非常广泛的内容，包括：美国政党发展的历程和美国的政党制度（包括全国性的和州的政党制度）、作为组织的政党（包括州和地方政党组织、政党的全国性组织以及政党积极分子）、选民中的政党（包括政党认同、政党联盟与政党的变化、政党与投票率的关系）、政府中的政党（包括国会和州立法机构中的政策、行政部门和法院中的政党）等等。其中每个章节所涉及的内容或议题都是学习和研究美国政党及政党政治不能忽视的方面，每个问题或议题都是观察美国社会、政治发展历程的一个很好的角度，也都是常做常新、值得进一步深入研究的问题。而且，本书关于每个议题或问题的论述都反映了这个领域学术发展的基本脉络，为进一步进行相关领域的学术研究提供了基础。自 1968 年第一版问世以来，本书已再版 16 次。这已充分说明，无论是作为一本美国大学教科书，还是作为一部学术著作，本书都已展现出其强大的生命力和影响力。其每一次更新，都既反映了美国政治不断变化的新现实，又吸收了美国学术界关于美国政治研究的新进展。

之所以说它为准确认识和理解美国国内政治运作提供了一种非常好的视角，是因为本书实际上是从美国政党这一视角切入，全面论述了美国政党自身的组织及运作，政党在各级行政部门、立法机构、司法机构、总统选举、立法机构选举中所发挥的作用，对美国政治运作的核心内容进行了非常全面的剖析。认识和研究美国，必须深入美国社会政治进程的内核。政党是其政治生活和政治运作中的核心要素。在政治“极化”现象日益突出的背景下，深入、全面、准确地认识美国政党和政党政治，对于理解更广泛的美国政治运行显得更为重要。可以毫不夸张地说，不了解美国的政党和政党制度，不了解美国政党在美国社会和政治生活的各个方面发挥的作用，就不可能真正理解美国政治。深入细致地研究美国政党及其政党政治，是准确认识美国必不可少的路径。

对于有志于从事美国政治研究的学者，对于学习美国政治有浓厚兴趣的学生，或者是国际问题领域的相关从业人员来说，本书所涵盖的内容都应该成为他们了然于胸的关于美国政党政治的基本“常识”。在充分了解了关于美国政党政治的这些基本“常识”及美国政治与社会的复杂性的基础上，分析或解释美国政治中的事件和问题时就会多一分谨慎，少一些盲目。如果不充分了解这些基本“常识”，那么对美国政治中发生的诸如总统大选、国会中期选举等事件进行评论时，就可能会做出一些似是而非的判断，得出一些经不起时间和事实检验的结论。

当然，任何国家的历史和社会政治现实都是非常复杂的，人的认知能力都是有局限性的。在纷繁复杂的历史、政治和现实面前，任何思想、理论都可能是片面的、局部的、浅薄的。一本教科书不可能穷尽美国政党政治的所有内容，所以，要想深化对美国政治，特别是政党政治的认识，还必须不断对相关议题领域进行更加深入、细致和与时俱进的研究。对于本书存在的问题，也需要读者、相关领域研究者结合美国历史与政治发展的现实，去做进一步探讨。

本书前言及第 1—8 章由宋红美翻译，第 9—16 章及结论部分由仇朝兵翻译，全书由仇朝兵负责统稿、审校。中国社会科学院美国研究所王欢研究员和中国人民大学国际关系学院刁大明教授对本书中一些术语的翻译提供了帮助，在此深表谢意。

特别感谢中国人民大学出版社副社长郭晓明老师，本书责任编辑李俊峰老师、赵景刚老师、马海英老师以及策划徐小玲老师！他们坚持不懈的推动，使本书终于有机会与读者相遇；他们严谨认真的编校工作，帮助纠正了许多错误，使译文更加完善。

本书译文肯定还存在许多可以进一步推敲和改进之处甚至是谬误之处，根本原因在于我们在专业知识积累和对英语语言的掌握方面都存在缺陷，甚至对作为母语的中文的掌握也是不够的。所有错谬之处，由译者负责。翻译，确实不容易。对完美翻译的追求，是一个无止境的过程。我们诚挚地欢迎读者批评指正。我们坚信，任何形式的批评都体现着读者的坦诚和严谨，都是对译者的鼓励和鞭策。

仇朝兵

2023 年 4 月 20 日

序

你为何应该对学习政党政治感兴趣？简单的回答是，美国政治中几乎所有重要的内容都植根于政党政治。政党是美国民主的核心并使美国民主成为今天的样子——几乎和建国伊始时一样。

你为何应该使用这本书来引领你探寻对美国民主政治的了解？简单的回答是，本书是你能找到的最佳向导，它已经在很长时间里就是这种探寻过程的最佳向导。现在，让我们做出更详尽的回答。

我第一次接触《驴象之争：美国政党政治》（*Party Politics in America*）是与你们差不多的年纪：作为一名本科生，虽然对我来说那已经是 20 世纪 60 年代的事了。那时，《驴象之争：美国政党政治》的作者是一位名为弗兰克·索劳夫（Frank Sorauf）① 的富有进取精神的学者。继关于政党对宾夕法尼亚州立法机构②之影响的重要研究之后，《驴象之争：美国政党政治》奠定了他在其所处时代无可争辩的政党研究权威学者的地位。当时常见的情形是"教科书"（就是一本设计用于课堂学习的书）只是仅仅告诉你其他人关于这个主题已经写过的内容，相反，为本科生撰写的书对其主题也要做出条理清晰的论证——以理性吸引读者。所以这本书过去是这样，现在仍然如此。

在 1988 年出版的第 6 版，弗兰克邀请了保罗·艾伦·贝克（Paul Allen Beck）作为共同作者。从这一版开始，保罗肩负起作者的责任，玛乔丽·兰登·赫希（Marjorie Randon Hershey）接着在 2001 年的第 9 版开始担任作者。每位作者都高度尊重之前版本特有的内容和观点。这使《驴象之争：美国政党政治》这本书保持

① 2013 年 9 月 6 日，本书正在撰写之际弗兰克·索劳夫离世，我在此表示对他的怀念之情。

② Frank J. Sorauf，*Party and Representation*，*Legislative Politics in Pennsylvania*（New York：Atherton Press，1963）.

了高度的知识延续性。本书的重要的延续性主要体现在以下几点。第一个延续是索劳夫、贝克和赫希在讨论政党时都非常有效地采用了三部分的划分法。更具体地说，他们把政党划分为选举、治理和组织三种角色。政党的这三个方面形成了一种条理清晰的系统（有时是松散的，有时是更为紧密的），为任何一个政党的多样化的工作提供了一定程度的整合。

索劳夫最初撰写本书时，政党的这三个部分是比较松散地整合在一起的。例如，公众中的政党倾向（partisanship）几乎和现在一样强大，但政府中的政党却是严重分裂的，特别是民主党（分裂为北方民主党和南方民主党，或者支持民权的民主党和反对民权的民主党），共和党也是如此（分裂为“华尔街精英”的共和党和“普通民众”的共和党，或者城市的共和党与郊区、小城镇和农村的共和党）。今天，政党倾向和往常一样强大，但民主党的官员更加紧密地团结在一起，而共和党人则更是有过之而无不及。此外，政党组织更加强大和更有效率（并且普遍资金更加充裕）。这些使其能够把政党的其他两部分凝聚起来。然而，即使是高度极化的政党体系（就像同党成员的同质性以及反对方所宣称的差异），各部分之间依然存在紧张的关系。例如，如果你是一位共和党的顾问，面对下面的选择你会怎么做？一种政策立场可以帮助你的总统候选人赢得尚未下定决心的（通常是温和的）选民的选票，从而可能帮助你的政党赢得总统职位。但同样的政策立场可能会损害你的政党的众议员候选人的竞选筹款，从而使他们面临失去目前在众议院之微弱多数的风险。拥有众议院的多数席位更重要还是获得总统职位更重要？你是否应该冒着失去温和选民的潜在支持的风险而与在筹款方面对你的组织实力至关重要的、更为极端的群体保持紧密联系呢？

第二个延续是索劳夫、贝克和赫希都把美国的两大政党视为一种制度。两党制在美国政治的历史演变过程中一直都发挥着核心作用（特别见第 7 章）。尽管这种两党制对美国政治的动态发展发挥着重要作用，但他们同时也把两党制视为社会调停群体的一部分。因而，三位作者也是把政党视为公众与其政府之间的连接点（见图 1－1，我相信该图为本书的 15 版增色不少）。

第三个延续是每一位作者都是研究政党的优秀学者，尽管这些延续已使本书保留了其独特的知识印记，但作者之间的更替也使他们把各自独特优势融入其中。因而，这使第 16 版比之前的版本内容更加丰富、论证更加有力。正如我之前提到的，索劳夫使用其专业知识解释了政党在政府中的作用。从那以后，他成为美国研究金钱在政治中之作用的最好的专家之一，并在之后的版本中反映了这一日益重要但长期充满争议的主题。[①] 贝克拥有杰出的学术职业生涯，他探讨了政党在选民中的作用，并很好地发展了索劳夫关于治理作用的研究。[②] 和索劳夫、赫希一样，贝克也是美国政治研究领域的专家。然而，贝克在比较政治领域也比我们大多数研究美国政治的学者更加知识渊博。

赫希通过其专长，已经为研究最困难的一个问题做出了重要贡献：候选人和他们的竞选团队怎样塑造各种影响选举的力量，以及如何被这些力量塑造。[③] 这种相互影响把政党的两个最重要的部分——选举和治理——连接成一个更加一致的整体。这使她阐明了该领域已变得越来越让人困惑的一部分内容。赫希还深入研究了性别在政治中的作用，这是在政党政治中至少从女性获得投票权以来就长期发挥重要作用的一个方面，而且随着"性别鸿沟"[④] 的出现和增长，这点已变得特别重要。最后，她还为帮助我们理解如何给复杂事件赋予意义做出了大量贡献。[⑤] 本书的一个特点就是增加了知名的和不知名的政党人士的讲述，这些讲述有助于让主题更加鲜活、生动。

随着他们相继加入造就本书的权威学者的队伍，每位作者都增加了对政党的独特和富有创造性的理解，而且通过考察当时的政治，每一版都为本书注入了新的生命，第 16 版也不例外。以下与当代政治特别相关的几个方面，我认为特别值得思考（对你们来说也是）。

对学习美国政治的每一个人来说都至关重要的问题是，理解对你的生活有重要影响的政治。这是你的政府，政党是帮助塑造你的政府和民选官员之行为的途径。这是

---

① 参见：Frank J. Sorauf, *Money in American Elections* (Glenview, IL: Scott Foreman/Little, Brown College Division, 1988) or *Inside Campaign Finance: Myths and Realities* (New York: Yale University Press, 1992).

② 他有很多关于这个主题的著作。其中之一一直以来是我的最爱，即他的"A Socialization Theory of Partisan Alignment"，最初载于 *The Politics of Future Citizens*, edited by Richard Niemi (San Francisco, CA: Jossey-Bass, 1974, pp. 199–219)，后来重印于 *Classics in Voting Behavior*, edited by Richard Niemi and Herbert Weisberg (Washington, DC: CQ Press, 1992)。

③ 参见她的著作：Running for Office: *The Political Education of Campaigners* (Chatham, NJ: Chatham House, 1984) and *The Making of Campaign Strategy* (Lexington, MA: D. C. Health-Lexington, 1974).

④ 政党对女性投票权的回应方式的一项特别有趣的描述可见：Anna L. Harvey, *Votes Without Leverage: Women in American Electoral Politics 1920–1970* (Cambridge University Press, 1998).

⑤ 例如，参见："Constructing Explanations for the U. S. State Governors' Races: The Abortion Issue and the 1990 Gubernatorial Elections," *Political Communication* 17 (July-September 2000): 239–262; "The Meaning of a Mandate: Interpretations of 'Mandate' in 1984 Presidential Election Coverage," Polity (Winter 1995): 225–254; 以及"Support for Political Women: Sex Roles," 收录于：John L. Pierce and John L. Sullivan, eds., *The Electorate Reconsidered* (Beverly Hills, CA: Sage, 1980), pp. 179–198.

美国政党的最重要的意义之一。美国政党，以及它们所建立的政府，都是你和你的政治行动的结果。这么说让我可以更直接地对学习政党本身做出更详细的回答。

首先，我提出你应该要思考政党，因为它们实际上对发生在美国政治当中的一切都非常重要，也因为政党对于任何一个民主国家的运行都发挥着核心作用。但你可能会问："那么我在读本书时应当思考哪些问题？哪些问题能让我更好地理解本书？"对此，我提出三个作为指导原则的既不过于具体也不过于概括的问题。也就是说，我们是在两个方面之间寻找问题：一方面是"政党是好的吗？"另一方面是"为什么参议院少数党领袖米奇·麦康奈尔（Mitch McConnell）（共和党议员，来自肯塔基州）在2008年选举后谈到参议院任期时说'我们要完成的唯一最重要的事情就是让奥巴马总统只干一届'？"①

你已经清楚地知道，如今的政客们，当他们称自己将摈弃党派偏见以及当他们呼吁国会"超越"党派政治走向两党合作时，也能够表现出宽宏大量和政治家风度。然而，从根本上说每一个民选官员都是有政党倾向的，而且基本上每位民选官员大部分时间里都会选择以党派方式行事。你可能会问，为何今天的政客们讲话时对政党会三心二意呢？可能他们实际上就是如此。即使你把这些说辞当作闲话不予理睬，但实际上公众对政党也是三心二意的。本书，实际上跟所有写美国政党的书一样，也包含了引自国父们警告政党和党派之危险的言论，经常是引用诸如约翰·亚当斯（John Adams）、托马斯·杰斐逊（Thomas Jefferson）、詹姆斯·麦迪逊（James Madison）这些杰出人物的言论。不过，同样是这些人物，他们不仅担心政党的危险性，也是我们第一代政党的建立者和领导者。所以首要的问题是："人们——领导者和追随者、建国者以及当代政治人物——为什么既被政党所吸引而又憎恶政党呢？"

下面我来推荐两本也许能够为你思考这个问题提供更多方式的书。一本是理查德·霍夫施塔特（Richard Hofstadter）的《一种政党制度的思想：美国立法机构反对派的兴起，1780—1840》（*The Idea of A Party System：The Rise of Legitimate Opposition in the United States，1780－1840*，Berkeley：University of California Press，1969）。这本书是霍夫施塔特的一系列公开演讲的集子，他把政党植根于美国民主传

① http://nationaljournal.com/member/magazine/top-gop-priority-make-obama-a-one-term-president-20101023 (accessed November 29，2011).

统，认为政党体现了世界上第一个践行民主的国家对公民和领导者之间关系的一种哲学解读的变化。在《治愈党派伤害：美国的政党改革》（*Curing the Mischiefs of Faction*: *Party Reform in America*，Berkeley：University of California Press，1975）一书中，奥斯汀·兰尼（Austin Ranney）把霍夫施塔特对哲学观念之作用的看法与我们美国从最初 60 年到当代的民主实践联系起来了。兰尼是政党研究领域的一位知名学者，但在这里，他写作这本书也是对他作为所谓马戈文-弗雷泽改革委员会（MaGovern-Fraser Reform Commission）成员所花费的时间的反思，该委员会修订了民主党的规则，并且支持了促成当前总统初选制度的改革。所以，这本书既有理论维度，也有实践维度。

"政党在我们的民主中的目的"这个问题，很容易从理论和实践上引发第二个重要问题，你在阅读本书和完成你的课程的过程中应牢记"个人如何与政党联系在一起"这一问题的两个方面。一个方面是非常直接的——政党对个人意味着什么以及如果政党会随着时间而变化的话，将如何改变？在现代，讲述这一关系的伟大著作是安格斯·坎贝尔等撰写的《美国选民》（*The American Voter*，New York：John Wiley & Sons，1960）。很多人认为，这种关系已经发生了根本性的改变。在一个极端，马丁·P. 瓦滕伯格（Martin P. Wattenberg）在其诸如《美国政党的衰退，1952—1996》（*The Declining of American Political Parties*，*1952 –1996*，Cambridge，MA：Harvard University Press，1998）一书中，已经论述了政党对选民日益减弱的相关性，利用引人注目的证据来证明公民说出他们喜欢或不喜欢我们两大政党中任何一个的意愿或能力的急剧衰退。其他人不同意瓦滕伯格的看法。例如，拉里·巴特尔斯（Larry Bartels）以及格林（Green）、帕姆奎斯特（Palmquist）、席克勒尔（Schickler ）用一种完全不同的方式说明，政党依然在塑造选民倾向中有着重要影响。[①] 当然，我们现在确实也经常听到人们说："他们这个政府……"而不是"我们这个政府……"，我怀疑我们中很少有人会这样想。当然也会经常听到政客们呼吁削减税收，声称这么做将会把人民的钱还给他们。这样的言论将不再合理，如果我们认为这个政府是由我们自己组成的，因而把我们的税收看作用我们的钱在我们的政府中发挥作用，通过我们选

① Larry M. Bartels，"Partisanship and Voting Behavior，1952 – 1996，" *American Journal of Political Science* 44（2000）：35–50. Donald Green，Bradley Palmquist，and Eric Schickler，*Partisan Hearts and Minds*：*Political Parties and the Social Identities of Voters*（New Heaven：Yale University Press，2002）.

出的代表按照我们的要求，把我们的偏好纳入法律。然而，还可以从更广泛的意义上思考这个问题，问一问人民是否普遍感到被政党从社会、文化、经济和政治机构中排除出去，因而政府只是更大疾病增加的一种征兆。这正是激发罗伯特·帕特南（Robert D. Putnam）在其《独自打保龄球：美国社区的崩溃和重生》（*Bowling Alone*：*The Collapse and Revival of American Community*，New York：Simon & Schuster，2000）一书中所研究问题的一部分。现在，华盛顿的政客们的辩论有时看起来更多是在党派对抗上得分，更少是关于公众利益的运作。这种被排除的感觉在 2011 年夏季关于是否提高债务上限的辩论中达到顶点，在这场辩论中，每个政党的民选官员似乎都在把国家经济复苏置于危险之中，仅仅是为了他们一方在政策争论中获胜。[①]

从一种信任、支持和认同的公众向很明显不是如此信任、支持和认同的公众的转变，是过去半个多世纪里美国政治发生的重大变化之一。第二个重大变化是“极化”，即两党民选官员之间持续扩大的距离。也就是说，和 50 年前相比，如今的民主党人更加倾向于自由主义，而且一直比共和党人更倾向于自由主义，而共和党人则变得更加保守。尽管这并不是说每个政党的成员都拥有近乎相同的信念，但每个政党的国会代表的看法和信念比以前都更加一致了。更加难以否认的是，与 50 年前相比，华盛顿两党的政策利益和政策选择之间有更加明显的差异。关于这一事实的各种较早的证据，你可以参考容·R. 邦德（Jon R. Bond）和理查德·弗莱舍（Richard Fleisher）编写的《极化的政治：政党偏见时代的议会和总统》（*Polarized Politics*：*Congress and the President in a Partisan Era*，Washington，DC：CQ Press，2000）。那么，问题就不是现在是否有更大程度的极化，而是这种相当明显的极化是否重要。同样，理解这个问题至少有两种方式。一种只是问：一个更极化的国会和一个不那么极化的国会制定的政策是不是会有很大差异。邦德和弗莱舍的文本总体上支持这种看法。其他人，比如基思·科瑞贝尔（Keith Krehbiel）、戴维·W. 布雷迪（David W. Brady）和格雷格·沃尔登（Craig Volden）认为，建国者们创立的制约与平衡，由于相互否决、两院之间必要的妥协等因素，使极化在形成法律过程中的影响微乎其微。[②] 然而，戴维·R. 梅休

---

① 参见关于这一议题辩论最盛时期的民意调查报告的讨论（2001 年 7 月 14 日）：http://people-press.org/2011/07/14/the-debt-ceiling-show-down-%E2%80%93-where-the-public-stands（accessed November 29，2011）.

② Keith Krehbiel，*Pivotal Politics*：*A Theory of U. S. Lawmaking*（Chicago：University of Chicago Press，1998）；David W. Brady and Craig Volden，*Revolving Gridlock*：*Politics and Policy from Jimmy Carter to George W. Bush*（Boulder，CO：Westview Press，2006）.

（David R. Mayhew）甚至从更广泛的意义提出，不论哪个政党掌权，或者无论它们在政府处于分裂的政党控制的情况下是不是分享权力，我们的制度都能产生重要的立法。[①] 就像你可能会预料到的，梅休、布雷迪、科瑞贝尔和沃尔登提出的挑战已引起人们的极大兴趣。从邦德和弗莱舍的著作中可以看到一系列的反应，另外一些可以从《宏观政体》（*The Macro Polity*）一书中找到。[②]

然而，这使我们重新回到最初的一个问题：选民中的政党和政府中的政党之间的联盟到底有多紧密？对于这个问题也存在巨大争议。一方面，阿兰·阿布拉莫维茨（Alan Abramowitz）认为，有党派倾向的公众只是稍微有点滞后地追随着华盛顿的政党精英们；但另一方面，莫里斯·菲奥里纳（Morris Fiorina）认为公众从根本上，甚至绝大多数仍然是温和的，他们看到了但并未追随华盛顿的极化。用他的话说，存在一种可能是由于政党及其领导人导致“断裂”（disconnect）。[③] 而且，这当然与当下的政治是有联系的——2013 年的政府“关门”、对《平价医疗改革法案》[Affordable Care Act，又称“奥巴马医改”（Obamacare）] 的争议以及启动结束绝对多数票要求以终结参议院关于非最高法院提名的冗长议事规则的“核选择”。此外，茶党候选人在共和党国会初选竞选中及之后的 2014 年国会普选中表现如何？新的选民身份证件法将减少欺骗性投票，还是反而降低了少数族裔、青年人和老年人的投票率？

正如你所看到的，我们现在已经触及最近出版的著作和新近发生的政治事件。也就是说，我们正在提出推动当下学者们研究的问题（questions）和推动当下公众及其领导人关注的问题（problems）。所以，让我们继续关注这一问题，阅读本书并对政党本身进行研究。

约翰·奥尔德里奇（John H. Aldrich）

杜克大学

---

① David R. Mayhew, *Divided We Govern, Party Control, Lawmaking and Investigations, 1946 – 1990* (New Haven: Yale University Press, 1991) and *Partisan Balance: Why Political Parties Don't Kill the U.S. Constitutional System* (Princeton: Princeton University Press, 2011).

② Robert S. Erikson, Michael B. MacKuen, and James A. Stimson, *The Macro Polity* (Cambridge, UK: Cambridge University Press, 2002).

③ Alan I. Abramowitz, *The Disappearing Center: Engaged Citzens, Polarization and American Democracy* (New Haven: Yale University Press, 2010); Morris P. Fiorina, *Culture War: The Myth of a Polarized America*, 3rd ed., with Samuel J. Abrams and Jeremy C. Pope (New York: Longman, 2011) and *Disconnect: The Breakdown of Representation in American Politics* with Samuel J. Abrams (Norman, OK: University of Oklahoma Press, 2009).

前　　言

代数书可能不需要每两年出一个新版。西班牙语教科书也不需要。语言和数学通常不会变化得那么快。

美国政治就不一样了，无论是好是坏。本书上一版是在2010年中期选举后出版的。记者们报道了共和党在2010年取得的历史性的胜利。民主党候选人已陆续被击败。确实有数十位野心勃勃的共和党人都在筹划竞选，要让奥巴马成为只干一个任期的总统。博主们带着敬意写下关于茶党实力的文字。全国各州立法机构已经提出了禁止同性婚姻的法案，而且获得通过的期望很高。

仅仅在两年后，共和党历史性的胜利不复存在。奥巴马连任之后，共和党内一个正式的研究委员会发布的一份关于该党现状的“尸检报告”承认，选民认为共和党是思想狭隘的、难以接触的，是“古板的老年白人”的政党。由于对更广泛的美国人没有吸引力，这份报告预言，“共和党将越来越难以赢得近期的下一次总统选举”。茶党是因共和党的失利而受到谴责的群体之一，而且大多数美国人表达了对同性婚姻的支持。在2013年，两党的支持率随着政府“关门”都降低了，民主党因“奥巴马医改”网站的失败而受挫。变革成为美国政治中新的常数，即使教科书涵盖内容只有两年的差距也可能导致学生的理解出现巨大漏洞。

本版更新

新的第16版对每一章都进行了更新。本书全面涵盖了2012年的选举以及2014年竞选早期的行动。其他的更新和改变包括：

- 共和党人对他们在2012年失利的回应：吸引人口不断增加的拉美裔美国人和

青年人同时又不损害党内茶党支持基础的难题。

● 关于 2012 年选举中使用的新的复杂竞选技术的讨论，包括奥巴马竞选过程中使用的大数据（第 11 章）。

● 超级政治行动委员会（super PACs）的活动更新，“公民联合”组织（Citizens United）的影响，非政党团体不断提高的隐匿其资金来源以避免公开披露的能力（第 12 章）。

●“摇摆”的国会选区减少的证据。近来竞争非常激烈的全国性选举是以数量越来越多的众议院安全选区的支持为基础的（第 2 章）。

● 关于政治积极分子和其他公民之间财富和教育程度之不平等的新信息（第 5 章）。

● 关于选民身份证件法以及政党为影响选民的构成而采取的其他措施的更新（第 8 章）。

● 更适于读者的讨论竞选经费的方法（第 12 章）。

● 本书可以通过多种形式获得电子版和纸质版。了解关于培生集团项目、定价和个性化服务等更多信息，可访问 www. pearson highered. com。

《驴象之争：美国政党政治》一直在更新，但其目的一直未变。弗兰克·索劳夫，现代政治科学的开拓者，在 1968 年以其远见卓识创作了《驴象之争：美国政党政治》，保罗·艾伦·贝克凭借其对政党研究和投票行为的知识掌握和比较视野，将《驴象之争：美国政党政治》带进了 20 世纪 80 年代末期和 90 年代。出版每一个新版本的目的是，为学生提供关于政党和政党倾向的最清晰、最全面和最引人入胜的理解，这些反过来也是理解选举的运作、公众舆论、政策制定以及领导能力等的关键。他们非常成功，《驴象之争：美国政党政治》长期以来一直被视为政党教科书中的“黄金标准”。

这一版包含了在最近的版本中深受好评的一些新的和经过更新的特点。题为“生命中的一天：跟大家伙竞争”的方框讲述了有助于说明政党最近之变化的那些人的个人故事。我的很多学生认为政党是遥远的、抽象的，还有点儿卑劣的——可能让老年人感兴趣的东西，可能不会让青少年和二十几岁的人感兴趣。我希望这些引人入胜的故事——例如，一个大学生跋涉到另一个州，招募志愿者参加一场令人兴奋的、不间断的竞选活动的组织过程——能够向读者展示为何值得花费时间学习政党政治。

在其他章中，题为“你会选择哪一个?”的特写为学生们提供了关于政党政治的主要辩论：例如，鼓励更高的投票率是有利于还是会损害美国的民主（见第 8 章）。

这些总结，采用本科生熟悉的正反论点的形式，可以作为课题讨论这些议题及其他许多基本问题的基础。

正如之前的版本一样，为了方便读者阅读，我对重要术语做出清楚的定义，更加强调中心要点，并把一些长表格改换成图或更简短、更清晰的表格。此外，对教师来说，我已确保每一章都可独立存在，因此教师们可以按照他们选择的任何顺序安排各章，而不会使学生因为相关概念只在其他章节得到解释而感到困惑。

就像政党和民选官员一样，教科书也有选民。正如民选官员所知道的，好代表需要理解其选民们想要什么的详细信息——在这里就是，关于一本书，读者喜欢什么和不喜欢什么。衷心感谢已经阅读《驴象之争：美国政党政治》的一些教师和学生给予的反馈，我想得到更多反馈。你也来提一些建议怎么样？你可以通过 hershey@indiana.edu 联系我，我将非常乐意做出答复。

致谢

在所有这些版出版过程中，我在研究、写作和修订《驴象之争：美国政党政治》的过程中都得到大量帮助：我的研究生和本科生；印第安纳大学现在和以前的同事，特别是特德·卡迈恩（Ted Carmines）、鲍勃·赫克费尔特（Bob Huckfeldt）、比尔·比安科（Bill Bianco）、艾琳·布拉曼（Eileen Braman）、克里斯·德桑特（Chris DeSante）、迈克·恩斯利（Mike Ensley）、伯纳德·弗拉加（Bernard Fraga）、马特·海斯（Matt Hayes）、扬纳·克伦普尼科夫（Yanna Krupnikov）、埃莉诺·奥斯特罗姆（Elinor Ostrom）、勒罗伊·里塞尔巴赫（Leroy Rieselbach）、雷吉娜·史密斯（Regina Smyth）、约翰·威廉斯（John Williams）和杰里·赖特（Jerry Wright）；以及系工作人员阿曼达·坎贝尔（Amanda Campbell）、史蒂夫·弗林（Steve Flinn）、玛莎·富兰克林（Marsha Franklin）、莎伦·休斯（Sharon Hughes）、莎伦·拉罗什（Sharon LaRoche）、简·彼得森（Jan Peterson）、詹姆斯·拉塞尔（James Russell）、克里斯·斯托尔帕（Chris Stolper）、杰茜卡·威廉斯（Jessica Williams）。

奥斯汀·兰尼、莱昂·爱波斯坦（Leon Epstein）、杰克·丹尼斯（Jack Dennis）和默里·埃德尔曼（Murray Edelman）激发了我对政党政治的兴趣，并使我相信了政治科学的价值。在这些人中，默里・埃德尔曼值得特别提出，他不仅是一位导师和我们很多人的榜样，同时也是一个深受喜爱的朋友。约翰・奥尔德里奇，最具洞察力和最有条理的政党分析家之一，欣然为本书作序。从布鲁斯・奥本海默（Bruce Oppenheimer）、格里・庞珀（Gerry Pomper）、巴特尔斯（Bartels）、保罗・贝克（Paul Beck）、纳特・伯克黑德（Nate Birkhead）、托尼・布罗（Tony Broh）、汤姆・卡西（Tom Carsey）、理查德・芬诺（Richard Fenno）、约翰・格林（John Green）、约翰・希宾（John Hibbing）、珍妮弗・霍克希尔德（Jennifer Hochschild）、罗伯特・杰克曼（Robert Jackman）、戴维・卡罗尔（David Karol）、迈克・基恩（Mike Kirn）、杰夫・莱曼（Geoff Layman）、伯德特・卢米斯（Burdett Loomis）、塞思・马斯凯特（Seth Masket）、汉斯・诺埃尔（Hans Noel）、约翰・彼得罗希克（John Petrocik）、布赖恩・西尔弗（Brian Silver）、吉姆・斯廷森（Jim Stimson）、约翰・扎尔勒（John Zaller）等人身上，我也学到了很多。其他很多人也为这一版提供了非常宝贵的帮助，包括艾伦・阿布拉莫维茨（Alan Abramowitz）、山姆・布拉特（Sam Blatt）、保罗・克拉克（Paul Clark）、奥德丽・海恩斯（Audrey Haynes）、克里斯蒂安・希兰德（Christian Hilland）、朱迪・英格拉姆（Judy Ingram）、斯科特・麦克勒格（Scott McClurg）、查克・普里斯拜（Chuck Prysby）、布拉德・沃伦（Brad Warren）、理查德・温格（Richard Winger），特别是我的出色的研究助理本・托尔（Ben Toll）。

评议过之前版本的政治科学家——弗吉尼亚理工大学的克雷格・布莱恩斯（Craig Brians）、南加利福尼亚一哥伦比亚大学的戴维・达摩法尔（David Darmofal）、南伊利诺伊大学的斯科特・麦克勒格（Scott McClurg）、威廉和玛丽学院的约翰・麦格伦农（John McGlennon）——非常慷慨地提出了他们的建议。他们和其他评议者一道，在我努力改编本书以适应学生和教师不断变化的需求的过程中提供了极大帮助。此外，与培生集团的工作人员合作也很愉快：编辑梅丽萨・马什伯恩（Melissa Mashburn）、编辑助理梅甘・贺米达（Megan Hermida）和考特尼・特科特（Courtney Turcotte），以及出版团队的其他同仁。

最重要的是，我要感谢我的家人：我的丈夫霍华德（Howard）以及我们的女儿卡蒂（Katie）、丽萨（Lissa）、拉妮（Lani）和汉娜（Hannah），还有小朋友达埃雅娜（Dae'yana）。我所做的一切都离不开他们的爱和支持。

玛乔丽・兰登・赫希

目　　录

第一部分　政党和政党制度

第 1 章　政党是什么 …… 5

政党的三个部分 …… 7

政党做什么 …… 11

政党活动的影响 …… 13

政党与其他政治团体有何不同 …… 14

美国政党的发展历程 …… 17

全国性两党制的出现 …… 21

政党支持什么 …… 24

政党受其环境的塑造 …… 28

第 2 章　美国的两党制 …… 31

全国性的政党制度 …… 32

50 个州的政党制度 …… 33

什么成就了两党制 …… 39

两党制的例外 …… 43

两党制会继续吗 …… 52

第二部分　作为组织的政党

第 3 章　州和地方政党组织 …… 58

“强大的”政党是什么样的 …… 59

各州对政党的规范 …… 59

政党组织的层次 …… 60
传奇般的政党机器 …… 63
地方政党组织的衰落与重建 …… 67
州政党：获取金钱和服务 …… 71
总结：州和地方政党组织是如何被改变的 …… 77

第 4 章　政党的全国性组织 …… 80

全国性政党 …… 81
其他全国性政党组织 …… 84
通向权力的两种路径 …… 87
这些更强大的全国性政党的影响是什么 …… 95
政党组织的局限 …… 103

第 5 章　政党积极分子 …… 105

什么吸引人们参与政党活动 …… 105
积极分子从哪里来 …… 114
哪类人成为政党积极分子 …… 116
政党积极分子和民主 …… 121

第三部分　选民中的政党

第 6 章　政党认同 …… 128

人们如何形成政党认同 …… 129
不同时期的政党认同模式 …… 132
政党认同和政治观点 …… 138
政党认同与投票 …… 140
政党认同和政治活动 …… 143
政党认同与对政党的态度 …… 144
独立人士的神话 …… 145
政党认同之影响的变化 …… 147

第 7 章　政党联盟与政党的变化 …… 150
美国的政党体系 …… 151
政党联盟的社会基础 …… 160
议题在群体-政党关系中的核心作用 …… 168
第 8 章　政党和投票率 …… 176
选举：规则影响结果 …… 177
投票权的扩展 …… 177
影响投票权之使用的规则 …… 178
美国黑人获得投票权的特殊案例 …… 180
放松投票规则的努力 …… 184
选民身份证件争议 …… 186
投票系统：选票计算得公平吗 …… 188
美国选举中的低投票率 …… 191
社会群体的投票率差异 …… 192
当前竞选活动的影响 …… 196
政党动员选民的努力 …… 198
对政党的挑战 …… 199

第四部分　政党、提名和选举

第 9 章　政党如何选择候选人 …… 205
提名程序是如何发展的 …… 206
当前初选和政党代表大会的结合 …… 208
初选的类型 …… 208
初选的类型为何是重要的 …… 211
候选人如何获得资格 …… 213
关于初选，政党不喜欢的地方 …… 214
政党组织进行反击 …… 218

初选中的候选人和选民 …… 220
直接初选的影响 …… 222

第 10 章 选择总统候选人 …… 226
“隐形初选” …… 226
总统初选的采纳 …… 229
代表的竞选：时机与势头 …… 232
选民在总统提名中的选择 …… 238
政党全国代表大会 …… 240
谁会成为代表 …… 242
媒体如何报道政党代表大会 …… 246
政党代表大会仍然有目标吗 …… 247
我们应该对这些改革进行改革吗 …… 248

第 11 章 大选 …… 250
竞选策略 …… 251
竞选活动发生了怎样的变化 …… 253
说服的方法：空战 …… 254
地面战：“雷达之下” …… 258
让这些手段发挥作用 …… 262
竞选活动很重要吗 …… 267
以候选人为中心的竞选或以政党为中心的竞选 …… 270

第 12 章 为竞选提供资金 …… 273
竞选活动花了多少钱 …… 274
金钱如何进入竞选活动 …… 280
侵蚀改革的漏洞 …… 289
“公民联合组织”改变游戏规则 …… 297
美国政治中的金钱 …… 301

第五部分　政府中的政党

第 13 章　国会和州立法机构中的政党 ······ 306

政党在国会中是如何组织的 ······ 307

政党施加影响的方式 ······ 316

政党对立法机构投票的影响 ······ 318

立法机构政党的权力 ······ 331

第 14 章　行政部门和法院中的政党 ······ 333

作为政党领袖的总统和州长 ······ 334

政党领袖与立法机构的关系 ······ 336

政党在行政部门的影响 ······ 339

政党在法院中的踪迹 ······ 342

行政官员和法官内心的政党 ······ 347

第 15 章　半负责的政党 ······ 349

支持责任政党政府的理由 ······ 350

反对政党政府的理由 ······ 352

政党的凝聚力和意识形态 ······ 355

意识形态与美国选民 ······ 360

政党政府在何时是最可能的 ······ 366

政党政府和大众控制 ······ 367

第 16 章　政党在美国政治中的地位 ······ 369

政党及其所处的环境 ······ 369

20 世纪 60 年代和 70 年代政党的衰落 ······ 372

政党的复兴 ······ 376

美国政党政治的未来 ······ 381

结论　政党的前途 ······ 386

第一部分

政党和政党制度

试想你今天做的未受政府行动影响的事情。你睡觉的床垫必须满足政府制定的规格要求；你吃下的食物，从安全性、添加剂到贴上的标签，都要受到政府的严格监管。（是的，政府也监管着马桶和淋浴喷头。）某个政府部门规定了你居住的社区哪里要有停车标志；还有，要是你超速了，怎样才能及时有效地强制执行交通法。总之，就像一位知名政治学家曾经写到的，政治制度对决定“谁在什么时候以什么方式得到什么”① 发挥的作用最大，其实他所说的正是你的生活！

政府的决策影响到我们在做的几乎所有事情，于是很多的团体被组织起来它们试图影响这些决策和决策人。在民主国家中，政党是这些团体中最古老也最重要的组织，但是政党之间也存在很多竞争。反堕胎组织、全美大麻种植法改革组织、全美步枪协会和全国男女同性恋工作组织这些有组织的利益集团（organized interets）都会为获取有利于自身发展的政府政策而行动起来。即便是大学、沃尔玛和脸书（Facebook）等组织，其主要目标是非政治性的，也会试图影响政府决策，因为这些决策会影响到它们。

这些组织发挥着**中介**作用——它们联系着公民和政府中的那些能够做出影响我们生活的决策的人（见图Ⅰ-1）。它们会提出希望政府解决的问题，也告诉人们政府正在做什么。通过把拥有共同利益的人团结起来，在与政府对话时，它们可以放大这些人的声音。它们会互相密切关注，也会密切关注政府官员的一举一动。

不同的中介组织专门从事不同的政治活动。政党专注于提名候选人，帮助他们赢得选举，并把胜选者组织起来。大多数有组织的利益集团仅代表比较有限的群体，不太可能赢得大多数人的支持，于是他们就试图去影响能够真正赢得选举的候选人——以及诸如行政官僚和法官等被任命的官员的看法。在其他民主国家，政党的运作可能是不同的。例如，美国政党集中关注选举活动，而欧洲很多政党更注重维持其当选官员对政党计划的忠诚。

政党之间竞争非常激烈。为得到资金、专业人士和志愿者的帮助，它们还要与利益集团竞争。在这些资源到手之后，它们还要竞争公民个人和当选官员的支持。政党甚至必须争取在政治运动（political campaign）中发挥重要作用；美国政党已不再像

① 哈罗德·拉斯韦尔（Harold Lasswell）的开创性著作书名为《政治：谁？在什么时候？以什么方式？得到什么？》（纽约：麦格劳-希尔集团，1936 年）。

一个世纪前那样在竞选活动中发挥支配性的作用了。在很多转向民主的国家，比如一些后共产主义国家，政党面临着来自诸如统治者的超党派政治机器等“政党替代者”（party substitutes）的更大竞争，它们也为候选人提供金钱和服务。①

政党在这种竞争中面临着一个不利条件。为数众多的美国人声称讨厌政党。从华盛顿和麦迪逊，到美国进步主义运动（Progressive Movement），再到今天的领导人，一直把政党等同于“老板统治”（boss rule），并试图改革或削弱它们。这种公开的敌视态度导致各州立法机构对政党的活动及其组织方式进行了限制。然而，随着时间推移，通过调整其组织和活动，政党已能够应对这些改革。一个世纪以前的政治家几乎不可能认出21世纪第一个十年的政党，我们今天知道的政党在未来几十年里也可能会发生巨大变化。尽管存在所有这些敌意和改革，大多数美国人依然认为自己有政党认同。

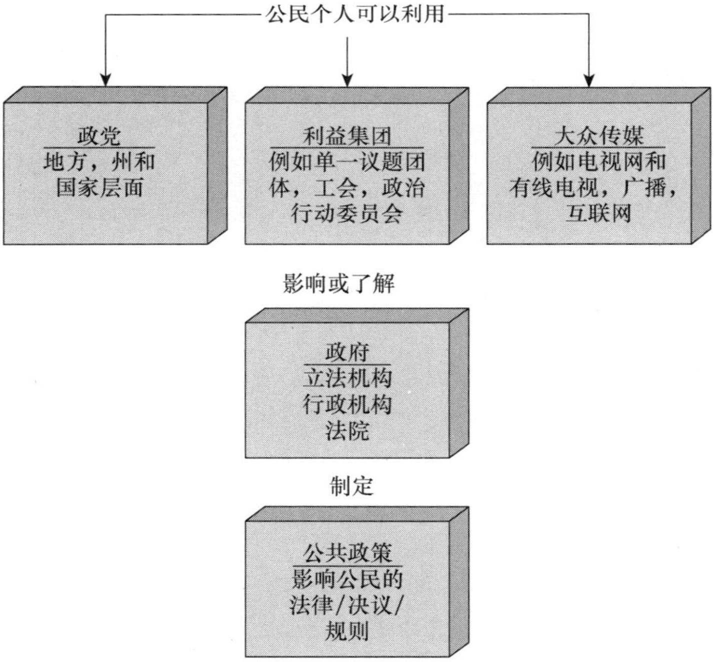

图Ⅰ-1　公民和政府之间的政党和其他中介组织

本书的目的就是要探索美国政治的这一至关重要的方面，它引起了如此复杂和情

① 参见：Regina Smyth, *Candidate Strategies and Electoral Competition in the Russian Federation* (Cambridge: Cambridge University Press, 2006), and Henry E. Hale, *Why Not Parties in Russia?* (Cambridge: Cambridge University Press, 2006).

绪化的反应：美国政党是如何发展的？政党怎样影响我们？政党能够为民主的政治贡献什么？随着推特、博客、单一议题团体（single-issue groups）等使我们能够了解和影响政府的其他许多方式的不断涌现，政党对一个民主国家的生存真的是必不可少的吗？政党能够同时让候选人和选民都受益，还是就像许多美国人——可能也包括你本人——认为的那样，它们就不应该受到信任？

第 1 章

政党是什么

现在美国政治比一百年前更加极化了。民主党和共和党担任政治职务者似乎在任何事情上都难以达成一致。激烈的党派攻击更是司空见惯——当一位民主党籍国会议员对同事说“如果你在美国生病了，共和党的医疗保健计划就是：快点儿去死吧!”时，一个共和党籍众议员会说，“当我看到有人在汽车保险杠上贴着奥巴马 2012 标签时，我会把这个人视为对人类基因库的祸害”。在华盛顿之外也是如此，民主党人和共和党人对对方政党的看法近年来尤其冷漠。①

这种极化不仅仅是不良行为或动机的产物。它反映了这一事实：尽管大多数美国人对于诸如自由和国家安全等崇高目标有共同看法，但对许多具体问题的看法却差异巨大。一位分析人士指出，“民主党人和共和党人在华盛顿很难合作的主要原因不是他们不喜欢对方，而是在美国面临的重大问题上分歧深重”。② 不仅仅是在国会，在州立法机构甚至是在法庭上，民主党人和共和党人在经济、枪支管制、同性婚姻、税收、移民、堕胎及其他议题上经常意见相左。政府中的政党之间的分歧已急剧加深，以至于 2012 年选举产生的美国众议院成为美国历史上极化最严重的一届众议院。

---

① Jonathan Haidt and Marc J. Hetherington, “Look How Far We've Come Apart,” *New York Times*, September 17, 2012, at http://campaignstops. blogs. nytimes. com/2012/09/17/look-how-far-weve-come-apart/?smid=tw=share (accessed February 8, 2013).

② Alan I. Abramowitz, *The Disappearing Center* (New Haven: Yale University Press, 2010), p. 112.

因而，对国会和白宫的控制权从民主党转到共和党手中会导致公共政策的重大变革。在2008年和2009年，民主党占多数席位的众议院成为过去30年中最自由的众议院；而就在一年之后，共和党在2010年选举中获胜，又产生了那一时期最为保守的一届众议院。[①] 这些政党冲突看起来令人痛苦，但也帮我们明确了投票的选择，并促使选举出的官员能够对人民负责。这对民主国家来说是有益的。

不过，美国人长期以来都厌恶政争。乔治·华盛顿在其告别演说中说，“政党精神”是大众政府“最坏的敌人”。他担心政党会促使人们以他人利益为代价去追求狭隘的自身利益，谋求对其他人的控制，并导致嫉妒、分裂和报复。在他看来，如果没有政党，我们更可能拥有代表整个国家的高尚、清廉的领导人。

华盛顿梦想的一个没有政党的政府得到了广泛的认同。但为什么我们仍未实现这个梦想呢？主要原因是政党为我们做了没有政党就做不成的事。大多数人对政治都没有什么兴趣，那么在没有政党标签引导的情况下，他们怎么决定选择哪个候选人呢？他们会花数小时研究数十个候选人的背景和议题立场吗？你会吗？

没有政党，我们怎样选出总统？没有党内初选和政党核心分子会议（caucuses），谁能够从数以千计的总统竞选者中筛选出为数不多的几个可以参加大选的候选人？国会议员会做这个决定吗？在立法权和行政权分立的制度设计中，国会是不能这么做的。或者像法国一样，由市长和其他经由选举产生的政府官员来提名怎么样？就像是一部新版的电视连续剧《幸存者》？

强大的政党组织可以促使选民出来投票。美国选举投票率已经低于大多数其他工业化民主国家，如果没有政党，投票率难道不会进一步降低吗？作为个人当选的国会议员，如果没有政党忠诚的引领，怎样才能形成大量法案并通过所需要的大多数呢？

这种如此必要却又那么不可靠的政治组织是什么呢？政党的概念只包括在参与竞选时并当选公职时拥有共同的政党标签的政客吗？它还包括竞选运动中的积极分子、投票支持一政党候选人的公民或者与一政党目标相同的利益集团吗？抑或政党就是任何一个自称为政党的群体，不管它是叫民主党还是茶党？

---

① 根据亚当·博尼卡（Adam Bonica）在“意识形态制图法”（Ideological Cartography）中的计算，2010年11月5日，参见：ideologicalcartography.com/2010/11/05/Introduction-the-112th-congress（2013年2月15日）.

政党的三个部分

大多数学者都认同这样一个定义，政党是一个有组织的团体，其任务是提名候选人、通过选举赢得政治权力，以及推行关于公共政策的思想。对于一些分析家来说，政党的核心人物是共同具有一个政党的标签的候选人和当选官员（比如，参见埃德蒙·伯克和安东尼·唐斯的定义）。民主国家的政党，包括美国的很多政党，都发端于政治领袖们为推行某些政策而组织起来的团体。

但是大多数观察家认为，美国的政党远不只包括候选人和公职人员。就像约翰·奥尔德里奇的定义（见第 9 页方框“什么是政党?”）所指出的，政党是有生命并拥有一套自身行为准则的组织机构，这是超越其候选人的。有兴趣的个人可以积极参与政党活动，帮助它们确立目标和制定战略，就像一个人在运动队或学生团体中的做法一样。这些积极分子和组织也是政党的核心组成部分。他们可以在政党与诸如反堕胎组织、堕胎合法化组织、商业或劳工团体等有组织的利益集团中的“政策要求者”（policy demanders）网络之间搭建联系。①

在这个点上结束我们的界定并把美国政党仅仅视为由竞争权力并运用权力的政治专业人士——当选官员、候选人、政党领袖、积极分子及政党组织——组成的团队是有吸引力的。但这就把其他人都排除在政党之外，虽然可能很多人乐于采取这种立场。然而，这会忽视一个重要的事实：政党既植根于公民、也植根于候选人和积极分子的生活和情感之中。虽然美国政党没有正式的、缴纳费用的“成员”，但大多数选民对某一个政党还是会建立起坚定和持久的忠诚，他们乐于对民意调查员说“我是一个民主党人”或“我是一个共和党人”。在著作家们笔下提到“民主党大获全胜”或者“共和党选区”时，他们认为政党既包括公职人员、谋求公职者以及积极分子，也包括选民和其他支持者。

19 世纪末 20 世纪初的进步主义运动，推动了选民登记注册和提名候选人的初选

① 一些学者认为这些利益集团和其他的“政策要求者”应该被视为政党的一部分，参见：Marty Cohen, David Karol, Hans Noel, and John Zaller, *The Party Decides* (Chicago: University of Chicago Press, 2008). 其他学者将这些集团视为政党之外、政党所处环境的重要部分。

制度的采用，强化了美国的政党界定中包含公民基础这一事实。

初选中的选民为他们的政党做出一个最重要的决定：谁将成为其候选人。在大多数其他的民主国家，只有政党领导人和积极分子才有权做出这种选择。

因为美国选民有权提名政党的候选人，其他国家中把政党领导人与其追随者分割开来的界限在美国就变得非常模糊。美国选民不仅是美国政治市场上选择政党“产品”（候选人）的消费者，同时也是首先决定哪个“产品”将被投放到政治市场的经理人。就像这种角色转换能够变革市场经济一样，从“消费者”到“经理人”的转换也变革了美国政党。把公民-支持者纳入我们对政党的界定，钱伯和基所做的定义，有助于我们更好地理解美国政党行为。①

总之，美国主要政党包含三个相互影响的部分。它们是：**政党组织**（party organization），包括致力于政党事业的政党领袖和积极分子以及候选人；**政府中的政党**（party in government），是由贴着政党的标签竞选和担任公职者构成的；**选民中的政党**（party in the electorate），或者明确表示忠于政党的那些选民（见图 1-1）。② 我们将对这三个部分分别进行探讨，需要明确的是，美国政党的特点取决于这三个部分之间互动的方式。③

政党组织

政党组织由承担政党工作且有头衔的人们——全国和州政党主席及其他官员，县、市、区、选区领导者和委员会人员（见第 3 章和第 4 章）和其他为推动政党目标而投入足够多时间、金钱和专业知识的支持者（见第 5 章）组成。这些群体负责推销政党的所有候选人及其在主要议题上的立场，而不仅仅是推销一两个候选人。一些政党领导人或者积极分子可能会等待恰当时机竞选公职（从而进入政府中的政党）；另外

① 这些定义，参见：Edmund Burke，“Thoughts on the Cause of the Present Discontents（1770）” in *The Works of Edmund Burke*（Boston：Little，Brown，1839），vol. I，pp. 425-426；Anthony Downs，*An Economic Theory of Democracy*（New York：Harper & Row，1957），p. 24；William Nisbet Chambers，“Party Development and the American Mainstream，” in Chambers and Walter Dean Burnham，ed.，*The American Party Systems*（New York：Oxford University Press，1967），p. 5；John H. Aldrich，*Why Parties? A Second Look*（Chicago：University of Chicago Press，2011），p. 297；and V. O. Key，Jr.，*Politics，Parties，and Pressure Groups*（New York：Crowell，1958），pp. 180-182.

② V. O. Key，Jr. 使用这一“三分法”（tripartite）概念组织了他的经典教科书 *Politics，Parties，and Pressure Groups*。V. O. Key，Jr. 认为，选民中的政党这一概念来自 Ralph M. Goldman 的 *Party Chairmen and Party Factions，1789—1900*（Ph. D. diss.，University of Chicago，1951）。

③ 参见：Denise L. Baer and David A. Bositis，*Elite Cadres and Party Coalitions*（Westport，CT：Greenwood Press，1988），pp. 21-50.

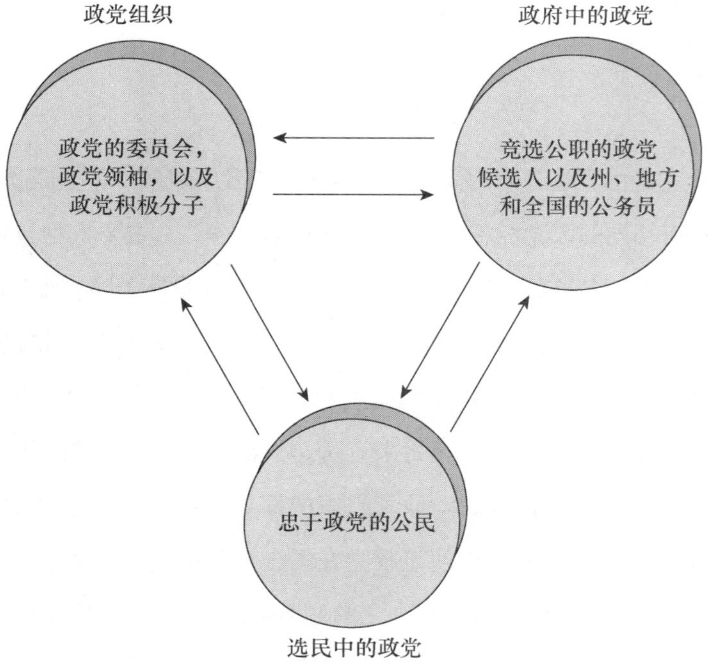

图1-1 美国政党的三个组成部分

一些人则会被安排竞选国会议员或任市政秘书，这种情况往往发生在其他人都不愿从事这些工作的时候。然而，许多政党积极分子更愿意承担接待志愿者和在政党总部拨打电话的工作，而不愿过那种白天疯狂、夜晚焦虑的政治候选人的生活。

<table>
<tr><th colspan="2">什么是政党?</th></tr>
<tr><td>

政党的目标是推行某些政策：

政党乃人基于共识之原则结成组织，举众人之力为国家利益。——埃德蒙·伯克（1770）

政党的目的是在政府中掌权：

在最广泛的意义上，政党是试图通过法律手段……或通过定期举行的选举合法影响、控制政府机器的人们结成的联盟。——安东尼·唐斯（1957）

政党是一个有规则、能长期存在的组织：

可以把政党视为精英人物为夺取和利用政治职位而组成的联盟……但政党又不仅仅是一个联盟。一个主要政党是一个制度化的联盟，采纳了一套规则、规范和程序的联盟。——约翰·奥尔德里奇（2011）

</td><td>

政党激发选民对政党的忠诚：

可以把现代意义上的政党看成一种相对持久的社会组织形态，它追求政府中的职位或权力，展现联系政府中心的领导人与政治舞台上及其各地的大众追随者的结构或组织，以及形成党内看法或至少是形成政党身份或政党忠诚的一些标志。——威廉·尼斯比特·钱伯斯（1967）

政党包含以下各个方面：

在所有选民当中，由视自己为政党成员的人们组成的团体……在另外的意义上，政党这个词可以指不同程度的职业政治工作者组成的团体……有时候政党代表着政府中的团体……政党经常是指把选民中的政党、职业政治团体、立法机构中的政党以及政府中的政党糅合在一起的实体……

实际上，这些囊括一切的用法都有其合理的使用范畴，因为被称为政党的所有类型的团体或多或少是相互密切影响的，有时可能是一体的。——小瓦尔迪默·奥兰多·基（V. O. Key，Jr.）（1958）

</td></tr>
</table>

政府中的政党

政府中的政党是由竞选公职的候选人和担任公职者组成的，不管是选举产生的还是任命的，他们拥有相同的政党标签（见第 13 章和第 14 章）。主要人物包括总统、州长、法官、国会议员、州议会议员、行政官僚、市长以及其他隶属于同一政党的地方官员。

政府中的政党成员和政党组织中的人们之间的关系并不总是和谐的。① 他们经常为实现共同目标而通力合作，但在实现这些目标的过程中却有各自不同的优先考虑。比如，为在选举中实现大赢并提升其将来竞选总统的机会，一个参议员可能会努力募集尽可能多的竞选资金。与此同时，政党组织的领导人可能会希望他的一些竞选捐助者支持其他脆弱的政党候选人，以使该政党在国会中获得或维持多数席位。

政党中的这两个部分还竞争整个政党的领导权。当记者们想了解在某个议题上“民主党的看法”时，如果总统是民主党人，他们经常会采访白宫的信息源，或者采访国会的民主党领导人；政府中的政党的这些成员经常被视为政党的代言人。政党组织的领导人，比如犹他州的民主党主席，对这个问题可能会有不同的看法。但总统和国会政党领袖没有必要澄清他们的声明与政党组织的不同，他们也不会受到政党的控制。这些矛盾以及对有限资源的竞争表明，把政党组织与政府中的政党作为政党的不同部分区别对待是有原因的。

选民中的政党

选民中的政党包括自认为是民主党人或共和党人的人们，即对政党怀有某种程度的忠诚的公民，即使他们从未踏足过政党的总部，也从未接触过其候选人。我们称这些人为政党支持者（partisans）或者政党认同者（party identifiers）。这些政党支持者中有很多在登记投票时宣称自己是民主党人或共和党人，超过半数的州要求公民按照政党进行登记。其他人自认为是政党支持者，即便他们根本不参加投票。

政党支持者通常倾向于支持他们政党的候选人和议题立场，但是他们这样做都是

---

① 例如，参见：Bruce E. Altschuler，*Running in Place*（Chicago：Nelson-Hall，1996），p. 107.

出于自愿。在普选（general elections）中，他们可能会投票支持他们政党的一位候选人，同时反对另一候选人；在初选中，他们可能会决定支持其候选人可能无法为该组织容忍的政党。然而，作为政党的选举支持的核心力量，他们是极其重要的。没有这种可靠的基础，政党为赢得和掌握权力就必须做出更加艰苦的努力。

政党组织和政府中的政党之间的关系，以及政党组织与选举导向的政党（electoral party）之间的关系，是美国主要政党最为突出的特点。其他政治组织——像教师协会和石油公司这样的利益集团，除要努力赢得其组织成员的支持，还要努力吸纳仍处在利益集团组织之外的支持者。相反，在美国的政党中，选民中的政党并不仅仅是一个需要被动员的外部群体。除了其通过在初选中投票选择政党的候选人的权力外，在很多州，选举导向的政党还选择地方政党官员，如选区委员会领导人。所以说，美国主要政党是开放、包容和渗透性的组织。公民影响其领导人和候选人之选择的程度使它不同于大多数其他民主国家的政党。

政党做什么

在每一个民主国家，政党都至少在某种程度上从事三类活动：遴选候选人和赢得选举；就对政党非常重要的议题教育公民；致力于影响政府，使之提供某些政策及其他利益。[①] 不同的政党和政党体系对每一类活动强调的程度各不相同，但是没有政党可以完全忽略其中的任何一项。

遴选候选人

政党似乎经常完全沉浸在选举候选人的活动之中。政党是目标导向的，在美国政治中，目标的实现取决于能否赢得选举。遴选候选人的需要把政党的三个部分联结起来。为特定当选官员效力的政党领导人和积极分子，与政府中政党的其他成员以及将

---

① 参见：Joseph A. Schlesinger, "The Primary Goals of Political Parties," *American Political Science Review* 69 (1975): 840-849.

要使这位官员当选的政党认同者经常会团结起来。在选举胜利或失败后，这些人经常又各奔东西。来自政党不同部分的个人组成的这些团体，就像政党的核心一样，为选择一特定候选人而凝聚在一起。[①]

教育公民（或向公民宣传）

政党还试图教育公民或对公民进行宣传。（如果你喜欢它们的信息，你可能会称之为“选民教育”。如果你不喜欢，那么听起来就像宣传。）它们努力把选民的注意力集中到能够把政党团结在一起的议题上，对可能分化支持者的议题则轻描淡写地处理。民主党人和共和党人并不会像伊斯兰政党一样支持无所不包的意识形态。然而，他们确实代表着认同和支持他们的集团的信仰和利益。从这层意义上来说，共和党人通常与商界和保守人士联系在一起，而民主党人通常被视为劳工和弱势群体的政党。

治理

美国几乎所有全国或州一级经由选举产生的官员都是以民主党人或共和党人的身份竞选公职的，他们的政党身份影响着政府运行方式的各个方面。49 个州[②]的立法机构和美国国会是按照政党划线组织起来的。在某些议题上，政党的凝聚力可能会瓦解。但总体而言，在针对法案投票时，其对政党纪律的遵守达到了令人吃惊的程度。在行政部门，总统和州长通常会选择本党人士担任内阁官员和机构负责人。甚至法院也显示出党派偏见认同的引领作用，尽管是以更加微妙的方式。

但是，美国政党在教育公民、选举候选人或治理方面并不能独占话语权。它们从事这些活动时要与利益集团、其他政治组织甚至媒体进行竞争。虽然政党组织了州立法机构和国会，但为影响议员的投票，它们还要和利益集团的说客以及议员们自己的

---

① 这一印象来自 Joseph A. Schlesinger 的 “The New American Political Party,” *American Political Science Review* 79（1985）：1152－1169.

② 内布拉斯加州州立法机构选举是超党派的，虽然候选人的政党联系对选民来说非常明显，州范围内的政府官员（例如州长和司法部长）是通过在党派性的投票选出的。

信仰进行激烈竞争。在选举中，特别是在地方选举中，其他团体，比如支持或反对建设新体育馆或就学校税收税率举行公民投票的团体，也会试图影响初选或敦促候选人参与竞选。

因为美国政党的活动是以选举候选人为中心的，政府中的政党对政党的控制程度在西方民主国家中是很独特的。在那些大力用政党的意识形态教育公民的政党中，政党组织更可能有能力支配立法机构的政党，告诉它们强调什么并使它们对其选民负责。

政党活动的影响

政党的这些活动如何影响美国的政治？政党帮助人们理解政治的复杂性。我们中大多数人不会给予政府太多关注。政党为我们简化议题和选举，因而，即使在没有大量政治信息的情况下，利用他们的政党忠诚作为衡量候选人和议题的指南，人们仍然能够在政治中做出理智的选择。通过使公民更易于形成政治判断，政党使人们很容易更加积极地参与政治。它们通过向当前及未来为数众多的选民传递政治信息和价值观教育美国人。

美国政党还帮助扩大和组织政治权力。它们把个人和团体团结成具有足够强大的统治力量的集团。因此，无论是在政治领域还是在个人内心里，政党都有助于把政治忠诚聚焦到可选择的一小部分人身上，并且建立起对他们的支持。

政党还提供了一个有组织的反对党。这不是一个政党愿意扮演的角色，长期反对者的行为看起来可能就像一个愤愤不平的失败者。但是有组织的反对党对一个民主国家来说是至关重要的，因为它有天然的动机——它自己的抱负——去做一个强大政府的看门狗。我们当中很少有人愿意付出时间和精力亲自去承担这个重要角色。

它们专注于在竞选中获胜，所以政党控制着政治领袖的招募。大量立法者（议员）、政府官员乃至法官都是通过政党活动进入公共服务领域的。因为它们在选举过程中长期存在，所以政党有助于政府领导人的换届更加正常、有序。在政党从一次选举到下一次选举不稳定的国家，领导人的更换可能会造成很大的破坏。

最后，政党还能帮助把分裂的美国政治体系整合起来。美国政府在设计上是把政治权力分割开的，以防止任何一个单独的集团获得足够的权力而变成专制君主。因各个层次的权力划分而成倍增加的全国性政府与州之间的分歧，在分割权力方面发挥了引人注目的作用。使这些被分割的部门共同致力于解决问题是一个极大的挑战。两个主要的全国性政党能够在分立的权力之间架起桥梁，为一个分权和分歧的政府内部的合作提供基础。

政党与其他政治团体有何不同

我们已经看到，作为政治中介，政党面临着很多竞争。所有政治团体，不仅仅是政党，都试图至少是教育一些公民，鼓动其支持者们或者去赢得公职，或者去影响那些确实赢得公职者。政党与各式各样的有共同关注的、有组织的利益团体保持着密切的工作关系：工会、环境和女权主义团体与民主党保持着密切关系，全美步枪协会、小商业团体、保守的基督教组织与共和党保持着密切关系。[①] 那么，政党与其他这些政治团体有何差别呢？

政党在选举中是至关重要的

首先，政党在精心组织选举方面发挥的作用使其不同于其他政治团体。在大多数选举中，候选人都是作为“民主党人”或“共和党人”，而不是作为“全美步枪协会成员”或者“同性恋权益支持者”列在选票上的。招募选举文书和选举监督员的通常是主要政党，而不是美国退休人员协会。在选举竞争中，与其他政治团体相比，政党是至关重要的。

政党全力投入政治活动

美国的主要政党不遗余力地投入到政治活动之中，这是它们存在的唯一理由。相

---

① 参见：Cohen et al.，*The Party Decides*.

反，利益集团和其他政治团体则经常在政治性和非政治性活动中来回参与。例如，钢铁工人协会（The Steelworkers' Union）基本上是关注通过集体谈判争取更高的工资和更好的工作条件。它可能会转向政治行动，以反对不友好的候选人或游说国会否决反对工会的法案，但其利益仍在工作领域。政党是完全生活在政治世界里的。

政党要动员许多人的支持

利益团体，比如一个为了游说对未成年人饮酒进行更严格的限制的团体，并不需要数百万的支持者去说服国会通过一个法案；只要有少量善于谋划者和被良好动员的追随者，它就可能达成目的。然而，由于赢得竞选对政党来说至关重要，它们必须动员起数量众多的支持者以保证在许多竞选中获胜。这样一来，在美国这样的政治体系中，主要政党就不能仅仅代表少数人的利益诉求。

政党生命力持久

美国政党通常是稳定和长久存在的。相比较而言，大多数商业组织、环境或者单一议题组织都只是“青少年”。美国两大政党可以把它们的历史追溯到 150 多年以前，而且其他西方民主国家的许多主要政党也都存在了很长时间。对选民来说，政党的悠久历史增加了自身的价值。政党成为一届又一届选举、一个又一个候选人的参照点，使美国人面临的选择以及他们争论的议题保持着延续性。

作为政治符号的政党

最后，政党和其他政治团体的不同之处体现在它们作为符号或承载着情感的忠诚对象运作的程度上。对数以百万计的美国人来说，就像种族或宗教团体的标签一样，政党标签就是一种社会身份。它是美国人选举候选人或者在其他问题上做出判断的主要依据，把他们的价值观与美国政治的现实选择联系起来。

然而，需要记住，政党和其他政治团体之间的区别只是程度上的不同。利益集团确实也卷入了选举之中，规模更大的有组织的利益集团也发挥着政治符号的作用。像全美步枪协会这样的利益集团也可以招募候选人，把它们背书的候选人推销给其成员和朋友，并动员其支持者在大选日出来投票。其他利益集团也可以这么做（见《茶党是政党吗?》）。利益集团还可以推动议题立场，努力影响政府官员，以及出钱资助竞选。但是，候选人是作为政党的代表而非利益集团的代表出现在选票上的。

在某些方面，主要政党和某些规模较大的利益集团，如全美步枪协会和美国退休人员协会的共同之处比它们与小政党或第三党的共同之处要多得多。大多数小政党只是有名无实的竞选组织，它们的大多数候选人不用准备大选之夜的胜选演说。它们可能有很少甚至没有地方组织，其成员基础可能和大多数利益集团一样狭隘。但是，小政党也可能有资格出现在选票上，其候选人在可能以及符合标准的情况下也能够接受公共资助。在这些方面（有时只有在这些方面），它们比规模较大的利益集团更像主要政党。

茶党是政党吗?

奥巴马总统在2009年提出的让经济摆脱深度衰退的建议中包括帮助将要陷入住房贷款债务违约的购房者这一条。这激怒了美国全国广播公司财经频道（Consumer News and Business Channel，CNBC）记者里克·桑塔利（Rick Santelli），他认为这是大政府在强迫负责任的人们为他们“失败的”邻居偿还住房抵押贷款。他说，我们需要一个新“茶党”，就像美国殖民地人民把税收高昂的英国茶叶倾入波士顿湾反对英国殖民统治那样。那年夏天，成群的保守派人士涌到国会议员的市民大会（town meetings），反对民主党的医保改革，并坚持要求政府管得更少。到2011年，民意调查显示，每五个美国人中就有一个支持茶党运动，主要是老年人、白人和共和党保守派人士。像马尔科·鲁比奥（Marco Rubio）这样的共和党知名人物也支持这一运动。茶党人把他们大部分愤怒集中在奥巴马总统和政府资助、为包括青年人和非法移民等“不够格的”人们提供的社会服务上（但不会指向许多茶党支持者可以享受的社会安全和医保）。在2010年共和党初选中，茶党支持的保守派击败了一些主流的共和党现任者。但是到2014年，茶党运动趋于沉寂。奥巴马的连任让很多茶党积极分子感到震惊和错愕。他们的底层民众支持似乎正在消失。

如果茶党有一些全国性的领导人、地方支持者以及一个让人深刻关注的议题，那么它是一个政党吗？依然不是。大多数茶党人依然称自己是共和党人，尽管他们中的许多人批评共和党国会领袖在缩小政府方面做得远远不够。政党和其他政治团体的区别在于，只有政党有权提名候选人。在2012年，“茶党”标签几乎没有出现在选票上；长期以来，两大党已使民主党和共和党之外的任何团体都难以让它们的政党标签和候选人列在选票上。因而，茶党的积极分子必须教育并告诉其追随者哪位共和党候选人支持该团体的原则。所以，尽管茶党各式各样的、愤怒的抗议吸引了媒体的大量关注，但该团体更多是作为共和党内部的一场运动而不是作为一个政党以自身的力量发挥作用的。要成长为一个政党，该运动的追随者们需要做大量的工作，使自己的名字被列入选票，管理从地方到全国层次上的候选人，建立更多的组织架构并就政纲达成共识。

资料来源：Kevin Arceneaux and Stephen P. Nicholson，“Who Wants to Have a Tea Party?” *PS：Political Science and Politics* 45（2012）：700-710，and Trip Gabriel，“Sidestepping Fiscal Showdown，Weaker Tea Party Narrows Focus，” *New York Times*，December 25，2012，p. A1.

美国政党的发展历程

世界上第一批政党诞生在美国。在200多年的历史中，美国政党的发展与大众民主的扩展是密切相关的。在其历史发展中，先是政府中的政党，然后是政党组织，接着是政府中的政党和选民中的政党，先后在政党内部发挥着支配性角色。①

美国政党的建立

虽然美国政府的建立者讨厌宗派思想，但是在新政府成立后不久，他们就开始选边站队，并走向建立初步政党方向。由年轻而且雄心勃勃的财政部部长亚历山

① 参见：William N. Chambers，*Political Parties in a New Nation*（New York：Oxford University Press，1963）.

大·汉密尔顿领导的占支配地位的集团认为，国家的经济生存要求对经济进行中央集权式的（联邦政府）控制。这些**联邦党人**（Federalists）推动建立中央银行制度，征收高关税（对进口商品征收的税）以保护萌芽阶段的美国工业。

美国的主要政党	
在美国 200 多年的历史中，只出现过 5 个主要政党： **1. 联邦党（The Federalist Party），1788 年至 1816 年** 新宪法和强大的全国性（联邦）政府的支持者，虽然不是一个成熟的政党，但它是美国第一个类似于政党的政治团体。它在东北部地区和大西洋沿岸地区占据优势，吸引了这里许多小商店经营者、制造业者、金融家、土地所有者以及其他拥有财富和地位的名门望族的支持。与民主共和党相比，受制于其狭隘的选民基础，该政党很快就消亡了。 **2. 民主共和（杰斐逊主义）党（The Democratic-Republican（Jeffersonian）Party），1800 年至 1832 年** 该政党的很多领导人都是宪法的坚定支持者，但他们反对联邦党人极端的国家主义。它是一个由小农场主、工人、没有特权的公民再加上南方种植园主组成的政党，在州政府的权力与全国性政府的权力之间，该政党更支持前者。和其领导人托马斯·杰斐逊一样，该政党的理想与法国大革命的许多理想是相同的，特别是扩大选举权和人民自治的理念。	**3. 民主党（The Democratic Party），1832 年至今** 该党源于民主共和党的安德鲁·杰克逊一派，是美国第一个真正具有广泛民众基础的大众政党。作为没有特权的选民的代表，它反对诸如国家银行和高关税等有利于商界的政策。它还欢迎新移民（并争取他们的选票），反对本土主义（反移民）情绪。 **4. 辉格党（The Whig Party），1834 年至 1856 年** 该政党也源自旧的民主共和党，但它是来自反对杰克逊主义的一派。其最伟大的领导人亨利·克莱（Henry Clay）和丹尼尔·韦伯斯特（Daniel Webster）支持立法部门的最高权威，反对安德鲁·杰克逊的强势总统领导。在它的短暂生命中，辉格党是一个由很多利益相关者组成的不稳定的联盟，包括本土主义者、有产者、商业和贸易人士等。 **5. 共和党（The Republic Party），1854 年至今** 共和党成立之初是为了反对奴隶制。随着内战临近，这个新政党代表了联邦政府、北方、林肯、给奴隶自由、内战中的胜利以及对南方进行重建等等。它还从辉格党那里继承了对商业和工业扩展的关注。

托马斯·杰斐逊、詹姆斯·艾迪逊以及其他人反对这种主张。他们认为汉密尔顿的主张使联邦政府太过强大，会威胁到州的权利。每个集团都集合在一起开会，这被称为党团会议（caucuses），在会议上，他们策划如何使自己一方的意见得到采纳。在 18 世纪 90 年代，这些联盟形成了一种更为持久的形式。它们之间的分歧，就像现在一样，既有原则性的分歧，也有个人之间的恩怨；如历史学家戴维·麦卡洛（David McCullough）所指出的，汉密尔顿和杰斐逊之间的敌意“已经达到了使两人不能同处一室的程度。两人都确信对方是一个图谋控制政府的危险人物”。①

这些早期的政党，在很大程度上是由政府中的人们“自上”建立起来的。它们首

① 引自：David Von Drehle，“Origin of the Species，” *Washington Post*，July 25，2004，p. W12.

先聚焦于建立政党的国家领导人关注的议题——当大多数美国人在政治中只发挥间接作用的时候，这一点都不奇怪。这时，几乎在每一个州都限定只有拥有财产或达到纳税要求的自由男人才有选举权。即使是这些数量较少的有投票权的人，其权力也是有限的，这也是宪法起草人所希望的。总统并不是由选民直接选举产生，而是由选举人团（Electoral College）间接选出的。虽然众议院议员是通过直接投票选出的，州立法机构却被授予选择本州的美国国会参议员的权力。民主的自治政府的这种谨慎开端造就了非常有限的政党。

因为杰斐逊的支持者在国会中占少数，他们对通过立法案的主要希望是选举出更多的杰斐逊主义者。他们与在地方社区建立的志同道合的“讨论俱乐部”（discussion clubs）合作，共同反对联邦党人的政府官员。草根阶层的同情者加入了全国和地方领导者之间组成的“通信委员会”（committees of correspondence）。每一方都办了一份或多份报纸为其事业进行宣传。早在18世纪90年代中期，在宪法通过之后不到十年的时候，几乎所有全国性的政治人物或是与杰斐逊主义的**民主共和党**（经常被称作共和党），或是与汉密尔顿的联邦党结成了联盟。对于新政府面临的主要议题，这些早期的政党各有其支持的立场。①

然而，更加精英主义的联邦党人，无论是在组织民众还是在赢得选举方面，都难以为继。1800年，联邦党总统候选人约翰·亚当斯（John Adams）被杰斐逊击败。在随后的十多年中，联邦党消失在历史之中。到19世纪初期，要求民主化的压力已经强大到足以破坏一个新生政党的程度，它在政府中的领导人无法适应组织大量选民的需要。然而，联邦党人给美国民主提供了历史性的礼物。他们接受了亚当斯1800年的失败，把对总统职位的控制转到其杰斐逊主义式的敌人手中。②

代表农业利益集团、无特权者以及边远地区人民的民主共和党在长达20年的时间里维持着一党垄断地位。在1816年詹姆斯·门罗当选总统之前，它完全控制着美国政治，这段没有党派冲突的时期被称为“和睦时代”（Era of Good Feelings）。然而，尽管也存在一个政党衰落另一个政党崛起的状况，但政党政治的本质在这一

---

① Kathleen Bawn，Martin Cohen，David Karol，Seth Masket，Hans Noel，and John Zaller，“A Theory of Political Parties，” *Perspectives on Politics* 10（2012）：591-597.

② 参见：John H. Aldrich and Ruth W. Grant，“The Antifederalists，the First Congress，and the First Parties，” *Journal of Politics* 55（1993）：295-326.

时期并未发生太大变化。在这一时期，政府和政治只是一群知名的、声誉良好的精英集团的事情，政党的发展也反映着那一时代的政治。没有政党之间的竞争，领导人也就认为没有必要充分组织草根阶层，于是，政党的进一步发展就陷入了停滞。

在19世纪20年代，美国政治开始发生显著的变化。这时，美国绝大多数州都已经取消了只有土地拥有者才有选举权的规定，选举权扩大到所有的白人男子，至少在州一级和联邦一级选举中是这样。日益增长的推动民主化的努力导致州和地方政府越来越多地通过大众选举产生而不是任命政府官员。①

这一时期一个重大的且影响至今的变化出现在总统选举程序方面。制宪者们为总统选举设计了一种不同寻常的安排，也就是众所周知的选举人团制度。每个州以其州议会选择的方式，选择一些总统选举人（选举人团成员），数量与其在国会代表团人数相等。这些选举人团成员将在其州内集会选举总统。得到大多数州选举人团选票的候选人当选总统。如果没有候选人赢得多数，总统则由众议院选出，一州一票。

选举人团制度是一种非常巧妙的创造。通过把选举人团成员的选择权交给州立法机构，制宪者们避免了不得不制定统一的选举方法和投票要求的情况。即使制宪者们自己对这些规则有一致看法，仍有一些州可能会反对联邦政府对的控制（当然最具争议的是是否和如何计算一个州人口中的奴隶数量）。要求选举人团成员在他们各州中同时集会，有助于防止来自不同州的选举人团成员密谋提出他们自己的总统人选。起初，各个州采用了多种办法选择总统选举人，但到19世纪20年代，大众普选成为最常用的方法。②

控制大众日益增长的热情，也引发了对政党的国会党团会议（congressional caucus）是否应该拥有提名总统候选人的权力的质疑。有些人批评国会党团会议提名就是一小部分精英自己推荐自己。与此同时，国会党团会议体系开始从内部瓦解。1824年，民主共和党提名一位总统候选人的努力在混乱中收场。没有候选人在选举人团中赢得多数，所以众议院不得不在约翰·昆西·亚当斯、威廉·克劳福德（Willam

① Chilton Williamson, *American Suffrage* (Princeton: Princeton University Press, 1960).

② Neal R. Peirce and Lawrence D. Longley, *The People's President* (New Haven: Yale University Press, 1981).

H. Crawford）和安德鲁·杰克逊（Andrew Jackson）三人中进行选择。虽然杰克逊在普选票和选举人团投票中领先，众议院还是选择了亚当斯，但杰克逊反过来在 1828 年击败了亚当斯。随着美国政党政治步入新的阶段，国会党团会议也失去了其作为政党内主要力量的作用。

全国性两党制的出现

“和睦时代”被两党制取代了，自此之后，两党制一直长盛不衰。民主共和党发生了内讧，它们选择了分离而不是和解。安德鲁·杰克逊领导民主共和党内代表西部边远地区和农业地区利益的一派，杰斐逊主义传统的继承者，称为今天的**民主党**（Democratic Party）。旧的民主共和党的另一派，它们在 1824 年和 1828 年曾支持亚当斯竞选总统，后来与**辉格党**（Whigs，辉格党是一个古老的英文词，指反对国王控制的人，在这里用来指反对杰克逊）合并。这样，美国就产生了两党政治。

同样重要的是，各政党建立起了全国范围的、更广泛的草根（公民）基础。数量更多的公民拥有了选举权，总统竞选越来越关注与公众的接触。新的竞选组织和竞选策略让更多人参与到竞选活动之中。随着杰克逊派的反对派的形成，总统选举变得更具竞争性，投票率也提高了。州和地方的政党组织也扩展了，道路和通信设施的改善对此也起到了推动作用。竞选州和地方官员的候选人越来越多地由州和地方领导人会议而非由范围更狭小的立法机构的党团会议提名。到 1840 年，辉格党和民主党在第一个真正全国性政党体系中建立起来，并在所有各州展开了竞争。

在 19 世纪 40 年代和 50 年代期间，两党都努力使棘手的奴隶制议题远离政治议程，因为它会使两党的支持联盟面临走向分崩离析的危险。最终，辉格党在这一议题上分裂了并最终崩溃。反奴隶制的积极分子创立了**共和党**（Republican Party），要求废除奴隶制。然后，共和党采纳了辉格党保护美国商业的诉求，即利用高额关税和税收补贴工业发展——公路、铁路、边疆拓殖等。除了在民主党控制南部和边境各州，共和党的组织广泛发展起来，并在 1860 年赢得了总统大选。在很大程度上，政党制度和整个国家都分化为南方和北方两派。

总的来说，现代政党到 19 世纪中期已经发展起来，在其典型的组织结构、忠于政党的选民基础、政府领导之间的持久联盟等方面与我们今天了解的政党都非常相似。[①]美国政党的成长与早期美国选民范围的扩大是同步进行的。在19世纪70年代，即通过赋予成年男子选举权的法律之前，英国都未能建立起来可与之比拟的政党。

政党的黄金时代

随着政党的不断发展，美国政党迎来了另一股大量涌入的选民——新的欧洲移民。内战之前，成千上万的欧洲移民迁入美国。民主党欢迎这些新来者，它们需要这些新来者的选票。但是，新移民庞大的数量也引起其他人的担忧。19世纪50年代，作为对移民涌入的反应，一个反移民的小党，美国党（American Party，所谓的“一无所知党”，Know-Nothing Party）迅速崛起。

内战只是暂时中断了移民潮。战争结束后，从1870年到国会在20世纪20年代对大规模移民关上大门，新的种族几乎持续不断地涌入美国。在19世纪80年代，500多万移民来到美国（占1880年美国常住人口总数的1/10）。在1905年和1914年之间，又有一千多万人（占1900年美国常住人口的1/8）进入美国。

政党在这些巨大移民潮的同化过程中发挥了重要作用。新移民被吸引到大城市，这里可以找到工业领域就业机会。于是，作为对移民之需要的反应，一种被称为城市“机器”（machine）的新的政党组织在这些城市发展起来。这些政党机器就像社会服务体系一样，帮助新来的移民处理在城市工业社会中遇到的挑战。它们通过帮助困难家庭解决食物和资金，缓解了它们的过度贫困，处理好与政府和警察的关系，以及教会新移民适应他们的新家的种种习惯——所有这些都是为了在选举时换取新移民对该政党候选人的选票支持。有了这些选票，政党机器就可以获得和维持对城市政府的控制。这些政党机器成为新的城市工人阶级从盎格鲁-撒克逊新教徒精英手中赢得城市控制权的工具，后者在相当长时间里控制着城市。

19世纪末和20世纪初是美国政党的“黄金时代”：它们的权力和影响都达到了顶峰。政党组织，现在是政党中处于支配地位的部分，存在于所有州和地方，并在工业城

---

① 参见：Aldrich，*Why Parties?*，Chapter 4；and A. James Reichley，*The Life of the Parties*（Lanham，MD：Rowman & Littlefield，1992），Chapter 5.

市兴盛起来。政党纪律在国会和大多数州立法机构中都达到了历史最高点。政党为候选人组织竞选活动；它们组织集会和火炬之光游行，挨家挨户地游说拉票，组织选民投票。从做下水管道检查员到做美国参议院议员，政党控制着进入很多政府部门工作的机会。对于多半未受教育和经常是文盲的选民来说，政党是重要的信息来源并为他们提供了指导。这样一来，美国总统大选历史上投票率最高的记录出现在 19 世纪后半叶。政党适应了新选民的需求和局限，满足了在快速工业化的国家中创建多数派的需要。①

进步主义改革及以后

推动美国政治民主化的动力一直持续到 20 世纪。宪法第十七修正案赋予选民而不是州立法机构选举美国参议院议员的权力。妇女，然后是黑人最终获得了选举权。随着大众民主的扩张，兴起了一场迫使政党进行重大变革的运动。

被各政党视为其“黄金时代”的时期对于众多改革者来说似乎并不是那么“美好”。对于进步主义运动的参加者来说，政党对政治的控制已经导致腐败猖獗和政府运行低效。因为许多进步主义者把政党权力视为罪魁祸首，所以他们就试图削弱政党特别是政党组织在 19 世纪晚期获得的控制权。改革者攻击政党是“老板统治”（boss rule），敦促实行初选（primary elections）（见第 9 章和第 10 章），这将会把选择政党候选人的权力赋予政党选民而不是政党领袖。通过在各州建立总统初选制度，总统提名对公众更加开放了。很多州的立法机构制定了法律，对政党组织进行限制。

这些改革确实削弱了政党组织及其在选举中的权力。当选民中的政党获得了提名政党候选人的权力时，政党组织和政党领袖们就丧失了其最重要的作用。候选人现在可以直接诉诸初选选民，而不是不得不依赖政党组织。于是，进步主义改革的结果是，削弱了政党组织在作为整体的政党中的支配地位。因此，民主社会的期望，首先是使政党在草根层次更加公开和更加活跃，而后转向政党组织，使得它在美国政治中无法像以前那样发挥重要作用。②

但是最近，政党组织和政党领导人已经为他们自己开创了新的权力来源。从 20

---

① 参见：Reichley，*The Life of the Parties*，Chapters 6-11.

② 在政党改革方面，参见：Austin Ranney，*Curing the Mischiefs of Faction*（Berkeley：University of California Press，1975）.

世纪 70 年代开始，首先是共和党，然后是民主党强化了其全国性政党组织的募款能力。他们利用这种新的资金，为候选人提供更多的服务，并提升州政党组织的能力。在过去 40 多年中，通过其全国委员会和大会，民主党已经为各州民主党创立了提名总统候选人要遵守的规则。这两个变化都加强了全国性的政党组织。实际上，与州和地方政党组织相比，现在全国性政党组织在两大党内部的存在比美国历史上其他任何时期都要多（第 3 章和第 4 章将会更多讨论这些变化）。

总之，美国政党已经发生了巨大变化，而且会继续发生变化。但它们仍然是大众民主最重要的组织。它们是随着选举权的扩大和公民在选举政治中的作用的日益增强而成长的。它们是选民集合在一起选择代表和有抱负的人们获取重要职位的渠道。它们帮助人们明确了在诸如堕胎、税收以及恐怖主义等具有挑战性的议题上的选择。在提出公共政策要求时，它们可以放大某些群体的声音，抑制另一些群体的声音。

政党支持什么

随着时间的推移，政党改变了在很多议题甚至是一些重大议题上的立场。[①] 例如，多年以来，全国性的民主党和共和党在美国黑人公民权与妇女平等权利等问题上的立场，已发生了巨大变化。而美国政党的分权传统（在第 2 章中进行讨论）意味着，在某些州或地方社区（local communities）的政党组织会采取与其他地区同一政党的政党组织不同的立场。

但是，也存在政党立场清晰的时期，它们在重大政策问题上存在分歧。目前阶段就是这些时期中的一个。虽然有些人会认为，政党的议题立场只是吸引选票的一种手段，民主党人和共和党人之间持续存在的竞争从来都不仅仅是关于野心的故事。从政党开始成立起，它们就已组织起来以获得权力，实现特定的政策目标。在过去 30 年中，选民的变化和全国性政党组织的日益壮大助长了**政党极化**（party polarization）：每一政党内部的政策立场更加一致，民主党和共和党之间的政策分歧更加尖锐。

---

① 参见：David Karol，*Party Position Change in American Politics*（Cambridge：Cambridge University Press，2009）.

如果你研究一下共和党全国委员会的网站、共和党的政纲或共和党籍议员在国会的投票记录，你会发现共和党长期以来一直信奉强大的企业部门。共和党警告说，一个强大到通过创设福利计划和对收入进行再分配来补救个人不平等的政府，就是一个能够夺走人民的权利和财产的政府。共和党的政纲长期以来一直批评华盛顿的“统治精英”阻碍人们积累他们自己的财富。特别是20世纪80年代以来，它一直高度强调宗教和信仰的价值。

这些原则从该政党对当下很多议题的立场也都能看出（见表1-1）。对个人和企业减税在共和党的议程中是排名靠前的议题。更低的税收会减少政府的财政收入，因而也会压缩其创设新计划的能力——一些保守派人士称之为“匮乏政府”（starving beast）战略。① 共和党认为，减税应当有利于富人，因为这有助于他们创造就业。共和党还强调保护财产权的重要性，这也会限制政府干预公民经济决策的能力。

表1-1 21世纪第一个10年的政党分歧：议题与核心支持者

民主党	共和党
核心信仰	
强大政府，提供必要服务并补救不平等	强大政府会干预企业，威胁自由
最大的例外	
政府不应干预人们在诸如堕胎和同性恋权利等议题上的决策	政府应规范人们在诸如堕胎和同性恋权利等问题上的行为
议题议程	
社会服务、健康、教育 环境保护	减税、减少政府开支、强大的军队 财产权
强调重点	
公平，特别是弱势群体的公平	个人成功，而非团体权利
与工会的关系	
密切和支持性的	疏远和敌视的
核心支持者	
东北部，西海岸居民 少数族裔群体 世俗的个人 教师、辩护律师	南方 白种人 保守的基督徒 商业人士

资料来源：作者根据2012年政党政纲以及美国全国选举研究组织的《民意与选举行为指南》（见：http://www.electionstudies.org）编制。

---

① 参见：Mark A. Smith，*The Right Talk*（Princeton：Princeton University Press，2000）.

共和党在其他议题上的立场也表现出这些信仰，相信个人而非政府对问题的解决，相信州和地方权力而非国家和国际权力。例如在环境问题上，共和党认为很多环境方面的法律阻碍了商业的发展。共和党的传统认为，强大的国防要求有一支由私人承包商制造的装备武装起来的强大军事力量，而不是优先考虑国际军控协定。

随着时间的推移，与民主党相比，共和党更可能从商界吸收其政党领袖和候选人了。共和党一直支持限制工会权力，因为它们认为，工会会干预自由市场的运行。工会与共和党之间的关系大约介于紧张和不存在之间，就如同21世纪第一个10年里在州立法机构中关于公务员工会权利问题的斗争所展现的那样。民意调查显示，只有18%的共和党人对工会持积极看法，相比之下，几乎一半认同民主党者对工会持积极看法。① 共和党的核心支持群体包括保守派人士（特别是保守的基督徒）、南方白人以及生活在农村地区和城市远郊地区的人们。

民主党则代表着不同的传统。对民主党的积极分子来说，政府是矫正市场可能造成的不平等的重要手段。这些积极分子认为，必要的社会服务应当由政府提供，而不应被私有化。减税会限制政府提供这些服务的能力。他们说，任何的减税措施都应当指向帮助困难人群而不是更富有的那些人。而共和党认为，政府的目的就是促进个人取得更大的经济成就，甚至是以经济不平等为代价；民主党认为，公正要求减少经济不平等，政府的工作之一就是为需要保障的人提供安全网。

在过去半个世纪中，全国性的民主党一直支持利用政府来强化美国黑人的公民权。在过去30年中，民主党一直支持堕胎权利和环保行动。民主党积极分子主张，如果财产权妨碍了环境保护，前者通常必须对后者让步。同样，该党关于教育的立场，也强调投资公立学校的必要性，目的是追求机会平等。这样，民主党更可能从教师和辩护律师当中吸收候选人和积极分子。民主党的核心支持群体来自自由主义者、低收入人群、居住在东北部和西海岸的居民、少数族裔以及工会等。

政党的这些分歧在2013—2014年的国会中表现得极其明显。典型的例子是，众议院共和党多数提议通过削减诸如对低收入群体的救助和环境管制等政府社会服务项

---

① Frank Newport and Lydia Saad, "Republicans Negative, Democrats Positive in Describing Unions," Gallup poll, March 11, 2011: www.gallup.com/poll/146588/Republicans-Negative-Demoncrats-Positive-Describing-Unions.aspx (accessed February 15, 2013).

目，减少联邦赤字。众议院民主党领袖也同样旗帜鲜明地反对削减政府社会服务，并要求对商业实行更严格的监管。盖勒普的一项调查显示，在回答政府和商业部门两者谁能够解决美国的经济问题时，72%的民主党人说更相信政府，而64%的共和党人说更相信商业部门。[①]

然而，即使在今天，两大党在众多议题上也都不会完全一以贯之。如表1-1所示，各政党似乎也会变换在一些“价值观”议题上的核心主张。共和党通常是反对政府干预的，却要求政府采取行动禁止堕胎和同性婚姻并支持传统的家庭价值观。民主党是把政府视为穷人的盟友的政党，却希望政府在堕胎和同性婚姻等议题上不要介入个人的生活。或许是因为“价值观”议题对人们的影响不同于经济议题，个人对堕胎和同性婚姻的态度与他们对强政府或弱政府的偏好并不总是相互关联的。

这些不一致经常反映着政党为争取新群体支持而采取的战略努力。例如，在传统价值观问题上，保守的共和党在20世纪70年代认识到，基督教右翼反对堕胎和同性恋权利的立场比该党的许多经济立场对“摇摆”的选民群体（包括那个时代很多保守的南方白人）更有吸引力。于是，共和党候选人开始越来越多地迎合保守派基督徒的价值观。随着越来越多的保守派基督徒成为热情的共和党积极分子，他们的关注成为该党议程上的首要关注。

这些改变还来自它们的环境对政党发展产生的强大影响。共和党刚成立时本可以作为支持商业利益和大政府的政党，因为19世纪的商业扩张需要政府的帮助。在修建公路及其他交通设施、大规模通信网络以及征收高关税以保护美国制造的商品方面，全国性的政府会比州政府或商业部门自身做得更有效率。然而，一旦美国商业部门有了良好的发展，必要的基础设施也建设到位之后，一个强大的全国性政府反而可能成为商业部门的威胁——就像它在应对20世纪30年代大萧条时的所作所为——因为它能够规范商业部门的运作，增加它们的税收以资助社会项目，并使它更容易把它们的工人联合起来。

---

① Frank Newport, “On Economy, Republicans Trust Business; Dems Trust Gov't,” Gallup poll, March 12, 2009: www.gallup.com/poll/116599/Economy-Republicans-Trust-Business-Dems-Trust-Gov.aspx (accessed February 15, 2013).

政党受其环境的塑造

在其历史中，政党活动的本质、它们的议题立场和它们的组织一直都受到其所处环境中的力量的影响；反过来，政党也影响了其所处的环境。本书的一个重要任务就是解释这些影响。这些力量中最重要的一个就是选民的本质：谁有权投票？

选民和选举

如我们已看到的，选举权的扩大已助推塑造了政党的发展。每一个新的选民群体进入选民队伍都会对政党造成挑战，它们在争取该群体的支持时必须重新调整其诉求。比如，现在两党都在努力争取数量日益增加的拉美裔选民。特别是共和党在争论，是否改变其在移民问题上的立场，以从民主党那里争取拉美裔选民，或者仅仅让更多拉美裔候选人参加竞选是否足以吸引拉美裔选民。

政党的命运还与美国选举的*本质*有密切的关系。如果你是一位来自刚采用初选制度的州的有竞选前途的候选人，那么争取政党领袖的支持就远不如募款做电视广告以说服大量初选选民重要。这些选举制度确定了规则，政党根据规则竞争选票，因而也影响了政党的活动和组织。

政治制度

美国政治的两个主要“规则”——联邦主义和权力分立深刻地影响了政党。由于实行权力分立，美国立法者和行政部门官员的选举是相互独立的。这就使立法机构和州长或总统被不同政党控制成为可能，就像最近几十年里一样。相反，其他很多民主国家实行议会制，立法机构的多数党从本党成员中选择行政部门的官员。当这个议会多数党不再占有多数时，必须组成新政府。相反，在美国政治体系中，立法者在关键议题上可以投票反对他们自己政党的总统或州长，而不用担心他们会使政府倒台而被迫举行新的选举。所以，在议会制中非常常见的遵守政党纪律的情况在美国立法机构中却只有在极少情况下才能实现。

联邦制对美国政党也产生了一定影响。在联邦体系中，各州有一些独立的权力（而不是全国性政府的“分支机构”）。这一制度使地方政治忠诚和地方政治传统得以存在，它还导致了大量需要填补的公职产生，形成了一种在规模和多样性方面让其他所有民主国家的选举制度都相形见绌的选举制度。这些地方传统和忠诚在两个全国性政党当中培养了大量半独立的地方政党。

管理政党的法律

世界上其他民主国家的政党都没有像美国政党这样受到法律的严格约束。不过历史上也并非一直如此。在一个世纪前的进步主义改革之前，美国政党都是几乎不受州或联邦法律限制的自治组织。比如，在19世纪的大部分时间里，政党都是自己制定规则，提名候选人，还自行印制、分发甚至计算选票——经常互相监视对方。从那时开始，“澳大利亚式”的（秘密的）投票制度把组织选举的责任赋予政府。20世纪初期采取的初选和近年来总统提名程序的改革也大大限制了政党自我管理的自由。

50种不同的管理政党的州一级法律的存在，导致产生了50种不同的政党。大多数州试图通过规范政党的募款活动来管理其政党组织。州一级的法律甚至会界定哪些团体被视为政党，有权把候选人列在选票上。相比而言，联邦政府规范政党募款的规则更加有限。

政治文化

一个国家的政治文化是其人民抱持的政治价值观和政治期望的集合。本章首先指出，长期以来，美国政治文化一直认为政党政治是卑劣和腐败的。民意测验显示，民众对民主党和共和党的满意度接近历史最低点；实际上，2013年一项令人难忘的调查结果显示，部分美国人对美国国会的评价还不如蟑螂、头虱和孢子甘蓝。①

① Lydia Saad, “GOP Favorability Matches 2008 Pre-Convention Level,” Gallup poll, August 29, 2012: www.gallup.com/poll/156959/gop-favorability-mathces-2008-pre-convention-level.aspx (accessed May 1, 2013); Public Policy Polling, “Congress Less Popular than Cockroaches, Traffic Jams,” January 8, 2013: www.publicpolicypolling.com/pdf/2011/PPP_Relese_Natl_010813_pdf (accessed February 15, 2013). 对政府的不信任在其他国家也很常见，参见：Ingrid van Biezen, Michael Saward, “Democratic Theorists and Party Scholars,” *Perspectives on Politics* 6 (2008): 21-35.

政治文化中的其他因素也帮助塑造了政党行为。民众对政党的不信任，导致很多候选人在竞选时只是低调提及政党。文化价值观会影响到人们是否认为募款方法可接受或是否合适。一条言辞激烈的竞选广告——如“国会议员某某接受了数千美元的加薪却拒绝支持我们的退伍老兵”——到底被视为“诽谤”还是被视为“直言不讳和信息确凿”，取决于特定时期大多数美国人抱持的政治价值观，而不是什么普遍的标准。

更宽泛的环境

政党也受到其他力量的制约。媒体技术的巨大变化已经深刻地影响了政党的行为。[①] 30 多年前，电视网络主宰媒体世界，这就要求政党和候选人的广告去吸引广泛、没有分化的全国观众。如今，候选人和政党可以使用推特、脸书、YouTube 以及其他大量的平台，接触特定类型的选民。庞大的政治和消费者信息数据库使政党能够与支持持枪权的农村居民，保守派基督徒或者对替代能源感兴趣的、高收入、持不可知论的专业人士进行小型沟通。

整体经济形势也会对政党产生很大影响。收入不平等——富人与穷人之间的收入差距——在近几十年加剧了。[②] 这提高了富人为政党和选举活动提供献金的能力。收入不平等也受到两大政党的核心信念的影响。当民主党掌权时，它一般会通过向贫困人口提供政府资助的社会服务方式对这种不平等做出反应。当权力转向共和党时，我们更可能看到为富人减税，目的是把更多的金钱投入能够创造就业的人手里。

我们在本章已探讨了政党的本质、政党干什么、政党在其所处环境中如何发展起来以及如何被其环境塑造。这些话题将会继续引领我们在本书中的讨论。下一章，我们将探讨学习政党的学生们在比较美国政党和其他国家政党时面临的一个最大的困惑：为什么美国有两大政党，而不是多个，或者只有一个？

---

① 参见：Markus Prior，*Post-Broadcast Democracy*（Cambridge：Cambridge University Press，2007）.

② 参见：Larry M. Bartels，*Unequal Democracy*（Princeton：Princeton University Press，2008）.

第2章

美国的两党制

在大多数美国人的经验里，政党政治总是成对出现：两个政党、两位候选人竞争一个职位、一个议题的两个方面。美国的两党制已经维持了大约两个世纪。似乎所有民主国家都必须这样运行。

但除美国外，其他国家都不是这样运行的。美国是少数几个采用两党制的国家之一。有些民主国家，如墨西哥和日本，已经实行了很长时间的一党制。更多的民主国家，包括大多数欧洲国家，支持多党制，有三个、四个甚至更多政党。在2011年突尼斯举行的第一次民主选举中，共有117个政党竞争199个立法机构席位。在这些实行多党制的国家，当某个单一政党不能赢得大多数选票时，两个或更多的政党为取得支配地位可以组成联盟。①

在美国，也有一些州和城市长期保持着一党统治的传统。在其他地区，多个政党在特定时期发展起来。小党（第三党）和独立候选人偶尔能够影响选举。在2000年总统大选中，绿党（Green Party）候选人拉尔夫·纳德（Ralph Nader）在几个关键州从民主党那里获得了刚好数量的选票，致使共和党人乔治·W. 布什（George W. Bush）赢得了总统大选。② 1992年，罗斯·佩罗（Ross Perot）作为独立总统候选人参选，他在选举初期的民意支持率实际上超过了两大党的候选人。在州一级的选举中，非常滑稽的乡村歌手金基·弗里德曼（Kinky Friedman）作为独立候选人竞选得克萨斯

---

① Arend Lijphart，*Electoral Systems and Party Systems*（New York：Oxford University Press，1994）.

② 参见：John F. Bibby and L. Sandy Maisel，*Two Parties—Or More?*，2nd. ed.（Boulder，CO：Westview，2003），p. 46.

州州长，他的竞选口号是“金基：为什么不呢?”（媒体对他进行了大量报道，但他的得票率仅有 13%。）

这样的竞选活动看起来会很有趣。例如，弗里德曼可能是唯一一个既支持在学校祈祷又支持同性婚姻的候选人，而且还写了一本名为《一石二鸟和飘飘欲仙》的书。小党和独立候选人很少取得成功。自从 19 世纪 20 年代“和睦时代”结束起，在美国历史的绝大部分时间里，只有两党在任何已经安排好的全国大选中有现实的胜选机会。即使是美国历史上最成功的第三党——共和党的迅速崛起，也显示了两党政治的力量。共和党成立于 1854 年，但它在没有与当时存在的民主党和辉格党进行竞争，而是在短短两年时间内就取代了辉格党。

在大多数其他民主国家都有两个以上竞争性的全国政党时，是什么使美国政治中的两党制得以维持呢？在这一章中，我们将探讨政党之间竞争的水平、关于支撑两党制的因素的主要理论以及小党和独立候选人为打破两党制模式而做的努力。

全国性的政党制度

在这一相当长的两党政治时期内，两大党一直是势均力敌的竞争者，至少在全国层次上的竞争中是这如此。1868 年以来，绝大多数的总统选举是由不到 10%的选民决定的。距离一位总统候选人——1984 年大选中的罗纳德·里根——以超过 10 个百分点的普选票获胜已有 30 多年了。过去的 15 年里，发生了美国历史上最势均力敌的总统竞选。

国会在 1932 年到 1980 年期间是另一番状况，当时民主党大部分时间里都控制着两院。但从 1980 年起，两党对国会的控制不断发生变化。从那时起，仅在参议院，政党的控制地位就发生了六次变化——这种频率在美国历史上是史无前例的。[①] 如果按每 10 年平均计算过去 70 年的选举结果，我们会发现，两党选民投票的百分比在所有民主党候选人与共和党候选人之间没有太大差别（见表2 -1）。

① 感谢弗朗西丝·李（Frances Lee）对此观点的贡献。

表 2-1　1940—2012 年两党选民支持共和党总统和众议院候选人的百分比

时间/年代	总统大选		众议院选举	
	支持共和党的两党选民（%）	共和党与民主党之间的差距（%）	支持共和党的两党选民（%）	共和党与民主党之间的差距（%）
1940s	46.3	7.5	49.8	5.9
1950s	56.6	13	48.1	3.9
1960s	46.3	7.9	46.6	6.7
1970s	55.4	12.8	44.6	10.9
1980s	56.1	12.3	46.3	6.7
1990s	45.9	8.1	49.5	4.4
2000s	49.1	3.4	48.9	5.4
2010s	48.0	3.9	51.4	4.0

资料来源：1998 年之前的众议院选举数据系根据 Norman J. Ornstein，Thomas E. Mann，Michael J. Malbin，*Vital Statistics on Congress 2001 −2002*（Washington，DC：AEI Press，2002），p. 63 做的估算；2000－2010 年众议院选举结果系根据美国人口调查局的数据做的估算；总统选举数据系根据 Dave Leip's "Atlas of U. S. Presidential Elections" 做的估算：www. uselectionatlas. org（accessed February 17，2013).

两党在州层次也都有其势力范围。在 2013 年，有 12 个州处在分裂政党控制之下（这与统一控制不同，统一控制是指一党同时控制着州长职位和州立法机构两院），13 个州完全处于民主党控制之下，24 个州完全由共和党控制（剩下的内布拉斯加州的立法机构是不受任何党派控制的）。

随着时间的推移，两大党都已表现出很大的弹性。媒体报道可能会展示出不同的状况，因为它关注的是当时的事件。然而，每当一个政党取得一连串大胜之后，另一个党总能重建均势。例如，2006 年和 2008 年民主党在众议院和参议院的巨大成功促使一位专业分析人士写了一篇题为《共和党还是一个全国性政党吗?》的博客文章。但仅在两年之后的 2010 年中期选举中，共和党净赢 63 个众议院席位——这使共和党在国会的总席位几乎重新回到 2004 年的水平。

50 个州的政党制度

然而，注意到这一点是很重要的：全国层次的这种势均力敌的政党竞争，是以各州和地方内部日益增加的一党控制为基础的。就在 10 年前，还有 30 个州处于分裂的政党控制之下。而现在，大多数州和地方政府已处于一个政党或另一政党相对安全的控制之下。

我们怎样才能衡量50个州政党制度中竞争的程度？创建一个指标需要回答许多问题。我们应该考察总统、州长、参议员、州范围的官员、州立法者或者这些人的某种组合的得票率吗？一个州的美国参议院席位的竞争性和州内立法机构选举的竞争性可能大相径庭。我们应该统计候选人的所有得票数、每个政党赢得的职位的数量，或者其他事情吗？

衡量州层次的政党竞争

衡量州层次的政党间（interparty）竞争最常用的方法是奥斯汀·兰尼（Austin Ranney）创立的一种指数。[①] 兰尼指数平均了一特定时期内政党成功的三个指标：各政党州长候选人所得普选票的百分比，各政党在立法机构每一院中之席位的百分比、时长，以及各政党控制州长职位和州立法机构多数席位之时间的百分比。

和其他概括性的衡量方法一样，兰尼指数更为全面地揭示了一些趋势。一个原因是，它完全是以州选举为基础的。这样，一方占优势的压倒性胜利和其他全国层次不同寻常的事件就不会扭曲评估的结果。然而，这些全国性的事件可能会成为州公职（state office）选举中将出现之状况的征兆。例如，在南方，“大老党”（Grand Old Party，19世纪末人们给共和党起的绰号）的力量日益增长，在全国性公职的竞争位居首位，后来才扩展到州和地方层次。在这些州，兰尼指数显示的政党间竞争一度比实际存在的更少。尽管如此，它还是提供了州政党竞争的一种信息丰富的图景。

图2-1展示了2007年至2011年时期的兰尼指数。该图表明，在州层次的政党竞争看上去是相当平衡的，没有一个州被认为完全处于一党控制之下。但另外一种解释也有很好的证据：我们看到了一种模式的区域政党实力正在向另一种但只是非竞争性模式转变的概貌。南方和新英格兰地区的政党变化推动了这种转变。南方各种在很多

---

① 政党间竞争（interparty competition）是指政党之间的竞争，与某一政党内部的竞争相区别。该指数首先出现在 Austin Ranney 的“Parties in State Politics”，Herbert Jacob 和 Kenneth Vines 等人的“*Politics in the American States*”（Little Brown，1965），p. 65。其他指数可参见：Thomas M. Holbrook，Emily Van Dunk，“Electoral Competition in the American States,” *American Political Science Review* 87（1993）：955-962 和 James W. Ceaser and Robert P. Saldin，“A New Measure of Party Strength,” *Political Research Quarterly* 58（2005）：245-256.

年里曾是坚定支持民主党的地区，但近几十年里已在很大程度上变成共和党的地盘。转折点发生在 1994 年（见第 7 章）。从那之后，像南卡罗来纳这样的州已从“两党竞争的州”转变为“调整后由共和党一党控制的州”。新英格兰地区则发生了截然相反的巨大变化。尽管温和的共和党人在这些州的大多数国会选举中获胜，但在 2012 年，新英格兰各州没有一位共和党人当选美国众议院议员。

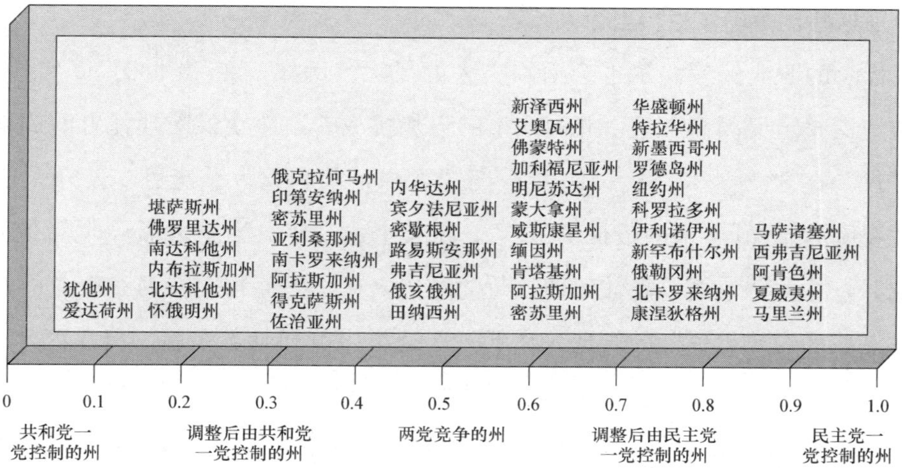

图 2-1　各州政党间的竞争（2007—2011 年）

资料来源：Thomas M. Holbrook and Raymond J. La Raja, “Parties and Elections,” 见于：Virginia Gray, Russell L. Hanson, and Thad Kousser, eds., *Politics in the American States*, 10th ed. (Washington, DC: CQ Press, 2012), Table 3-4.

竞争的限度：现任职位

在州层次以下，政党竞争更少。例如，虽然众议院作为一个整体经常由两党近乎均分，但是大多数众议员个人却是以很大的优势当选的。即便是 2010 年共和党大获全胜之际，绝大多数众议院席位对于现任者（或现任者的政党）来说依然是安全的。州立法机构层次的竞争是非常有限的。近年来，只有大约 60%的选举各有一位民主党候选人和共和党候选人参与。在其他的选举中，只是偶尔有小党竞争者（通常得不到多少资助）站出来面对唯一的大党候选人和该党最终的胜利。①

是什么阻止了全国层次非常势均力敌的政党竞争在更大程度上渗透到国会选区？

① 参见：Ballot Access News, November 1, 2012, at www.ballot-access.org (accessed February 17, 2013).

在这些选区中，阻碍竞争的一个因素是现任职位的选举价值。虽然19世纪政党更替频繁，来自政治竞争激烈地区候选人的命运取决于对政党产生影响的全国或州范围的力量，但在过去半个世纪，国会议员一直拥有更大的选举保障。1964年起，美国众议院现任者谋求连任成功的比率平均是93%，在参议院这个比率是82%。① 这些比率多少有些被夸大，因为认为在下次选举中可能会失利的现任者可能会自己决定不再参加竞选，但这些比率确实也相当惊人。

现任者的职业保障偶尔也会面临更大的风险。例如，在20世纪90年代初期，一则被广泛报道丑闻和一批由此而产生的强势挑战者，使众议院现任者的成功率下降到“仅”在88%～90%。2010年中期选举中，共和党大获全胜，使众议院议员连任比率降到了40年来的最低值85%。在某个选举年，当全国形势非常有利于某一政党时，这种“浪潮”能够促使该政党候选人在一些通常支持另一政党的选区中当选。这些已经“出头”的候选人在下一次选举中就面临着风险。但在更典型的选举年，大多数国会现任者在连任选举中失利的可能性就像被在华盛顿特区的道路上边发短信边驾车者撞倒的可能性一样低。在大多数州立法机构中，现任者也同样能够保住他们的工作。② 实际上，现任者优势在行政部门和立法机构各类的选举中都已增加了。③

由于许多原因，现任职位成为国会选举中的一种极富价值的资源。现任者们学会了更充分地利用任职的吸票优势——他们的知名度、媒体报道对他们的关注、他们能够为选民提供的服务、筹集竞选经费的更大便利，以及他们之前成功竞选的经验等，所有这些都会让潜在的有力竞争者望而却步，不再与他们进行角逐。这些加在一起可被称为个人的现任者优势，其作用在20世纪70年代到80年代特别强大。④

---

① 数据来自 Center for Responsive Politics，网址是 www. opensecrets. org/bigpicture/reelect. php? cycle=2010。任期对选举的影响参见：Gary C. Jacobson，*The Politics of Congressional Elections*，8th ed.（New York：Pearson，2012），Chapter 3，and Benjamin Highton，“The Influence of Strategic Retirement on the Incumbency Advantage in U. S. House Elections，” *Journal of Theoretical Politics* 23（2011）：431-447.

② Jonh M. Carey，Richard G. Niemi，and Lynda W. Powell，“Incumbency and the Probability of Reelection in State Legislative Elections，” *Journal of Politics* 62（2000）：671-700.

③ Stephen Ansolabehere and James M. Snyder Jr.，“The Incumbency Advantage in U. S. Elections，” *Election Law Journal* 1（2002）：315-338. 还见于：David W. Romero，“What They Do Does Matter，” *Political Behavior* 28（2006）：241-258.

④ John R. Alford and David W. Brady，“Personal and Partisan Advantage in U. S. Congressional Elections，1846—1990，” 见于：Lawrence C. Dodd and Bruce I. Oppenheimer，eds.，*Congress Reconsidered*，5th. ed.（Washington，DC：CQ Press，1993），p. 147.

导致有限竞争的其他因素

然而，研究者已发现，虽然大多数众议院席位一直保持安全，但是自 20 世纪 90 年代初期以来，获得连任的众议员现任者平均优势的幅度已经下降了。因此，个人的现任者优势不能充分解释为何大多数国会选举不是竞争性的。

另一种经常被引用的解释是，在过去 10 年间，州立法者一直能够利用复杂的电脑程序，为他们自己和众议院议员重新划定立法选区（legislative district）的界线。于是，通过“选择自己的选民”，他们使自身的选区更加安全。2000 年人口普查之后的选区重新划分使竞争性选区的数量大大减少，2012 年的选举中甚至减少得更多。① 但是重新划分选区不是使选区更加安全的唯一原因，因为现任者在没有重新划分选区的地方和州的公职选举中也做得更好。布鲁斯·奥本海默（Bruce Oppenheimer）提出了另一种解释：居民流动性的各种新模式是政党竞争程度下降的一个主要原因。随着人们的流动性越来越大，他们也更有能力、更愿意迁移到志趣相投的人们生活的地区。结果，这些地区变得越来越同质化——因而国会选区也更可能被一个政党控制。② 这种意识形态的“分类”已经加剧了政党忠诚度的地区差异。一位分析人士发现，尽管 2000 年和 1976 年的总统大选都是以微弱优势胜出，但在 2000 年几乎有两倍选民居住在一位候选人或另一位候选人以绝对优势胜出的县里。他说，这一现象表明在美国已出现了“自愿的政治隔离”。③ 艾伦·阿布拉莫维茨（Alan Abramowitz）和其他学者指出，竞争者募集竞选经费的能力的不断下降也降低了众议院的竞争性。④

图 2-2 显示了众议院选举中政党竞争的下降程度。20 年前，所有众议院议员中几乎有 1/4 是在“摇摆”选区选出的——“摇摆”选区指的是两党在其中都控制着足够的选民支持，具有赢得总统选举的现实机会的选区。从那时起，这一比例大幅下

---

① 参见：Shawn Zeller, “The Virtues of Commission,” *CQ Weekly*, November 12, 2012, p. 2195.

② Bruce I. Oppenheimer, “Deep Red and Blue Congressional Districts,” in Dodd and Oppenheimer, eds., *Congress Reconsidered*, 8th. Ed. (Washington, DC: CQ Press, 2005), pp. 135-157.

③ Bill Bishop with Robert G. Cushing, *The Big Sort* (New York: Houghton Mifflin, 2008).

④ Alan I. Abramowitz, Brad Alexander, and Matthew Cunning, “Incumbency, Redistricting, and the Decline of Competition in U. S. House Elections,” *Journal of Politics* 68 (2006): 75-88.

降，到 2012 年仅有 35 位众议院议员——约占全部众议员人数的 8%——是在“摇摆”选区选出的。超过一半的众议员是在“一方占绝对优势”的选区中选出的——这种选区指的是总统选举中投给民主党或共和党的选票比例比作为整体的全国层次的比例至少高 20%的选区。因此，在最近几十年里，当我们看到全国范围内政党竞争如火如荼时，它并不是以大量高度竞争性的众议院选区为基础的。相反，这反映出很大一部分选区一直是投票给民主党或共和党的，但其中非常安全的民主党选区的数量与非常安全的共和党选区的数量不相上下。

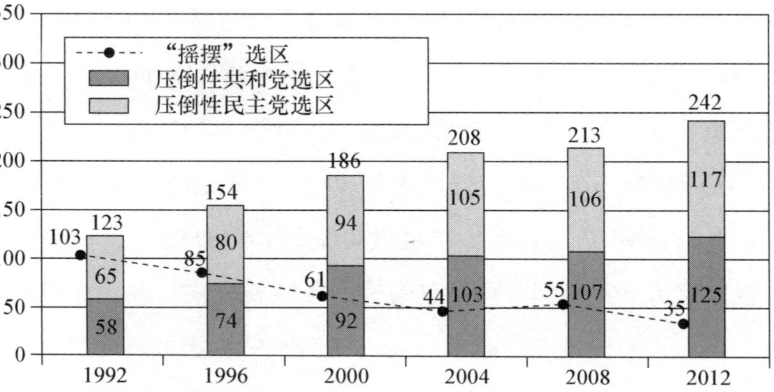

图 2-2 美国众议院“摇摆”选区数量减少（1992—2012 年）

说明：“摇摆”选区指的是总统大选票与全国普选票差距在 5 个百分点之内的美国众议院选区。在压倒性选区，民主党或共和党的总统大选票与作为整体的全国普选票相比至少要多 20%。

资料来源：数据编制系根据：Nate Silver, “So Few Swing Districts, So Little Compromise,” *New York Times*, December 28, 2012, p. A16.

这有什么差别？政治竞争在民主国家是至关重要的。当一位现任官员期望轻松赢得连任时，他或她就不会有太多动力密切关注选民的需求。特别是弱势公民的需求更可能被忽视（因为处于优势地位的公民除了投票之外，还有其他方式让政府听到他们的声音）。更进一步说，“摇摆”选区的减少与美国政治的极化是联系在一起的。因为“摇摆”选区几乎是被政党平均划分的，其人口往往也是多样化的，所以它们也经常倾向于选举能够同时吸引两党的温和的官员。这些选区的持续消亡已经淘汰了大部分过去曾在这些选区当选的温和的国会议员——南方的“蓝狗”（Blue Dog）民主党和温和的东北部共和党人。现在大多数众议院议员代表的是他们的政党在其中以相当大的优势胜出的选区。比起来自另一个政党的挑战，这些众议员更可能担心他们自己政党初选中的威胁，在这些初选中，付出最多时间和金钱者更可能坚持极端的观点。共和党的候选人和当选官员已被拉向其政党的右翼，而民主党的候选人和当选官员则被拉向其政党的左翼，国会也变得越来越极化了。①

什么成就了两党制

我们已经看到，美国政党历时弥久，而且总体来看，每当一个政党取得支配地位时，另一政党就能够反弹回来。为什么美国的两党制已实施那么久，而其他民主国家却没有？对这个问题有几种不同的解释。

制度性因素

对这种两党制的最常见的解释，是把它与美国的选举制度联系在一起。这种解释被称为**迪韦尔热定律**（Duverger's Law）②。它认为，在单一席位选区中采用简单多数选举制往往会导致产生两党制。简单地说，**单一席位选区**（single-member district）就是每一个职位只有一位候选人当选；**简单多数选举制**（plurality election）是指得票最多的候选人当选，即使得票数过半也是如此。得票数接近最高票的第二、第三、第四名没有任何意义。对于大多数职位来说，美国的选举制度是一种单一席位选区的简单多数选举制度。只有得票最多的一位候选人才能当选。因此，该理论认为，如果小党获胜机会渺茫，它们就会认为推举候选人参选是没意义的。

简单多数选举制与比例代表制对比：它在实践中如何运行

在选举中采用简单多数选举制或比例代表制规则计算选票重要吗？为找出答案，我们可以对比一种类型的美国选举中使用两种规则的选举结果。在总统初选，即政

---

① Marjorie Randon Hershey, Nathaniel Birkhead, and Beth C. Easter, "Party Activists, Ideological Extremism, and Party Polarization," in Mark D. Brewer and L. Sandy Maisel, eds., *The Parties Respond*, 5th. ed. (Boulder, CO: Westview Press, 2013), pp. 75-102.

② Maurice Duverger, *Political Parties* (New York: Wiley, 1954). 又见 Octavio Amorim Neto and Gary W. Cox, "Electoral Institutions, Cleavage Structures, and the Number of Parties," *American Journal of Politcal Science* 41 (1997): 149-174.

党选民选择选举人代表去参加提名总统候选人的政党全国代表大会的选举中，民主党采用比例代表制选择代表（一位候选人至少需要15%的得票率才能赢得代表票），而共和党采用的是某种形式的简单多数选举制（也被称为赢者通吃）。

假设一个将会向全国代表大会派出4位代表的国会选区，候选人A、B、C、D得到的选票比例分别如下。候选人赢得如下数量的代表票取决于采用的是简单多数选举制还是比例代表制。

赢得的代表数量			
	得票率（%）	简单多数选举制	比例代表制
候选人A	40	4	2
候选人B	30	0	1
候选人C	20	0	1
候选人D	10	0	0

采用**简单多数选举制**（赢者通吃）规则，得到最多选民票的候选人A，赢得该选区的所有代表票。所以，在一个采用简单多数选举制的典型的共和党初选中，只有处于领先地位的候选人才能赢得代表票，在初选中脱颖而出。其他候选人则一无所获。在大多数情况下，不太成功的候选人会发现，当他们的努力无法赢得任何代表票时，将很难在竞选中坚持太久。例如，在2008年，在为期5个月的初选季的前两个月中，在约翰·麦凯恩（John McCain）的一系列微弱胜利最终使他在代表票方面遥遥领先之后，所有和他争夺共和党总统提名的对手都离开战场。相反，在采取比例代表制规则的情况下，三位候选人得到的代表票与他们得到的选民支持大致是成比例的。所以，在典型的民主党初选中，由于比例代表制使他们能够继续赢得至少是少量的代表票，不太成功的候选人依然会受到鼓励，在竞选中坚持更长时间。

当我们把英国选举与大多数欧洲立法机构选举采用的多议席选区制做对比时，这种反差甚至更加明显。欧洲的选举中采用比例代表制推动了多党政治和联合政府，两个或更多不同政党经常共同控制着行政部门。从另一个方面来说，在英国议会制度中，根据简单多数规则运作的单一席位选区制常常会导致一党成为议会多数党，使它即便未赢得大多数普选票，也能够单独控制行政部门。在2010年的英国议会选举中，一个小党（自由民主党）确实获得了足够多的选票，使它强行进入执政联盟。然而，简单多数选举制也会造成其损失；尽管自由民主党获得了几乎1/4的普选票，它们在议会中赢得的席位却不到10%。

迪韦尔热定律的反面是，在多议席选区中采用比例代表制进行选举会导致多党制。多议席选区制指的是一特定立法选区（legislative district）中有比如三位或四位而不是只有一位经由选举产生的议员为其代表。[①] 在比例代表制中，每个政党都会为这些职位准备一个候选人名单，政党获胜候选人的数量与该政党候选人名单赢得的整体选票百分比是相称的（见 39－40 页“简单多数选举制与比例代表制对比：它在实践中如何运行”）。根据比例代表制的规则，因为一个政党只要获得 15%～20%的选票就可以选出一位候选人，所以更小的政党也有理由继续参与竞争。

但是仍有一个疑问。使用简单多数选举制度的单一席位选区制也存在于其他一些支持两个以上政党的民主国家。拥有极大多样性的美国是不是也应该如此？对一些分析家来说，美国总统职位（presidency）的性质有助于支撑迪韦尔热定律。总统职位是美国最显而易见的单一议席选区。它是美国政治的大奖，一次只有一个人能够被选到这个位置上。其他很多采取议会制的民主国家，都有一个治理“内阁”作为行政机关。这个内阁是由一些政府官员组成的，所以它可能是一个包含几个政党、包括更小的政党的代表的联盟。

在单一行政首脑（single executive）的制度中，由于没有竞争总统职位的现实机会，小党将会被削弱。这就使小党无法像大党那样获得全国性的关注。再就是美国独特的选举人团制度。要想获胜，候选人必须赢得绝对多数的选举人票——至少到目前为止，这对小党候选人来说是不可能的。有种观点认为，因为总统职位在美国政治中非常突出，所以它能够塑造作为整体制度的政治。因为小党没有机会赢得总统职位，它们也就无法蓬勃发展。[②]

但无论如何，一些小党还是会尝试竞选总统。在 1996 年，改革党（Reform Party）主要关注总统大选。但其领导人罗斯·佩罗，一个愿意为他的总统竞选花费数千万美元的亿万富翁，很明显不具备大多数小党的候选人的典型特征，无论他们多么向往这样的机会。所以，美国政治制度中单一、不可分割的行政首脑（executive office）强化了走向两党制的趋势。

---

① 1955 年，美国所有州立法机构选区中有 58%的是多议席选区，到 1980 年代，下降到 10%。参见：Richard Niemi，Simon Jackman，and Laura Winsky，“Candidates and Competitiveness in Multimember Districts，” *Legislative Studies Quarterly* 16 (1991)：91－109.

② 参见：A. James Reichley，*The Life of the Parties* (Lanham，MD：Rowman & Littlefield，2002)，p. 4.

政治学家莱昂·爱泼斯坦（Leon Epstein）发现了另一个制度性因素，直接初选也是一种阻止小党在大党控制地区的发展的力量。[①] 允许选民选择政党的被提名人（nominee）的初选已成为美国选择政党候选人的主要方法（见第 9 章）。当心怀不满的群体有机会通过初选使支配性的政党听到它们的声音，甚至可能使一位候选人成功获得提名时，最终尝到权力的滋味很可能会阻止它们脱离支配性政党而另组第三政党。所以，在早期民主党一党控制的南方，传统的敌意使得大多数人不会投票给共和党，在其他情况下可能产生的一个或多个小党的派别争夺都会在民主党内通过初选制度被遏制。

操纵规则

一旦两党制发展起来，两个处于支配地位的政党就非常热衷于保护这一制度。两大党将会支持使小党难以成功的选举制度（比如简单多数选举制和单一席位选区制）。通过它们对国会和州立法机构的控制，民主党和共和党一直操纵着规则，使小党无法获得参与选举的资格。大党根本没有兴趣创造公平竞争的环境，以使它们的小党竞争者抓住机会，取而代之。[②] 而且，两党制确立后，它已经在美国民众当中创造了对一个或另一个政党的忠诚。

两大党对新群体的开放和对不断变化的环境的适应——其他民主政党少有的品质——也削弱了强大的小党的发展。当一个第三党借助一个新议题的东风，达到能够挑战两大党之垄断地位的程度时，一个或两个大党很可能就会去消化这一新运动。[③] 比如，自从 2009 年茶党运动开始起，共和党人一直努力争取把其支持者保持在共和党的队伍中，而不是与共和党决裂，另外建立一个政党。

在对两党制的这些解释中，最重要的是美国选举政治的制度性安排。如果没有简

---

① Leon Epstein，*Political Parties in the American Mold*（Madison：University of Wisconsin Press，1986），pp. 129-132.

② Msrjorie Randon Hershey，"How American Election Law and Institutions Cripple Third Parties，" 见于：Matthew J. Streb，ed.，*Law and Election Politics*（New York：Routledge，2012）.

③ 参见：Ronald B. Rapoport and Walter J. Stone，*Three's a Crowd*（Ann Arbor：University of Michigan Press，2005）关于共和党在 1994 年和 1996 年成功吸引罗斯·佩罗（Ross Perot）的支持者的论述；Shigeo Hirano and James M. Snyder，Jr.，"The Decline of Third Party Voting in the U. S.，" *Journal of Politics* 69（2007）1-16.

单多数选举制、单一席位选区制、选举人团制度以及不可分割的行政权，小党本可以很容易打破共和党和民主党享受的双头垄断。其他英美民主国家，如英国和加拿大，与美国的制度安排有许多相同之处，也往往被两党支配，尽管小党在这些国家比在美国更成功。

两党制的例外

如我们所见看到的，美国的两党制中包含着很多一党处于支配地位的州和地方。有些地区甚至形成了一种独特的、美国式的无党（超党派）政治。小党或独立候选人偶尔也能使自己的存在被感知。我们在哪里能找到两党制的这些例外呢？它们已产生影响了吗？

超党派选举

进步主义运动的最宝贵的成果之一，是通过把在许多选举中，主要是在地方选举中抹去政党标签，限制政党的作用。大约有 3/4 的美国城市和城镇，包括洛杉矶、芝加哥、迈阿密和亚特兰大，是在超党派的基础上举行地方选举的。许多州在选举法官时采用的是超党派投票。超党派投票增加了政党的负担；即使是最强大的地方政党也不得不付出更大努力，让选民了解哪些候选人属于它们的政党。

把政党标签从选票上抹去通常并不能清除政党已很强大的地方的政党影响。一个资源丰富的政党组织仍然能够选出其候选人并在选票上没有政党标签的情况下说服选民投票支持。即使是在采取超党派地方选举的地区，地方选民仍然会受到州和全国性选举的党派因素的影响。然而，这种改革在政党虚弱的城市和城镇以及像诸如法院（judgeships）和教育委员会等政府部门扎下根来，在这里可以非常深刻地感受到美国人传统上对政党政治的厌恶。大多数东北部城市能够抵制这些改革，继续进行有党派支持的地方选举。在这些城市，强大的政党机器成为进步主义者攻击的主要目标。

如果选举是超党派的，除了增加政党组织面临的困难外，还会有什么影响呢？长期以来，研究者一直认为，超党派选举对共和党候选人来说更有利，因为在没有政党标签的情况下，他们更可能有财力吸引选民的注意。然而，研究显示，获益的是一个地区的小党，因为超党派选举消除了可能会提醒大党选民选择大党候选人的政党暗示。[①] 超党派选举还降低了投票率。大多数选民会利用政党标签作为在选举中做出选择的一种有用和低成本的便捷方式。如果选票上没有政党标签，没有多少人愿意费力去投票。[②]

在一项富有创意的实验中，一组研究者比较了内布拉斯加州通过超党派选举选出的州议员与堪萨斯州通过党派选举选出的州议员的行为。在重要的政策议题上，两个州的州议员们都坚持鲜明的立场。但在对法案的投票方面，内布拉斯加州州议员却不像堪萨斯州州议员那样清晰、明确。这就使内布拉斯加州的人们更难预测其代表们如何表现并让他们负起责任。[③] 因此，超党派选举可能会弱化选民与其议员之间的政策关联——这个结果可能会让进步主义者们非常失望。

一党垄断的地区

在数千个县、城市和城镇，一个政党完全控制着公共生活，以至于另一政党甚至无法使其候选人参加竞选。我们从哪里能找到这些一党控制的地区呢？大党在其大部分历史中，特别是在全国性的选举中，已经把美国选民大致按照人口统计学的界线划分开了（更多内容详见第 7 章）。一个地方的选民可能数量太少，无法包含支持民主党和共和党的政治的社会多样性。因而，我们可以在大城市中更为贫困的、老旧的黑人社区中找到"安全的"的民主党的国会选区，在小城镇和农村、大量白人、基督徒和南部地区找到"安全的"共和党的选区。其人口多样性越不强的选区，至少是从通常划分共和党和民主党选民的人口统计学的特点来看，产生一党政治的可能性越大。

---

① Brian Schaffner, Matthew J. Streb, and Gerald C. Wright, "A New Look at the Republican Advantage in Nonpartisan Elections," *Political Research Quarterly* 60 (2007): 240-249.

② Brian F. Schaffner, Matthew J. Streb, and Gerald C. Wright, "Teams without Uniforms," *Political Research Quarterly* 54 (2001): 7-30.

③ Gerald C. Wright and Brian F. Schaffner, "The Influence of Party," *American Political Science Review* 96 (2002): 367-379.

或者，可能有一些政党忠诚的地方基础如此强大，甚至超越了社会经济地位与政党倾向之间的关系。在美国南方几十年经典的一党政治中，种族恐惧、白人对共和党作为一个废奴和重建的政党的厌恶以及阻止黑人投票的法律和实践，在很长时期里超过了在美国其他大多数地区把美国人分成两个政党的因素。

一旦一个政党在一个地区确立起支配地位，另一个较弱的政党将面临一种困难局面。获胜的政党可能会得到该选区内大多数选民的忠诚。选民不会轻易转移他们对一个政党的忠诚，即便形成最初的忠诚的理由已逐渐消失。一个试图变得更有竞争力的政党可能会发现自己陷入了一种恶性循环。无法赢得选举限制了其募款和征募有吸引力的候选人的能力，因为作为一个长期的失败者，它无法提供实现政治目标的机会。例如，在 20 世纪的大部分时间里，南方的共和党发现，民主党已经征募了这个地区最有前途的政治家并提出了其最有影响力的诉求。现在，在南方的很多部分，是民主党面临着同样的不利局面。

较弱政党在地方吸引选民的能力还受到媒体对其全国性政党立场之报道的影响。如果民主党在全国层面被认定为穷人和少数族裔群体的希望，那么不论其候选人多么有吸引力，其诉求在富裕的郊区的影响都会是有限的。因而，一种全国化的政治可能会剥夺地方政党组织发展以其自己的议题和候选人为基础的实力的机会。和政党忠诚源于全国政治的程度一样，如同南方的民主党已认识到的，竞争性可能也是超越某些地方性政党组织的能力之外的。

就像本章开始时提到的，重新划分选区会使较弱的政党更加难以挽回颓势。多数党已找到有效途径，重新划定立法选区的界限，以维持他们的优势，于是，一个地区的少数党必须在由更强大的政党划定的选区中进行竞争。这就是政党为何特别关注在以 0 为尾数的年份里赢得州立法机构多数的原因，这时必须重新划分选区。

小党

小党，经常被称为“第三党”，在美国政治中已有很长的历史，但它们却鲜有胜选。在整个美国历史上，仅有 7 个小党在总统选举中曾拿下唯一的一个州。小党实力最近一次到达顶点是在罗斯·佩罗作为改革党候选人在 1996 年竞选总统中，他赢得了 800 多万张选票。2012 年，所有小党总统候选人加在一起赢得的选票数目，还不到这个数字的 1/4。

在总统选举层次之下，小党的胜利也是罕见的，虽然这种胜利会是极具吸引力的。自 1875 年以来选出的 1 000 多位州长中，仅有不到 20 人是作为小党的候选人参选的，更有屈指可数的几个人是作为独立候选人参选的。[①] 或许，最著名的是 1998 年被称为“The Body”的前职业摔跤手杰西·文图拉（Jesse Ventura）作为明尼苏达州州长的选举。文图拉的改革党候选人身份引起媒体的极大关注，仅仅是因为其身份与众不同。但在很大程度上被州立法机构忽视之后，文图拉在 2002 年从州长位子上退下来，而他所在政党的下一位候选人仅赢得了 16%的选票。[②] 从全国范围来看，2010 年和 2012 年，小党和独立候选人在竞选州长时赢得了 450 万张选票，但只有一位——来自罗德岛州的前共和党籍参议员林肯·查菲（Lincoln Chafee）——获得了足够多支持，赢得选举。（他在再次竞选之前加入了民主党。）

在过去的 25 年中，自由党是所有小党中最强大的吸票者。自由党的候选人在 2012 年的美国众议院选举中赢得了 140 万选票，在参议院选举中赢得了将近 100 万选票，尽管在任何选区或州都不足以把任何自由党人选入国会。在 2012 年，8 个小党候选人被选入州立法机构（7 个在佛蒙特州，贴着进步主义的标签），还有 17 个独立的州议员和几个参与到党派竞争（partisan races）中的地方政府官员。

更为重要的是，小党有时能改变一场重要选举的平衡。在 2008 年，明尼苏达州参议院竞选如此势均力敌，以至于必须进行漫长的重新计票。民主党候选人阿尔·弗兰肯（Al Franken）最后赢得竞选。其影响是巨大的：弗兰肯的胜利使民主党在参议院有 60 个席位——理论上来说足以阻止共和党的冗长发言（filibuster）。一位独立党的候选人在明尼苏达州参议院选举中赢得 15%的选票；只要小党的一小部分选民选择了共和党候选人，明尼苏达州的席位将会落入弗兰肯的共和党对手的手中，那么参议院共和党人就可以确保有足够的票数阻止民主党的任何一项法案。然而，对于每一个小党成功的案例来说，都有成千上万个没有小党候选人参加的竞选。两大党在州和城市层次比在国家层次更全面地垄断了选举（见专栏《生命中的一天：跟“大家伙”竞争》）。

---

① J. David Gillespie, *Politics at the Periphery* (Columbia: University of South Carolina Press, 1993).

② Holly A. Heyser, “Minnesota Governor,” 见于：Larry J. Sabato, ed., *Midterm Madness* (Lanham, MD: Rowman & Littlefield, 2003), pp. 233-245.

生命中的一天：跟“大家伙”竞争

布拉德·沃伦（Brad Warren）说，民主党和共和党把握着美国政治过程中的“死结”。沃伦是印第安纳波利斯（Indianapolis）的一个税务律师，他是自由党的积极分子，他在该党的旗帜下参与了美国参议院的选举。他指出，“如果我需要一双袜子，我可以去数十家商店，从几种不同的品牌和数十种颜色中挑选——对于像袜子这样无关紧要的东西是这样。但当谈到政治时，它垄断着我们社会中权力的合法运用，我们只有两种选择。这是极其恐怖的！你如何让它们负起责任呢？如果对现任者不满，你可以把他们赶下台，可再选上来的却是你在之前的选举中赶走的令人厌恶的现任者。从现在开始的四年里，你将会把今天选上来的现任者赶下台。别无选择”。

像沃伦这样的小党积极分子必须与“大家伙”——两大党——进行不平等竞争。对于一个小党来说，一个主要的问题就是把其候选人的名字列在选票上。阿肯色州立法机构过去曾允许任何有组织的政党其将候选人列在州的选票上。1970年竞选阿肯色州州长的美国人党（American Party）候选人在选举中获得了6%的选票。结果呢？第二年，该州立法机构把门槛提高到7%。各州的选举准入要求（ballot access requirements）各不相同，这使得小党难以出现在所有50个州的选票上。

“即使你满足了选举准入要求，”沃伦说，“你仍然会被排除在对选举的任何有意义的参与之外。实际上，我们靠金钱而不是选票在竞选，共和党人和民主党人瓜分了联邦政府数亿美元。”

沃伦认为，对小党来说最糟糕的问题是在大党举行初选后受到关注。“直到初选，我都得到了较多媒体报道。但初选之后，我依然是无足轻重的人。尽管初选不会选出任何人到任何岗位上，但它看起来是这样的。初选是政府资助的、选定两大党候选人作为‘真正的’候选人，并使其他政党候选人丧失合法地位的手段。媒体说我们没有机会赢，于是，除了大党选定的候选人，其他候选人都不会被媒体报道。辩论通常也都不包括第三党的候选人。为什么呢？因为决定谁可以参加辩论的委员会是‘两党’委员会，完全由共和党人和民主党人组成，就像制定选票准入法的立法机构和解释这些法律的法官一样。一个在50个州都被列在选票上的政党，就和自由党一样，是值得受到关注的。”

“两大党不会给你任何机会，”沃伦认为，“如果你继续把票投给两个恶魔中罪恶较少的一个，你得到的仍是一个恶魔。”所以，小党的作用是什么呢？在沃伦看来，“它就像蜜蜂的作用：反抗，蜇人，然后死掉”。

美国的小党在其目标、起源及活动水平（levels of activity）等方面都有很大差异。[①]

意识形态的差异

大多数小党是由议题和意识形态驱动的，但在这种承诺（commitment）的性质和范围方面，它们是不同的。美国自由党（American Freedom Party）和基督自由党（Christian Liberty Party）是非常具体而有针对性的：前者致力于提升白人至上地位（white supremacy），后者支持政治上的基督原则。另一个极端是社会主义政党，它们的计划要求进行根本性的变革，包括结束资本主义和阶级特权。自由党（Libertarian Party）希望政府自身仅参与国防和刑事法律，把所有其他计划，从社会保障到教育，全部交给私营部门。[②] 与此截然相反，绿党为了环境、和平和社会公正而要开展广泛的政府计划。

起源的差异

小党在其起源方面也各有不同。一些政党是按照字面意思引入美国的。美国早期社会党（Socialist Party）的大部分力量是 1848 年革命失败后逃离欧洲的自由思想家和激进分子。社会党候选人曾经在密尔沃基、纽约和辛辛那提等城市取得不错成绩，因为自由派德国移民聚居在这些地方。其他政党，特别是“农人协进会”（Granger）和平民党（Populist Party），都是社会抗议的本土渠道，其产生源于美国边缘农业地区的社会不平等和经济困难。

一些小党是从一个大党的分裂者或派别开始发展出来的。例如，1912 年的进步党人（Progressives）（别名“公麋党”，the Bull Moose Party）和 1948 年的南部各州民

---

① 关于美国第三政党的最好的书有：Steven J. Rosenstone，Roy L. Behr，and Edward H. Lazarus，*Third Parties in America*，2nd. ed.（Princeton：Princeton University Press，1996）；Paul S. Herrnson and John C. Green，*Multiparty Politics in America*，2nd. ed.（Lanham，MD：Rowman & Littlefield，2002）；John F. Bibby and L. Sandy Maisel，*Two Parties—Or More?*，2nd. ed.（Boulder，CO：Westview，2003）；Scot Schraufnagel，*Third Party Blues*（New York：Routledge，2011）；and Rapoport and Stone，*Three's a Crowd*.

② 小政党网址可参见：www. politics1. com/parties. htm.

主党人（the Dixiecrats）非常强烈地反对其母党党纲及其候选人，于是它们在总统选举中推出自己的候选人名单并提出它们自己的计划。实际上，南部各州民主党——民主党内反公民权的一个派别——在南部几个州用它们自己的候选人替换了民主党全国代表大会选出的正式总统候选人。如果茶党积极分子想提名他们自己的候选人参加竞选，而不是去影响共和党的初选，那么，他们也可以成为一个小党。

目标的差异

最后，小党意图也各不相同。在这些小党中，有些小党的目的是就它们关心的议题教育公民，获得选票对它们来说只是一个副业。他们推出候选人参选，是因为他们的名字出现在选票上能够引起媒体的关注，这是其他情况下它们不敢奢望的。因为不会为赢得职位而拿它们的原则做妥协，所以这些政党中有许多都能够从容地接受败选的结果。例如，美国禁酒党（Prohibition Party）在 1872 年以来的大多数总统选举中都推出候选人参加竞选，坚定不移地致力于禁止售卖酒精饮品，尽管其最高的普选票比例只有 2%，这出现在 1892 年选举中。其他小党对于争取赢得选举是严肃认真的。它们的目标经常是地方性的，尽管它们现在发现控制美国的一个城市——就像社会党人（the Socialists）曾经尝试过的；或控制整个州，就像进步党人已经实践的——是很困难的。

小党产生了哪些影响

有些人认为，小党因一些公共政策——那些首先由一个小党提出、在政治上变得很受欢迎之后被大政党采纳的计划而值得获得赞扬。一个可能的例子是最低工资问题。在民主党控制的国会在 20 世纪 30 年代通过最低工资法之前的 20 多年前里，这一问题就一直受到社会党的支持。是民主党窃取了社会党的思想吗？抑或是，即使没有社会党，民主党也会为工人们提出最低工资要求？这都无法确定。一旦大量美国人接受了这种观点，大党通常会提出一项新政策，从而可以获得选票。然而，除社会党外，大党可能还会从很多来源吸收新建议。

如果小党的影响力非常有限，那么是什么吸引一些选民投票给它们呢？这样的选民并不多；“投给第三党的选票都是废票”这种自我实现的预言在美国政治中非常强大。①

① 例如，几乎 1990 年以来的所有的小政党总统候选人在大选日当天获得的投票都要少于选举前的民意调查；可参考：Rosenstone，Behr，and Lazarus，*Third Parties in America*，p. 41.

但有些选民确实会把票投给小党。对史蒂文（Steven Rosenstone）及其同事们来说，这是由大党未能“满足选民对它们的期望——反映选民关注的议题优先次序、管理经济、选择有吸引力和可接受的候选人以及建立选民对政党和政治制度的忠诚”而造成的。① 所以，小党在推动大党忽视的、有吸引力的想法时往往能够得到支持，或者是由于民众对大党候选人不满而不是因为很多选民相信多党制是一个原则问题。

独立候选人的崛起

在最近的选举中，对两大党的不满还造就了一些著名的独立候选人——那些作为独立于任何政党组织的个人参选的人。最成功的是罗斯·佩罗，他在 1996 年作为改革党候选人参选之前曾在 1992 年作为资金充沛的独立候选人参加总统选举。佩罗两次成为候选人的经历——一次作为独立候选人，一次作为小党候选人——有助于我们了解其每一次选择面临的有利条件和不利条件。

在 1992 年作为独立候选人参加的竞选中，佩罗及其支持者创建了一个非常强大的全国性组织。经过该组织的努力，佩罗的名字被列在全部 50 个州的选票上。他最终赢得了 1 970 万张选票——比历史上不是前总统的任何一个“第三党”候选人得到的普选票份额都要大得多。实际上，他的选票数量比他所有小党竞选对手票数总和还要多 1 900 多万张。佩罗成功的关键因素是金钱；在竞选过程中，他自己投入的经费就有 6 500 多万美元。这些经费被用于为基层组织工作提供资金，并购买了大块昂贵的电视时段。即便如此，佩罗还是没能赢得一个州，他的很多支持来自那些对大党候选人更加不满而不是被另一个政党或候选人的长期承诺所吸引的选民。②

三年之后，佩罗组织了新的改革党并谋求使之有资格被列在全国 50 个州的选票上。这比作为独立候选人参加竞选更加难以获得资格。加利福尼亚州是他最艰巨的挑战。在这里，其申请书到 1995 年 10 月必须得到至少 89 万个签名，才能使他在 13 个月之后在该州的选票上赢得一席之地。他失败了。利用另一种不同的机制，佩罗最终在加利福尼亚及所有其他各州获得了竞选资格，但他也发现很难为其他职位征募改革

---

① Rosenstone, Behr, and Lazarus, *Third Parties in America*, p. 162.

② 参见：Paul R. Abramson, John H. Aldrich, and David W. Rohde, *Change and Continuity in the 1992 Elections* (Washington, DC: CQ Press, 1994).

党候选人。在大选日当天，佩罗作为改革党候选人只得到了不到四年前作为独立候选人参选时一半的选票。

为什么他作为小党候选人参选的努力不太成功呢？很多因素起了作用。一个原因可能是易于理解的熟悉度。有时，一位候选人并不能通过让选民更好地了解他或她而获益。佩罗在 1996 年花费的自己的钱比四年前少多了。而且，对于一个组织来说，支持很多候选人比仅仅支持一位候选人更加困难。例如，在 2000 年的总统选举中，改革党的积极分子内部的冲突变得如此激烈，以至于党的全国代表大会演变成一场互殴，该党也分裂了。

拉尔夫·纳德（Ralph Nader）在 2000 年和 2004 年作为总统候选人的经历与佩罗非常不同。在 2000 年，纳德非常轻松地获得了将其名字列入 14 个州的选票的资格，因为他是作为绿党的候选人参选的，而绿党之前已经在那些州获得了被列入选票的资格。在 2004 年，纳德争取作为独立候选人被列入同样这些州的选票。民主党的积极分子提起诉讼，试图阻止纳德的名字被列在州选票上，因为他们认为纳德的参选对民主党的约翰·克里（John Kerry）的伤害比对共和党候选人乔治·W. 布什的伤害更大。

即使一个小党应对了确保其出现在选票上的挑战，它仍然面临着征募为数千个州立法机构席位和县政府职位（county office）以及总统候选人的巨大障碍。自 2000 年以来，绿党人和自由党人已做出了切实努力，以把自己建设成竞争从上到下的各种职位的组织。然而，如果说历史能够提供一种指南，那么它就是一场他们将会失败的战斗。结果是，当选民考虑替代大党的选择时，独立候选人（特别是如果他们碰巧是亿万富翁，例如纽约市长迈克尔·布隆伯格），他在 2012 年曾考虑作为独立候选人竞选总统）仍将会比那些想要建立复杂完整的小党的候选人更有优势。

想作为独立候选人参加竞选吗？祝你好运！

如果你要在佐治亚州、蒙大拿州、北卡罗来纳州或南卡罗来纳州作为独立（非党派）候选人参加美国众议院选举，那么你需要找到 10 000 个人为你签一份申请书（结果是，无论是在北卡罗来纳州还是在南卡罗来纳州政府印制的选票上，都未曾出现过竞选众议院议员的独立候选人）。

如果你更愿意作为独立候选人竞选总统，那么你必须得到一份差不多有 100 万个有效签名的申请书。每个州都有自己的规定，你必须找到它们并按要求行动。仅在得克萨斯州，你就需要在 75 天的时间内得到 80 778 位已登记选民的签名，在竞选年份的 5 月结束，而且任何一位签名者都没有在最近的政党初选中投过票。在佛罗里达州，你必须在选举年的 7 月 15 日之前得到 112 174 个登记选民的签名（实际上你得需要两倍的签名，因为民主党和共和党的计票员不会接受任何他们认为无效的签名）。

有偿签名采集者收集一个签名通常会赚 2 美元，所以，除非你能招募到一小队志愿者；否则，仅仅为了得到签名的申请书，你就需要花费数百万美元；在各个州聘请律师的花费会更多，这是保护你的申请书免受其他候选人或政党的法律挑战所必需的。这些都是几乎完全由民主党人和共和党人组成的州立法机构保护两大党的方式的例证，通过制定法律，使小党和独立候选人更难以被列在选票上。

资料来源：Richard L. Winger，*Ballot Access News*，November 1，2011，p. 5（关于总统候选人）and Winger，*personal communication*（关于众议员候选人）.

两党制会继续吗

从对两党政治及其他替代选择的审视中，我们可以得出两个主要结论。第一，两党制在美国是很稳固的。小党不可能发展壮大。在两党制早期的几十年里普遍存在的第三党国会议员，在过去的一个世纪特别是在最近几年中已非常少见。1952 年以来，仅有三位国会议员是戴着小党的标签当选的。近年有五位是作为独立候选人当选的，但他们自己都与某一个大党的派别（caucuses）结成联盟。在这一时期，小党候选人在州立法机构的竞争中也同样表现不佳。

小党和独立候选人在选举准入方面的某些障碍减少了。有些州的选举法中的奇怪规定继续支持着一些小党。纽约是一个很好的例子；几个小党，特别是保守党（the Consevetives）和工人家庭党（the Working Family Party）能够存活下来，是因为州法律允许它们提名一个大党的候选人，同时也在它们自己的政党标签下参选。[1] 但大多数情况下，除共和党和民主党以外的候选人，都还必须跳过巨大障碍才能被列在州选票上，而且为获得被列入全国范围的选票的资格，还要同时满足不同州的法律规定（见专栏《想作为独立候选人参加竞选吗？祝你好运！》）。即使法院推翻了歧视这些候选人的法律，选择仍然很有限，申请者在每个州都需要跨越一个挑战。[2]

另外，独立候选人和小党候选人在资金上仍然会面临着的巨大劣势。尽管候选人不必为了利用电视和互联网接触整个美国的选民而成加入民主党或共和党，但现代竞选活动的巨大开支很可能会把这种机会局限于少数能见度非常高或非常富有的个人。小党的总统候选人如果获得至少 5%的选民票，其竞选活动则可以得到公共经费的补助（其他民主国家如加拿大和澳大利亚也是如此）。然而，30 年来，只有 1996 年佩罗的改革党的竞选活动满足这个条件。这确保改革党 2000 年的总统候选人得到了1 200 万美元联邦资金对其竞选活动的支持。毫无疑问，这笔钱增加了该党总统提名过程的吸引力。但最终的被提名人，帕特里克·布坎南（Patrick Buchanan）只赢得了不到 0.5%的选民票。

竞选总统或州长的独立候选人已让一些选举变得更加不可预测。但是，由于是他们自己参加竞选，其“选票”上也没有其他候选人，这些独立候选人不可能对民主党和共和党构成长期的挑战。为形成能够根本上变革美国政党的持久挑战，这些独立参选人需要在从上到下的选举中组织起来对抗大党。做过这种尝试的人们很快就认识到，两党制可能不是人们非常钟爱的，但其根基却是相当牢固的。

多党制将会怎样改变美国政治呢？支持者会列举出很多好处。选民将会有更多选择。更多的意见能够通过政党政纲进行表达。代表社会不同部分之利益的更小的政党，可能会给予这些群体的选民更多信心，他们的声音是能够被听到的。

另一方面，当选举准入门槛降低时，激进主义政党也更能参与竞争。在一种可能由多个政党联盟组成政府的制度中，选民需要预期其支持的政党为组建政府而可能做出的妥协。为影响这种妥协，选民可能会策略性地把选票投给比他们所持有观点更激进的政党。[3] 相反，在多数主义的两党制中，选票会被更直接地转移到领导人那里，

---

① 这被称为“融合”（fusion）。参见：Howard A. Scarrow，*Parties*，*Elections*，*and Representation in the State of New York*（New York：New York University Press，1983）.

② 参见：*Ballot Access News*（www. ballot-access. org），和发行的：*Election Law Journal*.

③ Orit Kedar，“When Moderate Voters Prefer Extreme Parties，” *American Political Science Review* 99（2005）：185-199.

尽管美国政治由于其权力分立限制这种转移。联合政府可能是不稳定的。多党制可能会要求美国选举制度进行重大变革。但是这些优势和弊端都是争论未决的问题，因为美国的两党制仍然是稳固持久的。我们在本章看到的第二个主要趋势是特别有趣的。在全国层次，民主党和共和党竞争非常激烈。总统选举只是以相当微弱的优势胜出，两党在国会中轮流处于支配地位。然而，当我们审视总体层次之下单个众议院和州立法机构选区，大多数激烈的竞争消失了。全国层次激烈的政党竞争反映出，在国会和更低层次的席位中，民主党和共和党安全席位的数量是大致相当的。①

在对他们的党相对安全的选区当选的官员，可能会认为没有很大必要像他们在竞争更加激烈的选区里那样去吸引另一党的选民。安全选区的现任者在初选中面临的自己党内的威胁比来自另一党的威胁还要大。这些初选威胁通常来自他们党内意识形态上的极端派。后面第 13 章将会讲明，安全的现任者为挡住初选的挑战者可能会采取党派倾向更明显的立场，因为他们知道自己在普选中不可能因此受到惩罚。国会、州立法机构和参与政治的公民中的政党极化一直伴随着这一过程。即使是在美国这样相对稳定的两党制中，温和在政治辩论中也是少见。

---

① James E. Campbell，“The 2002 Midterm Election，” *PS* 36（2003）：203-207.

第二部分

作为组织的政党

后面三章将探讨正式的**政党组织**（Party Organization）在美国人选举各个层次（街区、小镇、城区、城市、县、国会选区、州和联邦政府）公职人员的竞选中工作的政党委员会和志愿者以及赋予这些组织生命的非正式积极分子群体。政党组织是如何运行以及随着时间推移是如何变化的？哪种类型的人变成了政党的积极分子？这些内在特点影响着政党在更大的政治制度中有效发挥作用的能力。

美国的政党组织，从强大和精妙的结构到空壳，差异非常大。但与其他西方民主国家的政党组织相比，大多数美国政党组织会被认为是相当虚弱的。受制于各州法律，政党组织很少能够对政党的候选人和官员（政府中的政党）以及选民中的政党施加太大影响。

政党的三个部分各有各的目标。比如，在一场选举中，政党组织和政党积极分子希望支持尽可能多的候选人。相反，每位候选人个人都希望得到尽可能多的政党资金支持，而政党的选民关注的却是税收或同性婚姻或者是更便宜的大学学费。每一方都试图控制政党以实现自己的目标。在美国的制度中，政党组织发现很难在这种竞争中控制自己的目标并获得它们影响选举和推动政策所需要的资源。美国政党组织不能把它们的政纲核心内容转变为法律。它们必须依靠其政府中的政党成员实现这个目标。政党组织必须十分卖力地讨好和动员政党选民，他们可能支持一些政党候选人而不支持其他候选人。

组成部分之间缺少整合是**骨干型政党**（cadre parties）的典型特征——两个词中的一个经常被用来描述政党组织的性质。假设众多政党组织是沿着一个连续体排列的，在连续体的一端是骨干型政党，其组织由一些领导人和积极分子进行管理，很少甚至没有更广泛的公众参与。这些官员和积极分子做出该组织的决策，选择其候选人，并选择他们认为能够吸引选民的策略。他们主要关注政党候选人的选择而不是议题。因而，政党主要是在竞选期间变得很活跃，这时候选人最需要其政党组织的帮助。骨干型政党就是人民和利益集团为了赢得选举而临时撮合起来的一种联盟，一旦选举结束就会缩减成一个更小的核心。

在这一连续体的另一端是**群众性政党**（mass-membership party），一种高参与度的、政党的所有三个部分密切联系的组织。在这种类型的政党中，大量选民成为政党组织中缴纳会费的成员，并一年到头而不仅仅是在竞选期间才参加政党活动。一个群众性政党集中关注推动一种意识形态和教育公众，以及赢得选举。其成员决定政党的政策应该是什么并选择其组织领导人。选民中的政党的成员对政党组织来说是非常重要的，以至于政党甚至会给他们提供诸如保险和闲暇时间的活动等非政治性的福利。因为以会员为基础的政党组织在候选人选择方面有很大的权力——在初选中，它不必赋予很少参与政党活动的选民选举政党候选人的权力——它还可以对政府中的政党施加更强大的控制。

在重要的方面，主要的美国政党都是骨干型政党。绝大多数地方和州政党的领导人与积极分子都不是有报酬的专业人士而是志愿者，他们的党务在选举时期会增加。这些政党组织领导人不会努力控制政党候选人和当选官员，他们这么做也不可能成功。美国大多数政党认同者（party identifiers）根本不参与政党组织。

它们与骨干型模式的政党又不完全吻合；实际上，政党往往会脱离精确的定义。[①] 例如，与几十年前的做法相比，现在政党领导人与其选民中的支持者的联系更加频繁了，州和全国性政党组织全年都很活跃。然而，这些改变并没有使主要的美国政党变成群众性政党组织。和在某些议题上教育选民相比，大党关注更多的是选择候选人。

政党组织是强大的还是虚弱的，是骨干型的还是群众性的，为何很重要呢？因为政党组织是政党的支柱。它们是政党的能够提供连续性的部分，尽管政党的候选人、当选的官员以及政党认同者来来往往。一个强大的政党组织能够找到长期的选举成功必备的资源。它能够为选民提供选择，为候选人提供专门知识。如果政党组织是虚弱的，由此造成的权力真空可能会被利益集团、野心勃勃的个人或无休止的冲突填补。

随着近年来美国的政党组织变得越发强健，它们已经从竞选经费的募集到政治辩论的性质等方面改变了我们的政治。第 3 章以研究最接近家庭的政党组织开始：州和地方政党组织。

---

① 参见：Alan Ware，ed.，*Political Parties*（New York：Basil Blackwell，1987）.

第 3 章

州和地方政党组织

19 世纪晚期，记者们把很多城市的政党组织描述成“机器”，它们通过把选举权给予大量新移民而控制着城市政府。仅仅几十年之后，大多数这种机器消失了。很多因素消耗了地方和州政党的力量，因而大多数政党组织变得虚弱和不再活跃。从那时起，伴随着全国性政党的极化，各个层次的政党组织都复苏并且进入了互联网时代。简单地说，州和地方政党在过去一个世纪发展迅速——这充分表明它们有能力适应美国政治环境的变化。

反过来，政党力量的这些变化已深刻影响了美国政治。正如第二部分引言中指出的，政党组织是一个政党的基础。它使政党得以延续，尽管候选人和当选的政府官员不断变化。与政府中的政党或政党认同者相比，政党组织更能守护政党的品牌——能够在候选人向选民介绍自己时为其提供一种便利（shortcut），并为选民在候选人当中做出选择提供一种方法上的统一标签和思想。没有这种政党组织，政党就变成了候选人之间、候选人和选民群体之间的一种不稳定的权宜联盟——太易发生变化而无法发挥政党在民主国家能够发挥的重要作用。

本章将追溯州和地方政党组织的这些纷繁复杂的变化。在仔细思考了如何衡量“政党力量”（party strength）之后，我们将开始探讨地方政府组织从 19 世纪后半叶开始控制大量东部和中西部城市的传说中的政治机器到近年来地方政党之兴衰的路径。最后，我们将探讨在过去的 40 年中州政党是如何从虚弱走向强大的。

"强大的"政党是什么样的

如何界定"强大的"政党？很多研究者通过研究一个政党的组织特征来衡量其活力。更强大的政党会拥有更多的预算、更多全职带薪的工作人员。这些被称为**政党组织力量**（party organization strength）。

其他方式也可以衡量政党的力量。强大的政党会致力于高效地登记选民，让他们了解政党候选人，并在大选日当天动员他们出来投票。强大的政党还能成功地把有吸引力的候选人填写在其选票上。其候选人获胜的选举比失败的多。我们甚至还可以衡量政党能否使其党纲成为法律（将在第 15 章进行评估）。但对一个政党来说，要想做这些事情——特别是登记选民、游说拉票、动员投票——就需要资金、工作人员和其他形式的组织力量。我们将在本章探讨这些衡量方法中的大部分，但主要集中在政党组织力量方面。

各州对政党的规范

由于美国人对政党传统的质疑，大多数州普遍对它们的政党组织进行了控制。州法律规定政党必须如何选择候选人、谁可以在一政党争取获得出现在选票上之资格的申请书上签名，甚至是规定政党举行代表大会时选择的公共建筑的类型。对政党委员会规范"松懈"的州在所有州中只占 1/3，它们中的大部分分布在南方、大草原地区各州以及上中西部地区。[①] 另一个极端情况是，在包括加利福尼亚、新泽西和俄亥俄在内的 15 个州里，议员们认为有必要对政党活动的每一个细节进行实质的控制。

即使是最苛刻的州的限制也未必会削弱政党。这个国家中一些最强大的政党组织

① Andrew M. Appleton and Daniel S. Ward, *State Party Profiles* (Washington, DC: CQ Press, 1997), Appendix.

同时也都是受到最严格规范的政党组织。事实上，所有这些州法都保护了民主党和共和党，使之免于来自小党的竞争。然而，这些法律确实赋予州政府一系列密切监视它们的政党的工具。它们也表明，州法律并没有把政党简单地视为个人团体。在莱昂·爱泼斯坦看来，政党是一种公用事业机构，很大程度上需要从属于州的发展方向。[①] 国会在20世纪70年代以来也通过了多套法律，规范全国性政党组织竞选经费的募集。

各州并非可以完全自由地决定如何规范政党。联邦法院经常介入进来，保护公民的选举权（见第8章），防止各州不合理地限制小党和独立候选人的选举准入资格（见第2章），以及确认政党管理自身内部事务的权力。例如，在20世纪80年代，最高法院裁定，如果共和党愿意，康涅狄格州不能阻止它对独立候选人开放其初选。不久之后，最高法院推翻了加利福尼亚州的一项法律，该法规定政党不能在初选中为候选人背书。2000年最高法院的一项决议推翻了加利福尼亚州提出的举行"无限制初选"（blanket primary）的倡议，以违背宪法第一修正案赋予政党组织的决定，理由是该倡议违背了第一修正案赋予政党组织的决定哪些人可以在初选中投票的权力。[②] 然而，与其他民主国家的政党相比，美国政党组织受到的管制更加苛刻。

政党组织的层次

美国人在不同层次——县、州、全国——选举政府官员，因而政党组织也遵循着同样的模式。这种结构经常被描述成一种金字塔结构，底层是基层组织，然后向上延伸到州范围的组织。但是，金字塔结构可能导致一个错误的印象，认为最上层组织可以命令下层组织。因此，作为一种替代，我们把这些政党组织以与地图一致的模式画出来（见图3-1）。

---

① 公用事业机构是指政府监管下的公共服务提供者，例如提供燃气和供水的公司。Leon Epstein，*Political Parties in the American Mold*（Madison：University of Wisconsin Press，1986），pp. 155-199.

② 相关的案例有：*Tashjian v. Republican Party of Connecticut*（1986），*Eu v. San Francisco Country Democratic Central Committee et al*，（1989），*California Democratic Party v. Jones*（2000）.

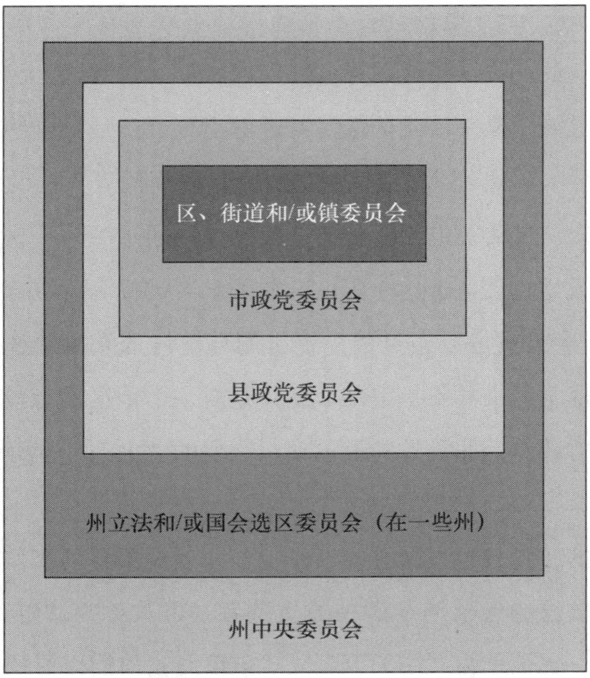

图 3-1　一个典型州的政党组织

地方政党委员会

在大多数州，县是地方政党组织的主要单位，因为许多重要的政府官员都是通过县一级选举选出来的，而且通常是通过党派型选举（partisan election）的方式：县治安官、书记员、法官、地方议会成员、财务主管、税收评审员、测量员、验尸官等等。这些官员掌管着从维护地区治安和起诉被控犯罪者到评估和征收财产税等重要职能。至少在某种程度上，政党组织几乎在全国所有的县都存在。这些都是政党的基层组织，政党志愿者的大量活动就发生在这里。

在大多数地区，县被划分成更小的、被称为选区（precinct）的单位。每个选区[或镇、镇区，或有些地方的选区（ward）]理论上都有一个政党领导人——委员会委员——在该地区开展其政党的活动。由于美国有大约 19.3 万个选区，所以很容易想到一个由至少 20 万坚定的男女组成的富有活力的政党基础。然而，这只存在于政党领导人的梦中；实际上，这些（无薪的）地方委员会职位有一半是空着的，因为没有志愿者在这里服务。

大多数选区（precinct）委员会委员是通过地方政党党团会议或初选选出的。政党党团会议（party caucuses）指的是在选区（precincts）或区（wards）举行的对该地区内所有认为自己属于某个政党的选民开放的会议。然后，这些地方政党的支持者选出选区委员会领导人，也经常会选举参加县和/或州代表大会的代表。在那些在初选中选举选区政党委员会委员的州，任何选民都可以通过填写一份由当地一些选民签名的申请书提名他或她自己竞选这一职位。如果没有被提名人（这种情况是经常发生的），选区政党委员会委员可以通过数量更少的自填候选人投票选出。总之，这些地方政党委员会职位通常需求并不是很多，尤其是对一个地区实力较弱的政党来说，更是如此。所以说地方政党远非排外的俱乐部，它们的“大门”对任何一个选择走进的人都是敞开的。

这些选区和县的政党领导人做哪些工作呢？三项最重要的工作是登记新选民、挨家挨户上门把政党的候选人推销给潜在的支持者（也被称为“游说”或者“D2D”），以及动员选民投票（也被称为“GOTV”或“催票”）。他们需要招募志愿者来帮助完成这些劳动密集型的工作，为政党总部输送工作人员。县级政党领导人还可能设法募集经费，支持地方候选人。当政党的选票上有空缺，没有人选择参加竞争一职位的初选，政党也未能够征募到候选人时，地方政党委员会有责任指派一位候选人参加竞选。对于不太活跃的地方政党来说，这些任务可能是无法完成的。

通常是选区的政党委员会委员集合在一起组成下一级地方政党组织，或者由他们选举出代表来组成下一层级地方政党组织。在某些州，下一级地方政党组织就是城市政党委员会；在另一些州，可能是镇、县或州立法机构和国会选区政党委员会。但在通常情况下，县级政党的活动比其他任何层级的地方政党的活动都要重要。

州中央委员会

在州这一级，政党组织通常被称为州中央委员会。州政党通常会在全州范围内为州政府部门、州立法机构席位征募候选人（例如州财政部长或司法部长），帮助培训他们，并募款支持他们的竞选。他们也会在选民登记、游说和催票等至关重要的工作中与地方政党组织合作。

州法律通常赋予州政党中央委员会其他一些重要权力：负责组织政党代表大会，

起草党纲，监督政党竞选经费的使用，遴选政党的总统选举人、全国委员会代表以及一些全国代表大会代表等。相反在有些州，是政党的州代表大会拥有这些权力。在诸如印第安纳州等少数几个州，州范围内的一些政府部门候选人事实上是由政党的州一级代表大会提名的，这昭示着政党代表大会在初选之前掌握的权力。

从这些组织模式中，我们可以得出三个重要结论。首先，各个层级政党组织的建立与公民选择其所在州的公职人员的选区（例如县和国会选区）是相对应的。根据州法律，这些政党组织主要的任务是参加竞选。因而，州的法律把政党组织视为州完成提名和选举工作的帮手——这项工作在 20 世纪开始之前几乎完全是由政党完成的。其次，各州的法律表明，州的立法者们对于一个政党组织的组成部分的看法是矛盾的。这些法律中，有许多法律把政党看作由少数政党官员控制的骨干型组织。然而，当它们明确规定政党自己的官员，包括地方政党委员会委员，必须通过初选选出时，这就等于赋予政党选民——可能是任何选民——在政党组织中一种重要的、半成员的地位。所以，州的法律有助于创造一个半公开的政党，而不是一个由其正式成员选择其领导人并确定其方向的真正意义上的私人团体。最后，这些州及地方政党组织之间的关系不是低层级组织从高层级组织接受指令的等级关系。相反，在其大部分历史中，政党更多被描述为“一种多层次的组织体系”① 或“层级模式”（stratarchy），② 其中每一层级都有一些独立的权力。事实上，传统上权力在地方和州政党当中是自下而上流动的，这与权力被集中在顶层的等级制不同。③ 政党组织是一种从政治基层成长起来的政党委员会组成的体系。所以，政党组织仍然是相当分散的，而且是植根于地方政治的，即使在最近州及全国政党委员会日趋强大的情况下也是如此。

传奇般的政党机器

美国地方政党组织力量的顶点出现在 19 世纪末期和 20 世纪初期，当时城市的

---

① V. O. Key，Jr.，*Politics，Parties and Pressure Groups*（New York：Crowell，1964），p. 316.

② Samuel J. Eldersveld，*Political Parties：A Behavioral Analysis*（Chicago：Rand McNally，1964）.

③ 美国政党组织不同于 Robert Michels 所说的“寡头铁律”，即组织完全由上层控制。参见：Robert Michels，*Political Parties*（Glencoe，IL：Free Press，1949）.

政治“机器”达到其权力的顶峰。在这一时期，一些数据显示，大多数美国城市都是由政党机器控制的。[①] 政党机器是一个有严格纪律的组织，控制着由选举产生的职位的提名。它曾拥有等级制的结构，这是今天的地方政党所没有的。它依靠物质激励——提供工作或好处——在选民中建立支持。最重要的是，它控制着市或县的政府。

然而，尽管它们对塑造我们看待政党组织的方式有重大影响，但影响巨大的政党组织并没有存在于所有城市，而且它们也逐渐消失了。这些组织从 20 世纪 30 年代开始减少，到 20 世纪 60 年代和 70 年代几乎全部消失。这些“传统的政党组织”[②] 是被多种力量打倒的。一些政党机器，比如匹兹堡和纽约的政党机器，一直没有从被中产阶级改革者击败的选举失利中恢复过来。其他政党机器，包括费城和印第安纳州的噶里的政党机器，在种族紧张关系使旧的族群政治都黯然失色时，也失去了影响力。[③]

政党机器是如何发展的

在 19 世纪晚期，涌入美国大城市的大量移民有着迫切的经济和社会需求。这些新移民都是穷人，通常不会说英语，面临着适应新的城市环境的困难。在这些城市当中，有许多城市的政党领导人——通常是民主党人，反映着民主党对移民持开放态度的历史——认识到了彼此互利交换的机会。移民需要工作、社会服务以及城市政府能够提供的其他好处。政党领导人为了控制城市政府需要大量的选票。如果政党能够登记这些新来者参加选举，他们的选票就可能把该党推上台。反过来，政党将会掌握政府拥有的许多资源，为这些新选民提供他们急需的帮助。

工作机会是新移民最急迫的需求。所以，政党机器提供的最明显的好处是城市政府的**赞助性**工作（patronage jobs）——基于政党忠诚而不是其他资质而给予的工作。在政党机器最繁盛的时期，它支配着数千个这样的赞助性职位。通过为政党支持者提

---

① M. Craig Brown and Charles N. Halaby, “Machine Politics in America, 1870—1945,” *Journal of Interdisciplinary History* 17 (1987): 587-612.

② 参见：David Mayhew, *Placing Parties in American Politics* (Princeton: Princeton University Press, 1986), pp. 19-21.

③ 参见：Kenneth Finegold, *Experts and Politicians* (Princeton, NJ: Princeton University Press, 1995).

供赞助性工作，政党的领导人可以确信城市工人将会保持对政党机器的忠诚，而且会致力于帮助它赢得选举。他们不但会把自己的票投给该政党，还会带动家人、朋友和邻居投票。毕竟，如果政党在选举中失败，得到赞助性工作的这些工人也将会失去工作。

芝加哥民主党的政党机器在其鼎盛时期掌握着政府中大约 3.5 万个赞助性工作岗位，并且影响了另外一万私营经济中的工作岗位的雇用。算上这些任职者的家人和朋友，政党机器在选举时期可以调动 35 万个选民。地方政党的工作人员还通过为陷入困境的人们寻找社会福利机构，或者为穷人提供圣诞礼品篮或运送煤块等方式赢得选民的忠诚。政党机器的领导人，也被称为“老板”，会参加婚礼和守夜活动，倾听求职者和企业管理人员的心声，保释醉酒者，以及帮助饥民和无家可归者。

政党机器也为地方企业提供了好处。政府从私营部门购买了许多商品和服务。如果一个银行想要获得城市的存款，如果愿意捐助政党机器的话，那么它将有望更有效地争取该城市的企业。想得到城市的合同的保险经纪人和律师、刊登城市公告的报纸，甚至是向城市浴室提供肥皂的供应商，都受到激励而为政党机器捐助金钱或服务。此外，城市政府还经常做出诸如发放建筑许可证和进行卫生检验等会影响到个人和企业经济地位的决策。如果这些决策中的某一个帮助了你，你可能会预期到政党机器会要求你用献金和选票的形式。这些所谓的**肥缺**（preferments）可以被有效地用于政治权力的建立。

政党机器如何执掌权力

经典的城市政党机器不仅是一个政党组织，还是一个“非正式的政府”，一个社会服务机构，也是一个向社会和经济上层流动的阶梯。在某些方面，政党机器看起来就像一个欧洲群众性政党的地方组织，只是美国的政党机器很少或根本不关心意识形态。它的世界就是这座城市；它关注的是其选民眼前的需求，其政治与使全国政治充满生气的议题几乎是完全脱节的。

政党机器的力量的一个重要来源是它们吸引族群忠诚（ethnic loyalties）的能力。尽管在没有大规模移民人口的城市中也有政党机器，但美国政治机器的兴衰与种族群体向大城市迁移的变化有紧密的联系。政党机器是种族群体特别是爱尔兰裔人在美国政治中立足的一种方法。①

通过使用武力和恐吓阻止其反对者参与投票，政党机器能够创造一种“设计师选民”（designer electorate）。由于控制着选举进程，政党机器在紧要关头更改选举规则甚至以创造性的方式计票都是可能的。例如，在印第安纳波利斯，对方政党工作者的一种必不可少的工具是手电筒——用来在漆黑的夜晚找出未支持占支配地位的政党的候选人的、碰巧飞出计票总部窗户的选票。

政党机器政治（machine politics）更可能在大城市发展起来，但美国的政党机器在其他地区也扎下根来。导致政党机器发展的条件，特别是具有狭隘倾向、有眼前经济需求的大规模人口，在南方小城镇和公司城（one-company town）中也同样存在。甚至在一些富裕的郊区也涌现出强大的机器式的政党组织。例如，在纽约市富裕的长岛郊区，在20世纪90年代其失势之前，由意大利裔美国人主导的拿骚县共和党的政治机器控制地方政府长达数代之久。② 在附近的皇后区，当地民主党组织从丑闻中恢复过来，继续控制初选和候选人遴选。

我们无法确定政党机器到底有多强大，即使是在最强大的时期，我们也无法确定。例如，对芝加哥的一项研究发现，政党机器对公共服务的分配，主要是以历史传统和官僚决策规则为基础的，不是为了回报其政治支持者。③ 在纽黑文市，研究者发现政党机器更关注族群的忠诚而非其自身的生存。由意大利裔美国人领导的政党机器，把暑期工作机会不成比例地分配给非政党机器选区的意大利孩子，他们很少参加之后的政治活动，而没有分给那些强大的政治机器所在选区的孩子。④

然而，在20世纪第一个10年里，有助于维持政党机器的条件逐渐减弱了。政治改革夺走了大多数被用来回报政党忠诚的赞助性工作岗位。现在人们通过在公务员考

---

① Steven P. Erie, *Rainbow's End* (Berkeley: University of California Press, 1988); John F. Bibby, “Party Organizations 1946 – 1996,” 参见：Byron E. Shafer, ed., *Partisan Approaches to Postwar American Politics* (New York: Chatham House, 1998), pp. 142–185.

② Anne Freedman, *Patronage: An American Tradition* (Chicago: Nelson-Hall, 1994), Chapter 5.

③ Kenneth R. Mladenka, “The Urban Bureaucracy and the Chicago Political Machine,” *American Political Science Review* 74 (1980): 991–998.

④ Michael Johnston, “Patrons and Clients, Jobs and Machines,” *American Political Science Review* 73 (1979): 385–398. 关于政党接受捐助在其获选中的影响，参见：Olle Folke, Shigeo Hirano, and James M. Snyder, Jr., “Patronage and Elections in U. S. State,” *American Political Science Review* 105 (2011): 567–585.

试中取得好成绩而不是通过支持政党的候选人来获得政府部门的工作。诸如食品券和社会保障等联邦权利计划已减少了对政党机器能够提供的好处的需求。经济增长提高了许多美国人的收入水平，降低了仅存的赞助性工作的吸引力；作为下水管道检查员的工作机会不再像以前那样有吸引力了。更高的教育水平提高了人们在复杂的官僚社会中自己谋生的能力。在很多地区，种族隔阂已让政党机器平衡竞争的族群的能力黯然失色。

地方政党组织的衰落与重建

在政党机器失败之后，许多地区地方政党的组织力量大大减弱。到 20 世纪中期，很多城市和县的政党急需领导人物、经费和志愿者。随后，地方政党组织开始重建。但新的地方政党不再像传统的政党机器那样有能力组织竞选活动；相反，它们更倾向于为候选人提供服务。

20 世纪 70 年代的地方政党

从 1979—1980 年对几千个县的领导人所做的一份调查中，我们第一次全面认识到地方政党组织的性质（见表 3-1）。[①] 结果显示出骨干型政党与众不同的特点，而且这些政党都相当弱。研究者发现，大多数县的政党组织都由一个志愿的政党主席和执行委员会（executive committee）领导，几乎没有人因他们的工作而领取薪水。这些地方政党领导人中，没有太多得到哪怕是最基本的组织支持，比如固定的预算、带薪的员工、常年的办公室，或电话本中的名单。大多数地方政党领导人确实定期会面，招募候选人并为他们募款。他们在竞选时活动最多，然后大大减少。

① James L. Gibson, Cornelius P. Cotter, John F. Bibby, Robert J. Huckshorn, "Whither the Local Parties?" *American Journal of Political Science* 29 (1985): 139-160.

表 3-1　地方政党组织力量的变化（1980s—2010s）

拥有以下各项的地方政党组织所占比例（百分比）	民主党		共和党	
	1980	**2010**	**1980**	**2010**
完整或几乎完整的一套职员	90	89	81	92
常年的办公室	12	25	14	23
电话号码列表（telephone listing）	11	33	16	28
网站	—	70	—	70
一些带薪工作人员				
全职	3	6	4	5
兼职	5	8	6	6
定期年度预算	20	34	31	34
竞选总部	55	54	60	63
竞选活动				
挨家挨户拜票	49	73	48	60
有组织的竞选活动	68	79	65	77
安排好的募款活动	71	75	68	72
给候选人的献金	62	75	70	59
散发的海报或草坪招牌	59	84	62	82
使用的民意调查	11	11	16	13

说明：1979—1980 年的数字基于 2 021 个民主党组织和 1 980 个共和党组织对一项邮寄问卷调查的回答；2010 年的数据来自一项对 49 个州的地方政党主席的网上调查，有 511 位共和党地方政党主席和 676 位民主党地方政党主席做出回答。

资料来源：John Frendreis and Alan R. Gitelson，"Local Parties in the 1990s，"参见：John C. Green and Daniel M. Shea，*The State of the Parties*，3rd ed.（Lanham，MD：Rowman & Littlefield，1999），pp. 138-139（1980），Douglas D. Roscoe，Shannon Jenkins，"Changes in Local Party Structure and Activity，1980-2008，"文章发布在 2013 年州政党会议文献上，pp. 30-31（2010）.

在 20 世纪 70 年代，民主党的地方政党与共和党的地方政党在整体的组织力量方面并没有太大差别。然而，在州层次，它们的地方政党的组织力量却差别很大。在东部和中西部的一些州，两党的地方组织都非常强大，而在其他州——路易斯安那州、佐治亚州、亚拉巴马州、肯塔基州、得克萨斯州和内布拉斯加州——县级层次的政党组织力量较弱。在少数几个州，如亚利桑那州和佛罗里达州，在地方层次一个政党远比另一个强大。但很多时候，一个政党的强大组织与另一个政党的强大组织间都是相匹配的。①

① Cornelius P. Cotter，James L. Gibson，John F. Bibby，Robert J. Huckshorn，*Party Organization in American Politics*（New York：Praeger，1984），pp. 49-53.

然而，有令人信服的证据表明，县级政党组织在 1980 年正处于急速增长期的中间。在 1984 年的一项调查中，研究者发现大多数地方政党更多地参与到登记选民、募款以及宣传候选人等具体活动当中。1988 年的一项全国性调查显示出更高层次的地方政党活动。① 这时全国的政党政治正变得越来越极化（见第 7 章），可能已促使地方积极分子重新恢复了其政党组织的活力。

今天的地方政党：更加活跃，更加结构化

地方政党作为结构化的组织一直在继续发展，尽管它们依然依赖不领薪水的志愿积极分子。特别是在城市地区，与 1980 年相比，2010 年有更多的县级政党组织具备了一个能独立发展的政党组织所拥有的基本要素（永久办公室、预算、电话本和工作人员）。② 大多数这些县级政党组织报告说，它们组织竞选活动、进行选民登记和游说选民（canvassing drives）、打电话联系选民、散发草坪公告牌和海报；同样，更多地方政党报告说，与 1980 年相比，这些活动的大多数现在是由它们开展的，特别是县级政党组织越来越多地使用网站和电子信箱以及推特和脸书等社交媒体。全年都很活跃的县级政党组织是相当少的。没有很多政党组织把动员年轻选民作为优先考虑。③ 但更多的地方政党已更有活力。

密歇根的民主党为政党组织力量的这种提升提供了一个例子。密歇根民主党长期以来都是少数党，在政党机器政治衰落之后的 20 世纪前半期一直表现不佳。直到 20 世纪 40 年代末期，该州一半多的县一直没有民主党的县级委员会。后来，由全美汽车工人联合会（United Auto Workers）领导的工会组织为民主党提供志愿者和资金支持。在两年之内，该州几乎每一个县都建立了民主党的组织。20 世纪 60 年代和 70 年代，在政党内部的冲突给两党都造成了损失之后，劳工组织再次行动

---

① Cotter et al., *Party Organization in American Politics*, p. 54, 1964 – 1980; Charles E. Smith, Jr., "Changes in Party Organizational Strength and Activity 1979 – 1988," 未刊稿，Ohio State University, 1989.

② Douglas D. Roscoe and Shannon Jenkins, "State and Local Party Organizations in the 21st Century," 文章发表在 2010 年美国政治科学学会年会文献上，pp. 34–36.

③ Daniel M. Shea and John C. Green, "Local Parties and Mobilizing the Vote," 参见：John C. Green and Daniel J. Coffey, *The State of the Parties*, 5th ed. (Lanham, MD: Rowman & Littlefield, 2007), pp. 222, 224.

起来，重建了民主党组织。到 20 世纪 90 年代末期，绝大多数地方民主党都在募款并捐助候选人、购买广告以及散发宣传品。县级政党组织现在已成为州民主党的支柱。①

美国很多地区的地方政党领导人近来已把精力转移到缺席投票和提前投票问题上。到 2008 年，大多数州已放宽了对缺席投票的要求。许多人现在可以在大选日之前以邮递方式投票或亲自投票。为利用这些改变，很多地方政党现在都向所有已知政党选民邮寄缺席投票要求。通过努力“存入”尽可能多的忠诚者的选票，政党组织可以使自己免受可能会令政党选民沮丧的最后一刻的冲击或大选日风暴的影响。地方政党可以在接下来几周内扩大其催票活动，然后把它们的大选日活动聚焦于动员那些参与度较低的选民。消极的一面是，由于缺席选举比到现场投票更难以监督，政党需要设法防止其他政党递送已被过度热心的政党工作人员填好“帮助”的缺席选票。

地方政党也在努力征募候选人。② 一项研究发现，1998 年被认为可能是强有力的国会候选人当中，有超过 1/3 的人事实上被地方政党领导人联系过，而且被联系过的人们更可能参加竞选。③ 在另一项研究中，所有州立法机构候选人当中，几乎有一半报告说地方政党领导人曾鼓励他们参选。④

总的来说，我们有足够的证据证明，现在县级政党组织比一代以前更加强大、更加积极了。现在更难断定今天的县级政党是否和旧的城市政党机器在组织上一样有效，因为在 20 世纪 60 年代之前缺少可靠的记录。但是，很多县现在拥有比以往任何时候都更强大的政党组织却是可能的。

但同时，地方政党的性质已经发生了变化。从曾经处于选举活动非常核心的组织，县级政党已成为候选人的服务提供者，通常候选人会有其他多种渠道的帮助。所以，地方政党面临的挑战是：在很大程度上以候选人为中心进行竞选的时代里，县级

---

① Carol S. Weissert, “Michigan,” in Appleton and Ward, *State Party Profiles*, pp. 153–160.

② Melody Crowder-Meyer, “The Party’s Still Going,” 参见：Green and Coffey, *The State of the Parties*, 6th ed. (Lanham, MD: Rowman & Littlefield, 2010), p. 120.

③ L. Sandy Maisel, “American Political Parties,” 参见：Jeffrey E. Cohen, Richard Fleisher, and Paul Kantor, eds., *American Political Parties: Decline or Resurgence?* (Washington, DC: CQ Press, 2001), pp. 112–114.

④ Gary F. Moncrief, Peverill Squire, and Malcolm E. Jewell, *Who Runs for the Legislature?* (Upper Saddle River, NJ: Prentice Hall, 2001).

政党作为组织的这种日益增长的存在还和几十年前一样重要吗?[1]

州政党：获取金钱和服务

在政党发展的整个历史中，州政党委员会在政党组织内很少发挥重要影响。不过也有例外；19 世纪晚期，一些强大的、能够提供大量赞助性工作机会的州政党组织在工业化的中心地带也发展起来了。[2] 但在大多数州、大多数时间里，州政党委员会在政党组织中只是一种虚弱的联系纽带。然而近年来，州政党的重要性在不断增长。它们已比以前更加富有、更加专业、更加活跃。让我们从这些转变开始之前讲起。

传统的弱点

由于多种原因，州政党组织传统上是很虚弱的。它们开始时只是半独立的地方政党主席组成的松散联盟。如果这些派别中有一派控制了州政党组织，其他派别就会受到严重威胁。所以，过去是通过防止政党的大多数资源被州政党组织控制来避免这种威胁的。权力被分散到最有效率的地方政党组织手中。

20 世纪初期的进步主义改革也削弱了州政党组织。特别是直接初选的引入（见第 9 章和第 10 章）限制了州政党对州公职竞选活动的影响。候选人可以在初选中赢得政党提名，为其自己的竞选活动募集资金，在没有政党组织帮助的情况下进行竞选。时至今日，在进步主义者和平民主义者力量最强大的州——西部农业州——依然存在相当虚弱的州政党组织。[3]

20 世纪 60 年代末开始，民主党采取了大大增加总统提名过程中初选次数的改革措施。这就削弱了州政党在总统候选人的选择中的作用。现在，大多数全国代表大会代表是由选民而不是州政党组织选出的，州政党领导人已不再控制代表们的选票。公

---

① John J. Coleman, "The Resurgence of Party Organization?" 参见：Daniel M. Shea and John C. Green, eds., *The State of the Parties* (Lanham, MD: Rowman & Littlefield, 1994), pp. 282-298.

② A. James Reichley, *The life of the Parties* (Lanham, MD: Rowman & Littlefield, 2000), pp. 129-130.

③ Malcolm E. Jewell and Sarah M. Morehouse, *Political Parties and Elections in American States*, 4th. ed. (Washington, DC: CQ Press, 2001), p. 4.

务人员保障及工会化（unionization）的扩展侵蚀了许多州政党提供赞助性工作岗位的基础（patronage base）。事实上，有些法院甚至已禁止执政党更替时解雇赞助性岗位的工人。20世纪前半期，几个州的一党支配地位也使很多州政党力量虚弱而且矛盾重重。南方的民主党是一个著名的例子。当一个政党控制着一个州的政治时，该州内部各种不同力量很可能会作为该政党内部的派别互相竞争。州政党组织既没有动机，也没有能力统一各方势力，而能够独立存在的反对党却有可能提供这些。由于所有这些原因，许多州政党组织在20世纪40年代和50年代已变成了“空壳”。[①]

最近几十年力量日益增长

然而，从20世纪60年代起，州政党组织已变得更加活跃，组织上也更加复杂。比如，在20世纪60年代初期，仅有一半的州政党组织设有永久性的总部。20年之后，到1980年，这个比例已达到了91%。在这期间，全职带薪的州政党主席数量和政党在非选举年雇用的全职工作人员数量都增加了一倍。这些资源——全职领导人和稳定的办公场所——对政党作为组织的发展来说是至关重要的。[②]

和地方政党一样，州政党组织自此之后一直在不断扩展。到2000年，91%的州政党组织雇用了一名全职的执行主任，这或许是州政党组织中最重要的职位；3/4的州政党组织拥有一名外勤工作人员（a field staff）。很多州政党为大学生设立了实习生项目。在加利福尼亚州，共和党在2009年设立了一个特别工作组，以把最先进的技术，包括紧随脸书、推特和YouTube等之后的下一代计算机应用，运用到政党工作的各个方面。

募款

州政党在发展募款能力方面已经付出了特别的努力，而且大都取得了成功。1980年以来它们在选举年募款数量的增长在表3-2中体现得非常明显。到2000年，绝大多数州政党为州长、州立法机构、美国参议院和众议院的政党候选人提供了捐助。几乎所有州政党都努力为州范围内的竞选，特别是州立法席位的竞选征募候选人；政党

---

① Jewell and M. Morehouse, *Political Parties and Elections*, p. 1.

② James L. Gibson, Cornelius P. Cotter, John F. Bibby, and Robert J. Huckshorn, "Assessing Party Organizational Strength," *American Journal of Political Science* 27 (1983): 193-222.

新的募款技巧可以帮助说服有吸引力的有望获胜者竞选一职位。① 通过向州政党和候选人转移数量日益增加的经费，全国政党委员会发挥了重要作用。经费转移在 2000 年达到了顶点，全国性政党组织为州一级的政党和候选人提供了巨额的 4.3 亿美元，是几年前全国性政党为州政党组织注入的经费数量的很多倍。②

表 3-2　州政党组织力量的增长

政党力量与活动	1979—1980 年	1999—2000 年	差别
代表性的选举年预算	$340K	$2.8mil.	+$2.46mil.
代表性的选举年全职工作人员	7.7	9.2	+1.5
非大选年预算	$337K	$812K*	+$475K
非大选年工作人员	7.2	7.6*	+0.4
举行竞选研讨班	89%	95%	+6%
征募完整的候选人名单	—	91%	+91%
开展选民论证项目（operated voter ID program）	70%	94%	+24%
举行民意测验	32%	78%	+46%
举行募款活动	19%	98%	+79%
给州长候选人的捐助	47%	89%	+42%
给州议会议员的捐助	47%	92%	+45%
给州议会参议员的捐助	25%	85%	+60%
给美国国会选举的捐助	48%	85%	+37%
给地方候选人的捐助	—	70%	+70%

说明：1979—1980 年的数据来自对州政党的一次邮寄问卷调查。1999 年数据来自 John H. Aldrich 与 65 位州政党主席（39 位来自民主党，26 位来自共和党）的同事进行了一次邮寄问卷调查，2000 年的数据来自 Raymond La Raja 对共和党和民主党各 37 位州政党执行主任所做的邮寄问卷调查。遗憾的是，这些研究未能定期开展，所以这已是能够获得的最新的数据。

*这两项数据来自 La Raja 在 2020 年的调查。

资料来源：1999 年的数据见：John H. Aldrich，"Southern Parties in State and Nation，" *Journal of Politics* 62（2000）：659；2000 年的数据见：Raymond La Raja，"State parties and Soft Money，"参见：John C. Green and Rick Farmer，eds.，*The State of the Parties*，4th. ed.（Lanham，MD：Rowman & Littlefield，2003），p. 141. 1979—1980 年的数据来自：James L. Gibson，Cornelius P. Cotter，John F. Bibby，"Assessing Party Organizational Strength，" *American Journal of Political Science 27*（1983）：193-222。

和强大的政党组织的发展一样重要的是，非选举年份中的募款也在增长。州政党的非选举年预算从 1960—1964 年平均（以绝对美元衡量）不足 20 万美元攀升到 2000

---

① John H. Aldrich，"Southern Parties in States and Nation，" *Journal of Politics* 62（2000）：655-659.

② Raymond J. La Raja，"State Parties and Soft Money，"参见：John C. Green and Rick Farmer，eds.，*The States of the Parties*，4th ed.（Lanham，MD：Rowman & Littlefield，2003），pp. 132-150.

年的超过 80 万美元。所以，大多数州政党组织变成了“拥有经验丰富的执行主任和知识渊博的工作人员、掌握着数百万美元预算的组织”。①

2002 年之后，《两党竞选改革法案》（Bipartisan Campaign Reform Act，BCRA，将在第 12 章进行讨论）消除了全国性政党向州政党输送软钱的能力。这对州政党的财政来说是一个巨大打击。但《两党竞选改革法案》确实也允许州政党在联邦竞选活动中使用联邦政府管理的经费（全国性政党可以无限制地转给各州），并自己募集一定数量的软钱（每位捐助人捐助上限是 10 000 美元），用于基层动员和政党建设。这些措施连同极化政治的高风险，有助于州政党通过变成更有效的募款者来应对《两党竞选改革法案》的规则。

竞选服务

要组织有竞争力的竞选活动，州立法机构和州范围内的候选人就需要咨询专家、选民名单和计算机，他们通常借助州政党组织提供这些服务。随着其组织资源的增加，州政党已经能够提供这些服务。在约翰·奥尔德里奇进行的一项研究中，被调查的所有政党都开展了选民识别项目（voter identification programs），以确定哪些选民最可能支持其政党的候选人并参加催票行动。② 然而，《两党竞选改革法案》限制了州政党组织协调竞选的能力；在这种协调竞选中多个候选人可以共享竞选服务。

共和党的优势

与在县一级的情况不同，共和党州政党组织比民主党的州政党组织更加强大。奥尔德里奇调查的共和党有更多的预算、更多更专业的工作人员。因为它们规模更大而且更富有，因此可以为其候选人提供更多的服务，比如提供民意测验、外勤工作人员和研究人员。③

不过民主党正在迎头赶上。因向州政党主席承诺将为每个州，而不仅仅是势均力敌的“战场州”提供足够的资源，雇用至少 3 位或 4 位现场组织者（field organizers），以及访问政党选民数据库，霍华德·迪安（Howard Dean）在 2005 年被选为民

---

① Sarah M. Morehouse and Malcolm E. Jewell，“State Parties，”参见：Green and Farmer，eds.，*The State of the Parties*，p. 151. 预算预估来自：Robert J. Huckshorn and John F. Bibby，“State Parties in an Era of Political Change，”参见：Joel L. Fleishman，ed.，*The Future of American Political Parties* (Englewood Cliffs，NJ：Prentice-Hall，1982)，pp. 70-100；Aldrich，“Southern Parties，” p. 656.

② Aldrich，“Southern Parties，” pp. 656-657.

③ Aldrich，“Southern Parties，” Table 7，pp. 656-657.

主党全国主席。这一行动耗资巨大并且颇受争议，但民主党在 2006 年和 2008 年的选举中获得重大成功后，迪安建设强大的州政党的做法被认为是“有远见的”。[①]（关于该计划的更多内容，见第 4 章）

同盟组织

工会，特别是教师和政府雇员的工会组织，一直与它们的州民主党组织进行密切合作，为政党候选人提供经费、志愿者和其他服务。例如，在过去 15 年中，新泽西劳工联合会-产业工会联合会（A. F. L. -C. I. O.）（工会联盟）一直在为首次参加地方立法机构和地方选举的候选人（主要是民主党人）组织“新兵训练营”培训项目，在募款、媒体以及信息等方面为他们提供帮助。州共和党与同盟组织也保持着密切联系。小商业集团、制造业协会、反堕胎群体以及基督保守主义组织经常为共和党候选人提供服务。随着州政党力量的增长，这些支持集团也经常试图提升它们对州政党组织的影响，甚至接管它们。特别是基督右派和绿党团体已开始控制大多数州共和党或对其有重大影响（见专栏《争夺州政党组织控制权的斗争》）。[②]

争夺州政党组织控制权的斗争

为争夺和掌握对堪萨斯州共和党组织的控制权，保守派和温和派曾经进行过一场持续多年的激烈斗争。2010 年，温和派共和党人以微弱多数赢得州参议院的领导权。但是新当选的州长布朗巴克（Sam Brownback）与共和党保守派站在一起，支持更大幅度削减州预算、为高收入人群减税以及大幅缩减社会项目。在富有的实业家科克兄弟（David and Charles Koch）一定程度的资助下，保守派在 2012 年的党内初选中对温和派进行了攻击，称他们“只是名义上的共和党人”，并指责他们与民主党籍州议员合谋阻止通过布朗巴克的提案。一位因为是所谓的“奥巴马机器人”而受到保守派猛烈批评的共和党籍温和派州参议员反对其自己党内的指责时说：“今天的保守元素与我成长时期保守派大有不同……它是愤怒，是仇恨。”在极其分裂（同

---

① Ari Berman, “The Prophet,” *The Nation*, January 5, 2009, 参见：www. thenation. com/article/prophet (accessed May 6, 2013).

② Kimberly H. Conger, *The Christian Right and Republican State Politics* (New York: Palgrave MacMillan, 2009).

时也得到大量资助）的初选中，一些温和的现任者在重新提名时落败。布朗巴克赢得了坚定的保守派立法机构多数的支持，使其支持的政策得以通过。

这些事件表明州和地方政党组织都是可以渗透的。政党组织的官员通常是由政党积极分子以及他们征募的志愿者选出的。所以政党结构内的团体（甚至是其外的团体）如果能够得到足够多数量的支持赢得政党选举，就可能控制政党组织。近年来，茶党、反堕胎组织和其他团体在这方面已做出很大努力。

政党与这些同盟组织的积极分子之间的密切关系使把政党看作由众多组织构成的网络成为可能的。这种网络包括利益集团、咨询公司和为政党提供资源和专业知识的智库（研究机构）等。[1] 对于政党领导人来说，这些同盟组织当然是既有利也有弊；工会组织和宗教团体有它们自己的议程，它们很可能在帮助选举政党候选人的同时推动政党采取在地方不受欢迎的立场。

建设强大的州政党组织并不容易。它要求必须克服美国政治中的地方主义（localism）、对政党纪律普遍的不信任以及政党支持者之间的冲突。州长、参议员或州政党主席强势和高超的个人领导能力是有帮助的。一个州接受团结、高效政党的观念的传统也是有帮助的。州法律也会发挥重要作用。在很少采用初选的州，更加集权的政党组织已得到迅速发展，因而其政党组织对谁将成为州内的候选人和国会的候选人也拥有更多的控制权。

南方的特殊情况

政党组织最引人注目的增长发生在之前民主党一党控制的南方。20 世纪 60 年代和 70 年代，随着全国民主党表现出对非裔美国人权利的更大关注，特别是随着《选举权法案》（Voting Rights Acts）提升了非裔美国选民在南部各州的比例，保守的南方民主党人越来越疏远了其全国政党。南方白人对共和党候选人的支持增加了，首先是在总统选举中，后来在州范围内以及美国参议院的竞选中（第 7 章将会讨论这些）。

在 20 世纪 80 年代，州立法机构候选人能够觉察到作为共和党人参选和获胜的机会。到 1994 年，共和党人竞选南方 1/3 的州立法机构席位，其中有 2/3 胜选。从

---

① Marty Cohen，David Karol，Hans Noel，and John Zaller，*The Party Decides*（Chicago：University of Chicago Press，2008）；Seth Masket，*No Middle Ground*（Ann Arbor：University of Michigan Press，2011）.

1994年起，共和党人在州选举中已压倒了民主党候选人——在这样一个地区，就在几十年之前，社会上常常更认可家庭中容许有一个酒鬼而不是共和党人。①

伴随着选举中的这些成功，南方共和党也强化了其组织。比如，在20世纪70年代初期，北卡罗来纳州共和党只是最低限度地组织起来。在20世纪80年代中期，它开始认真地征募州立法机构候选人。到20世纪90年代，随着预算和工作人员的大幅扩大，该党集中精力为目标选区吸引有经验的候选人，制作直邮广告和电台广告，为候选人提供培训和研究。② 民主党也必须做出回应，所以两党的组织从20世纪90年代起变得更加强大了。③ 南方政党长期以来都曾是最虚弱的，而且也是派系竞争最严重的，但在过去20年中已变成最强大的州政党组织的一部分。④

全国性政党的经费

州政党组织力量增强的一个重要因素是全国性政党在政党建设方面的努力。关于政党建设的全部内容将在第4章论述，核心观点是：全国性政党拥有比以前更有活力的领导人和更充足的财政资源，并向州政党注入了大量经费，至少有一部分经费直接用于建设州政党的组织能力。州政党也凭借自身力量成为高效的资金募集者，《两党竞选改革法案》的规则也已刺激它们寻找支持自己发展的新方式。于是，不久前还只是政党组织的穷亲戚的州政党现在已经掉进钱堆里了。

总结：州和地方政党组织是如何被改变的

州和地方层次政党的组织力量已发生了巨大变化。地方政党组织最强的实力水平或许在一百年前已经达到了，那时一些政党可以被描述为“整装待发的军队”，它们拥有“经过精心设计、人员配备良好、目的性很强的组织结构”。⑤ 尽管这种描述即使

---

① Jewell and Morehouse, *Political Parties and Elections*, p. 36; Edward G. Carmines and James A. Stimson, *Issue Evolution* (Princeton: Princeton University Press, 1989).

② Charles Prysby, “North Carolina,” 参见：Appleton and Ward, *State Party Profiles*, pp. 234–243.

③ John A. Clark and Charles Prysby, eds., “Grassroots Party Activists in Southern Politics, 1991–2001,” *American Review of Politics* 24 (Spring and Summer, 2001), pp. 1–223.

④ Aldrich, “Southern Parties,” p. 655.

⑤ Walter Dean Burnham, *Critical Elections and the Mainsprings of American Politics* (New York: Norton, 1970), p. 72.

在那时也并不适用于全国性的政党组织，但现在找出一个可以用这样的措辞描述的地方政党组织也是困难的。

从那时起，地方政党就受到多种力量的敲打。通过限制政党组织对提名和普选的控制并限制其赞助性资源，20 世纪初期采取的进步主义改革削弱了政党组织。联邦社会服务项目、经济增长、受教育程度更高的选民，甚至种族冲突也都会削弱地方政党的效率。①

然而，地方政党在适应这些变革方面已经取得了很大进展。县一级政党组织至少部分填补了一些城市政党机器衰落造成的真空。像网站和社交网络这样的新技术正使得县级政党能够扩展它们的活动。简言之，地方政党组织正再次展现出其应对不断变化的环境造成的新挑战的能力——一种在美国大部分历史上使其保持生命力的韧性。

州政党组织是沿着不同的路径发展的。传统上政党在所有州都是虚弱的，但在少数州，近年来州政党已发展得更加强大和专业化。它们正在为候选人提供竞选和组织上的服务，候选人在早些时期做梦都不会想到依赖州政党总部的帮助。实际上，近年来经费、资源和领导力从全国性政党到州政党，进而从州政党到地方政党的流动，有助于改变传统的政党权力的流向。在其存在的大部分历史中，美国政党是高度分权的，权力和影响力都落在基层。政党顶层是被架空的，它们拥有的任何影响力和资源都取决于基层。由于城市政党机器的消亡和充满活力的州与全国性政党组织的诞生，我们再也看不到这种极端分权的现象了。美国社会和政治的全国化（nationalization）也已经影响到政党组织，造成不同层次的政党组织之间更大的权力平衡。

具有讽刺意味的是，尽管州和地方政党组织现在更加强大了，但它们对我们政治的影响却不如从前了。它们在获得选民、候选人和媒体的关注方面面临着更多的竞争。政党发出的竞选信息被淹没在公民组织、超级政治行动委员会（见第 12 章）以及非营利组织的互联网、电视、直接邮寄筹款和广告汇成的洪流之中，这些都试图影响选民的选择。很多这些组织都鼓励个人竞选公职。它们也能够为候选人提供经费和接触独立于政党组织的选民的途径。它们拥有的竞选技能可与政党专家的竞选技能匹敌。

---

① Alan Ware，*The Breakthrough of the Democratic Party Organization 1940－1980*（Oxford，England：Oxford University Press，1985）.

虽然大多数州政党比以前更擅长筹款，但与选举中其他参与者的资源相比，政党的资源仍然是微不足道的。比如，在州立法机构选举中，这种新的政党经费仅占大多数候选人得到的资助的一小部分。这些数目相当小的经费，即使再加上同时提供的有益的服务，可能也不足以吸引候选人认真倾听政党关于立法问题和其他问题的关注。

所以，州和地方政党日益增长的组织力量帮助它们掌握了现代竞选技巧，恢复了在候选人竞选活动中的作用。但这并不是支配性的作用——如果是政党组织而非选民通过初选选择政党候选人，它原本可以发挥这样的作用。政党组织几乎不会参与竞选（run the campaigns）；相反，它们的新资源使其有更多机会在其他竞争者（有组织的利益集团、顾问）更有效时争夺参与竞选者——候选人——的注意力。

这是否意味着政党组织力量的增强并不重要呢？当然不是。在一种竞争非常激烈的政治环境中，毫无疑问，拥有更强大的组织比只有虚弱的组织要好，拥有更多的资源比只有较少的资源要好。然而最终，尽管过去几十年中政党组织发生了这些变化，但其最基本的结构特点没有发生任何变化。美国的州和地方政党仍然是由一小部分积极分子控制的骨干型组织，它们主要在选举时才加入其大部分支持者队伍当中。用其他民主国家的政党标准来衡量的话，美国的州和地方政党组织仍然是弱小的——其活动和权威方面受到更多限制，也更容易受到少数积极分子和当选官员的控制。但如果用美国政治的标准来衡量，与之前某些时期相比，州和地方政党组织的能见度更高了，也更加活跃了。

第 4 章

政党的全国性组织

听到“政府”这个词，大多数美国人会想起“华盛顿”。然而，美国政党组织的权力传统上并不集中于国家首府。相反，政党权力长期以来都是相对分散的：全国性政党组织与地方和州政党分享权力。这在民主国家的政党制度中并不常见。

多种因素导致了美国政党组织中的这种以地方为重点的模式。几乎所有美国公职人员都是在地方和州级选举中选出的。过去，政党必须提供的大多数激励措施，比如赞助性工作岗位，都在地方和州层次。因为圣弗朗西斯科的人口和盐湖城的人口数量不同，对于不同的地方组织来说，比如共和党的地方组织，根据其地方选民强调不同的议题和选择不同的候选人是合理的。所以直到最近，两党的全国性组织也没有多少权力。① 全国性政党的生存状态和很多大学生差不多：总是缺钱，频繁寻找新居所。

不过近年来，对于已经影响到美国政治很多其他方面的强大的全国化的力量，两大党都已做出反应。自 20 世纪 70 年代以来，民主党和共和党通过建设更强大的全国政党委员会对一系列挑战做出了回应。民主党全国委员会（Democratic National Committee，DNC）和共和党全国委员会（Republic National Committee，RNC）现在都是募款数百万美元和支持候选人的运行机构。它们在联邦候选人选举活动和州政党活动中发挥着更大的作用。只是在美国政党诞生初期，总统候选人由国会核心成员会议提名时，全国性政党在美国政治中才相当重要。虽然地方拉动力量仍然很强大，但现

---

① Cornelius P. Cotter and Bernard C. Hennessy，*Politics without Power*：*The National Party Committees* (New York：Atherton，1964).

在的全国、州和地方政党之间的权力分配比以往更加平衡了。

全国性政党

什么是全国性的政党？正式地说，每个大党的全国最高权力机构是每四年一次举行的提名总统候选人的**全国代表大会**（national convention）。然而，除了选出总统和副总统被提名人和通过政党的纲领和规定外，全国代表大会很少有其他任务。在两次全国代表大会之间，两大党的主要领导机构是它们的全国委员会。

全国委员会

每一个政党的**全国委员会**（national committee）都是由其所有州政党的代表组成的，其领导人管理全国政党的日常运行。它们的主要关注是帮助选出本政党的总统候选人。它们也发布民意调查和政策信息，与州政党合作，通过征募和培训候选人并帮助其筹款，来为其他竞选活动提供帮助。两大党全国委员会都有很长的历史：民主党在 1848 年成立全国委员会，共和党在 1856 年成立全国委员会。在很多年里，不论人口数量多少或者政党支持程度的大小，两大党的全国委员会中每个州的代表人数都相同。加利福尼亚州和怀俄明州在全国政党委员会中有相同数量的代表人数，就像在美国参议院中一样，尽管加利福尼亚州的人口数量比怀俄明州多 65 倍。这种制度使较小的州拥有过多的代表，而且也给予政党中获胜的部分和失败的部分在全国委员会大致相等的权重。这实际上增强了每一个政党在南部和西部的力量，它们通常是更加保守的。

从 1972 年民主党人改变其全国委员会的构成起，两大党以不同方式对其委员会的结构进行了调整。经历了 20 世纪 50 年代不平等的州代表权的短暂试验之后，共和党在全国委员会中给每个州和领地政党（territorial parties）三个席位。相反，民主党全国委员会人数现在差不多是共和党全国委员会人数的三倍，在代表数量上考虑各州政党支持度和人口数量。例如，加利福尼亚州在民主党全国委员会中有 19 个席位，怀俄明州有 4 个席位。这个变化降低了民主党全国委员会中保守派人士和温和派人士的影响。

两大党的全国委员会的不同还在于，民主党把全国委员会席位特别给予诸如黑人、妇女和工会等可能支持民主党候选人的团体——这个决策显示出这些团体对民主党的重要性——以及诸如全国民主党市长会议（National Conference of Democratic Mayors）这样的当选官员的联合会。两党的全国委员会成员全由州政党选出，民主党全国委员会的成员也由其他这些团体选出。

政党全国委员会主席

全国委员会的主席以及他或她选择的工作人员是全国政党组织的核心。全国委员会全体成员一年中开会两到三次，主要是为了吸引媒体对政党及其候选人的注意。全国委员会有权选举其自己的领导人。然而，根据传统，通常由现任总统选择其所在政党的全国委员会主席。所以，实际上只有“出局”的政党的全国委员会才会真正选举自己的主席。[1] 在两大党中，主席最重要的工作都是为本党募款（见专栏《为美元拨通电话》）。

为美元拨通电话

2011 年新当选共和党全国委员会主席的莱因斯·普里伯斯（Reince Priebus）从前任主席手上继承了 2 400 万美元的债务。他的主要任务是还清债务并为 2012 年的总统选举筹集尽可能多的新经费。他行动迅速，在上任的前两周就筹到 350 万美元，并致力于重新修复该委员会与其最大的捐助者之间的紧张关系。普里伯斯是前威斯康星州共和党主席，还承担着改善共和党全国竞选组织的任务。这方面进展并不顺利。在 2012 年米特·罗姆尼（Mitt Romney）竞选总统失败后，普里伯斯警告说，共和党应加强其在每个州的催票行动，特别是要加强与少数族裔选民的联系。因为募款取得的成功——到 2012 年底募款几乎达 4 亿美元——普里伯斯在 2013 年再次当选共和党全国委员会主席。

---

① Philip A. Klinkner，*The Losing Parties：Out-Party National Committees，1956－1993*（New Heaven：Yale University Press，1994）.

与普里伯斯对应的民主党全国委员会主席黛比·沃瑟曼·舒茨（Debbie Wasserman Schultz）只要取悦一位选民就可以连任其职位——奥巴马总统。沃瑟曼·舒茨是一位来自南部佛罗里达州的众议院议员，为奥巴马总统连任开展了卓有成效的募款工作，特别是从那些曾经支持比尔·克林顿和希拉里·克林顿但并未倾心于奥巴马的捐助人那里获得募款。她不知疲倦地为总统组织竞选活动，与女性选民及犹太裔选民保持着很好的联系。虽然白宫私下里对沃瑟曼·舒茨对工作人员的挑剔及其经常咄咄逼人的语气有所非议，但她还是因出色的筹款能力、为奥巴马做出的努力（包括奥巴马在佛罗里达州的微弱胜利），以及民主党在 2012 年总统和国会选举中的胜利，而在 2013 年连任民主党全国委员会主席。

资料来源：Jeff Zeleny，"Priebus Re-elected to Lead Republican National Committee，" *New York Times*，January 25，2013，p. A1；Chris Cillizza，"Why the White House Kept Debbie Wasserman Schultz as DNC Chair，" *Washington Post*，December 3，2012：www. washingtonpost. com/blogs/the-fix/wp/2012/12/03/why-the-white-house-kept-debbie-wasserman-schultz-as-dnc-chair（accessed February 23,2013）.

总统和他们的全国性政党

在 20 世纪初期，特别是自 20 世纪 60 年代起，总统开始控制其政党全国委员会。于是，在总统所在政党中，全国委员会的角色是总统希望它扮演的角色。詹姆斯·W. 希瑟（James W. Ceaser）引用了罗伯特·多尔（Robert Dole）的经典案例，他曾在 1971 年至 1973 年期间担任共和党全国委员会主席，因为他试图将政党同总统卷入的水门事件拉开点距离，很快就被总统解雇："我和总统聊得正好……而其他人却去找绳子了。"[①] 有些总统把政党全国委员会转变成总统竞选活动的管理者和两次选举之间总统政治支持的建设者。其他总统，如乔治·W. 布什，则致力于加强全国委员会以实现政党目标，而不仅仅是实现总统的目标。

政党全国委员会主席和全国委员会只有在其政党不掌握总统职位时才能自由地在全国政治中发挥更独立的作用。在这些时候，"出局" 政党的全国委员会主席成为可

① James W. Ceaser，"Political Parties—Declining，Stabilizing，or Resurging，" 参见：Anthony King，ed.，*The New American Political System*（Washington，DC：American Enterprise Institute，1990），p. 115. Sidney M. Mikis，*The President and the Parties*（New York：Oxford University Press，1993）.

以代表政党及其政策的少数几个人（包括国会领袖和过去的总统候选人）中的一个。他或她也需要在全国范围内激发政党组织的能量。2012 年老大党（GOP）失利后，共和党全国委员会主席莱因斯·普里伯斯任命了一个自我学习特别小组（民主党称之为“验尸”），该小组发表了“促进政党发展，改善共和党竞选活动”的一组非常广泛的建议。[1] 尤为重要的是，全国委员会主席必须帮助还清竞选总统失败导致的债务，并为政党募集大量新的经费。

由于竞选经费规则的变化（见第 12 章），在总统选举中，全国委员会的工作已不得不与总统自己的竞选组织分开。为扮演好这种更有自主性的角色，全国委员会主席已征募了在募款、数据库管理以及动员组织者和基层支持者等方面经验丰富的工作人员。

其他全国性政党组织

其他一些政党组织通常也被包含在全国性政党这一术语之中，尽管它们彼此独立运行而且经常为捐助者和各种资源进行竞争。

国会竞选（“国会山”）委员会

这些相关的组织中最重要的是每个政党的**众议院和参议院竞选委员会**（House and Senate campaign committees），也称**国会山委员会**（Hill committees）（因为国会坐落在国会山上）或国会竞选委员会（Congressional Campaign Committees，CCCs）。众议院竞选委员会是在内战刚刚结束时建立的，参议院竞选委员会是在 1913 年参议员开始由民众选举时成立的。民主党国会竞选委员会（DCCC）和全国共和党国会委员会（NRCC）完全只关注众议院选举，民主党参议院竞选委员会（DSCC）和共和党参议院全国委员会（NRSC）帮助为参议院竞选提供资助。

尽管现任的众议院和参议院议员控制着这些委员会，他们依然抵制了只为现任者的竞选服务的压力。他们也支持本党竞选开放席位的候选人和有希望获胜的挑战者。

---

① RNC's “Growth and Opportunity Project,” March 18, 2013: http://growthopp.gop.com/default.aspx.

总之，他们会把经费集中在他们认为在增加其政党在国会中的代表方面可能带来最大收益的地方。过去 40 年，国会山委员会已经发展起独立于民主党全国委员会和共和党全国委员会的重要的募款和服务功能。从催票（GOTV）活动到硬钱（hard cash），它们为政党候选人提供广泛的竞选帮助（见专栏《国会山委员会如何帮助定向的选举活动?》）。对众议院和参议院候选人来说，国会山委员会比他们政党的全国委员会更有影响力。

国会山委员会如何帮助定向的选举活动?

政党的国会山委员会试图通过锁定他们认为有机会胜选的势均力敌的选举以及在成绩较差的年份里保护其易受到攻击的现任者，使其影响最大化。选择锁定哪些选举活动的最重要的标准是选区的竞争性和候选人的品质，这主要通过候选人自己的募款能力来衡量。因而，候选人筹钱不仅仅为了用于自己的竞选活动，也是要通过给政党工作人员留下深刻印象而撬动更多经费。在直接把经费给予候选人时，国会山委员会确定目标者也会问：候选人的竞选组织有能力有效地使用这笔费用吗?他或她已经有效地吸引媒体报道了吗?在确定独立宣称开支时，他们会问：这个选区的媒体有多贵?其他组织正在为选举提供广告资助吗?随着选举的临近，根据民意测验数据的变化和政党的财务状况，锁定目标的决定每天都可能发生变化。

国会山委员会可以为锁定的选举提供如下这些服务：

- 征募有吸引力的候选人
- 关于议题的研究和“谈话要点”
- 关于策略、民意调查、广告、募款、工作人员和顾问等的培训课程与建议（包括来自与政党相关的私人顾问的建议）
- 监视或视频追踪对手的竞选活动
- 使用微目标及其他数据库，为联络选民提供帮助
- 参加协调好的基层活动（与全国政党委员会、州和地方政党组织一起）
- 聚集国会中政党成员的中贡献，举办募款活动以及政党领导人参观候选人的活动
- 直接捐助竞选活动的“硬钱”*

- 为候选人购买民意调查、媒体广告、调研或其他服务的“协调开支”*
- 政党的独立开支团体在候选人选区内用于广告的独立开支
- 用于从个人、政治行动委员会（PACs）以及其他团体筹款的帮助、捐助者名单以及设备

*第12章进行了解释。

资料来源：Paul S. Herrnson，*Congressional Elections*，6th ed.（Los Angeles：Sage/CQ Press，2012），pp. 91-135；Marian Currinder，*Money in the House*（Boulder：Westview Press，2009）.

民主党和共和党的州长协会

州长是其所在政党中的重要人物。他们可以成为有吸引力的总统候选人，像前得克萨斯州州长乔治·W. 布什、阿肯色州州长比尔·克林顿、马萨诸塞州州长米特·罗姆尼，以及加利福尼亚州州长罗纳德·里根。他们也领导着政府部门，政党在这里可以证明其政策的成功（或失败）。当因另一政党控制着总统职位而出现权力真空时，州长在全国性政党中的组织影响力往往是最强大的，就像全国委员会主席的影响一样。在2012年，共和党州长协会募集了数目可观的经费来确保它们控制大多数州长职位，并在2013年和2014年捍卫他们的席位。州政党领导人还组成了共和党州领导层委员会（RSLC）和民主党立法机构竞选委员会（DLCC），为资助州立法机构和州范围内的竞选活动提供帮助。

妇女和年轻人团体

很长一个时期内，民主党和共和党都有与其全国委员会有联系的妇女部门。[1] 这些妇女部门现今不再重要，因为女性已经进入两党的常设领导职位。

在大学校园中，校园共和党全国委员会和大学民主党（其网络日志或博客被命名为“聪明的驴子”，以纪念政党的吉祥物驴子）在21世纪前10年已得到迅速发展。这两个团体都培训地区代表（field representatives），为各个层次的竞选活动征募志愿

---

① Jo Freeman，*A Room at a Time*（Lanham，MD：Rowman & Littlefield，2000）.

者。校园共和党全国委员会与一些保守的非政党组织建立了密切的联系。美国青年民主党（Young Democrats of America）和青年共和党全国联合会（Young Republican National Federation）也活跃在学生及其他年轻人当中。

政党网络

与州和地方政党一样，政党全国委员会与同盟组织网络进行着密切的合作。对民主党来说，这些同盟组织包括工会、环保组织、公民权利组织以及其他自由派组织。特别是劳工组织已经输送了许多对民主党的竞选活动至关重要的志愿游说者和打电话者。全国共和党的同盟组织网络包括小商业团体、全美步枪协会以及保守的基督教团体。在竞争激烈的选举中，这些同盟团体经常组织与候选人的竞选活动平行的竞选活动——就像政党本身一样——以独立的媒体广告、游说以及其他形式的竞选活动为特点，[①] 第12章将会介绍。在正式的政党组织结构之外的其他一些组织为政府中政党扮演着“意见工厂”的角色。对民主党来说，左派的美国进步中心（Center for American Progress）和更加温和的进步政策研究所（Progressive Policy Institute）发挥着这种功能。在共和党这边，像保守的传统基金会和更加自由主义的共和党自由联盟（Republican Liberty Caucus）试图影响政党的政策。

通向权力的两种路径

全国性政党通过两种不同的路径达到了这些新的效力水平。通过构建一个强大的募款机器，以支付其候选人和州政党所需要的服务，共和党遵循的是一种服务型的路径。相反，民主党最初遵循的是程序型的路径，在总统被提名人的选择过程中强化其全国性政党对州政党的权威。

然而，两个全国性政党的连续发展中的核心因素是它们通过向可能的政党支持者

---

① David B. Magleby, "Electoral Politcs as Team Sport," 参见：John C. Green and Daniel J. Coffey, eds., *The State of the Parties*, 6th ed. (Lanham, MD: Rowman & Littlefield, 2010), pp. 81-100.

发送大量邮件以募集成千上万笔小额献金的能力。这使原来依赖州政党提供经费的全国性政党拥有了独立的财政基础。具有讽刺意味的是，在有人正在警告说政党正在衰落的时候，全国性政党组织的力量正在达到之前美国政治中从未达到过的水平。

服务型政党路径

使用金钱和其他资源支持竞选活动而不是自己组织竞选活动的政党组织，可以称为**服务型政党**（service party）。作为对其在新政之后选举失败的回应，共和党率先实践了服务型政党的理念。之后，在 20 世纪 60 年代，共和党全国委员会主席雷·布利斯（Ray Bliss）使委员会更多参与到帮助提升州和地方政党的组织能力方面。威廉·布罗克（William Brock）主席在 20 世纪 70 年代中期到后期继续这一努力，并将其作为水门事件造成的毁灭性失败之后复兴政党选举希望的手段。在布罗克的领导下，共和党全国委员会推动为全国 50 个州的共和党行政主任提供薪水，还为州政党提供组织、战略规划、募款等方面的专业帮助，为 4 000 多名州立法机构候选人提供了献金。通过使之成为一种特别有效地服务于州和地方政党的服务型组织，布利斯和布罗克塑造了共和党全国委员会的新角色。[①]

对于成功扮演这个崭新的服务角色，有两点至关重要：金钱和竞选技术。使用当时的营销创新、电脑生成的邮件列表，共和党开始了一个直接邮寄筹款项目，这个项目为其带来了更高的收入。共和党全国委员会募集的“硬钱”从 1975—1976 年的 2 900 万美元猛增到 1983—1984 年的 1.059 亿美元（受到联邦法律管制的献金）。[②] 就像布利斯和布罗克所做的，共和党全国委员会使用这些经费为候选人和州及地方政党组织提供了非常广泛的服务。这些服务包括候选人征募和培训、研究、民意调查、数据处理、计算机联网与软件开发、电台和电视广告制作、直邮筹款（direct mailing）以及法律咨询等。州政党领导人乐于接受这些帮助；随着政党与商界联系越发紧密，共和党人欣然接受了这些营销技术。

---

① Daniel J. Galvin, “The Transformation of the National Party Committees,” 参见：Marjorie Randon Hershey, ed., *Guide to U. S. Political Parties* (Los Angeles: Sage, 2014), Charpter 15.

② 硬钱（hard money）和软钱（soft money）的解释见第 12 章。

民主党的程序改革路径

大约在同时，由于其他一些原因，民主党也扩大了其全国性政党组织的权力。支持公民权利运动和反对美国参加越战的改革者们强烈要求民主党改变在这些议题的立场。改革者们集中关注的是选择总统候选人的规则。他们的目标是使提名过程更加公开和民主，特别是要更能代表像他们自己这样的民众的关注，这些民众包括年轻人、黑人和妇女。

这些改革开始于 20 世纪 60 年代中期。改革也告诉南方民主党，它们再也不能派出全部由白人组成的代表团参加全国代表大会并排除黑人的参与了。1968 年大选之后，第一个改革委员会对民主党的总统提名程序进行彻底的改革（第 10 章将详细介绍原委)。在决定代表大会代表的选择方式方面，民主党限制了州政党的自主权和州法律的权威。这就赋予了全国性政党在提名总统候选人规则方面的权威。① 关键的法院裁决支持了这些行动，进一步巩固了全国性政党新获得的权力。

然而，这种改革只限于民主党。共和党领导人与他们的政党对州的权利的承诺一致，不想把权力集中到他们自己的政党组织。② 但大老党还是受到民主党改革浪潮的影响，因为州立法机构通过的法案要求实施的这些改革措施，包括在选择政党的总统候选人时大量增加初选的使用，通常是适用于两党的。

在 20 世纪 80 年代初期，民主党对这些改革进行了评估，但发现对其并不满意。提名总统候选人方面新集中起来的权力和提名过程中基层参与度的增加并未对胜选发挥多少作用。而且，改革还使政党发生分裂，大大疏离了政府中民主党人，他们中很多人在 20 世纪 70 年代宁可待在家里也不参加党的全国代表大会。因此，全国性民主党决定低调处理程序性改革，向共和党的服务型模式转变。长期依赖工会提供的组织帮助，通过努力扩大其筹款基础、帮助征募候选人和政党人员以及振兴州与地方政党组织，民主党全国委员会对里根的胜利做出了回应。当所有这些改革尘埃落定时，政党规

① Austin Ranney, *Curing the Mischiefs of Faction* (Berkeley: University of California Press, 1975); William J. Crotty, *Decisions for the Democrats* (Baltimore: Johns Hopkins University Press, 1978); and Byron E. Shafer, *The Quiet Revolution* (New York: Russell Sage Foundation, 1983).

② John F. Bibby, "Party Renewal in the Republican National Party," 参见：Gerald M. Pomper, ed., *Party Renewal in America* (New York: Praeger, 1981), pp. 102-115.

则的权威已变得更加全国化了，曾经强化全国性政党的两种模式也很快融合成一种。①

两党都采用服务型路径

在 20 世纪 80 年代，对民主党来说好的方面是，它极大地提高了募集资金的能力，减少了长期存在的债务，增加了它在州和地方的活动。不好的方面是共和党远远领先于它并不断开疆拓土。全国民主党毫不掩饰其模仿共和党在筹款并利用它购买服务方面之成功经验的努力。慢慢地，它开始赶上共和党；共和党从最开始的3∶1 甚至是 5∶1 的财政优势随着时间推移逐渐减少了（见图 4－1）。

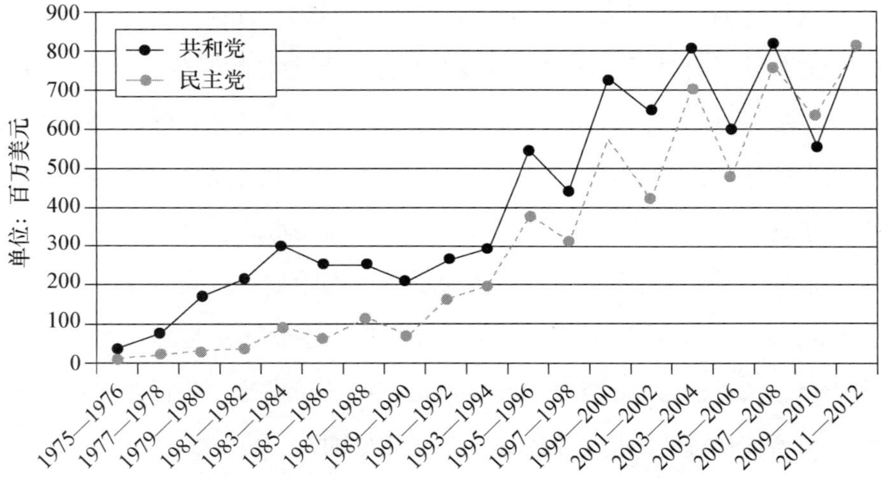

图 4－1　民主党和共和党募款数额（1975/1976—2011/2012）

共和党募款数额对民主党募款数额的比率：

2.9　3.2　4.6　5.5　3.0　3.9　2.2　2.6　1.6　1.5　1.4　1.4　1.3　1.5　1.1　1.3　1.1　0.9　1.0

说明：数据点是整个政党募款的数额（包括州/地方、众议院、参议院和政党全国委员会），单位为百万美元。软钱不包含其中，委员会之间转移支付的钱（1987 年之后）也不包含其中。

资料来源：联邦选举委员会，参见：www. fec. gov/press/press2013/20130419_2012－24m-Summary. shtml（April 20，2013）.

一个原因是民主党越来越依赖“软钱”（见第 12 章）——捐助给政党组织的不受金额限制的资金，很多时候是由工会、企业以及富有的个人捐赠的，不受联邦竞选财务规则的管辖。与它们能够募集的受联邦规则控制的捐款相比，工会提供的大额献金使民主党在软钱方面能更容易与共和党进行竞争。在 20 世纪 90 年代初期，两大党的

① Paul S. Herrnson，“The Revitalization of National Party Organizations，” in L. Sandy Maisel，ed.，*The Parties Respond*，2nd ed.（Boulder，CD：Westview，1994），pp. 45－68.

全国委员会都开始花大力气募集软钱。到 2000 年，全国性政党几乎一半的筹款都是软钱。

一些钱被用于加强州甚至是地方政党。全国性政党的更大一部分经费捐助给美国众议院和参议院的选举。从 20 世纪 80 年代中期起，两大党都为被选出的候选人提供了数量越来越多的援助。共和党全国委员会首开先河。比如，大老党候选人在 1994 年国会选举中惊人的成功，部分就是因为积极进取的筹款和其国会山委员会对候选人的征募。

2002 年采取的竞选资金改革（《两党竞选改革法案》，将在第 12 章讨论）禁止政党全国委员会在 2002 年选举之后募集软钱。民主党把对全国性政党的即将到来的软钱限制视为特别的威胁，因为它们的软钱募集能力已得到很大发展——民主党国会山委员会在 2002 年筹集到 1.51 亿美元软钱，超过了共和党国会山委员会募集的 1.36 亿美元——但它们受联邦规则限制的献金只得到缓慢增加。

应对新的竞选资金规定的挑战

当《两党竞选改革法案》在 2004 年竞选中生效时，很多观察家认为，软钱的损失将严重削弱全国性政党。实际上，由于《两党竞选改革法案》只允许转移受联邦管制的经费，全国政党委员会转给州和地方政党的资金在大多数州大幅减少了。但是正像历史中曾经发生过的，政党很快就成功适应了这些新规则。

为弥补软钱的损失，两个全国性政党都更努力地争取从个人那里吸收硬钱。民主党全国委员会大幅扩大了其直接邮寄募款项目并从数百万新的捐助者那里获得大量捐赠，该项目在 20 世纪 90 年代规模是非常小的。民主党全国委员会在 2004 年筹集的受联邦规则限制的经费共 4.04 亿美元，比 2002 年的 930 万美元多 4 倍，而且在总筹款募中，单笔数额少于 200 美元的献金在其所有募款总额中所占比例超过了 40%。民主党国会竞选委员会和共和党国会委员会募得的硬钱在 2004 年都翻番了。通过设定个人向政党及政治行动委员会捐款总数的上限（2014 年达到 7.46 万美元），这个上限超过了为候选人捐款总和的上限，《两党竞选改革法案》使政党委员会在硬钱方面的筹款更便利了。两党都鼓励大额硬钱捐助者从其朋友和同事那里募集类似的献金，并把这些捐助“捆绑”到一起，达到 10 万美元或 20 万美元甚至更多，以换取政党的认可。

即使是在被认为可能会削弱作为募款者的政党之吸引力的 2010 年公民联合组织（Citizen United）裁决（见第 12 章）之后，两党的委员会在 2011 年到 2012 年选举期间总共筹集到了让人瞠目的 16 亿美元——各个层次的政党委员会募集到的能够用于联邦选举的经费。值得一提的是，2010 年的选举周期中，至少 30 年来民主党的募款首次超过了共和党，2012 年几乎又是如此。

政党经费和走向 2016 年的行动主义

尽管政党募款中最大的部分来自公民个人，政党委员会的经费中来自国会议员的部分所占比例也在日益增加。在 20 世纪 90 年代初期，一些共和党众议院领袖受够了其长期的少数党地位，敦促其党内同僚把他们的一些竞选经费（campaign war chests）捐助给在选举中面临更激烈竞争的共和党人。目的是把竞选经费从最善于募款者那里转移给最需要的候选人，以便增加共和党在众议院的席位。赢得多数席位将会赋予所有众议院共和党人实现其政策目标的权力，因为多数党控制着众议院的立法流程。共和党确实在 1994 年控制了众议院和参议院，不久之后，刚刚成为少数党的民主党也看到了传播财富帮助易受攻击的现任议员和有希望获胜的挑战者的重要性。

从那时开始，两党的国会山委员会一直敦促——众议院委员会也要求——其成员把经费转移到政党委员会而不是特定的候选人。这使政党能够锁定它认为最有获胜希望的选举，而不是让提供捐助的现任者个人决定。众议院议员可以通过他们个人的竞选委员会和他们的“领导力政治行动委员会”（见第 12 章）捐助资金，还可以请求他们自己的捐助者把资金提供给政党的国会山委员会。例如，在 2010 年，民主党国会竞选委员会主席要求每个有影响力的委员会主席提供 50 万美元的献金，其他许多委员会主席提供 25 万或 15 万美元，普通的民主党籍众议员提供 12.5 万美元。在 2012 年，民主党国会竞选委员会从民主党籍众议员的竞选委员会那里筹集了 2 550 万美元，全国共和党国会委员会筹集了 4 470 万美元。每一位议员的献金都被政党领导人记录在案，就像党鞭记录立法机构投票一样。[①] 政党成功地让其现任议员交出数目可观的

① Marian Currinder, *Money in the House* (Boulder: Westview, 2009), pp. 34-39.

献金并把他们的募款技巧用于服务本党其他候选人，这表明了国会中的政党已在很大程度上成为为其成员集权的重要工具。

国会山委员会分配经费时是非常谨慎的。在 2012 年，现任者或被锁定的挑战者在得到全国共和党国会委员会或民主党国会竞选委员会的资助之前，必须在募款、媒体能见度、联络选民的数量等方面满足一系列的标准。现任者得到建议，在 2012 年获胜后立即开始为 2014 年的选举筹款。2012 年竞选结束后，民主党国会竞选委员会在欢迎新当选的民主党籍众议员时使用了一张幻灯片，建议他们在一天常规的 10 小时工作时间中，花 4 小时和潜在的捐助人电话联络，另外用 1 小时进行"战略扩展"(strategy outreach)，其中包括募款者。他们得到建议，即便是在其选区进行登门拜访时，也应该留出 3 小时作为与捐助者的"通话时间"和一个小时的"战略扩展"——这样的日程安排会严重损害其立法工作和选民服务。一位观察家评论到，"对于一个国会新人来说，一味坐在那里参加国会听证会在国会中会被视为糟糕的表现——接近于放纵自己（borderline self-indulgent）——这些时间本可以用于募款"。一位议员回应说，"你还不如把竹子放到我指甲盖下"。[①]

从国会议员及其他途径获得的募款的增加使民主党的委员会能够效法共和党的做法。从 2000 年开始，全国性的大老党利用来自政党游说者和商业数据库的信息，建立了一个庞大的选民信息数据库——包括个人过去的投票记录以及他们的看法和消费偏好——所以就像企业的市场研究者所做的那样，政党的战略分析人员可以预测特定类型的人可能的行为。这一"微目标定位"(microtargeting) 方式有助于共和党集中精力针对最可能支持共和党候选人的个人开展说服活动和催票行动。最后形成的数据库，也被称为选民库（Voter Vault），要求提供全国共和党能够承担的资金和计算机设备。它被普遍视为共和党在 2002 年和 2004 年获胜的主要原因。

民主党反应较慢但后来也建立了两个相互独立的全国性数据库。"选民建设者"(VoterBuilder) 由民主党全国委员会维护，对所有层次的民主党候选人开放。另一个是由受工会、非营利组织以及个人资助的 Catalist 集团管理的庞大的数据集，奥巴马的竞选团队和支持奥巴马的自由主义团体广泛使用了这个数据库。以这些数据集为基

---

① Ryan Grim and Sabrina Siddiqui, "Call Time for Congress Shows How Fundraising Dominates Bleak Work Life," *Huffington Post*, January 8, 2013, 参见：www. huffingtonpost. com/2013/01/08/call-time-congressional-fundraising_n_2427191. html (accessed March 3, 2013).

础开展的选民联系项目［“现场行动”（field operations）］在2008年的一些国会特别选举中经受了现场测验，民主党在所有这些选举中都获胜了。在2012年的选举中，民主党国会竞选委员会和民主党参议院竞选委员会在全国范围内使用了这些项目（第11章将做全面介绍）。那时，是共和党在技术上落后了。2011年共和党把其建立联系人列表的工作外包给与共和党有联系的一个叫作“数据托拉斯”（Data Trust）的公司，2013年增加了一个用来在全国性政党和州政党、候选人以及其他组织之间共享数据的开放的平台。

国会山委员会也利用其增加的募款，增加投入被锁定的选举中的大量独立开支。在第12章中你将会看到，法庭案例已允许政党组织在众议院和参议院选举中投入不受数量限制的广告，只要政党使用其经费时独立于其想要帮助的候选人即可（独立开支）。这就造成了同一政党内两个派别集团（帮助候选人的一派和支持独立开支的一派）的奇怪现象：致力于选举同一个候选人但官方上又无视彼此的活动。在近年的众议院和参议院选举中，大部分政党经费采取了独立开支的形式（见图4-2和图4-3），因为这不受法律的限制，而政党直接给予候选人的献金和协调性的开支却是受限制的。在2012年，两党在独立开支方面共花费了2.52亿美元——相对于2010年国会选举，这是一个巨大的增长。

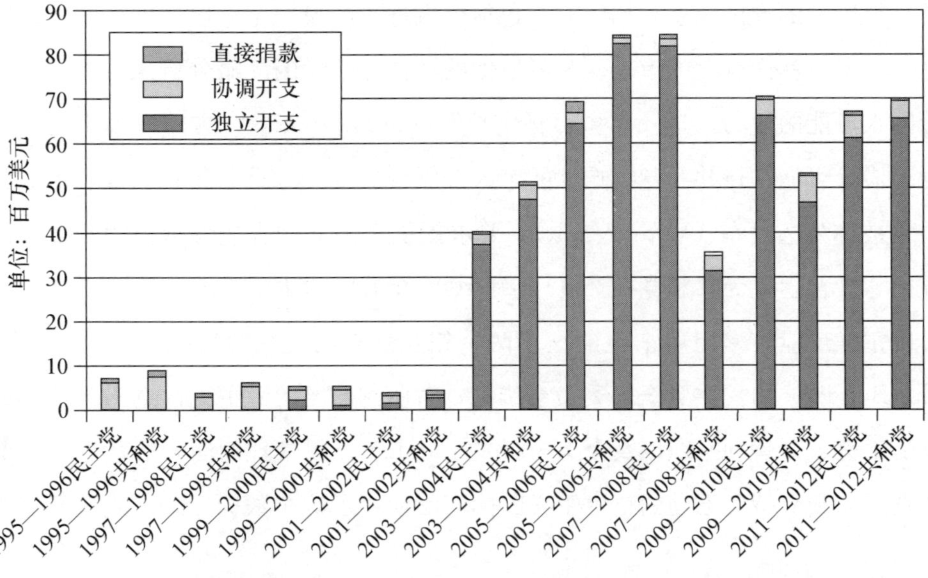

图4-2 全国性政党在众议院选举中投入的经费，从1995/1996到2011/2012

资料来源：联邦选举委员会，参见：www.fec.gov/press/press2013/20130419_2012-24m-Summary.shtml (accessed April 20, 2013).

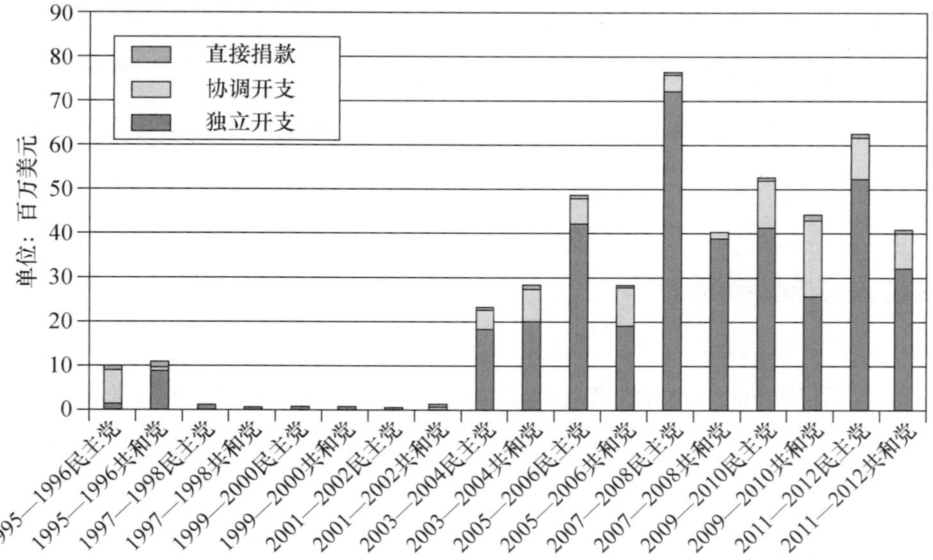

图 4-3　全国性政党在参议院选举中投入的经费，从 1995/1996 到 2011/2012

资料来源：联邦选举委员会，参见：www. fec. gov/press/press2013/20130419_2012-24m-Summary. shtml (April 20，2013).

所以，自 20 世纪 80 年代中期以来，两个全国性政党作为积极的、工作人员配备精良的、致力于支持政党候选人以及州和地方政党组织的服务型政党已变得制度化了。① 它们关注的焦点已经从寻找软钱转变为筹集受联邦监管的献金。它们已从投资于计算机化的直接邮寄广告转变为整合募款数据库和电子邮件数据库、社交媒体及其他数据——民主党在 2012 年利用得非常出色的技术。就像我们将会在第 12 章看到的那样，它们还与像诸如超级政治行动委员会这样的非政党支出者（nonparty spender）密切合作。随着竞选经费规则的改变和新技术的发展，政党全国委员会也在不断适应这些变化。

这些更强大的全国性政党的影响是什么

全国性政党组织的这些引人瞩目的变化，已帮助加强了政党在提名和选举候选人方面的作用，这些作用在一百年前随着直接初选的出现曾被严重削弱。全国性政党和

---

① Paul S. Herrnson, *Party Campaigning in the 1980s* (Cambridge, MA: Harvard University Press, 1988), p. 47.

州政党现在在很重要的程度上积极参与到选举支持工作当中，这些工作直到前不久一直是由私人竞选顾问和其他政治团体垄断着的。在候选人看来，全国性政党提供的经费和服务已帮助他们提高了知名度。全国性政党日益增长的力量也改变了它们与州及地方政党组织的关系。

对候选人竞选活动的影响

力量得到增强的全国性政党在总统竞选活动中发挥着很多至关重要的作用。如我们已看到的，两个党的全国委员会都研究议题，研究对手的记录和背景，寻找本党候选人自身的弱点及挫败攻击的方式。它们还培训州政党工作人员和现场主管（field directors），以及维护与政党网络中重要团体的关系。

然而，在参议院和众议院的竞选活动中，关于全国性政党在哪里部署其新获得的力量的决策最近已经出现了一些显著的变化。在 20 世纪 80 年代和 90 年代，全国性政党委员会已支持了一大批能独立发展的候选人。政党全国委员会在它们认为不利的年份往往会保护其现任者，并在看起来有可能大胜时投资于挑战者和开放议席。但到 21 世纪初期时，众议院和参议院席位几乎被两党平分了，真正竞争性的席位大幅缩减，所以两党的国会委员会都将绝大部分经费和帮助投入那些竞争性的选举中。①

如此之多的政党经费和现场工作人员投入这些竞争性的选举之中，特别是被锁定的那些选举之中，政党经费有时超过了候选人的开支。全国性政党委员会的经费及其他资源已使它们拥有了影响被锁定的选举的真正权力。比如，在 21 世纪初期，全国性政党在科罗拉多州一场势均力敌的国会选举的花费比候选人自己竞选的花费还要多；政党全国委员会还明确规定了竞选活动中如何使用政党的经费。这位民主党候选人的竞选总干事（campaign manager）对全国性政党事无巨细的管理的愤怒可能是在为两位候选人讲话："他们每天都要爬上我们的屁股。"② 政党委员会通常会同意提供资助，只要竞选者接受某些政党指令：竞选者要雇用或解雇特定的工作人员，使用不同的顾问，或者采用一项规定的竞选技术。有时，政党对被锁定的竞选活动的影响会

---

① David B. Magleby and J. Quin Monson, eds., *The Last Hurrah*? (Provo, UT: Center for the Study of Elections and Democracy, 2003).

② Daniel A. Smith, "Strings Attached," 参见：Magleby and Monson, eds., *The Last Hurrah*?, p. 194.

适得其反。比如，与候选人自己的广告相比，政党资助的广告更可能会攻击对手。因为大多数选民不会区分候选人和政党的广告，候选人可能会被刻画上他或她极力要避免的负面印象。所以说，政党委员会和竞选者之间可能会产生矛盾。

在近年来，比如 2008 年和 2010 年，一些“潮流”式的选举（“wave” elelctions）中被锁定选举的竞争舞台扩展了。但是，由于大多数国会选举都不是竞争性的，它们的候选人不用担心政党经费附带的条件。在一些可以预测到结果的选举中，全国政党委员会没有理由投入其太多宝贵的资源。缺少政党投入可能会成为一种自我证明的预言，因为非政党捐助者经常利用政党的目标决定（targeting decision）来指引他们自己的捐款行为。对希望渺茫的候选人及其团队来说，这是极其令人沮丧的。然而，政党委员会的目的是把其资源战略性地配置到足以获胜的选举中，以实现对众议院或参议院的控制，所以政党工作人员必须以分析而非同情为基础做出艰难的选择。

对州和地方政党的影响

更一般地说，是否全国性政党日益增加的能见度和资源已经导致权力从州和地方政党组织转移到全国性政党组织，即导致政党的集权而不是分权？或许不是这样。促使州和地方政党为中心的力量仍然是强大的。但很明显，全国性政党的新力量已经弱化了政党组织的分权化趋势。当全国性政党能提供大量金钱和服务时，它们的权力和影响力都会增长。结果是州甚至地方选举活动的本质、征募的候选人的种类以及组织政党的方式等都会更多地打上全国性的烙印。这对美国政治来说是件好事吗？下面方框中的内容为这个问题的两个方面都提供了论据。

你会选择哪一个？
一个更强大的全国性政党能够帮助你吗？

是的！政党为你提供一条非常有用的捷径。政府决策几乎影响着你所做的所有事情，但你可能没有时间为了把票投给代表你的利益的候选人而研究数十种复杂的议题（医疗保健、能源价格）和候选人。政党可以帮你做这些研究。如果你大致同意的话，比如说共和党，它可以为你提供一系列候选人而不用你自己费力气。但如果每个州和地方的共和党组织都是独立行动的，如果这些组织中的一些是温和的，其他的是保守的，那么你如何确定你所在州和地方的共和党候选人能够支持把你吸引到这个党的立场上呢？一个强大的全国性政党可以帮助征募其看法与政党的哲学一致的候选人，并帮助他们当选。还有，你更愿意谁拿到募得的竞选经费？全国性政党还是很快将会就影响捐助人利益的法案而进行投票的候选人个人呢？都不是！美国是如此多元化，奥马哈（Omaha）民主党人关心的事情和圣弗朗西斯科、新罕布什尔州、佛罗里达州狭长地带的民主党人关心的事情有很大不同。如果一个全国性政党足够强大，能够推动形成关于政府应该怎么做的一套清晰的看法？那么它应该推动谁的看法？奥马哈民主党人的，还是圣弗朗西斯科民主党人的？如果一个全国性政党足够强大，可以选举其候选人，难道它不能告诉候选人怎样在国会中投票吗？不管他们的选民是否同意！即便一个全国性的政党组织把自己的职能限于募款并把它给予候选人，难道这不会让全国性政党组织对州甚至地方候选人施加巨大影响吗？在一个传统上对“老板统治”充满敌意的国家，难道一个强大的全国性政党不会再次引起人们的那种担心吗？

有时，州政党欢迎全国性政党的介入。全国性政党和州政党合作的一个更成功的案例是，前民主党全国委员会主席霍华德·迪安在 2006 年和 2008 年选举中实施的“50 州战略”（50-state strategy）。正如第 3 章中写到的，迪安用民主党全国委员会的经费支付与每个州政党一起工作的外勤组织者的薪水。例如科罗拉多州曾经在几十年里一直是共和党州，但在 21 世纪初经历了年轻的、更加自由主义的选民的大量涌入。所以从 2005 年开始，民主党全国委员会为州政党提供资金，以资助农村地区的现场主管，并购置了新的选民信息数据库。民主党全国委员会的投入还振兴了之前全国民主党因共和党处于支配地位而不予考虑的地区的其他一些州政党。一项研究发现，这些民主党全国委员会的工作人员增加了候选人在这些选举中的总得票数，甚至超过了民主党在 2006 年获得的其他优势。① 迪安和他的支持者认为，这是奥巴马 2008 年成

① Elaine C. Kamarck, “Assessing Howard Dean's Fifty State Strategy and the 2006 Midterm Elections,” *The Forum* 4 (2006), issue 3, article 5.

功的全国竞选策略的基础。[①] 奥巴马竞选团队并不这么认为，而是强调其成功几乎全部依赖于自己在这些“红”州的工作人员和竞选经费；他们还认为，候选人自身实力和布什政府的弱点至少也是同样重要的。[②] 州政党和奥巴马竞选团队之间的紧张关系持续到2012年大选及选后，当时奥巴马的竞选团队独立于全国和州民主党，把自己重新命名为“为行动而组织”(Organizing for Action) 并保留电子邮件清单和基层组织以推动总统的议程。

有时，全国性影响的增长可能会损害不同层次的政党组织之间的关系，就像它已经在政党和候选人之间造成紧张关系一样。全国性政党与州及地方同胞之间冲突最严重的一个领域集中在全国性政党对初选的介入。全国性政党的官员总是禁不住尝试选择和培养他们认为最有希望在一个选区获胜的候选人。众议院和参议院竞选委员会，其在国会成为多数党的机会取决于候选人在竞争性选举中的效力，担心万一一个能力不足的候选人赢得其党内初选并继续参加一场对于竞争议员席位来说不够专业的选举该怎么办。但介入的风险是，如果全国性政党支持的候选人在之后的初选中落败，那么政党可能会遭受打击；这可能会使获胜的候选人疏远委员会，使委员会自己看起来很虚弱，甚至会分裂州政党并在选举中失败。

共和党全国领导人在2010年冒了这种风险，预料到一场共和党的“潮流”选举。全国共和党全国委员会支持了一些看起来很有可能当选的共和党初选候选人。在有些案例中，茶党支持者和其他极其保守的选民并未理会党内建制派的建议。一个突出的例子是特拉华州参议员选举，共和党的初选选民反对全国性政党和州政党偏好的候选人，支持一个有趣的、茶党支持的挑战者。遗憾的是，她的第一个普选竞选广告不得不解释她之前承认曾经参与过巫术活动，最后在选举中被之前不被看好的一位民主党候选人彻底击败了。

作为回应，共和党参议院全国委员会主席发誓不再参与2012年共和党初选。但是，当一些赢得其政党提名的极右翼候选人在普选中受挫时，州和全国政党的领导人又被拉出来了。密苏里的托德·埃金（Todd Akin）（见“民主党人最喜爱的共和党籍

---

① Ari Berman, “The Prophet,” *The Nation*, January 5, 2009, at www.thenation.com/article/prophet (accessed April 20, 2013).

② Adam Nagourney, “Dean Seesks Some Respect (and Credit) for Obama's Victory,” *New York Times*, November 11, 2008, 参见：www.nytimes.com/2008/11/12/us/politics/12web-nagourney.html (accessed April 20, 2013).

参议院候选人”）和印第安纳的理查德·穆尔多克（Richard Mourdock）在堕胎和强奸问题上的言论曾引起选民极大的愤怒；穆尔多克在一次竞选辩论中评论说，如果是强奸导致了怀孕，那就是“上帝想要这么做”。两人之后都在本以为对他们政党很安全的选举中落败。所以共和党参议院全国委员会和其他共和党组织认为有必要在2014年州初选之前重新介入，至少在一定程度上鼓励更可能当选的共和党初选候选人并帮助他们及时处理竞选中的失误。

民主党人最喜爱的共和党籍参议院候选人

参议员克莱尔·麦卡斯基尔（Claire McCaskill，D-MO）是2012年最脆弱的现任者之一。她的低支持率诱使多位候选人参加共和党初选，以寻求机会在普选中击败她。众议员托德·埃金，一个因在堕胎和宗教问题上发表荒唐言论而闻名的保守派，在初选中一直落在后面——直到民主党组织登广告上称他为“密苏里州最保守的候选人”，提升了他在共和党初选选民中的地位，让民主党很开心。埃金赢得了初选并且有望在秋季击败麦卡斯基尔。

直到他在一次电视采访中宣称强奸很少会导致怀孕，也就是，因为在“正当强奸中，女性的身体有办法终止整个过程”。由于对预料之中妇女选民和温和派人士的强烈抵制感到恐惧，很多优秀的共和党候选人和政党领导人很快要求埃金退出选举。全国共和党参议院委员会宣称，它将要取消其购买的用来攻击麦卡斯基尔的价值500万美元的广告，除非埃金退选。共和党组织“十字路口草根政策战略”（Crossroads GPS）也是如此。他们担心，埃金的“错误陈述”不仅会葬送自己的胜利，而且会威胁到大老党期盼的对参议院的控制。但埃金立场坚定，坚称他受到大量基层选民的支持，而这应该比“政党里的大人物”（big party people）的意见更重要。一个大老党顾问在推特上写道：“每当这时——当一个滑稽的候选人需要被赶走并消失在州界线之外时——这样的时刻都让我怀念旧时的政党领袖们。”基层的支持最终被证明是不够的，埃金失败了，民主党保持着对参议院的控制。

这就是初选给政党组织带来的两难处境：特别是在有多个候选人的初选中，一个太极端而不能赢得普选的候选人可能会赢得提名。政党组织领导人通常希望他们能介入并影响提名竞争。但是就像埃金的例子，这是危险的一步。政党领导人不能收回提名权，因为初选中提名的权力属于初选选民。政党领导人影响初选的努力可能导致选举日当天选民的抵触情绪。

资料来源：Manu Raju，"Todd akin's Looming Campaign of Isolation，" *Policico*，August 22，2012，参见：www. politico. com/news/stories/081279971. html? hp＝t2_3（accessed March 2，2013）；Jeff Zeleny，"Top G. O，P. Donors Seek Greater Say in Senate Races，" *New York Times*，February 3，2013，p. A1.

总之，全国政党委员会用它们的经费来影响候选人选择或竞选的方向时，州政党和竞选团队内部可能会非常不满，他们认为自己更了解什么在选区内能发挥作用。然而，对于全国政党委员会来说，它也很难袖手旁观。只要初选由那些比一般选民更加极端的积极分子控制着（见第 5 章），政党组织就会错过利用可能获胜的选举的机会。

对总统的影响

更强大的全国性政党会与总统竞争权力还是增加总统的权力呢？很明显，全国政党委员会不断增加的资源使它们有机会发挥更加独立的政治作用。联邦对总统竞选活动的资助，连同对政党用于总统竞选的开销的严格限制，把全国政党委员会从它们传统上对总统选举的关注中解放出来，使其至少可以将部分资源用于州和地方层次的政党建设上。同时，政党委员会开创了为联邦竞选募款的新角色。

这些新的能力使全国委员会成为对总统来说更为有吸引力的资源。总统很自然希望新的政党权力能为他们服务，在最近的记忆中的每位总统都牢牢地控制着其政党的全国委员会。总统当然希望政党委员会动员由其征募、培训、资助和帮助当选的所有国会议员支持总统的计划。总统在第一任期内会希望利用全国性政党的资源为其连任竞选服务，只要竞选财务规定允许。所以，这些更强大的全国性政党要把其能力用于为总统的目标服务还是有相当大的压力的。

对国会的影响

当国会山委员会在征募和支持政党候选人方面变得更加积极时，国会议员在立法机构投票时更可能与他们党的大多数保持一致（第 13 章中将进行说明）。这些新的竞选资源有助于说服国会议员在对法案进行投票时支持政党立场吗？在这一点上，政党委员会并未以候选人支持政党的计划为基础而提供竞选经费和服务。有时，国会山委员会选择不去花费金钱帮助国会中忠诚但选举前景黯淡的政党支持者，而是斥资数百万美元给那些曾反对过政党领导人但其竞选更有竞争力的现任者。政党资金通常会被用于势均力敌的选举而不是用于支持意识形态上“纯洁”的候选人。①

尽管政党委员会没有利用它们的资金去影响国会的意识形态色调，但政党在国会中的一些成员已试图这么做了。在 2010 年和 2012 年，当时的参议员吉姆·德明特（Jim DeMint）利用其竞选委员会和领导力政治行动委员会（leadership PAC）把竞选经费输送给其共和党初选中诸如茶党最喜爱的佛罗里达的马尔科·鲁比奥（Marco Rubio）和印第安纳州的穆尔多克等极其保守的候选人。德明特的目的是使参议院共和党的队伍更加保守。这一努力一直持续到 2014 年，这一年德明特的参议院保守派基金（Senate Conservatives Fund）支持了一些与茶党有联系的、共和党籍现任者的挑战者，摆出了一副与更具企业导向的共和党团体做斗争的架势。

然而，政党委员会在提醒国会议员，特别是新当选的议员政党对其选举成功发挥了某种作用时已不再羞羞答答了。政党的竞选帮助只是国会中政党支持的一部分，但 1995 年以来众议院共和党人引人注目的凝聚力无疑是由政党领导人对共和党候选人的资金及其他支持而强化的。在国会中，选民的压力永远是第一位的。但是，参议员和众议员对来自国会政党的竞选帮助依赖越多，他们对以政党为基础的诉求的态度也就越开放。

全国性政党内部的关系

每一政党的三个全国委员会——民主党全国委员会或共和党全国委员会和政党的国会山委员会——有许多共同的目标。当政党的总统候选人表现好时，他或她吸引的大多数选民也会把票投给总统所属政党的参议院和众议院候选人。同样的，一个有效

① Timothy P. Nokken, “Ideological Congruence Versus Electoral Success,” *American Politics Research* 31 (2003): 3-26.

组织的参议院竞选活动也能为竞选总统和众议院席位的党内同僚带来选票。

但政党资源不是无限的，每个政党的全国委员会都想得到最大的份额。在 2012 年大选的准备阶段，民主党全国委员会为奥巴马竞选从富有的捐助者那里募款的努力威胁到了民主党国会山委员会从相同渠道获得大量捐助的能力。政党委员会在筹款和花钱方面一直以来都是彼此竞争的。他们从相同的捐助者（严格保护其捐助者名单）那里寻找财政支持，从同一个有限的人群中招募政治人才。

政党组织的局限

总之，全国性政党组织近年来筹集了数目可观的新增款项和其他资源。它们利用这些资源、专门知识和能量成为相对于州和地方政党的主要行为体和影响许多联邦甚至州层次候选人的生活重要因素。能在两年内募集和花费十亿美元的组织是不能轻易被忽视的。超级政治行动委员会（见第 12 章）的崛起可能会大大削弱政党在 2014 年及之后的筹款能力，但全国性政党组织现在比其历史的大部分时期都要强大。

全国性政党组织力量的这种引人瞩目的增长并没有损害州和地方政党。实际上，全国性政党至少把它们的一些资源用于增强这些政党组织的能力。全国性政党组织的新力量也未使地方和州政党组织成为其全国性政党的分支机构，在制订竞选策略和采取公共政策立场时必须遵照它们的命令。美国政治中仍然有太多力量鼓励独立，尤其是在地方政党中，以至于不允许两大党集中其组织和权力。美国实行的联邦制度（使其大多数政府官员从地方层次选出）、权力分立、公众态度和政党管理规则在各个州和地方之间千差万别的实施情况、阻碍联邦和非联邦候选人进行合作竞选的《两党竞选改革法案》……所有这些都不利于一个中央集权的政党制度。

所以，尽管资源已越来越丰富，但按照国际标准，美国政党组织权力仍然是相当分散的。在一个可以确保美国人无论是在辛辛那提还是圣迭戈都能买到同样的“巨无霸”的时代，美国的政党却缺少自上而下的控制和效率、统一设定的优先次序以及我们在其他国家的政党那里经常看到的核心责任。其他很多西方民主国家的政党组织都有固定的、高度专业化的领导阶层和庞大的党内官僚体系，而美国的大多数政党组织，特别是在地方层次，仍然掌握在兼职的积极分子手中。[①]

通过游说和电话银行，政党已越来越重视基层竞选，并利用这些信息发展微目标定位，把特定信息有针对性地传递给人们都知道的愿意倾听那些信息的个人。然而，即使这种更深入基层的措施也可能并不足以让政党组织在公众心中更重要。政党发出的信息集中在候选人身上而不是政党本身。比起扩大政党组织在公民的政治思维中的作用，更加专业化、服务导向的政党或许更擅长帮助候选人竞选职位。[②] 美国的政治价值观不欢迎更强大和更集权、在美国政治生活中拥有更多权力的政党组织。

美国政党组织基本上比较灵活，是以选举为导向的。它们的目的是支持候选人赢得职位，并做出必要的调整以使自己在务实的政治体系中有良好表现。结果，它们长期以来一直被候选人和官员而不是职业政党官僚领导着。随着政治体系变得更加极化，政党组织利用这个机会扩大了其影响力，也加剧了这种极化。但至少在这一点上，尽管政党全国委员会现在的资金和活动能力都达到了前所未有的水平，但在一个以候选人为中心的政治环境中，它们仍然是以候选人为中心的组织。

---

① Leon D. Epstein，*Political Parties in the American Mold*（Madison：University of Wisconsin Press，1986），p. 200.

② John J. Coleman，“The Resurgence of Party Organization?”参见：Daniel M. Shea and John C. Green，eds.，*The State of the Parties*（Lanham，MD：Rowman & Littlefield，1994），pp. 311－328.

第5章
政党积极分子

志愿积极分子维持着美国政党组织的运转。志愿者，包括许多大学生，登记选民，挨家挨户游说，催促选民投票，以及维护政党组织在脸书网页和推特上的反馈。但政党也要为所有这些免费劳动付出代价。为政党组织或候选人志愿提供时间和金钱的人们通常是受对政治议题的强烈感情驱动的。这些政党积极分子对一些议题的看法往往比大多数选民更加极端；与他们自己政党内不那么积极的支持者相比，民主党积极分子通常更加自由，共和党积极分子则更加保守。而且他们希望其政党的候选人能和自己具有同样强烈的程度。在奥巴马总统第二个任期，自由派民主党积极分子猛烈批评总统和国会民主党议员，原因是他们没有在枪支管制、移民改革、向富人征税等议题上施加足够压力；而保守的共和党积极分子则严厉抨击那些在枪支管制、移民改革或税收政策上向民主党妥协的共和党人。

为使政党的工作得以完成，政党组织必须确保志愿积极分子积极投入，充满激情。同时，政党还希望避免给人留下听起来很极端的形象，这可能会让党派倾向不强的选民对其失去兴趣。政党组织怎样才能实现这种艰难的平衡以及是否能够平衡，是由它们吸引志愿者和兑现其承诺的方式决定的。

什么吸引人们参与政党活动

人们参加各种各样的组织，从政党组织到舞蹈马拉松组织，有三种原因。**物质性**

诱因（material incentives）是参加活动的有形回报——对某人工作的金钱报酬或其他实实在在的奖励。**社群性诱因**（solidary incentives）是一种无形的、人们可以从与他人交往、建立人际关系网以及加入组织而获得的社会收益。**目的性诱因**（purposive incentives）也是无形的，指的是人们在推动一种对他们非常重要的议题或事业时感受到的满足感。[①]

物质性诱因

美国政党曾经对参加政党工作提供大量物质激励。甚至在政党“机器”时代之前，人们参加政党活动主要是为了分享政党控制政府时获得“赃物”。这些“赃物”是以**赞助**（patronage）或者**优先权**（preferments）的形式存在的。赞助是指在某个政府职位上任命某人，作为对其为政党工作的回报。虽然赞助在现在已经十分有限，但如果忠诚的政党工作者谋求参选职位，政党仍然可以为其提供支持基础。优先权是一个执政党可以为政党支持者提供的其他好处，例如合同或执法中的最佳待遇。赞助、通向参选之路、优先权，在建设和维持美国政党组织中都发挥着重要作用。

赞助

在美利坚合众国成立初期及其后一百多年里，人们被吸引到政党工作当中是因为如果政党获胜他们就有可能获得政府部门的工作作为回报。其他国家也一直采用赞助方式，但其他的政党制度都没有像美国政党制度这样完全地和长期地依赖赞助。在政党机器控制很多城市的时候，市政府的工作人员几乎全部是掌权政党的忠诚党员。[②]作为对其工作的回报，赞助性雇员通常会“志愿”把他们的时间、精力，甚至经常是一部分薪水奉献给政党组织。他们在竞选期间尤其活跃。美国政党政治有太多某些政府部门中的所有工作人员都投入支持其“老板”连任的工作中的故事。甚至是现在，虽然这种做法通常是不被赞成，有时甚至是非法的，政府雇员仍然会面临着为他们的政党奉献时间和金钱的压力。

---

① Peter B. Clark and James Q. Wilson, “Incentive Systems: A Theory of Organizations,” *Administrative Science Quarterly* 6 (1961): 129-166.

② A. James Reichley, *The Life of the Parties* (Lanham, MD: Rowman & Littlefield, 2000), pp. 72, 118, 128-130, 174-176; and Martin Shefter, *Political Paries and the State* (Princeton, NJ: Princeton University Press, 1994).

然而，随着政府工作岗位数量的增加，政党能够得到的赞助性工作岗位的数量却大大减少了。大多数政府雇员现在通过公务员和文官录用制度得到工作机会，申请者以其在竞争性考试中的成绩得到工作机会。通过政治性任命担任的全职联邦职位多年以来持续减少，如今已经不足 10 000 个，其中很多都是高层制定政策的职位。州和城市政府也经历了相同的变化，只不过速度更加缓慢。

最高法院在废除州和地方层次的赞助性工作岗位的过程中发挥了作用。在 1976 年和 1980 年，最高法院裁定，县的某些政治性雇员不能因执政党的变化而被轻易解雇。在 1990 年伊利诺伊州的一个案例中，最高法院更进了一步，判定基于政治的雇用和晋升违反了美国第一宪法修正案关于言论和结社自由的规定。在每一个案例中，最高法院都认为，政党取向（party affiliation）可以作为安排决策者职位的一个相关条件，但这并不适用于安排层级更低的职位。[①] 即使是在赞助性工作岗位仍然存在的地方，它们通常也是由民选行政长官——市长、州长或其他——控制着的，他们希望利用赞助性工作岗位培植自己的政治追随者，而不是作为回报为政党组织提供忠诚的服务。

有些赞助性工作岗位仍然存在。市长、州长和总统仍然会把最高层的决策者职位留给他们信赖的支持者。立法机构经常反对把它们自己的工作人员置于公务员制度的保护之下。2013 年，堪萨斯州州长说服州立法机构限制州政府职位雇用公务员的范围。通过在公务员体系之外雇用政治上忠诚的、“临时性”的工作人员，或者把忠诚于政党者安置到依赖政府合同的私人企业之中，可以绕开政府雇员的公务员规定。一些大的竞选捐助者将会继续被任命为一些太平小国的大使。总之，只要政治领导人在用人上有一些自由裁量权，他们总会找到一种把工作岗位授予其支持者的方式，这些人通常拥有共同的政党取向。所以，这些机会至少会吸引一些人参加政党活动。

请记住，有些观察家对废除赞助性工作岗位的做法感到遗憾。安德鲁·杰克逊总统把推动赞助性工作岗位的使用作为促进建设一个更加民主和更少精英色彩的政府的一种方式。[②] 当政府部门职位仅仅通过公务员程序填补（之后是保护）时，对于锐意改革的领导人来说，用更有效率的工作人员取代懒惰或低效的官僚就几乎是不可能

---

① 1976 年的案例是 *Elord v. Burns*；1980 年的案例是 *Branti v. Finkel*；1990 年的案例是 *Rutan v. Republican Party of Illinois*.

② 关于赞成竞选资助，可见与最高法院对 Elord、Branti 和 Rutan 的决议的不同意见；反对竞选资助的例子可见：Anne Freedman，*Patronage：An American Tradition*（Chicago：Nelson-Hall，1994），Chapter 5.

的。赞助还被视为保持政党组织强大的民主手段。物质性诱因对于吸引工作人员可能是非常有效的。赞助性的雇员的目标与政党组织的主要目标——赢得竞选——通常是相同的。这就使政党组织在采取议题立场时具有灵活性，以争取能够制胜的群体的支持。赞助让美国政党表现得更务实也更包容。

政府中的赞助性工作岗位并不是政党能够提供的仅有的就业机会。州和全国性政党组织现在雇用数千名专业的竞选工作人员，和政党有关的咨询公司也是如此。为了给其候选人提供服务，政党组织需要民意调查人员、现场组织人员、研究人员、筹款人、战略规划人员、网络管理人员、数据库管理人员以及其他工作人员。一些积极分子因得到这些工作机会而参加政党工作，但是总体来说，赞助已不再是激励积极分子参与其中的一个重要力量。

参选

一些男男女女成为积极分子，因为他们将政党工作视为通向公职竞选的第一步。这个原因由来已久。在 1979 年到 1980 年进行的一项全国性调查中，受访的县政党主席中约 40%希望拥有公职，更早的一项研究显示，所有的州政党主席中，1/3 在服务政党之后成为选举性职位的候选人。[①] 当然，因为初选的原因，极少数的政党组织能够简单地把对公职的提名“给予”忠诚的政党积极分子。对于候选人来说，更常见的是把政党视为赢得选票的一个支持基础，而且在有些地区，甚至是最重要的一个支持基础。候选人需要金钱、建议和人员（工作人员和志愿者），政党仍然可能是获取这些的来源。因此，在未来竞选民选官员职位中获得政党支持的诱惑，可能会吸引一些人参加政党工作。

优先权

除选举的或任命的职位外，政党活动还可以为一些人带来实际的回报。因为政府工作人员在分配政府服务和给予政府合同方面至少可以使用一些自由裁量权，政治徇私就有机可乘。有些人为他们的政党贡献金钱和时间就是希望得到这些好处。一个建筑公司的头儿可能会捐出大额竞选献金，为的是赢得建一所新学校或修一条高速公路的政府合同。每年在公路和公共建筑建设方面花费数百万美元的州和城市，建筑行业

---

① Cornelius P. Cotter，James L. Gibson，John F. Bibby，and Robert J. Huckshorn，*Party Organizations in American Politics*（New York：Praeger，1984），p. 42；Robert J. Huckshorn，*Party Leadership in the States*（Amherst：University of Massachusetts Press，1976），p. 37.

大佬在政治上相当活跃并不是偶然的。

还有其他形式的优先权。人们可能会希望，作为对为政党利益而积极行动的回报，他们能够得到特殊照顾，比如卫生部门检查他们的比萨店时能够宽松些，或及时清除他们店铺门前的积雪等。或者，他们可能会提供政治支持，以期获得一种稀缺资源，比如一个地方餐馆的酒类营业许可证。

改革者们已推动了许多防护措施，来限制政府在给予好处以及从私人企业中购买商品和服务方面的自由裁量权。例子包括竞争性和密封投标、利益冲突法规，甚至还有肯定性行动。然而，由于对双方来说潜在的利益如此巨大，似乎总有办法规避哪怕是最严格的控制。此外，很多改革者不愿意仅仅为了杜绝党派性的自由裁量权而完全取消政府在给予合同时的自由裁量权。结果是，优先权可能已经取代赞助成为政党活动主要物质性诱因。然而，对政党领导人来说遗憾的是，现在是民选的官员，而不是政党领导人自己可以给予优先权。

社群性（社会性）诱因

更多的人是因其提供的社会联系而被吸引到政党工作之中的。在这个对一些人来说与平板电脑和智能手机的关系最亲密的时代里，在政党总部或是一场竞选活动中建立的面对面的交流提供了结识志趣相投的人们并成为一个活跃组织之组成部分的好机会。家庭传统可能会引导一些年轻的成年人参与政党活动，寻求社交生活，就像其他人可能会参加垒球联盟或者去酒吧一样。积极参与政党活动（party activism）是建立人际关系网的一种方式——一种找工作的标准方法。有些人觉得会见地方政府官员或其他出现在新闻中的人们是令人兴奋的事情，并认为他们正在帮助创造一小部分历史。研究人员发现，许多政党积极分子把政党政治的社交生活视为对其努力的一种有价值的回报。①

目的性（基于议题的）诱因

在越来越大的程度上，人们由于其对特定议题的坚定主张而被积极参加政党活

① Sidney Verba，Kay Lehman Schlozman，and Henry E. Brady，*Vocie and Equality*（Cambridge，MA：Harvard University Press，1995），pp. 112-121.

动。例如，有些人致力于支持堕胎权利，可能开始于为一位提倡堕胎合法化的民主党候选人工作，进而把该候选人所属的政党视为实现堕胎合法化的工具。一个相信生命始于怀孕的严格遵守教规的基督徒，可能会被吸引到共和党，并把它作为阻止堕胎的手段。由于近年来政党在很多议题上已经极化了，大多数志愿为政党工作的人是受利用政党实现其政策目标这一愿望驱动的。① 虽然我们没有关于更早时期的可比较的数据，但仍然有理由相信，在美国历史的其他时期，政党工作人员并不是这样。② 政党组织的活力和激情越来越多地来自受议题驱动的积极分子——共和党的右翼和民主党的左翼。

生命中的一天
从大学校园到 2012 年奥巴马总统竞选

作为校园组织“学生支持巴拉克·奥巴马”的志愿者领导人，萨姆·布拉特（Sam Blatt）把他 2012 年春季学期的一部分用于印第安纳大学的选民登记。在该学生组织的另一领导人受雇为当年夏天奥巴马在匹兹堡的竞选活动现场组织人手时，她邀请萨姆参加竞选活动。他负责匹兹堡西区，这里居住着 40 000 人——“几乎和我家乡的人口一样多。太疯狂了，让人受不了！”但他很快就适应了高强度的工作日程：每天 13 个小时，一周 7 天。

奥巴马竞选团队是一台“运转正常的机器”，在全国大约 800 个现场办公室采用相同的组织方式。州现场主任监督现场办公室主任，他们负责招募当地社区团队负责人（NTLs）。每一位社区团队负责人都会与一位电话银行队长、一位游说队长和一位数据输入队长——他们正在开展竞选活动的地区内的所有居民——以及被招募来并受过训练的草根志愿者合作。“现场组织（field organization）依照一些数量开展工作，”萨姆解释道，“打过电话的居民人数，被游说的家庭的数量，以及招募的志愿者的数量，都有设定目标。”

“关于每一个选民的联系方式的信息都会被记录在民主党的在线数据库 Vote-

① John H. Aldrich，*Why Parties? A Second Look*（Chicago：University of Chicago Press，2011），p. 188.

② Samuel J. Eldersveld，“The Party Activist in Detroit and Los Angeles，”参见：William Crotty，ed.，*Political Parties in Local Areas*（Knoxville：University of Tennessee Press，1986），Chapter 4.

Builder 中。然后，它可以被用于制作高度定制化的、群体指向明确的选民联系名单。在 8 月和 9 月，我们集中关注选民登记。通过 VoteBuilder，志愿者会打电话给那些被视为未做出投票决定的人，或者那些在 2008 年投票给民主党而在 2010 年却未投民主党的人。我们会探询他们的总统人选，试着说服他们支持奥巴马。选民登记截止日期之后，我们给那些被认定为民主党人的人打电话，确保他们知道其投票地点，并询问他们是否愿意做志愿者。在最后冲刺阶段——大选日前四天——志愿者们来到待命集结地点。他们经过负责人的培训，被派出去进行挨家挨户的上门游说，或者是留下来给选民打电话游说。共和党比我们开支大，所以我们取胜的唯一机会就是在基层有大量的支持者，努力地工作。正是基层的博弈奠定了我们的胜利基础。虽然热度不及 2008 年，但奥巴马竞选团队知道需要在大选日当天让哪些人出门投票以及如何影响他们。这样的竞选组织是前所未有的，结合了最先进的科技和传统的选民联系方式。"

这种经历能够提供什么？"我学到了可以应用于任何职业的技能。"他说，这包括管理技巧、注重细节，以及在很多不同类型的人们中找到共同点的能力等。宾夕法尼亚州众议员成为了他的良师益友，当时他和其家人住在一起。他的毅力得到发展："竞选后期，我们每天从早上 8 点工作到凌晨 2 点；我学会了如何度过没有周末的日子！"

议题驱动的政党行动主义在塑造各个层次的政治方面都发挥了至关重要的作用。在 2010 年的许多众议院竞选中，茶党支持者的行动主义帮助选出了数十位新的共和党籍国会议员，他们当中许多人在税收、政府开支、非法移民问题上都非常保守。有些议题和意识形态化的运动拥有足够强大的影响力，以至于使积极分子们转换党派。比如堕胎和种族议题促使很多之前民主党中反堕胎人士和南方保守派人士在 20 世纪 70 年代开始加入共和党阵营，他们很快把自己偏好的一系列议题立场纳入其新政党的政纲之中。①

① John A. Clark, John M. Bruce, John H. Kessel, and William Jacoby, "I'd Rather Switch than Fight," *American Journal of Political Science* 35 (1991): 577-597; Dorothy Davidson Nesbit, "Changing Partisanship among Southern Party Activists," *Journal of Politics* 50 (1988): 322-334.

在这些以议题为基础的积极分子中，有很大一部分相信他们的行动发挥了作用。在一项调查中，3/4 的竞选志愿者认为他们的参与至少影响了一些选票。[①] 所以，尽管花费大量时间用于政党活动去支持一个被称为“集体利益”——如果实现目标，将会有利于整个社会而不仅仅是努力实现目标的积极分子——的议题可能看起来是很不理性的，但很多人积极参加政党活动就是为了这种目标。其他人成为政党积极分子是出于一种更普遍的观念，公民参与对于一个民主国家来说是极其重要的（见专栏《生命中的一天：从大学校园到 2012 年奥巴马总统竞选》）。

混合型诱因（Mixed Incentives）

大多数政党组织依赖多种多样的激励方式。希望为后来的参选建立支持基础的积极分子们，与受特定议题驱动者或是为建立社会联系而参加政党活动者一起工作。这就可能会造成受不同诱因驱动的政党志愿者之间的矛盾。比如，一个致力于堕胎权利成为民主党积极分子的人，不可能对支持反堕胎的民主党候选人的政党感到满意，而其他因为社会因素加入政党者可能会认为政党应该是一个“大帐篷”（big tent），包含对堕胎问题有不同看法的人们。吸引人们参加政党工作的诱因可能不会成为使他们留在政党内的诱因。一些研究显示，为捍卫某些议题而参加政党的那些人，如果他们珍惜政党为其提供的社会联系的话，就更可能留在政党中。总之，支撑他们继续从事政党工作的动机经常转向社群性诱因：友谊、对政党本身的认同，以及其他社会奖励。[②] 这可能是因为坚定的议题积极分子们不再热衷于其议题了，或者是因为他们在努力保持足够的灵活性以赢得选举时，美国政党并不总会提供维持那些毕生致力于一套坚定理想的政党工作者所需要的那种水平的意识形态。

实用主义者（专业人士）和纯粹主义者（业余人士）

借助对这些诱因的研究，学者们以他们对政党在政治生活中的目标的信仰为基

---

① Verba, Schlozman, and Brady, *Voice and Equality*, p. 121.

② M. Margaret Conway, *Political Participation in the United States*, 3rd ed. (Washington, DC: CQ Press, 2000).

础，把政党积极分子划分为两种类型。一种类型的政党积极分子是实用主义者（有时被称为“专业人士”）——首先忠于政党本身的政党工作者。这些人是政党的“中坚分子”，无论政党处在高潮还是低谷，也无论当它提名他们赞成的候选人甚至是他们不赞成的候选人时，都支持其政党。另一种不同的类型是纯粹主义者（或者叫作“业余人士”）——议题导向型的积极分子，受目标性诱因的驱使，将政党活动视为实现重要政治目标的唯一手段。[①]（关于这两种类型的差别，见表 5－1）。

表 5－1　实用主义者和纯粹主义者比较

	实用主义者	纯粹主义者
政治类型	实际的	意识形态的
他们期望什么？	政党的成功	特定议题、候选人的成功
他们忠诚的对象	政党组织	官员，其他政治团体
他们希望政党集中关注	候选人，选举	议题，意识形态
政党选择候选人基础应该是	他们当选的可能性	他们的原则
他们对政党候选人的支持是	自动的	以候选人的原则为条件的
他们被征募参加政治的路径	通过政党工作	议题或候选人组织
他们的社会经济水平	从中等到中上等水平	远高于中等水平

一个由纯粹主义者组成的政党组织的表现与由实用主义者控制的政党可能会有很大差别。首先，纯粹主义者来到政党是为了推动某些议题或原则；他们的目标是议题，政党只是实现议题目标的一种方式。如果政党或其候选人在支持的议题上有所动摇，他们对政党的支持也会动摇。所以，他们往往不太愿意为了赢得选举而在立场上做出妥协。政策驱动型的积极分子希望有一位“他们相信能够维护其最强烈关注”的候选人。[②] 当他们领导政党组织时，他们经常会强势推动政党内部事务和更大的政治制度的改革。

对于实用主义者来说，其目的是政党在竞选中获胜。议题和候选人都是实现这个目标的手段。如果他们认为通过低调处理一某个议题、缓和某种立场，或提名一位受欢迎但和他们观点并不完全一致的候选人，他们的政党最可能获胜，那么这就是他们很可能赞成的路径。所以，政党领导人必须在越来越多的议题导向的纯粹主义者的要求

① Clark and Wilson，“Incentive Systems.”注意此处“专业”（professional）一词并不一定是指受雇为政党工作的人。

② Marty Cohen，David Karol，Hans Noel，and John Zaller，*The Party Decides*（Chicago：University of Chicago Press，2008），pp. 88－91，178（quote on p. 89）.

和他们更加实用主义的同事的要求之间寻找一种平衡。这是一种普遍存在的两难困境：是保持对组织（或国家）忠诚以维持其强大和活力，还是优先考虑建立组织的原则。

注意，很多积极分子是介于这两种极端类型之间的。在实践中，即使是最专注的纯粹主义者也经常会认识到，除非其支持的候选人掌权，否则他们不可能实现其政策目标。在县级政党主席当中，1972 年被认为是纯粹主义者在民主党内占上风的时候，纯粹主义者在党内沟通、保持政党士气或组织高效的竞选活动等方面和实用主义者没有什么不同。① 在得到茶党支持的多位共和党候选人在 2010 年和 2012 年失败之后，一些非常保守的共和党积极分子在 2014 年要求其政党在征募候选人时更加关注当选的可能性。

然而，纯粹主义的积极分子的增加，以及在一些议题上政党极化的相应增长，会导致破坏一个政党在特定选举中之机会的分裂。例如，在明尼苏达州，共和党初选选民在 2010 年提名了一位保守派的州众议员汤姆·埃默（Tom Emmer）而不是温和派汤姆·霍纳（Tom Horner）作为他们的州长候选人。霍纳后来作为一个小党候选人参加竞选，在普选中分裂了共和党的选票，导致民主党以微弱优势取胜。感到愤怒的共和党明尼苏达州中央委员会决定惩罚霍纳的一些支持者，禁止 18 个温和派共和党人两年内参加政党活动，并且禁止他们参加 2012 年的共和党全国代表大会。受禁止的包括两位前州长和一位前美国参议员。保守的纯粹主义者认为，没有这些温和派，共和党的境况会更好。一些温和派人士回应说，纯粹主义者正在进行一场“清洗”，这将会降低政党对选民的吸引力。两党的实用主义者都非常理解这种担忧。

积极分子从哪里来

和几乎所有其他社区组织一样，政党组织在吸引志愿者方面也有面临困难的时候。除了在全国层次和一些有偿岗位和令人兴奋的专业岗位都有增加的州，政党在征募新的积极分子方面经常缺少有效的手段。州法律经常使政党失去对至少是部分招募

① Michael A. Maggiotto and Ronald E. Weber, “The Impact of Organizational Incentives on Country Party Chairpersons,” *American Politics Quarterly* 14 (1986): 201-218.

过程的控制，这也增加了政党面临的挑战。要求开放政党党团会议和通过初选选举政党官员的规定，限制了政党对其人事权的控制。这可能会导致一些强烈的议题积极分子控制一个地方（甚或一个州）的政党组织。随着一些领导人和积极分子离开以及新的、自己征募的（self-recruited）领导人取代他们，这至少会使一个政党很容易转变方向，就像在第三章写的一样。

寻找志愿者：有人在家吗？

在一系列广受讨论的著作中，政治学家罗伯特·普特南指出，近年来美国人在社区活动中的参与程度已下降了。从教会到保龄球组织的各种团体都急需参与者。从美国人花费在看电视和浏览互联网的小时数，到双职工家庭数量的日益增加，都说明了美国人对社区活动的参与度为何下降。普特南认为，其影响是非常深远的："社会资本"——使社区能更容易解决其问题的社会联系、价值观和信任——减少了。[①]

政党组织也未能幸免。参加面对面的政治活动——出席一场政治演说或会议——的人更少了，而远程的互联网浏览和推特活动却在增加。一个精心设计的调查显示，其全国样本中只有 8%的人报告说参加过一场竞选活动，只有 5%的人说他们参加了政党组织，在报告参与各种形式的公民组织活动的人们当中，这是比例最小的。[②] 美国大选研究中心（American National Election Studies）也得出了类似的严峻结论，调查显示自 1994 年以来的每一年中，仅有大约 5%的受访者报告说曾经参加过某种政治性会议，只有大约 3%的受访者表示曾经为一个政党工作过[③]——即使是在奥巴马看起来已经吸引了大量志愿者的竞选活动中也是如此。诚然，即便这些很小的比例仍然代表着很多人，3%的成年人就会是大概 600 万人的政党和竞选积极分子。尽管这些积极分子中有些人把大量的时间用于政治工作（主要是在地方层次），但其他人都是邮寄献金但不自愿贡献其时间和精力的"支票簿参与者"。

政党组织需要有源源不断的各种类型的积极分子的供应，当志愿者供应不足时，

---

① Robert D. Putnam, *Bowling Alone* (New York: Simon & Schuster, 2000).

② Verba, Schlozman, and Brady, *Voice and Equality*, Chapter 3. 其他民主国家似乎也一样。还可参见：Paul F. Whiteley, "Is the Party Over?" *Party Politics* 17 (2011): 21-44.

③ 密歇根大学美国大选研究中心，数据来源于政治和社会研究校际研究联合会。

政党就乐于接受任何可以获得的帮助。这种帮助的性质，在不同的政治时期经常是不同的，这取决于当时的政治世界中发生的事件。因而，积极分子们的政治观点可能会有很大不同，这取决于个人变得积极时的时间，以及推动他们的积极主义的原因。[①] 在 20 世纪 60 年代和 70 年代，民主党的性质和方向就受到因越战和民权运动的推动而大量涌入的自由主义者的深刻影响。20 世纪 80 年代的抗税运动和罗纳德·里根的呼吁为共和党组织输入了新鲜血液。近年来，福音派基督徒组织和茶党的支持者已经把他们的议题和党派作风带到了州和地方共和党当中。因为这种征募过程经常取决于具有吸引力的个性和强有力的议题的存在，所以它往往以迸发的形式而非持续不断的形式发生。

政党的征募制度也不是很有系统，这与当时更广泛的社会中的运动和热情密切相关。但是，尽管政党对自己的征募工作的控制很有限，但它很明显影响了政党实现其目标的能力。其积极分子主要来自工会的地方民主党与由环境积极分子控制的地方民主党的关注是不同的，由地方商业领袖管理的地方共和党与保守派基督徒控制的地方共和党也是不同的。由于这些政党试图说服的群体的性质，这些地方政党获得选举成功的级别可能也是不同的。

哪类人成为政党积极分子

如果拥有参与的资源、有支持参与的态度以及有人鼓励他们这么做，那么人们就更可能参与政党政治。[②] 成为一个政党积极分子所需要的资源包括时间、金钱和公民技能，比如组织和沟通能力。帮助规划政党的活动、游说或给人们打电话，以及参加其他政党活动，都需要空闲时间。人们给政党组织或其候选人提供献金，或者参加政党全国代表大会，都需要钱。教育水平决定了人们能够花费多少金钱和时间。

对政治的态度也会促使人们转向政党行动主义或引导他们离开。如果对竞选活动

---

① Paul Allen Beck and M. Kent Jennings, "Updating Political Periods and Political Participation," *American Political Science Review* 78 (1984): 198–201; Steven E. Finkel and Gregory Trevor, "Reassessing Ideological Bias in Campaign Participation," *Political Behavior* 8 (1986): 374–390.

② Verba, Schlozman, and Brady, *Voice and Equality*, pp. 15–16 and Chapters 9–14.

中发生的事情感兴趣并关心政府运行，如果他们觉得对一个政党有感情，以及如果他们相信自己的参与能够产生影响，人们就更可能参加政党活动。这些态度中大多数与一个人的收入和受教育水平有关，因而增加了他们的影响。

第三个重要的问题很简单：有人请求他们参加吗？政党现在有一整套联系潜在积极分子的工具：电子邮件、普通邮件、脸书、网页、短信、推特、电话推销、当面游说等等（见 117 页《社交媒体正在怎样改变政治行动主义》）。然而，大多数关于参加竞选活动的号召——特别是最成功的号召——都来自潜在积极分子的朋友或熟人。多年以来，大多数积极分子解释说，他们最初参加政党活动是因为这些非正式的个人的帮助请求。[①] 受到敦促而参加政党活动是一个强有力的激励因素；在一项重要的研究中，被要求参加政党工作的人中几乎一半都答应了，但是大多数人没有被要求过。在这一研究中，调查中仅有 12%的受访者说曾经有人邀请他们参加一项竞选工作。[②] 这有助于解释政党积极分子的比例为何如此之小。

积极参与政党事务的人们都是什么人？他们如何代表其他美国人？

社交媒体正在怎样改变政治行动主义

两个全国性政党都发现，脸书、推特、Instagram、微博客（Tumblr）、Pinterest 和 YouTube 都是联络潜在积极分子并使之获得信息的有用工具。很多州政党组织甚至很多地政党都在使用社交媒体动员志愿者，寻找献金，并上传支持者用作其资料图片的照片及其他肖像。脸书爱好者或者推特追随者可能会被引向一个政党或竞选团队网站，被要求签署请愿书，或者被提供政党认为正在被传统媒体忽视或歪曲的信息。在 2012 年，民主党的竞选使用了一个由 NGP VAN 开发的名为“Social Organizing”的脸书应用程序，把他们在脸书上的好友和投票记录联系起来，并让他们知道哪些好友已经投票或捐助，哪些可能尚未决定投票给谁。共和党政党组织迅速采取行动，开发出类似的能够顶住选举运动巨大压力的应用程序。

在某些其他的政治体系中，社交媒体已使积极分子在更大程度上绕过官方渠道，

---

① Henry E. Brady，Kay Lehman Schlozman，and Sidney Verba，“Prospecting for Participants，” *American Political Science Review* 93（1999）：153－168.

② Verba，Schlozman，and Brady，*Voice and Equality*，pp. 135 and 139－144.

互相进行直接交流。研究人员发现，即使考虑到其他促使参与抗议活动的因素，18～29岁经常使用脸书的智利人更可能参加政治抗议活动。

资料来源：Sebastian Valenzuela, Arturo Arriagada, and Andres Scherman, "The Social Media Basis of Youth Protest Behavior: The Case of Chile," *Journal of Communication* 62 (2012): 299-314; Merlina Lim, "Clicks, Cabs, and Coffee Houses: Social Media and Oppositional Movements in Egypt, 2004—2011," *Journal of Communication* 62 (2012): 231-238.

比普通人受过更良好的教育和更富有者

美国政党积极分子有一些把他们与大众区分开来的共同特点。一个最与众不同的特点——或许是相关度最高的一点——是他们比普通美国人有更高的收入，受过更长时间的正规教育，从事更高层次的职业。有更高收入者比收入较低者更可能参加选举工作。可预料的一点是，富人和穷人捐助给政党的金钱差距特别大（见图5-1）。在互联网上对政治很积极者往往是更富有者和受更好教育者。看上去互联网减少参与的不平等的唯一方式是，年轻人在网上政治活动中不像在线下政治活动中那样未被充分代表。①

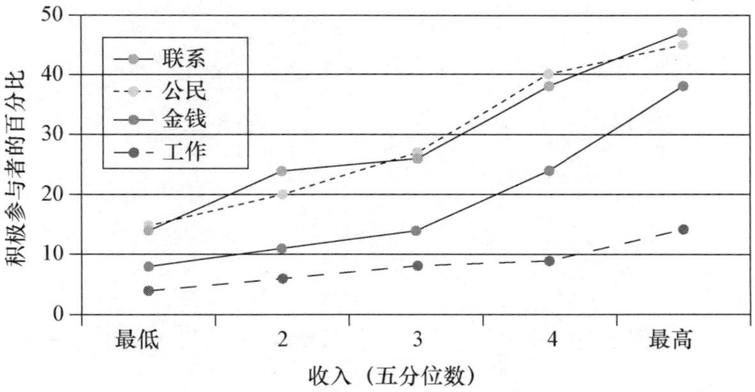

图5-1　富人政治参与更积极

资料来源：数据来自皮尤网络版和美国生活调查（American Life Survey (2008) 见：in Kay Lehman Schlozman, Sidney Verba, and Henry E. Brady, The Unheavenly Chorus (Princeton: Princeton University Press, 2012), p. 124.

说明：数据点是参加每一项政治活动的受访者的百分比。联系：联系一位政府官员。工作：为一个政党或候选人工作。公民：与其他公民合作解决社区问题。金钱：为一项竞选活动捐款。

① Kay Lehman Schlozman, Sidney Verba, and Henry E. Brady. *The Unheavenly Chorus* (Princeton: Princeton University Press, 2012), especially Chapter 16.

政党积极分子比一般公民受过更好的教育也更富有，这可能看上去是非常自然的；拥有更多金钱和更高教育水平的人们更可能拥有参加政治活动的途径、对政治事务的兴趣，以及对于在政治上取得成功的期望。因而，我们可能会期望这种模式在其他民主国家同样适用。但是事实并非如此。很多其他民主国家都有一个富有活力的社会主义政党，它们从工会内部征募很多积极分子。这就弱化了政党行动主义与高教育水平和高收入之间的关系。

实际上，美国政治也不总是如此。19 世纪和 20 世纪初期的城市政治机器征募了更能代表它们所影响的人们的政党积极分子。在这一时期，政党机器的工作和偏好是政党行动主义的主要原因。赞助和其他物质性诱因减少后，这些政党的社会特性也改变了。对 1971 年、1976 年和 1983 年匹兹堡的两党县级委员会成员的比较显示，随着政党机器控制的下降，政党工作人员的受教育水平提高了。① 随着基于议题的诱因在美国政党中变得更为普遍，政党积极分子和普通公民之间教育和收入的不平等也在增加。

民主党积极分子的社会特征不同于共和党的积极分子，就像两党的选民基础也不同一样。与共和党的积极分子相比，民主党的积极分子更可能是妇女、黑人、未婚人士和工会成员。但两党积极分子之间在教育、收入和职业方面的差异近年来在减少。尽管他们可能来自不同背景，当然也持有不同的政治观点，但两党领导人都是从美国社会中地位较高的群体中产生的，现在比几十年前更是如此。② 所以，政党行动主义及其他形式的政治参与在美国甚至比在其他许多民主国家更大地放大了特权集团的声音。

来自“政治家族”的人们

政党积极分子经常来自有参与政党活动历史的家庭。在其成长过程中，很多政党积极分子的直系亲属中都有一个成年政党积极分子。③ 比如前总统乔治·W. 布什，他的祖父长期担任共和党官员和康涅狄格州参议员。他的父亲是前共和党全国委员会

---

① Michael Margolis and Raymond E. Owen, “From Organizaiton to Personalism,” *Polity* 18 (1985): 313-328.

② Marjorie Randon Hershey, Nathaniel Birkhead, and Beth C. Easter, “Party Activists and Political Polarization,” 参见：Mark D. Brewer and L. Sandy Maisel, eds., *The Parties Respond*, 5th ed. (Boulder, CO: Westview Press, 2012).

③ 例如，参见：Patrick R. Cotter, Samuel H. Fisher Ⅲ, and Patrick Fuller, “Alabama: Maturing Party Competition,” *American Review of Politics* 24 (2003): 26.

主席，在当选总统之前已在很多其他岗位上为其政党服务过。他的一些兄弟也参加了共和党的政治活动，包括其弟弟杰布·布什曾任加利福尼亚州州长，也曾考虑参选美国总统。杰布的儿子，乔治·普雷斯科特·布什，在2014年宣布了谋求得克萨斯州范围内职位的计划。因为有这样的背景，政治成为家族事业。

不同的议程

除了在收入、教育和家庭背景这些方面的差异外，在他们认为重要的议题方面，政党积极分子和其他美国人也不同。对政党积极分子的一项大型调研发现，他们参与特别受到教育、堕胎、经济以及人的需要（包括社会保障与医疗保险、就业、医疗保健和住房等）等议题的驱动。特别是，相对于公民整体来说，堕胎问题对政党积极分子更为重要——几乎有1/5的政党积极分子提到这个问题——教育问题也是如此。①

积极分子的议题议程因其收入和受教育水平不同而有很大差别。高收入的积极分子表达了对堕胎和环境的更大关注，而低收入积极分子的参与更可能受到对人的基本需要之关注的推动。② 和高收入积极分子在政党中更好地被代表一样，像堕胎这样的议题在政党政治中可能会得到更多关注，尽管医疗保健、住房及人的其他形式的需要对低收入的美国人来说很明显是极其重要的。

非常清晰地把民主党和共和党积极分子划分开的议题的类型已经随着时间的推移发生了变化。在20世纪70年代初期，两大党的积极分子之间的基本区别之一是社会福利问题——政府在福利和社会服务方面应当扮演什么样的角色。当时，两党内的积极分子对堕胎问题都存在各种不同看法。相反，现在民主党积极分子在堕胎问题上与共和党积极分子看法完全不同，虽然这一议题对共和党积极分子来说比对民主党人更重要。③

---

① Verba，Schlozman and Brady，*Voice and Equality*，pp. 84-91.

② Ibid.，pp. 220-225.

③ Edward G. Carmines and James Woods，"The Role of Party Activists in the Evolution of the Abortion Issue，" *Political Behavior* 24 (2002)：361-377；Larry M. Bartels，"Base Appeal：The Political Attitudes and Priorities of Core Partisans，" 2010年美国政治学会年会论文，Washington，D. C.

更极端的看法

最为显著的是，政党积极分子（以及在政治其他领域发挥积极作用的人们）在各种议题上的看法往往比普通美国人更极端。在过去的 20 年间，自由主义者在民主党积极分子中已占了更大的比例，强大的保守派已控制了共和党积极分子队伍的数量。在医疗保健改革和其他重新分配财富的经济政策以及社会议题上，这种极化尤其明显。[①] 如第 13 章所示，两党的议题立场之间日益增长的鸿沟在国会中也看得到。

这种鸿沟日益扩大的主要原因是共和党积极分子中日益增加的保守主义。[②] 特别是在 1994 年以来，当共和党赢得国会参众两院多数席位时，共和党积极分子比民主党积极分子一直在甚至更大程度上受到一些议题和原则的推动，他们对保守主义原则的坚守已变得更为强烈。所以，现在在大多数议题上，共和党中的活跃人士比普通选民立场偏右的程度远甚于民主党积极分子比普通选民偏左的程度。因为政党积极分子在候选人竞选活动中的作用如此重要——他们是初选选民、献金捐助者、志愿者以及竞选活动观众中值得注意的组成部分——他们已经推动政党候选人和民选官员在一些问题上也采取了更极端的立场。这对华盛顿政治的影响就是越来越激烈的政治辩论和越来越严重的政治僵局。[③]

政党积极分子和民主

简言之，如我们所见，美国政党积极分子和其他公民——就是这些积极分子想要说服的人们——有很大不同，而且这种鸿沟还在加剧。研究结果告诉我们，大党所吸

---

① Alan I. Abramowitz, *The Disappearing Center* (New Haven: Yale University Press, 2010), pp. 47–48; Alan I. Abramowitz, *The Polarized Public*? (Boston: Pearson, 2013), pp. 10 and 73.

② Kyle L. Saunders and Alan I. Abramowitz, "Ideological Realignment and Active Partisans in the American Electorate," *American Politics Research* 32 (2004): 285–309.

③ Geoffrey C. Layman, Thomas M. Carsey, John C. Green, Richard Herrera, and Rosalyn Cooperman, "Activists and Confilict Extension in American Party Politics," *American Political Science Review* 104 (2010): 324–346. Schlozman, Verba, and Brady, *The Heavenly Chorus*, Chapter 9.

引的，是那些在时间和财政资源上能支持政治活动、在态度上把政治视为优先关注、与其他同样参与政治者有关系的男男女女。这些积极分子还往往受到争议性议题的驱动，比其他公民的看法更极端，因此政党比 1900 年代中期时更加极化了。这些研究结果提出了一些重要问题：如果政党积极分子不能很好地代表其他美国人，真的没有关系吗？议题导向的“纯粹主义”政党积极分子的人数的增加有什么影响？从更普遍意义上说，共和党和民主党积极分子的特点如何影响政党组织的运行方式？

代表性问题

当政党积极分子在一些有争议的议题上呈现出“真正信仰者”的面目，但是和不那么热衷于参与的选民的关注似乎又不同时，很多美国人把政党组织视为陌生的地方也就不令人惊讶了。政党政治需要实现一种微妙的平衡。如果两党在一些议题上的立场过于相近，公民可能会感到在政治中没有清晰的选择。当大党在重要的政策问题上采取清晰的与众不同的立场时，民主能够得到促进。然而，共和党和民主党的积极分子如果采取极化的、“我们对他们”的立场，特别是在对大多数美国人的日常生活来说不那么重要的议题上如此，并试图边缘化任何持不同意见者，政党就会面临公众的不信任，这是美国政治中的老问题。当这些积极分子征募和支持极端主义者作为政党竞选公职的候选人时，这种不信任继续增加。

更进一步来说，当两党的积极分子比大多数公民更有特权背景时，我们不得不问他们是否真正能够理解影响大多数美国人生活的力量。当然，富有的和受过教育的个人代表其他弱势群体是可能的。但我们已经看到的迹象表明，政党积极分子优先关注的议题与其他许多公民关注的并不相同，这与把他们分割开来的经济差异是一致的。[①]

纯粹主义者和政党内部民主的压力

议题导向的纯粹主义积极分子的增加经常会提高对政党组织本身的要求。在过去

---

① Schlozman，Verba，and Brady，*The Unheavenly Chorus*，特别是第九章。

40 年中，这些积极分子一直要求在政党组织中有更大的发言权，他们的要求已得到满足。因为志愿者积极分子对于政党成功来说极其重要，为保持志愿者的忠诚，政党领导人通常愿意容许更高水平的党内民主。

在某些情况下，内部民主的政党组织可能会导致政党的强大，在民主国家中能更好地履行其责任。正在奉献出他们的时间和精力服务于其坚定坚持的原则以及确信他们的看法得到政党领导人的认真考虑的普通积极分子，或许更可能愿意为政党努力工作。他们也可能会敦促政党保持其议题立场的一致，并努力确保政党领导人承担责任，至少对这些积极分子本身来说是如此。

另一方面，实用主义的政党，认为政党的胜利高于一切，在美国政治中有很长的传统。经典的政党机器的许多纪律来自政党领导人给予或者保留物质奖励的意愿和能力。一个不服从或低效率的政党工作人员牺牲掉一个赞助性工作岗位或者得到一个赞助性工作岗位的希望。更新的诱因不可能很轻易地被给予或取走。共和党的一个地方政党组织不可能用结束政党对同性婚姻的反对立场来惩罚一个偏离正路的、意识形态驱动的积极分子。即使它这么做了，这个积极分子也会找到很多其他可能会更有效地实现这种目标的组织，比如宗教游说组织和其他有组织的利益集团。

积极分子、政党力量和民主

强大的政党组织经常被视为美国政治的威胁。建国伊始，对于除了他们自己对任何人都不负责任的少数“老板”控制政府官员的选任和政策选择的担忧，一直主导着美国的政治文化。结果是一系列避免政党在候选人、民选官员和选民生活中发挥太大的作用的努力。

政党积极分子的很多特征有助于保持政党在权力方面的分散化和有限性。志愿者的短缺意味着，政党组织必须注意其积极分子的关注。这就避免了政党的集权（当然，除非政党积极分子要求更加集权，就像他们有时这么做的）。很多积极分子对党内民主的要求限制了最高层政党领导人的权威。反过来，因为美国政党的权力是在各个层级的政党组织分散开来的，选区委员会成员、城市领导人、县级官员以及各个层级的积极分子都可以自由地去界定他们自己的政治角色，并培植他们独立的政党权力基础。

传统上对过大的政党权力的担心可能是过虑了。美国历史上几乎没有出现过政党能够抓住它们在各个层次的政府中形成一个人员齐备、充满活力的组织所需要的各种诱因和资源的情况。尽管全国性、州及地方政党组织在过去 20 年里都筹集到更多的金钱并掌握了新的竞选技能（如第 3 章和第 4 章所显示的），但让“靴子落地”——吸引志愿者——的持续挑战依然是美国政党面临的最大挑战之一。

第三部分

选民中的政党

如果有一个民意测验专家的名人堂，其中的第一个问题当然就是：一般而言，你通常会认为自己是一个共和党人、民主党人、独立人士，还是什么？这个问题意味着把政党认同者——对某特定政党存在心理依附的人们——区分开来。如果你回答说你确实经常认为自己是一个民主党人或共和党人，那么你就会被划定为属于这个选民中的政党——美国政党中的第三个主要部分。政党认同者（也被称为政党支持者），构成了政党支持力量的核心部分：通常投票支持一个政党的和倾向于用党派视角认识政治的人们。比起其他公民，这些人更倾向于参加其政党初选投票，更愿意为政党候选人提供志愿服务。总之，他们是政党组织及其候选人在公众中最亲密的朋友。

20 世纪 40 年代以来，调查研究人员已测量了美国的党派偏见。刚才提到的主要的测量方法已被用于密歇根大学进行的民意调查中，现在由美国大选研究中心（American National Election Studies，ANES）提供资助。在问完你是否认为自己是一个共和党人或民主党人之后，接下来的问题是：

如果是共和党人（或民主党人）你会认为自己是一个坚定的共和党人（或民主党人）或者不是非常坚定的共和党人（或民主党人）吗？（如果是一个没有偏好的独立人士，或者是其他政党党员）你认为自己更接近共和党还是民主党？

根据对这些问题的回答，研究人员把人们按照政党认同分成七种类型：强政党认同者（民主党人或共和党人）、弱政党认同者（民主党人或共和党人）、独立的“有倾向者”（倾向于民主党或共和党），以及纯粹的独立人士。①

需要注意的是，这个定义是以人们的态度而不是以他们实际的投票方式为基础的。强政党认同者通常会投票支持其政党候选人，但政党认同的本质是对政党本身的理念的信仰，有别于对特定候选人的感情。比如，有的人可能依然是一个坚定的共和党人，但在一具体的竞选中却选择投票支持民主党候选人。考虑到美国有大量由选举产生的职位以及美国文化对独立的重视，政党认同者有时会投票支持另一政党的一位或两位候选人。同样，我们不用正式登记为一政党党员的方式来定义政党选民。2/5 的州没有政党登记，而且在进行政党登记的州，一些选民也会在他们改变其正式登记之前很早改变其政党归属。②

---

① Angus Campbell，Philip E. Converse，Warren E. Miller，and Donald E. Stokes，*The American Voter* (New York：Wiley，1960)，Chapter 6.

② Steven E. Finkel and Howard A. Scarrow，“Party Identification and Party Enrollment，” *Journal of Politics* 47 (1985)：620-642.

政党选民与政党其他两个部分——政党组织和政府中的政党之间的关系，并不必然是密切和合作的。政党组织和候选人在竞选期间会要求政党认同者提供捐助并参加投票，但在其他时间里与政党支持者并不经常保持联系。反过来，政党认同者除了为候选人投票，几乎不认为自己对政党组织有什么责任，如果他们选择这么做的话。在任何真正意义上来说，政党认同者并不是政党的“成员”。在这些方面，美国政党与骨干型政党非常相似：领导人和积极分子头重脚轻，没有任何真正的成员，这与作为欧洲民主经历之重要部分的大众型政党完全不同。

即使如此，政党认同者依然为政党组织及其候选人提供了源源不断的选民支持的基础。因而，政党不必在每次竞选中都匆忙上阵。通过在初选中进行投票，选民中的政党还决定政党为各职位选出的大多数提名人。它是政党组织积极分子的潜在来源。通过把党派忠诚传递给子女们，政党支持者（partisans）帮助保证了政党的延续。政党认同（identification）可能是个人政治世界的心理地图中最重要的地标。

选民中的政党不仅仅是一个由个体组成的集合，它是社会群体的一种联盟。我们对两党的印象经常源于政党吸引的作为其认同者的人们的类型。当人们说民主党是少数族裔的政党，或者说共和党是代表商人的政党时，他们很可能指的是，至少部分指的是选民中的政党。一个政党的联盟中的各集团对于塑造其提名人的选择及其在各议题上的立场都发挥着作用，反过来，这些候选人和诉求也都会影响选举和政治辩论的组织。

第三部分的三章探讨选民中的这些政党的本质和重要性。第 6 章考察政党认同的发展及其对个人政治行为的影响。第 7 章研究作为社会团体之联盟的政党，并探究这些联盟随着时间变化而发生变化的意义。第 8 章集中关注政党为影响投票率所做的努力，包括动员其支持者，以及努力改变那些规定谁可以投票的规则。

第6章

政党认同

大多数美国人从童年就开始认为自己是个民主党人、共和党人或者独立人士，甚至在他们知道这些词的意思之前就这么认为。[①] 大多数美国人形成的对一个政党的心理归属感，被称为**政党认同或政党身份**。[②] 等到他们成为年轻的成年人，大约1/3的人自称“坚定的”政党支持者，另外几乎同样多的人表达了某种政党归属，尽管不是很坚定。即使是那些最初宣称自己是独立人士的大多数人，也承认感到和一个党派“更亲近”，在投票时也会支持该政党。

对大多数研究者来说，人们的政党归属是一种持久的“团队忠诚”，它帮助人们在集团冲突中找到自己的位置，这种集团冲突是政治世界具有的特征。它经常来自其他根深蒂固的忠诚，比如家庭、宗教或种族认同。一个大学生可能会把自己视为共和党人，因为她的父母和亲戚都是共和党人，或者因为她是一位福音派基督徒。这些研究者中有许多把政党身份视为一种观念映像（conceptual screen）——一种剔除这个学生可能接收到的任何矛盾信息的过滤器。

其他研究者认为，政党认同是更容易变化的。对他们来说，政党认同只是一份个

---

① 这一领域的经典文献有：David Easton and Jack Dennis，*Childern in the Political System*（New York：McGraw-Hill，1969）；Fred I. Greenstein，*Children and Politics*（New Haven：Yale University Press，1965）.

② 即使对政党有诸多负面评价，政党身份在新近的民主国家仍在不断发展。Ted Brader and Joshua A. Tucker，“The Emergence of Mass Partisanship in Russia，1993－1996，” *American Journal of Political Science* 45（2001）：69－83.

人在政党立场或其执政表现方面的积极或消极经历的流水账。[1] 但无论我们怎么描述其特征，[2] 政党认同都是公民与政党组织以及和政府中的政党之间一个至关重要的纽带。人们的政党身份比任何其他单一的信息碎片都能给我们透露出更多关于其政治态度和行为的信息。对公民来说，政党认同还是一种非常有价值的做决策的捷径。政治是非常复杂的，甚至对政治迷来说也是如此。和任何其他民主国家的公民相比，美国人需要面对更多的选举和更长的投票时间。政党身份提供了一种化繁为简的有用手段。它可以帮助人们在没有花费时间去了解具体候选人的情况下迅速做出投票决定。

那么，人们——比如你——的政党认同是如何形成的呢？

人们如何形成政党认同

家庭是我们最初政党认同最常见的来源，因为它们在我们早期的生活中占据了绝大部分时光。随着孩子们开始意识到政治，他们接受了其家庭对政党的判断，通常就开始认为自己与家庭有共同的政党认同。

童年时期的影响

大多数父母不会有意识地向孩子灌输党派观念，但他们在美国文化中无疑是政治态度的主要老师。他们关于政治事件的日常谈话就足以向其子女表达他们的政党忠诚，就像孩子们了解自己家庭在与其他社会团体的关系中的“归属”一样。实际上，在这个极化的时代，你甚至会发现像《妈妈为什么是一个民主党人》（作者在书中解释道“民主党确保我们都可以分享玩具”）和《自由的圣诞老人》（当小矮人们联合起

---

① 这些方法的总结，关于政党身份作为社会身份认同的观点，可参见：Donald Green，Bradley Palmquist and Eric Schickler，*Partisan Hearts and Minds*（New Haven：Yale University Press 2002），Chapter 5；Thomas M. Carsey and Geoffrey C. Layman，“Changing Sides or Changing Minds?” *American Journal of Political Science* 50（2006）：464-477.

② 其他形式的措施可参见：John R. Petrocik，“An Analysis of the Intransitivities in the Index of Party Identification，” *Political Methodology* 1（1974）：31-47；and Schickler，*Partisan Hearts and Minds*，Chapter 2.

来并把北极变成一场灾难时，圣诞节受到了威胁）这样的童书，[①] 会使家庭和其他早期的影响足够强大以至于一直持续到孩子长大后的成年时期，即使年轻人在生活的其他方面已经被引向独立。

早期的这种政党认同通常在儿童拥有关于政党代表什么的许多信息之前就已确立。只是在中学或高中时期，很多学生才开始把政党和经济利益——企业或劳动力，富人或穷人——联系起来，并拥有了一些支持他们已经形成的政党身份的某种推理。这里需要注意这种顺序的重要性。首先是政党忠诚，它会对政治导向产生长期的影响。只是后来，人们才了解政治议题和事件，然后可能至少在一定程度上被党派透镜过滤。[②]

一旦形成，人们的政党忠诚经常会得以维持，因为我们倾向于向和自己一样的人们靠拢。人们的朋友、亲戚和同事通常拥有相同的政党认同。[③] 有些人确实离开了父母所属的政党。早年的政党忠诚比较弱的那些人更可能改变其政党认同。父母属于不同政党的人，或者在其生活的社区或工作的环境中占主导地位的政党认同与他们自己不同时，这些人也更可能改变。但是当父母有相同的政党认同时，他们更可能在其孩子当中培养出坚定的政党认同者。

其他的政治学习资源往往会支持一个人内在的政党忠诚，或者至少不会挑战家庭的影响。学校一般来说会避免党派政治，而且可能更倾向于传授政治独立而不是政党认同。近来很多教会和其他宗教组织已非常积极地参与政治，但是它们不太可能使年轻人脱离其父母的党派倾向的影响。比起维持着政党青年团体、社会和娱乐活动的欧洲政党、美国政党组织很少开展这样的扩展活动。

成年时期的影响

当我们步入新环境——大学、工作、婚姻、一个新的社区以及纳税带来意想不到

---

① Jeremy Zilber, *Why Mommy Is a Democrat* (Madison, WI: Jeremy Zilber, 2006); David W. Hedrick, *The Liberal Claus* (Camas, WA: Freedoms Answer, 2010).

② Paul Allen Beck and M. Kent Jennings, "Family Traditions, Political Periods, and the Development of Partisan Orientations," *Journal of Politics* 53 (1991): 742-763.

③ Paul Allen Beck, Russell J. Dalton, Steven Greene, and Robert Huckfeldt, "The Social Calculus of Voting," *American Political Science Review* 96 (2002): 57-73.

的荣誉时，童年时期和青少年时期形成的党派观念在青年成人时期更可能受到挑战。这时，年轻的成年人可以用他们自己参与政治的经历来检验其儿童时期的政党忠诚。他们会了解其他带有不同的政党偏好的人。他们的成年经历可以强化其早年习得的政党忠诚，或者逐渐削弱这些忠诚。[①] 或者旧有的政党忠诚可以与新的矛盾信息相安无事。人们可以更多地了解候选人和议题，甚至在不必改变其政党认同的情况下改变他们对那些政治对象（political object）的态度。[②]

一个人特定的政党认同坚持得越久，它通常会变得越稳固。[③] 岁数较大的成年人不太可能改变其政党认同。政党认同往往会成为一种习惯。对政党的忠诚在整个生命周期中可能变得更加坚定，因为它是年长选民简化政治决策的非常有用的捷径，[④] 或者是因为他们周围聚集着其他越来越多与之有共同的政党忠诚的人。实际上，研究人员发现，婚姻中的伴侣和其他伴侣比拥有其他共同社会特征的人们更可能拥有共同的政党认同，或许是因为这些相似性对我们来说尤其重要。[⑤]

然而，即使是最坚定的政党忠诚者有时候也会重新思考他们的忠诚度。在主要政党发生变化的时期，当政党忠诚的议题基础和政党联盟本身被改变时，一些选民就会退出或者改变对政党的忠诚（我们将在第 7 章详细介绍政党联盟的变化或重组的思想）。20 世纪最后几十年里，这种情况在南方发生了，保守的白人从民主党的坚定支持者转变为独立人士，再转向对共和党的政党认同。经济灾难以及对于像堕胎这样被强烈感受到的议题的争论，可能会让某人重新思考他或她对政党的忠诚，尤其是当政党领导人的立场吸引了大量媒体关注时。[⑥] 年长的成年人也可能卷入这个激动人心的时刻，但他们对政党的忠诚经常会因为常年一以贯之的党派行为而受到强化，更加有效地抵抗改变。所以，当党派混乱发生时，年轻的成年人比年长的成年人更可能拥抱

---

① Richard G. Niemi and M. Kent Jennings, "Issues and Inheritance in the Formation of Party Identification," *American Journal of Political Science* 35 (1991): 970–988.

② Green, Palmquist, and Schichler, *Partisan Hearts and Minds*, pp. 7–8.

③ Duance F. Alwin and Jon A. Krosnick, "Aging, Cohorts, and the Stability of Sociopolitical Orientations over the Life Cycle," *American Journal of Sociology* 97 (1991): 185–187.

④ William Clagett, "Partisan Acquisition vs. Partisan Intensity," *American Journal of Political Science* 25 (1981): 193–214.

⑤ John R. Alford, Peter K. Hatemi, John R. Hibbing, Nicholas G. Martin, and Lindon J. Eaves, "The Politics of Mate Choice," *Journal of Politics* 73 (2011): 362–379.

⑥ Logan Dancey and Paul Goren, "Party Identification, Issue Attitudes, and the Dynamics of Political Debate," *American Journal of Political Science* 54 (2010): 686–699.

这种改变。①

不同时期的政党认同模式

然而，政党认同的大规模改变只是例外，不能作为一般通则。大多数美国人，一旦他们形成了政党忠诚，往往继续保持着。那些确实改变其政党认同的人经常只是改变其强度（比如从强认同到弱认同）而不是转向另一政党。

在全国层次，我们从美国人对衡量政党认同的投票问题的回答中可以看出这种稳定性，美国大选研究中心的研究者自 1952 年以来在历次美国总统选举中都问过这个问题。图 6－1 以 10 年为单位对这些数据进行了汇总。② 美国人整体的政党认同已经发生了一些变化：尽管民主党人在这些年中一直占大多数，但两党之间的差距在每 10 年间都缩小了，特别是 20 世纪 80 年代以来。如我们在第 7 章将会看到的，从那时起共和党支持率的上升，很大程度上是由于南方白人逐步从对民主党的认同转变为对共和党的认同。

整体的政党认同的改变通常是缓慢发生的。比如，可以看看图 6－1 中，自称坚定的共和党人的百分比（由共和党的每一列最下面灰色部分所代表）。在对每 10 年数据进行汇总时，这个比例从没有高过 14％或是低于 9％。数据显示，在 60 年的历史中，从共和党盛极一时的年份到几乎覆灭的年份，坚定的共和党人的比例一直在 7 个百分点的范围内变动，在受调查人数的 9％和 16％之间。总体来说，从一个选举年到另一个选举年，每一种类型政党认同的受访者的百分比变化往往是很小的，差别通常只有 2％。竞选活动或其他事件可能会对这种模式造成“碰撞”，但这些通常都会非常短暂。③

---

① James E. Campbell, "Sources of the New Deal Realigment," *Western Political Quarterly* 38 (1985): 357-376; and Warren E. Miller, "Generational Changes and Party Identificaiton," *Political Behavior* 14 (1992): 333-352.

② 政党认同研究的开创性的报告是：Angus Campbell, Philip E. Converse, Warren E. Miller, and Donald E. Stokes, *The American Voter* (New York: Wiley, 1960).

③ Luke Keele and Jennifer Wolak, "Value Conflict and Volatility in Party Identification," *British Journal of Political Science* 36 (2006): 671-690.

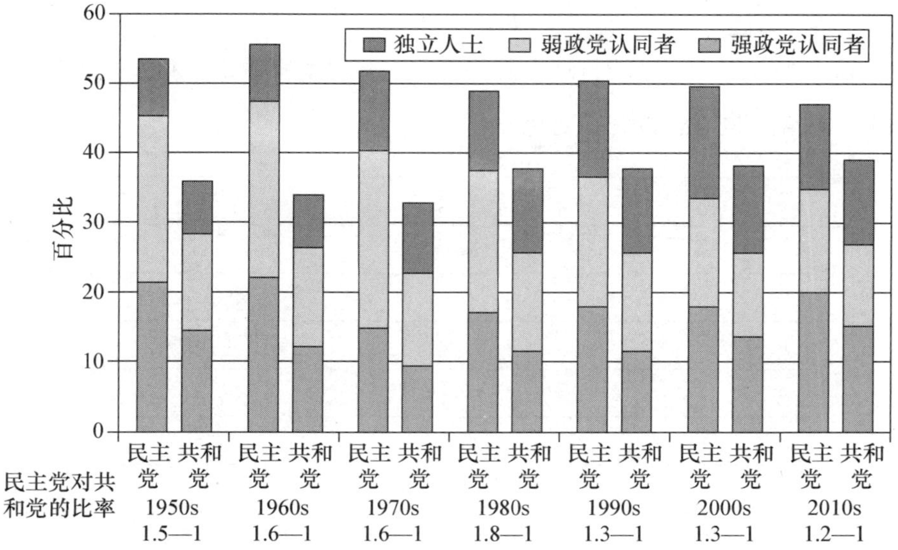

图 6-1　以 10 年为单位划分的政党认同（20 世纪 50 年代—21 世纪头 10 年）

说明：基于美国全国选举研究项目之一部分，每次总统选举和大多数国会选举前对全国选民进行的调查。关于每 10 年的每个政党分组，条形图底部最暗部分是自认为坚定的民主党人或共和党人的受访者的百分比；中间是认为自己不是非常坚定的民主党人或共和党人的受访者的百分比；顶端是认为自己属于独立人士的受访者的百分比，它们会倾向于民主党或共和党。总统选举年的完整数据，包括"纯粹的"独立人士。

资料来源：来自密歇根大学美国大选研究中心（American National Election Studies）的测算；数据系通过"政治和社会研究大学间联合体"（Inter-University Consortium for Political and Social Research）获得。

只有很少的一些插曲曾经打破这种相当稳定的政党认同状态。在一个特别动荡的时期——从 1972 年直到 1976 年，跨越了理查德·尼克松总统压倒性的连任选举、导致尼克松辞职的水门事件、杰拉尔德·福特总统接下来对尼克松特赦以及福特自己在 1976 年的失败——研究者在三次连续性的调查中访谈了同一批人。在所有 3 次调查中，几乎都有 2/3 的受访者保持在相同的广义上的政党认同类型当中（44%是稳定的强/弱民主党人或共和党人，20%是稳定的独立人士）。仅有 3%改变了政党认同。①政党认同在这些躁动不安的时代是非常稳定的。②

然而，在这三次调查期间，1/3 的受访者确实从一种政党认同转变成独立人士。在全国层面（见表 6-2），称自己为坚定政党支持者（民主党人或共和党人）的受访者的比例在 20 世纪 60 年代期间也下降了，独立人士"倾向者"的百分比增加了，尤

---

① Paul Allen Beck, "The Dealignment Era in America," in Russell J. Dalton, Scott C. Flanagan, and Paul Allen Beck. eds., *Electoral Change in Advanced Industrial Democracies* (Princeton, NJ: Princeton University Press, 1984), pp. 244-246.

② Philip E. Converse and Gregory B. Markus, "Plus ça change...: The New CPS Election Study Panel," *American Political Science Review* 73 (1979): 32-49. Paul Goren, "Party Identification and Core Political Values," *American Journal of Political Science* 49 (2005): 881-896.

其是在年轻选民当中。和当时其他的重大变革结合在一起——民权运动、反对美国卷入越南内战、妇女运动、环境行动主义——在许多观察家看来，独立人士日益增加的数量表明，政党认同在美国正在褪色。

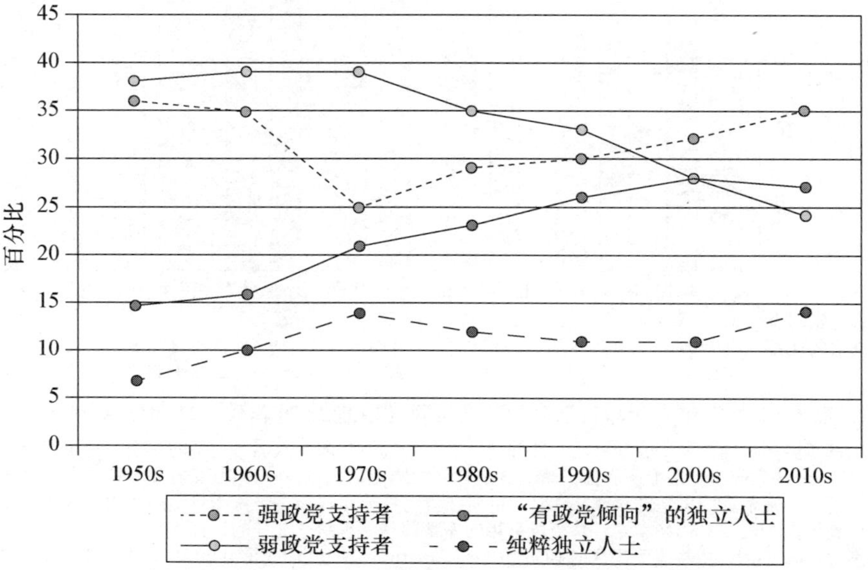

图 6－2　政党认同强度的变化（20 世纪 50 年代—21 世纪头 10 年）

说明：这是一个"折叠式"政党认同量表（"folded" party ID scale），其中在每一类中民主党人和共和党人都是合在一起的（即"强政党支持者"这一类包括强民主党支持者和强共和党支持者）。

资料来源：来自密歇根大学美国大选研究中心（American National Election Studies）的测算；数据系通过"政治和社会研究大学间联合体"（Inter-University Consortium for Political and Social Research）获得。

政党认同有下降过吗？

其他民主国家的研究支持了政党认同在 20 世纪 60 年代和 70 年代期一直在下降的看法。在整个西方工业化世界，分析家发现自称的独立人士增加了，公众对政党信心下降了，也出现了更多的**分裂投票**（split-ticket voting）（支持不止一个政党的候选人）。① 这种"政党衰退"的影响可能是非常深刻的。② 是什么导致了这种状况呢？民

① Russell Dalton, "The Decline of Party Identification," in Russell J. Dalton and Martin P. Wattenberg, eds., *Parties without Partisans* (Oxford, UK: Oxford University Press, 2000), pp. 19-36. 关于分裂投票可参见：Barry C. Burden and David C. Kimball, *Why Americans Split Their Tickets* (Ann Arbor: University of Michigan Press, 2002).

② Martin P. Wattenberg, *The Decline of American Political Parties, 1952－1994* (Cambridge, MA.: Harvard University Press, 1996), p. ix.

主国家的教育水平正在提高；或许受过更好教育的选民拥有那么多其他可以获取的信息，以至于他们不再需要政党作为做出决策的捷径了。或许媒体对政治的报道强调了超党派性或者是忽视了政党。

然而，这些解释引出了更多问题。如果美国人比以往能够获得更多信息，他们难道不需要一种工具，就像政党身份，帮助自己筛选吗？即使教育水平正在提高，我们知道大多数美国人依然对政治不是很感兴趣，对其知之甚少，所以还要依赖一些捷径去理解政治。[①] 于是，政党身份就应该依然是一个有用的工具。在认为政党忠诚是一种很强的群体归属的人们看来，更多的信息可能也不会导致党派感情的下降。

实际上，20 世纪 70 年代以来，政党认同的各项指标已经反弹了。特别是，强政党认同已经出现了一次的复苏（见表 6 - 2）。2012 年坚定的（强）政党认同者的比例比被视为强政党认同时代的 20 世纪 50 年代仅低两个百分点。在参加投票的那些人当中，政党认同的下降已经在很大程度上被逆转过来。[②] 实际上，认为自己具有政党偏向的选民的比例以及政党认同与投票选择之间的一致性，近年来达到了过去 20 多年来的最高值。20 世纪 50 年代和今天之间的主要变化是弱政党认同者比例的下降和独立人士“倾向者”数量的巨大增长，但这些称自己为独立人士者，后来在接受民意测验者调查时又承认他们倾向于某个政党。正是独立人士“倾向者”数量增加这个事实，经常被用来支持美国人在政治上已变得更加独立这个论点。研究者们对于这些独立人士“倾向者”是否真是“衣橱里的政党支持者”持有不同看法，但很多人认为，独立人士“倾向者”投票和思考更像坚定的政党支持者而不是独立人士。[③]

近来政党认同变化的方向

20 世纪 80 年代和 90 年代政党认同的复兴伴随着国会中更强烈的政党倾向和政党

---

① James H. Kuklinski, Paul J. Quirk, Jennifer Jerit, and Robert F. Rich, “The Political Environment and Citizen Competence,” *American Journal of Political Science* 45（2001）：410−424.

② Jeffrey M. Stonecash, “Changing American Political Parties,” 参见：Stonecash, ed., *New Directions in American Political Parties*（New York：Routledge, 2010）, pp. 4−5.

③ John R. Petrocik, “Measuring Party Support：Leaners Are Not Independents,” *Electoral Studies* 28（2009）：562−572. Russell J. Dalton 在 *The Apartisan American*（Washington, DC：CQ Press, 2012）中提出了不同观点。

倾向更强的政治领导人，比如罗纳德·里根总统和前众议院议长纽特·金里奇。政党倾向的增强最初看起来是有利于共和党的。但从那时起，政党的命运已几经沉浮。公众对民主党的支持度下降了，但共和党的支持率下降得更厉害，特别是 2005 年以来（见图 6－3）。一个很明显的原因是共和党总统乔治·W. 布什公众支持率的极大下降。共和党认同者的比例急剧下降了，注册为共和党选民的人数也是如此。到 2008 年，随着经济暴跌，注册为民主党人者或独立人士者的人数增加了，特别是在年轻选民当中，国会民主党人的支持率也上升了。

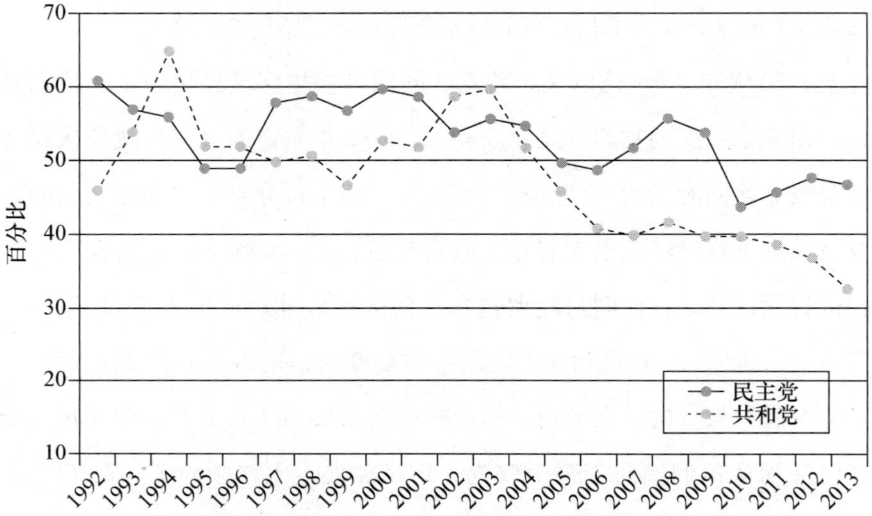

图 6－3　政党的民意支持率（1992—2013 年）

说明：各数据点是与比较讨厌、非常讨厌或无法评分相对应，称"其对（政党）的综合看法是非常喜欢或比较喜欢"者的百分比。

资料来源：Pew Research Center for the People & the Press，January 2013 Political Survey，January 9－13，2013.

然而，就在共和党在 2008 年陷入绝望的最低点时，其支持率的下降停止了。2009 年新的奥巴马政府掌权几个月后，随着经济继续衰落以及关于奥巴马经济刺激计划和医疗保险改革的争议的推进，对共和党的支持和国会共和党人的支持率反弹了。从 2009 年初到 2011 年初，民主党的支持率下降了大约 10 个百分点，特别是在年轻人和低收入白人当中。在 2010 年的中期选举中，民主党候选人失去的席位几乎是史无前例的。根据对各州政党认同的衡量来看，对民主党的认同的下降甚至更加剧烈。①

① Jeffery M. Jones，"Number of Solidly Democratic States Cut in Half From' 08 to' 10，" Gallup Poll，February 21，2011，www. gallup. com/poll/146234/Number-Solidly-Democratic-States-Cut-Half. aspx（accessed November 12，2013）. 这里需要注意，那些称自己倾向于一个政党者都被统计为政党认同者。

之后，在共和党人的希望和期待达到顶峰时，潮流再次逆转。总统奥巴马在 2012 年获得连任。公众对共和党的评价下降了。虽然民意调查显示大多数美国人认为共和党有坚定的原则，但绝大多数人也认为它“太极端”、“缺乏弹性”以及“与美国人民脱节”。①

这些政党的命运起起伏伏的原因是什么？民主党和共和党的立场之间巨大的差异，在执政党变化时可能会导致政策发生巨大变化。比起他们支持的政策，选民通常更容易辨识他们反对的政策。当共和党领导的政府削减政府服务和管理预算时，很多选民发现他们很怀念失去的服务；当民主党实施了新的政府项目时，很多选民又对政府过多干涉他们的生活感到恼怒。巨大的政策改变往往会造成强烈的抵制。② 共和党支持率最近的暴跌似乎也和共和党内为政党提供了大量能量的极端保守派与一般选民的看法之间日益增加的差距有关。③

有人提出，长期的人口发展趋势对民主党应该也是有利的。④ 美国人中已婚的白人、基督徒的比例——共和党的核心支持者——已经大大下降了。成年人口中增长最快的群体是拉美裔人和在奥巴马时期政治上达到法定年龄的年轻人。这两个群体在 2012 年都严重倾向于民主党。但是他们对民主党持久的热情在很大程度上取决于年轻人和少数族裔对奥巴马的支持能否转移到其他政党候选人。民主党一定希望共和党的主要人物在堕胎、同性恋权益和移民问题上继续采取让这些群体中的很多人反感的立场，从而使他们参加投票的动机以及他们的民主党倾向能够得以维持。这种情况很可能会发生，因为这些立场与共和党在南方和保守的基督徒当中的支持基础是一致的。然而，无论哪个政党在任何特定时期得到支持，政党认同仍然是一种很有影响力的政治认同，之前关于政党衰落的讨论也到了结束的时候。

---

① 例如，参见：Pew Reasearch Center for the People & the Press，“GOP Seen as Principled，But out of Touch and TOO Extreme，” February 26，2013，at www. peoplepress. org/2013/02/26/gop-seen-as-principled (accessed November 12，2013).

② James A. Stimson，*Tides of Consent* (New York：Cambridge University Press，2004)，p. 81.

③ Andrew Kohut，“The Numbers Prove It：The GOP Is Estranged from America，” *Washington Post*，March 22，2013，www. washingtonpost. com/opinions/the-numbers-prove-it-the-republican-party-is-estranged-from-america/2013/03/22/3050734c-900a-11e2-9abd-e4c5c9dc5e90_story. html (accessed November 12，2013).

④ David Madland and Ruy Teixeira，“New Progressive America：The Millennial Generation，” May 13，2009，www. americanprogress. org/issues/2009/05/millennial_generation. html (accessed November 12，2013).

政党认同和政治观点

政党忠诚有助于限定大多数美国人理解政策和候选人的方式，[①] 这一点比其他许多民主国家更甚。[②] 美国政治的极化似乎加强了政党倾向对人民的态度的影响。[③] 与民主党相比，共和党对大政府的批评通常更严厉，更加敌视奥巴马总统，更加支持传统价值观应该被普遍遵守这种思想。[④] 正如你在第 7 章将会看到的，在诸如堕胎、环境、枪支管制、公民权利以及政府对经济的干预和医疗保健等议题上，民主党比共和党更自由。尽管两党的支持者都把经济和就业视为其最优先关注的议题，但民主党比共和党更重视改善教育体系，减少医疗保健支出和保护环境等。共和党更关注减少预算赤字，打击恐怖主义和加强军事建设。[⑤] 政党认同甚至能够引导人们对经济力量和进步的判断。例如，就在 2012 年总统选举之前，民主党的认同者们对经济做出的评估比共和党的评估要好得多，虽然他们可能是在看同一经济。[⑥]

图 6 - 4 表明，当控制政府的政党发生变化时，民众对联邦政府的看法可能会发生显著变化，这和政党认同是一致的。在 2006 年，在共和党总统布什的支持率急剧下滑期间，足足有 57%的民主党认同者认为联邦政府“对普通公民的权利和自由造成了一种直接威胁”，但只有 21%的共和党人这么认为。形成强烈反差的是，就在 2010 年选举之前，当时民主党人奥巴马掌控白宫，民主党控制着国会，认为受到联邦政府

---

① 例子参见：Alan S. Gerber，Gregory A. Huber，and Ebonya Washington，“Party Affiliation，Partisanship，and Political Beliefs，” *American Political Science Review* 104（2010）：720 – 744；Michael W. Wagner，“Think of It This Way，” Ph. D. dissertation，Indiana University，2006.

② Caitlin Milazzo，James Adams，and Jane Green，“Are Voter Decision Rules Endogenous to Parties’ Policy Strategies?” *Journal of Politics* 74（2012）：262–276.

③ James N. Druckman，Erick Peterson，and Rune Slothuus，“How Elite Partisan Polarization Affects Public Opinion Formation，” *American Political Science Review* 107（2013）：57–79.

④ Pew Research Center for the People & the Press，“A Closer Look at the Parties in 2012，” August 23，2012，pp. 12–22，www. people-press. org/files/legacy-detailed_tables/Detailed%20tables%20for%20Party%20ID. pdf（accessed November 12，2013）.

⑤ Pew Research Center，“Many More Democrats Than Republicans Say Protecting Environment a Top Priority，” February 5，2013，www. pewresearch. org/daily-number/many-more-democrats-than-republicans-say-protecting-environment-a-top-priority（accessed November 12，2013）.

⑥ Jenny Marlar，“U. S. Economic Confidence Down Slightly Last Week，” Gallup Poll，October 23，2012，www. gallup. com/poll/158345/economic-confidence-down-slightly-last-week. aspx（accessed November 12，2013）.

威胁的共和党人增加了两倍，而有此担心的民主党人的数量下降了一半多。在那期间，“纯粹的”独立人士对威胁的感觉基本没有改变。①

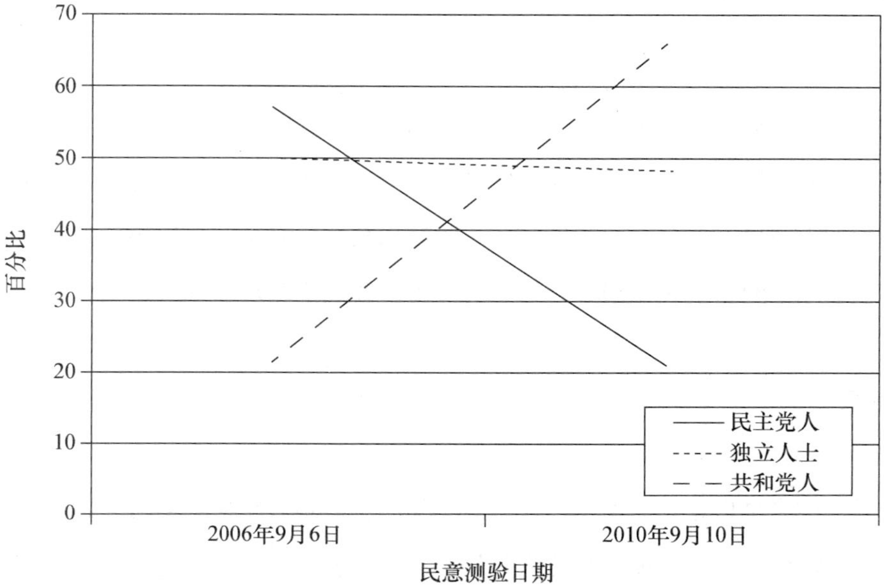

图 6-4　联邦政府造成了直接威胁吗？（根据政党认同，2006 年和 2010 年）

说明：数据点是对“你认为联邦政府对普通公民的权利和自由会造成直接威胁，或不是?”这个问题回答“是”的各组的百分比。

资料来源：盖洛普民调：www. gallup. com/poll/143717/Republicans-Democrats-Shift-Whether-Gov-Threat. aspx（accessed March 13，2013）.

更引人注目的例子，可以仔细考虑备受争议的 2000 年大选，当时最高法院中止了佛罗里达州一些县的重新计票工作，对总统选举做出了有利于布什的判决。选举前两个月进行的一项民意调查显示，70%的民主党认同者认可最高法院的工作表现，只有 18%的不认可。最高法院对总统竞选做出裁决一个月之后，仅有 42%的民主党人表示认可最高法院处理其工作的方式，而 50%的表示不认可。相反，认可最高法院的共和党人从 2000 年 8 月的 60%上升到 2001 年的 80%。② 当 2012 年最高法院勉强支持《民主党平价医疗改革法案》中的大多数医疗改革法时，类似的转变（但不是很显著）出现了。

---

① Jeffrey M. Jones，“Republicans，Democrats Shift on Whether Gov't Is a Threat，” October 18，2010，www. gallup. com/poll/143717/Republicans-Democrats-Shift-Whether-Gov-Threat. aspx（accessed November 12，2013）.

② 民意调查数据来自：Green，Palmquist and Schickler，Partisan Hearts and Minds，p. 127. 他们将这些民意调查数据视为两大政党支持者使用不同的评估标准，而不是作为意识偏见的指标。

政党认同与投票

政党归属（party attachments）最重要的作用是它们对投票行为的影响。虽然政党支持者们必须经过长时间的投票并面对文化上对强政党传统的不信任，政党认同者往往会非常忠诚地支持自己的政党。在政党倾向较弱的地方，就像在政党认同依然处于形成过程之中的新的民主国家，投票选择更可能是不稳定的和容易变化的。①

政党投票

在过去的半个世纪中，政党认同者大部分时间都在为他们自己的政党候选人投票。每一类政党支持者中的大多数人每年都投票支持他们自己政党的总统候选人，除了 1972 年中认同较弱的民主党人和 1980 年的独立的民主党人（这两年中大老党都大获全胜）。就政党认同来说，政党投票在 20 世纪 60 年代末期和 70 年代初期有所下降。但有研究显示，自 20 世纪 70 年代中期②以来，政党认同对投票行为的总体影响一直在上升，并在 21 世纪头 10 年里继续提升（共和党人对其政党候选人的支持在 1992 年下降了，因为一小部分共和党人投票支持了独立候选人罗斯·佩罗）。近年来大党的极化可能已经帮助一些选民明确了他们的政治信仰，并提高他们对一个政党及其候选人的忠诚意识。最忠诚的是那些坚定政党支持者。在过去的四次总统选举中，至少有 94%的坚定的民主党人支持了其政党候选人。坚定的共和党人甚至更加忠诚；在过去 50 年中，他们对共和党总统候选人的支持仅有一次下降到 90%以下。

这些模式也同样存在于国会选举之中。在历次选举中，每一个政党支持者群体中的绝大多数人都投票支持了他们自己政党的国会候选人，强政党支持者一直是最一以

---

① Andy Baker, Barry Ames, and Lucio R. Renno, "Social Context and Campaign Volatility in New Democracies," *American Journal of Political Science* 50 (2006): 382-399.

② 例子可参见：Larry M. Bartels, "Parisanship and Voting Behavior, 1952-1996," *American Journal of Political Science* 44 (2000): 35-50.

贯之的政党选民。在州和地方层次的选举中，我们也发现了类似的结果。20 世纪 60 年代和 70 年代期间，**一致投票**（straight-ticket voting）——只投票支持一个政党的候选人——在所有政党支持者群体中都下降了，但一个人的政党认同越强，他或她进行一致投票的可能性就越大。[①] 与衡量政党影响力的其他指标一样，这种下降也逆转了。在 1984 年，435 个国会选区中的 190 个（近 44%）投票支持一个政党的一位众议员，而支持另一个政党的总统候选人。到 2012 年，仅有 25 个这样的选区——50 年来的最低值。

政党对候选人及议题

政党投票的水平随着时间变化而有所不同，因为个人的投票决定受到两股力量之妥协的影响：政党认同的强烈程度（如果有的话）和在一次特定选举中发挥作用的**短期力量的影响力**（short-term forces），比如这次竞选活动中候选人和议题的吸引力。通常这两股力量倾向于方向一致的选民；如我们已经看到，一种政党认同会鼓励个人以赞成的眼光看待政党候选人和议题立场。

但是有时候，一个特别有魅力的候选人或者一项特别引人注目的议题——一场经济灾难或恐怖主义的威胁——可能会导致一个选民放弃他或她的政党的一个甚至更多的候选人。虽然有些选民会进行分裂投票，以造成一个稳健的（moderate）或者是分裂的政府，[②] 但对选民来说，因受到一位进行资金雄厚的竞选的知名候选人的吸引而背叛他们自己的政党认同是更常见的，最经常的是另一政党的一位现任者。[③] 通常，政党认同最弱者或对政党的态度最矛盾者——比如对两党都至少有一些积极看法的那些人[④]——最有可能变节。

---

① Paul Allen Beck, Lawrence Baum, Aage R. Clausen, and Charles E. Smith, Jr., "Patterns and Sources of Ticket Splitting in Subpresidential Voting," *American Political Science Review* 86 (1992): 916-928.

② Kyle L. Saunders, Alan I. Abramowitz, and Jonathan Williamson, "A New Kind of Balancing Act," *Political Research Quarterly* 58 (2005): 69-78.

③ Barry C. Burden and David C. Kimball, "A New Approach to the Study of Ticket-Splitting," *American Political Science Review* 92 (1998): 533-544.

④ Scott Basinger and Howard Lavine, "Ambivalence, Information, and Electoral Choice," *American Political Science Review* 99 (2005): 169-184.

作为双行道的政党认同

哪个因素对人们投票的影响更重要：政党认同、候选人个人特质，还是当前的议题？对于政治学家来说，回答这个问题时面临的一个挑战是这三种因素紧密地联系在一起。20 世纪 50 年代对政党认同的早期研究认为，政党在因果顺序中“位列第一”，即政党影响了人们对候选人和议题的看法而不是反过来受它们的影响。这些早期的研究未能很好地衡量选民所理解的与候选人和议题之间关系的紧密程度。

从那时起，借助更好的衡量手段，研究者已表明，在这三种因素之间存在着相互影响的关系。就像一个人的政党忠诚影响他或她看待政治的方式，对候选人和议题的看法也会影响到个人的政党认同。特别是对一位总统经济管理情况［所谓回顾性评价（retraspective evaluations），在这种评价中，他们指向的是过去的行动而不是对未来的希望］的态度的转变，可能会对政党忠诚产生反作用，并削弱或者改变它们。用这种方式，可以把政党认同看作有关政党评估的一种流水账。[①] 即使政党认同通常足够稳定以至于经得起个人对某个特定政党候选人或对政党在一两个议题上的立场的失望，这种负面经历的积累，尤其是在对他或她很重要的议题上，可能会削弱或改变个人的政党认同。[②] 民主党的总统和立法者越来越致力于美国黑人的公民权并在诸如堕胎这样的社会议题上坚持自由主义立场，这就是过去几十年里许多保守的南方白人对民主党的长期忠诚所发生的变化。

在短期内，议题和候选人在一场特定选举中可能会对竞选结果产生重要影响。但政党认同对于影响选民的选择和影响他们对议题及候选人的看法有持续的影响力。[③] 所以，无论我们想解释的是美国投票行为的一般趋势还是选民在一场特定选举中的选择，政党认同都发挥着重要作用。

---

① Morris P. Fiorina，*Retrospective Voting in American National Elections*（New Haven：Yale University Press，1981）；and Michael B. MacKuen，Robert S. Erikson，and James AStimson，“Macropartisanship，” *American Political Science Review* 83（1989）：1125–1142.

② 关于个人对政党之间区别的认识，参见：Carsey and Layman，“Changing Sides or Changing Minds?”

③ Paul R. Abramson，John H. Aldrich，and David W. Rohde，*Change and Continuity in the 2008 and 2010 Elections*（Washington，DC：CQ Press，2012），Chapter 8.

政党认同和政治活动

政党认同的另一个重要影响是，认为自己是民主党人和共和党人者比称自己为独立人士者更多地参与到政治生活之中。政党认同是在情感上的参与，在政治事件的结局中为政党支持者提供了一种支持。所以，最坚定的政党支持者最可能去投票、关注政治并积极参与政治。在 2012 年，就和前些年一样，坚定的民主党人和共和党人比那些较弱的认同者或独立人士更可能关注政治和追踪媒体对竞选活动的报道（见表 6－1）。

表 6－1　2012 年政党支持者和独立人士的政治参与情况（%）

	民主党人		独立人士			共和党人	
	强	弱	更接近民主党者	两者都不接近	更接近共和党者	弱	强
大多数或更多时间关注政治	57	32	49	32	55	43	64
对 2012 年选举非常有兴趣	55	28	36	21	47	33	61
收看关于竞选的电视节目	85	72	81	61	78	71	81
阅读报纸关于竞选的报道	55	49	49	37	50	48	53
使用互联网获取竞选信息	58	52	61	43	62	54	58
参加投票	88	76	76	53	77	77	92
展示徽章、保险杠贴纸和标记	26	13	10	7	13	9	19
过去四年中发布关于政治的脸书信息或推文	26	19	22	13	22	19	19
为候选人提供献金	18	8	10	5	9	6	17
为政党提供献金	13	5	7	3	5	5	13

资料来源：2012 American National Election Study，University of Michigan；Inter-University Consortium for Political and Social Research.

坚定的政党支持者在其他方面也是最活跃的。总共分别有 88%和 92%的坚定的民主党人和共和党人在 2012 年选举中参加投票——高于较弱的政党支持者或独立人士的投票率水平。① 坚定的政党支持者比其他公民更可能表达其对 2012 年选举的兴趣，展示保险杠贴纸或庭院标志，以及为政党或候选人提供献金。这里唯一反常的

① 这里的数据比第 8 章的数据稍高，因为美国大选研究中心的调查者报送的投票率通常稍高。

是，坚定的政党支持者不太可能在互联网上寻找竞选信息，或者在社交网络上发表关于政治的信息，主要是因为互联网的使用往往集中于50岁以下的人群，而坚定的政党支持者更可能是50岁以上的人群。

政党认同与对政党的态度

无论是总体上还是在具体的政策议题上，坚定的民主党和共和党支持者之间的差异远甚于弱认同者与独立人士之间的不同（见图6-5）。他们对两党候选人和政党为国家利益进行治理的能力的评价更加极化。简言之，在坚定的政党支持者看来，政党是被清晰界定的，相互之间在政治的重要方面是非常不同的。实际上，近年来的极化对很多美国人来说意味着对一个政党的忠诚造成了对另一个政党的厌恶。2013年的一项调查发现，84%的共和党人对民主党持不赞成的看法，83%的民主党人对共和党持不赞成的看法，独立人士对两党都非常不很喜欢（不喜欢民主党有52%，不喜欢共和党的有58%）。①

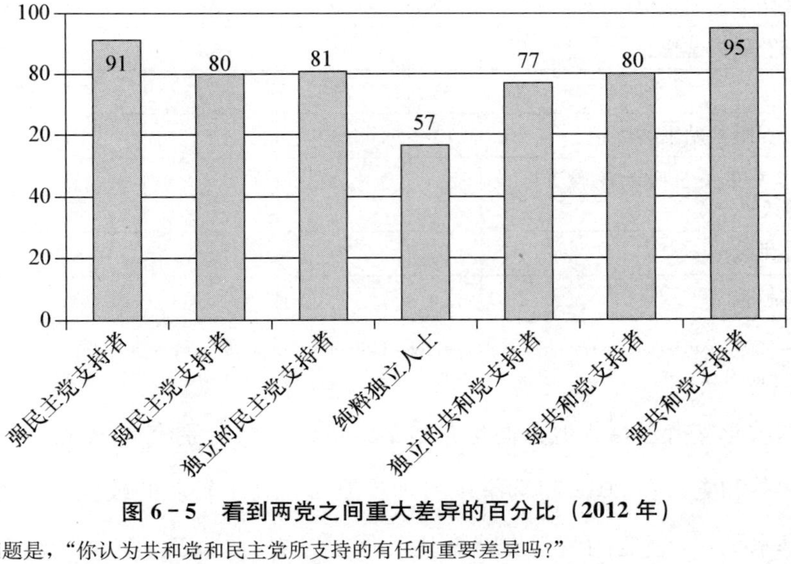

图6-5　看到两党之间重大差异的百分比（2012年）

说明：问题是，“你认为共和党和民主党所支持的有任何重要差异吗？”

资料来源：2012 American National Election Study，University of Michigan；数据来自 the Inter-University Consortium for Political and Social Research.

---

① Pew Research Center，“GOP Seen as Principled...” February 26，2013.

更强的政党认同本身并不足以解释更积极的政治参与和更突出的政党形象。其他因素，比如更高的社会经济地位（SES），也能促进对政治活动的参与。政党支持者相对更多的参与（大多数年份中，共和党人的参与）部分是由于其总体上更高的社会经济地位以及他们对政治更加意识形态性的信念。① 即便如此，政党认同依然对人们的政治态度具有重要影响。

独立人士的神话

非常有趣的是，在一种如此热情地赞美独立选民的文化中，政党忠诚却支配着如此之多的政治行为。很明显，在高尚的独立人士——受议题和候选人而非政党驱动的见多识广的公民——的美国神话与普遍存在政党认同的现实之间存在着明显的断裂。问题出在这种神话上。

态度型的独立人士

到目前，本章使用的“独立人士”的定义是，那些告诉民意测验者他或她不认同任何一个政党的人。研究显示，跟其他选民相比，这些独立人士往往更经常进行分裂投票，而且在选举中等更长时间再决定如何投票。在这些方面，他们看起来正符合深思熟虑的公民的神话。但在大多数其他方面，他们又达不到想象中独立人士的样子。在2012年，如表6-1所示，独立人士待在家里不去投票的比例高于那些政党认同者，他们在其他几个关于政治参与的指标上的得分都低于政党支持者。

在这个群体中，重要的是区分说自己觉得更接近两大党之一者（独立人士倾向者）和那些与两党都不接近者（“纯粹”的独立人士）。独立人士倾向者经常更多地参与政治（见表6-1），有时在投票时甚至比弱政党支持者表现出更强的政党倾向。只是在与强政党认同者相比时，这些独立人士倾向者才会逊色得多。相比之下，纯粹的

① Kay Lehamn Schlozman, Sidney Verba, and Henry E. Brady, *The Unheavenly Chorus* (Princeton: Princeton University Press, 2012), Chapter 9.

独立人士通常拥有最凄惨的记录。与其他美国人相比，通常他们参与更少，消息也更闭塞。[①]

行为型的独立人士

我们也可以用他们行为来定义独立人士。在其最后一部著作中，卓越的研究者小瓦尔迪默·奥兰多·基探讨了对政治独立的各种定义。[②] 由于担心正在从20世纪50年代和60年代的研究中显现出的美国选民的图景，这些研究显示出选民更多是受到根深蒂固的政党忠诚而非对主要政治议题的理解的驱动，小基探寻了选民中理性行为的证据。他特别关注了“转换政党者”（party switchers）——在两场连续的总统选举中支持不同政党者——而不是自我描述为独立人士者。实际上，转换政党者比那些自封的独立人士更接近独立人士的美丽神话。他发现，和“顽固保守者”（stand-patters）（在两次选举中投票支持同一政党者）一样，这些转换政党者至少表达了同样多的政治兴趣。总之，转换政党者展示出一种与议题相关的理性，这种理性与独立人士神话般的形象是相符的。他们在政策议题上与其所转投政党的顽固保守者有相同立场，不同意其所背弃政党的政策。

然而，态度型独立人士——那些自称为独立人士者，而不是那些转换政党者——才是大多数研究的主体。他们常常是一种混杂的群体，不仅包括一些貌似世故的独立人士者，也包括许多在美国政治中极少参与、所知甚少的选民。他们是一个超越政党竞争的信息灵通和积极活跃的选民群体这种神话在调查研究的光芒面前褪色了。

独立人士可能支持第三政党候选人吗

即使态度型独立人士不了解或没有太多参与政治，他们仍然能够在选举中发挥重

---

① David B. Magleby, Candice J. Nelson, and Mark C. Westlye, “The Myth of the Independent Voter Revisted,” in Paul M. Sniderman and Benjamin Highton, eds., *Facing the Challenge of Democracy* (Princeton: Princeton University Press, 2011), pp. 238-263.

② V. O. Key, Jr. (with Milton C. Cummings), *The Responsible Electorate* (Cambridge, MA: Harvard University Press, 1966).

要作用。因为他们与两大党的关系都是最弱的，他们对小党和独立候选人的吸引力可能会比其他公民态度更加开放。[1] 这种情况偶尔已经发生过。1992 年总统选举中最大的新闻之一是独立候选人罗斯·佩罗的横空出世。作为一个特别富有的人，佩罗竞选中花费了数百万美元，批判两大党的不负责任和腐败。和大多数独立人士不同的是，佩罗在竞选接近尾声时发展壮大了而不是失去了光泽。他最终赢得了几乎 2 000 万张选票，占选票总数的 19%。

在大选日当天，佩罗确实从纯粹的独立人士那里吸引了很多选票，并在更小程度上从独立人士倾向者那里吸引了一些选票。[2] 整整 37%的纯粹独立人士说他们投票支持了佩罗，而只有 4%的坚定民主党人和 11%的坚定共和党人投票支持佩罗。1996 年佩罗作为第三党候选人竞选时也是如此，尽管百分比下降了一半多。但是最后，没有足够的独立人士和不满的政党认同者形成支持佩罗的大多数。对任何一个独立候选人或第三党的候选人来说，在像独立选民这样多元的群体中建构一个胜选联盟是很困难的，他们除了都不喜欢主要政党外没有别的共同点。不过，这样的候选人可以充当“搅局者”。拉尔夫·纳德在 2000 年作为绿党候选人赢得了足够的选票，其中大多数来自独立人士，使布什赢得了选举。

在最近政党竞争势均力敌的选举中，甚至只是一个很小比例的选民都有决定胜负的力量。比如，2008 年和 2010 年选举结果的一个巨大差异是，2008 年支持民主党众议院候选人的纯粹独立人士，在 2010 年大幅转而支持共和党候选人。但在 2012 年，奥巴马在失去独立人士选票的情况下赢得了总统大选。独立人士对共和党的米特·罗姆尼的支持不足以抹杀奥巴马在支持民主党的更大群体中获得的优势。

政党认同之影响的变化

政党认同是一种心理上的忠诚，经常强大得足以指引其他政治信仰和行为。坚定的政党支持者往往通过“政党色彩”的眼镜看待议题和候选人。他们比其他公民更可

---

① Todd Donovan, “A Goal for Reform,” *PS: Political Science and Politics* 40 (2007): 683.

② Paul R. Abramson, John H. Aldrich, and David W. Rohde, *Change and Continuity in the 1992 Elections* (Washington, DC: CQ Press, 1995), p. 245.

能投票支持自己政党的候选人，而且在政治上也更活跃。但与一个世纪以前相比，现在政党认同发挥作用的环境已非常不同了。

更加以候选人为中心的政治

尽管绝大多数美国人仍然坚持一种政党认同，或者“倾向于”民主党或共和党，政党在影响公民方面已经面临着重大挑战。在 20 世纪初，各州开始采取直接初选，选民必须在没有政党标签有效指引的情况下选出候选人。政党倾向在大选中仍然是一种有用的捷径，但在一个政党的初选中却不能把一位候选人与另一位区分开来。新的竞选和募款技术发展了，这使得政党组织更加难以处于垄断地位。有足够资金的候选人可以越过政党领导人，利用电视、直接邮寄广告以及现在的互联网直接接触选民。

在 20 世纪 60 年代和 70 年代的动荡时期，如我们已经看到的，自我认定的独立人士的数量增加了，政党认同对人们的投票选择的影响下降了。候选人发现淡化政党标签的重要性是有益的，于是就作为个人参加选举。现在，虽然政党忠诚已恢复其大部分影响力，但候选人们仍然倾向于把淡化其政党倾向作为吸引选民支持的一种手段。另外，美国政治的其他因素——新媒体和传统媒体、有组织的利益集团、竞选顾问、候选人特质、议题以及当前议题——对竞选都有重要影响。结果大多数选举已变得不再那么以政党为中心，而是越来越以候选人为中心了（见第 11 章）。①

以候选人为中心的选举的缺点是，它们使选民很难让政府承担责任。选民可能能够让单个候选人为其竞选承诺负责，但一次典型的选举通常包含很多候选人。大多数公民都太忙，以至于无法收集衡量每一位作为个人的候选人所必需的信息。当选举聚焦于候选人个人而不是候选人团队时其中每一个团队都代表着一套明确的政策建议，选举向选民要求的可能会比它们愿意给予的要多得多。

政党持续的重要性

政党认同在美国政治中依然是一种强大的力量。选民们依然继续从政党的角度看

---

① Martin P. Wattenberg, *The Rise of Candidate-Centered Politics* (Cambridge, MA: Harvard University Press, 1991).

待候选人、议题和选举，并相应地进行投票。21 世纪前 20 年的选举已在非同寻常的程度上动员了坚定的政党支持者。即使是在以候选人为中心的政治世界里，政党主导的竞选仍然是非常有可能的。故事在下一章仍要继续，我们将更仔细地探讨两大政党的支持联盟随着时间演进而发生的变化。

第7章
政党联盟与政党的变化

从政治上说，前加利福尼亚州州长阿诺德·施瓦辛格（Arnold Schwarzenegger）的婚姻是复杂的。施瓦辛格，一个富有的白人，拥有很多产业。他的父亲是一位军官。这位州长的前妻玛丽亚·施赖弗（Maria Shriver）是一位记者，来自一个由律师和非营利组织积极分子组建的天主教大家庭。利用这一描述中的信息，你能说出这对夫妇中哪一个是民主党人、哪一个是共和党人吗？

小企业主、富人、福音教派白人新教徒的忠诚特别倾向于共和党。其他群体，如妇女和许多受教育程度很高的专业人士则更可能视自己为民主党人。那么，纯粹以政党和某些社会团体之间的这些联系为基础，我们就可以（准确地）预测施瓦辛格是共和党人、施赖弗是民主党人。

在特定时期特别倾向于支持一个政党的候选人的社会、经济或其他群体构成了该政党的联盟。各群体与一个政党结盟可能有很多原因，但一旦一个团体与一个政党的联盟联系起来，其利益就非常可能影响该政党在至少某些议题上采取的立场以及在竞选活动中采取的策略。两个政党的联盟之间的差异为理解那个时期支配着这个国家政治的议题提供了一种有用的线索。非裔美国人近几十年来几乎压倒性地认同民主党而南方白人现在主要是共和党人，这样的事实提醒我们，种族议题在美国的选举中仍然发挥着强有力的影响。[1] 在美国历史各个不同的点上，区域冲突、种族和宗教分歧、

---

① Edward G. Carmines and James A. Stimson, *Issue Evolution* (Princeton: Princeton University Press, 1989).

农业和工业之争、社会阶层之间的差异等问题也都有助于区分两党的联盟，这和在其他西方民主国家一样。

政党的变化呈现出很多种形式，包括控制联邦政府的政党的交替[1]和造就“服务型政党”的组织变革[2]（见第 3 章和第 4 章）以及更加以候选人为中心的竞选（见第 11 章）。然而，政党研究者对联盟的变化给予了最多的关注。在很多这种研究中，各政党之联盟的重大和持久的变化被称为**政党重组**（party realignment）。[3] 在本章后面部分你将看到，重组的概念是很有争议的。但不管我们如何描述它，民主党和共和党的群体支持之模式的变化已随着时间演进对美国政治和政策变革产生了重要影响，留下了引人入胜的故事。

我们将在本章探究政党的变化，并特别关注政党的支持联盟。我们将研究当前的政党联盟的发展：这些支持者来自什么种族、地区、教育背景和其他社会群体，以及什么把他们吸引到一个政党而不是另一个。最后，我们将思考如何对新政以来政党联盟的变化做最好的描述。

美国的政党体系

美国已经经历了至少 6 个不同的选举时期或**政党体系**（party systems）（见表 7-1 中对各个政党体系的总结）。虽然一些共同的主题贯穿了所有这些时期，但每个时期政党的群体支持都有一种不同的模式。每一种政党体系也都还可以用支配它的议题的种类和政府执行的公共政策的类型进行区分。在第 1 章，为了解政党的三个部分之间的相互关系我们考察了政党的历史。现在，我们从政党得到的不同社会团体支持的变化视角来探索这个问题，以不同的方式呈现这些事件。

---

① 例子可参见：Larry M. Bartels，*Unequal Democracy*（Princeton：Princeton University Press，2008）.

② John H. Aldrich，*Why Parties? A Second Look*（Chicago：University of Chicago Press，2011），pp. 281-287.

③ V. O. Key，Jr.，“A Theory of Critical Elections，” *Journal of Politics* 17（1955）：3-18；Walter Dean Burnham，*Critical Elections and the Mainsprings of American Politics*（New York：Norton，1970）；James L. Sundquist，*Dynamics of the Party System*（Washington，DC：Brookings Institution，1973）.

表 7-1　政党控制国会和总统职位的年份：1801—2014 年

	众议院		参议院		总统	
第一个政党体系	民主-共和党	反对者	民主-共和党	反对者	民主-共和党	反对者
（1801—1828 年）	26	2	26	2	28	0
第二个政党体系	民主党	反对者	民主党	反对者	民主党	反对者
（1829—1860 年）	24	8	28	4	24	8
第三个政党体系	民主党	共和党	民主党	共和党	民主党	共和党
（1861—1876 年）	2	14	0	16	0	16
（1877—1896 年）	14	6	4	16	8	12
第四个政党体系（1897—1932 年）	10	26	6	30	8	28
第五个政党体系（1933—1968 年）	32	4	32	4	28	8
第六个政党体系						
（1969—1980 年）	12	0	12	0	4	8
（1981—2014 年）	18	16	17	17	14	20
（1969—2014 年）	30	16	29	17	18	28

说明：第一个政党体系的各项目是民主-共和党和它们的反对者；第二个政党体系的各项目是民主党和它们的反对者（开始是辉格党，后来是共和党）；后来的政党体系的各项目是民主党和共和党。2001 年前 5 个月，共和党在参议院占多数；后 7 个月，民主党在参议院占多数，所以参议院被算作处于民主党控制之下。

第一个政党体系

美国最初的政党体系（从大约 1801 年到 1828 年）① 脱胎于乔治·华盛顿政府内部对立的集团之间的严重冲突：相对于各州的权力，全国性政府应该行使多大的权力？正如第 1 章中所指出的，亚历山大·汉密尔顿领导的联邦党人希望建立一个与工商业界密切合作的强大的全国性政府，以发展国家经济。一个全国性银行能够把各州的银行体系集中起来。这个计划将会有利于集中在新英格兰地区的企业主及更富有的公民，这些群体成为联邦党人的核心支持力量。

生活在南部和大西洋中部地区各州的农场主及不太富裕的人们将会看到，联邦党人的主张会在财政上伤害他们；农场主将会交税，但商人和投机者将会获得更多利益。所以他们支持托马斯·杰斐逊和詹姆斯·麦迪逊关于州权利、限制全国性政府的

① 这些事件通常发生在一段时期内，但为方便起见，每一种政党体系的开始被确定在新的多数党联盟首次执政的年份。

权力以及新兴民主国家更加平等的构想等要求。杰斐逊在辩论中获胜。在 1800 年激烈竞争的选举中，这些被称为民主-共和党人的人赢得了总统职位。联邦党人慢慢地滑入致命的衰落，之后杰斐逊和麦迪逊的支持者们支配政治长达 20 多年。

第二个政党体系

当民主-共和党的一党统治不能控制一个迅速变化的国家引起的所有冲突时，下一个政党体系（从大约 1829 年到 1860 年）形成了。该党在当时的主要议题上分成两派：不仅仅是全国性政府在贸易和关税方面的经济权力，还包括邦联应该如何扩张。一派延续了杰斐逊的反对强大的全国性政府的传统。这一派包括南方和西部边疆地区的农场主，再加上许多城市工作者以及他们的政治老板们。这一派领导人是安德鲁·杰克逊，后来称自己为民主的政党（Democratic Party），或有时称为“民主党”（the Democracy）。另一个以约翰·昆西·亚当斯为代表的更加精英主义的东部商业派别，称自己为全国共和党，最终并入辉格党。[①]

第二个政党体系同第一个一样是以阶级为基础的。更加富裕的选民（除了南方的那些）支持辉格党，而地位较低的人们支持民主党。民主党取得了支配地位，而且随着公民权扩展到越来越多的美国人以及政党体系变得越来越以大众为基础，这种支配地位也在提升。民主党的统治仅有两次被中断，两次都是辉格党的战争英雄当选总统。但是，随着这一时期各种议题变得更具破坏性，一些小党发展起来，辉格党开始分裂，尤其是在奴隶制问题上。

第三个政党体系

这些新政党的一个，反对奴隶制的共和党，很快得到了支持。共和党成立于 1854 年，作为民主党的主要对手，它在短短两年之内就取代了严重分化的辉格党。内战的严重冲突使新的第三个政党体系（1861 年至 1896 年）拥有之前或之后所有政党体系

---

① Michael Holt, *The Rise and Fall of the American Whig Party* (New York: Oxford University Press, 2003).

的界定最清晰的联盟。战争和重建大致沿着地理界限划分了美国。在 1876 年所有南方白人男子被允许重获投票权后，南方成为民主党的堡垒，东北部和中西部仍然是共和党非常稳固的基础。①

这种地区划分非常清晰，民主党在北方真正的大本营是民主党政党机器控制的城市（比如纽约市的坦慕尼协会）和南方人居住的地区（比如肯塔基州、密苏里州，以及俄亥俄州、印第安纳州和伊利诺伊州的南部）。在南方，大老党的支持仅仅来自黑人（作为对共和党总统亚伯拉罕·林肯解放奴隶的回报）和最初反对南方各州独立的山区的人们。到 1876 年，因为这些地区性力量的相互制衡，总统选举和众议院中都存在势均力敌的政党竞争。竞争如此激烈，以至于这一时期包含了两次赢得总统选举选民票者失去选举人团票的情况，这种情况在美国历史上共出现过四次。

这一时期美国工业迅速发展，特别是在东北部地区，然后是中西部地区。共和党人控制着这些新的商业正在扩张的地区，和长期以来认同“道德上的清教徒主义和新兴工业资本主义”的大老党的领导阶层，② 致力于利用对进口商品征收保护性关税（税收）、能够把商品运往全国各地的铁路系统、边疆地区的开发以及为这些项目付款的高税收等支持新兴工业。相反，民主党代表的是被经济扩张忽视的群体以及深度怀疑资本主义的人们，如农场主和工人阶级以及南方白人。经济议题以及特别是对大工业垄断之增长的态度，与政党间的区域划分是紧密联系在一起的。

第四个政党体系

内战的强大影响持续塑造了之后一个世纪的南方政治，而经济冲突支配着其他地区的政治。1893 年一系列农场和农村地区的抗议和经济恐慌之后，民主党内部贫困的白人与更加保守的政党领导人之间的紧张关系演变成一场争夺党的领导权的斗争。不太富有的、更主张平等主义的一派获得胜利，提名平民主义者威廉·詹宁斯·布赖恩（William Jennings Bryan）作为 1896 年民主党总统候选人，并且改革了政党的议题立

① 第三个政党体系包含两个不同时期。1865 年内战结束到 1876 年，民主党在南方的选举力量受到驻扎的联合军队和各种重建政策和法律的牵制。因此要想真正反映出这一时期的政党平衡，区分 1861—1876 年和 1877—1896 年两个时期会有所帮助。

② A. James Reichley，*The Life of the Parties*（Lanham，MD：Rowman & Littlefield，2000），p. 104.

场。布赖恩在选举中失败，此后直到 1932 年，共和党人一直控制着全国政治，其间只是在 1912 年因内部分裂而被中断过一次。

因而，这一时期（从大约 1897 年至 1932 年）反映了地区和经济的冲突。它使高度倾向共和党的东部工商业界与南方农村“边缘地区”对立起来，南方比之前更加倾向民主党，中西部陷入竞争。在摆脱了重建时期的高压手段之后，南方民主党能够重新制定种族歧视法律，阻止黑人在南方各州获得投票权。移民潮水般涌入日益扩大的美国城市地区，扩大了两党的队伍，尽管天主教移民（尤其是从欧洲来的天主教派移民）往往会被民主党动员起来。

第五个政党体系

1929 年的大萧条的打击以及随后民主党人富兰克林·罗斯福（Franklin Roosevelt）的选举产生了第五个政党体系，或者叫“新政”政党体系（大约从 1932 年至 1968 年）。在 20 世纪 30 年代期间，作为使国家走出经济废墟的一种手段，罗斯福推动国会制订了一些大规模的福利国家计划。这些罗斯福“新政”计划——社会保险、工资和工时法、保护工会——再次强化了民主党作为弱势群体的政党的形象。甚至诸如黑人群体等长期与共和党结盟的群体，也被引诱到民主党的旗帜下；社会经济需求足够强大，以至于使黑人和南方白人成为罗斯福的联盟中谨慎的同盟。所以到 1936 年，新的民主党的多数党已变成弱势群体和少数族裔——低收入人群、产业工人（尤其是工会成员）、贫困的农场主、天主教徒、犹太教徒以及黑人——再加上南方的大新政联盟，对民主党的忠诚已成为南方白人根深蒂固的观念。“新政”的代价及其项目的影响升高了高收入群体和低收入群体之间、公司和劳工之间冲突的风险。

第六个政党体系

新政的政策对政党支持联盟产生了深刻影响。第二次世界大战终结了美国的大萧条之后，在罗斯福时期从政府的援助中获益的一些群体进入了日益增长的中产阶级行列。然而他们发现，作为对这种经济增长的回报，自己为支持那些仍然需要援助的人缴了更高的税收。这促使许多人重新评估福利国家在他们自己的生活中的成本和收益。同时，罗斯福通过灵巧的操纵手段控制的种族议题又被希望改变其政党立场的积极分子们推到了两党的议程的最前面。

随着美国黑人在20世纪40年代末期迁移到北方，北方自由派民主党人迫使他们的政党兑现拖延已久给予黑人公民权的承诺。[①] 当民主党的政府做出了回应并利用联邦权力结束学校和公共场所如餐厅和宾馆的种族隔离时，一些保守的南方白人感到被他们的全国性政党背叛了。当共和党的总统候选人巴里·戈德沃特（Barry Goldwater）反对《民权法案》时，他们在1964年找到了另一种选择。戈德沃特作为共和党刚刚获胜的保守派候选人，认为共和党不可能得到黑人的选票，所以争取南方白人的支持就更有意义。[②] 他认为，政党对更小政府和州权力的坚持要求它反对联邦政府把一体化（integration）强加于州政府的做法。然后，两个全国性政党的立场显著改变了。民主党从接受南方的隔离转变为利用政府作为保障美国黑人权利的手段。共和党反对新政的大政府计划，坚持支持州权的立场，甚至以政党传统的支持民权的立场为代价。[③]

政党立场的这些变化导致了支持两党选民的逐步重组。[④] 南方白人慢慢地转向支持共和党。同样的因素使黑人迅速倒向民主党。当《选举权法案》恢复了南方黑人的投票权时，他们压倒性的民主党投票模式使全国民主党在种族及相关议题上开始坚持更加自由主义的立场。1992年立法机构选区的重新划分进一步推动了这种变化，立法机构被要求划出少数族裔占多数的选区（见第8章），这导致一些长期保守的南方民主党人的失败。[⑤]

表7-2显示了20世纪50年代和最近10年之间选民中的民主党和共和党内部各种群体之代表的变化。首先看看种族方面的重大变化。在1952年和1960年之间，黑人在民主党的选民中平均只占6%。当然，在这一时期只有极少的南方黑人有权投票。

---

① Hans Noel，“The Coalition Merchants，” *Journal of Politics* 74（2012）：156-173. 更偏向公共意见导向的观点，参见：Eric Schickler，“New Deal Liberalism and Racial Liberalism in the Mass Public，1937-1968，” *Perspectives on Politics* 11（2013）：75-98.

② David Karol，*Party Position Change in American Politics*（Cambridge：Cambridge University Press，2009），p. 112.

③ Nicholas A. Valentino and David O. Sears，“Old Times There Are Not Forgotten，” *American Journal of Political Science* 49（2005）：673.

④ Jeffrey M. Stonecash，*Political Parties Matter*（Boulder，CO：Lynne Rienner，2006），Chapter 4.

⑤ Seth C. MeKee，*Republican Ascendancy*（Boulder，CO：Westview Press，2010）.

在 2004 年至 2012 年期间，黑人在民主党中平均占 24%，拉美裔、亚裔美国人和印第安人共占 13%，总数超过民主党选民的 1/3。这个变化在南方尤其深刻。到 2000 年，黑人在亚拉巴马州、佐治亚州、路易斯安那州、密西西比州和南卡罗来纳州等深南部各州构成了民主党选民的大多数（52%）。①

表 7-2　政党联盟的变化，从 1952—1960 年，到 2004—2012 年

	民主党的选民（%）		共和党的选民（%）	
	1952—1960 年	2004—2012 年	1952—1960 年	2004—2012 年
黑人	6	24	3	2
拉美裔、亚裔美国人和印第安人	1	13	0	7
南方白人	24	16	8	33
北方白人	69	49	89	59
高收入者	40	28	46	40
中等收入者	30	31	26	31
低收入者	31	33	28	22
新教徒（其他基督徒）	61	47	83	60
天主教徒	31	22	14	21
犹太教徒	6		2	
其他宗教—包括犹太教徒		4		2
无宗教信仰者	2	26	2	15
已婚者	82	49	79	68
未婚者	18	51	21	32

说明：表中各项是表示参与投票，属于第一列中某个群体的所有民主党人或共和党人的比例。

资料来源：American National Election Studies 1952－1960 数据，计算得到艾伦·阿布拉莫维茨允许摘录自 Voice of the People（New York：McGraw-Hill，2004），p. 87，and for 2004—2012，calculated by Benjamin Toll.

同时，20 世纪 50 年代，南方白人在民主党支持者中占 1/4，到 21 世纪第一个 10 年这个数字下降到仅有 16%（这都可能夸大民主党在南方的实力，因为人们的政党认同的变化往往落后于其投票行为的改变）。调查显示，在 1956 年，87%的南方白人称自己为民主党人，但在 2000 年这个比例仅有 24%。② 在 2012 年，民主党在南部沿海各州的实力增强了，部分是由于黑人人口以及从其他地区迁移到这些州的人口的不断

① Merle Black, "The Transformation of the Southern Democratic Party," *Journal of Politics* 66 (2004): 1001－1017.

② Valentino and Sears, "Old Times There Are Not Forgotten," p, 676. Earl Black and Merle Black, *Divided America* (New York: Simon & Schuster, 2007), pp. 32－39 and 74－91.

增加。但同时在南方其他地区，7 个南方州总共仅选出 5 个民主党众议员。[①] 民主党的“失”是共和党的“得”。南方白人在共和党选民中比例，已经从 20 世纪 50 年代的仅仅 8%增加到目前的 1/3。和全国性政党立场的变化一致，正是这些南方白人中的保守派最先转变成对共和党的认同。

这个变化是政党区域支持基础的更大改变的一部分。一方面，在 20 世纪 50 年代中期，如你在图 7－1 的上半部分所看到的美国国会众议院中几乎一半的民主党籍国会议员是南方人。到 2013 年，南方白人对民主党支持的下降使民主党籍众议员的地区分布变得更加平衡。另一方面，众议院中的共和党籍众议员已经从一个地区基础转

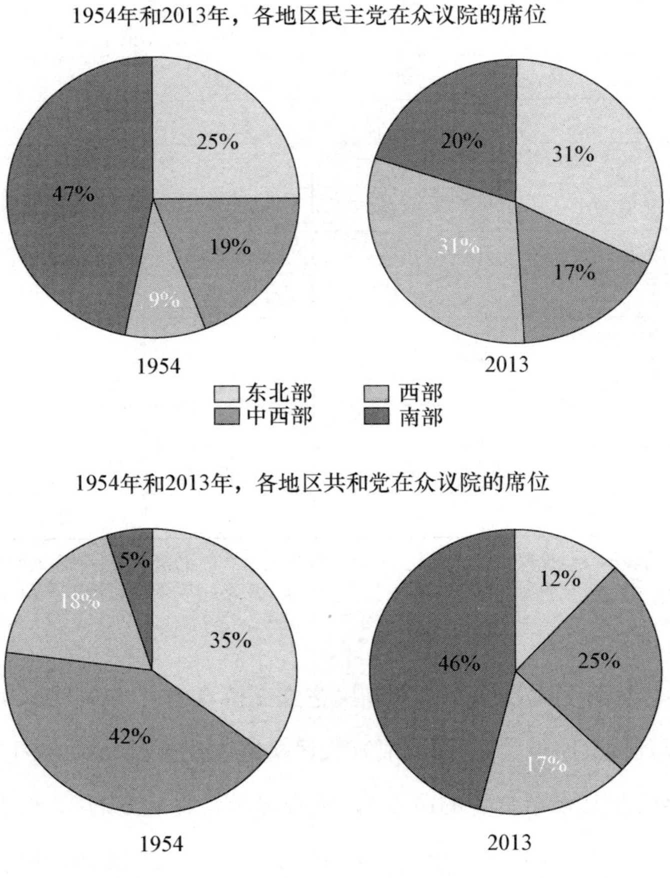

图 7－1　按照区域划分民主党和共和党在众议院席位：1954 年和 2013 年

1954 年数据来自 2009 年 4 月 20 日（*CQ Weekly*）；2013 年数据根据 2013 年 1 月 31 日 Rhodes Cook 的“The Crystal Ball”译出。

① Campbell Robertson，“Hard-Nosed Approach Wins Votes in the South，but Lacks Broder Appeal，” *New York Times*，November 12，2012，p. A17.

移到了另一个。在1954年，绝大多数共和党籍众议员来自中西部和东北部地区，相当数量的东北部共和党人是自由派和温和派。但吸引了保守的南方支持的政纲变化使共和党更难以吸引新英格兰和中西部地区的自由派和温和派人士。所以，现在东北部绝大多数是民主党的支持者；实际上，在2012年的竞选中，没有一个共和党籍众议员是从新英格兰选出的。几乎一半的众议院共和党人是南方的代表。

总之，现在的选民中的民主党在一些重要的方面与新政联盟有很大不同。虽然它仍然包括黑人和拉美裔、低收入和受教育程度较低的白人以及年轻人，但民主党已失去了一部分白人工会成员和天主教徒以及大多数南方白人的支持。另一方面，民主党已得到自由派、东北部和西海岸居民、未婚人士、同性恋者以及认为自己没有宗教信仰者的支持（见下表“2012年民主党的联盟”）。虽然共和党的联盟仍然主要是白人、已婚人士和基督徒，但其新教基础已从主流教派转变为福音教派。严格遵守教规的白人已成为共和党支持者中最大的一个群体，[①] 共和党现在也有了南方的支持基础。共和党还得到了天主教徒、男性、农村和远郊地区民众以及那些自认为是保守派的人的更多支持。

2012年民主党的联盟	
群体（占投票人口的百分比）	**报告支持总统的民主党选民的百分比**
黑人妇女（8）	96
所有非洲裔美国人（13）	93
自由主义者（25）	86
认为政府应做更多以解决问题（43）	81
男同性恋、女同性恋或双性恋（5）	76
拉美裔妇女（6）	76
堕胎在所有案例中都应该合法（29）	76
亚裔（3）	73
所有拉美裔（10）	71
生活在拥有50万或更多人口的城市中者（11）	69
犹太教徒（2）	69
从不参加宗教服务（17）	62
未婚女性（23）	67
18～29岁之间者（19）	60

① John R. Petrocik, “Party Coalitions in the American Public,” in John C. Green and Daniel J. Coffey, *The State of the Parties*, 5th ed. (Lanham. MD: Rowman & Littlefield, 2007), p. 285.

续表

群体（占投票人口的百分比）	报告支持总统的民主党选民的百分比
收入低于5万美元者（41）	60
生活在工会家庭者（18）	58
温和派（41）	56
未婚男性（18）	56
所有女性（53）	55
获得研究生学位者（18）	55

资料来源：见民调数据：www.cnn.com/election/2012/results/race/president (November 12, 2013).

从对政党历史的简单梳理中可以清晰地看出，社会经济、种族和区域划分的影响一直起起伏伏，但所有这些在不同时期对政党联盟的塑造都发挥了重要作用。在提出这些联盟的变化如何影响美国政治辩论的本质这个问题之前，让我们先更仔细地分析一下这些关系。

政党联盟的社会基础

社会经济地位划分

詹姆斯·麦迪逊带着特有的洞察力指出，经济差异是党派分化最普遍的原因。[1]社会经济地位（SES）冲突的影响贯穿于美国历史，这和在其他大多数民主国家一样。[2] 社会和经济地位的差异埋下了富人、贵族式的联邦党人与弱势的民主-共和党人之间斗争的种子。几十年后，这些差异在杰克逊式的民主党与辉格党之间甚至更加明显，在第四个和第五个政党体系时期也是如此。社会经济地位和政党倾向之间的联系在20世纪60年代和70年代之间减弱，但在20世纪80年代里根时期再次强化了。

在表7-3中你可以看到，社会经济地位仍然与人们的政党倾向有密切的关系。比如，粗略看一下A部分的第一行你会发现，2012年收入处于较低的1/3的受访者当

① James Madison, *The Federalist No. 10*, November 22, 1787.

② Jeffery M. Stonecash, "Class in American Politics," in Stonecash, ed., *New Directions in American Political Parties* (New York: Routledge, 2010), pp. 110-125.

中，24%自称是“坚定的民主人”，16%可以被称为“认同较弱的民主党人”，12%的人倾向支持民主党，但是在这一行的右边，分别只有10%、10%和11%的受访者认为自己是倾向共和党者、认同较弱的共和党人或坚定的共和党人。“民主党减共和党”一栏表明，在这些低收入人群中，民主党（坚定的和较弱的政党认同者和民主党的“倾向者”的总和）比共和党多21个百分点。

受教育水平非常有限的人们甚至比收入较低者更可能称自己为民主党人(表7-3，B部分)。这里，未完成高中教育者中，27%是坚定的民主党人，14%是认同较弱的民主党人，10%是倾向支持民主党者。在这个表的共和党一边，在未完成高中教育者当中，仅有8%是共和党的倾向者，7%是认同较弱的共和党人，10%的是坚定的共和党人，民主党整体的优势（“民主党减共和党”）是26个百分点。

在过去20年中，随着收入不平等的加剧，低收入选民已变成民主党更加坚定的支持者。① 几个因素有助于维系社会经济地位较低的人群与对民主党的认同之间的关系，包括两党在低收入人群特别关注的议题（诸如政府担保的医疗保健和社会服务）上立场的差异以及绝大多数收入较低的黑人对民主党非常高的认同。② 在2008年和2012年，巴拉克·奥巴马在低收入和中低收入（收入为50 000美元）选民中比最近其他民主党总统候选人都赢得了更大的比例。

表7-3也揭示出，当前社会经济地位更高者与政党之间的关系在一些有趣的方面不同于新政联盟的关系。随着更大部分来自更广泛的不同背景的美国人进入大学，有大学学历的选民已变得不太支持共和党。在2012年民调显示，受过大学教育的选民中，略微多数支持了奥巴马，更大多数拥有高级学位者也支持了奥巴马。所以，虽然更高的收入与对共和党的认同之间有直接和积极的关系，但教育水平与之却是一种曲线关系。民主党的力量在受教育程度最低以及受过研究生教育者当中是最强大的。实际上，高收入者已不再像过去那样特别倾向共和党——可能是因为这个群体现在包含着更大部分的专业人士，比如教师和医疗保健专业人员，他们中很多人关注诸如环境和妇女权利等生活质量议题。虽然社会经济地位能够非常好地预测个人在经

---

① Jeffery M. Stonecash, *Class and Party in American Politics* (Boulder, CO: Westview Press, 2000), pp. 13 and 139, and Chapter 4.

② Paul R. Abramson, John H. Aldrich, and David W. Rohde, *Change and Continuity in the 2008 and 2010 Elections* (Washington, DC: CQ Press, 2011), pp. 203-204.

济政策上的立场，但在人们对于诸如堕胎这样的“价值观”议题的态度上就不是这样了。① 许多专业人士对民主党的认同从民主党候选人得到的教师工会和出庭辩护律师的支持中可见一斑。②

表 7－3　社会特征与政党认同（2012 年）

	坚定的民主党人	认同较弱的民主党人	倾向于民主党者	独立人士	倾向于共和党者	认同较弱的共和党人	坚定的共和党人	民主党减共和党**	案例
A. 收入									
收入较低的三分之一	24%	16	12	17	10	10	11	21	1 944
中间三分之一	18%	16	11	12	12	13	18	2	1 730
收入较高的三分之一	16%	14	12	10	15	16	17	−6	1 733
B. 教育									
无高中毕业证书者	27%	14	10	24	8	7	10	26	597
高中毕业生	19%	18	9	16	11	12	15	8	1 757
某些大学教育	19%	14	14	13	13	13	14	7	1 768
大学或受教育水平更高者	18%	14	13	10	14	15	16	0	1 721
C. 区域									
南方	21%	13	11	13	14	12	17	2	1 898
非南方	19%	16	12	15	12	13	14	8	3 997
D. 宗教									
天主教徒	21%	16	11	13	14	12	13	9	1 235
其他基督徒	17%	13	10	10	15	15	20	−10	2 277
白人*新教徒	10%	11	10	11	17	18	24	−28	1 829
黑人新教徒	57%	20	14	4	3	2	1	85	365
其他宗教	27%	22	21	8	7	8	8	47	129
无宗教信仰者	20%	17	16	18	11	9	8	25	1 723
定期做礼拜者	19%	11	7	11	15	14	22	−14	1 906
E. 种族									
黑人	53%	20	14	9	3	2	1	81	763
白人	15%	14	11	14	14	14	17	−5	4 740

---

① Cary Miller and Norman Schofield, “The Transformation of the Republican and Democratic Party Coalitions in the U. S.,” *Perspectives on Politics* 6 (2008): 433–450.

② 关于高收入阶层对共和党的看法，参见 Mark D. Brewer, *Party Images in the American Electorate* (New York: Routledge, 2009), pp. 25–26.

续表

	坚定的民主党人	认同较弱的民主党人	倾向于民主党者	独立人士	倾向于共和党者	认同较弱的共和党人	坚定的共和党人	民主党减共和党**	案例
F. 性别									
女性	23%	16	11	14	10	12	15	13	3 064
男性	16%	15	13	14	15	13	15	1	2 830

* 该调查政府问这些白人清教徒中有多少自认为基本教义派或“再生派”。

说明：总数合计约 100%（因四舍五入有些许差别）。

** “民主党减共和党”是强认同、弱认同和倾向民主党的选民的百分比减去强认同、弱认同及倾向共和党的选民的百分比计算得出的政党差异。负数表示共和党在一个群体中的优势。案例的数量加权处理后用来解释调查中对黑人和拉丁裔选民的细分采样。

资料来源：2012 American National Election Study，University of Michigan；数据来自 Inter-University Consortium for Political and Social Research.

但是收入和教育水平并不能解释全部。虽然投票行为和收入之间的关系在美国比在加拿大和澳大利亚更加密切，但在包括英国在内的其他一些民主国家，二者关系因社会经济地位的影响而表现得极化。① 从社会经济地位的观点来看，一些群体把自己置于“错误的”政党之中，比如，白人原教旨主义的新教徒在近年的选举一直投票支持共和党，尽管其平均收入比一般的共和党人更接近典型的民主党人。因为共和党人和民主党人之间社会经济地位的划分可能是模糊的，所以各政党通常不会推动明显以阶级为基础的诉求，它们试图从各种社会经济群体吸引选票。

区域划分

从历史上看，我们居住的区域已经几乎和社会经济地位一样把美国人划分开来。这个国家的不同的区域通常有不同的政治利益。在一个政党捍卫这种些不同的利益时，它有时也能团结大量可能不同意其他议题的选民。

美国政党历史上最持久的地区（更准确地说是“区域”）冲突就是民主党对南方地区的一党控制。内战之前很久，南方白人在奴隶制和适应出口市场的农业制度方面拥有共同利益。内战及随后重建的惨烈经历使南方成为了“坚固的南方诸州”，并在下一个世纪的大多数时间里把它交付给民主党。在从 1880 年到 1924 年的每一场选举中，前邦联的 11 个州几乎把它们所有的选举人团票都投给了民主党的总统候选人。

---

① Donald C. Baumer and Howard J. Gold，*Parties，Polarization，and Democracy in the U. S.*（Boulder，CO：Paradigm，2010），pp. 164-165.

虽然1928年民主党提名一位天主教总统候选人让很多南方人感到忧虑，但新政的经济计划和南方的相对贫困仍然使它在从1932年到1944年间维持着与民主党的联盟。

但如我们已看到，民权运动已成为把南方与其对民主党的忠诚分离开来的缓慢过程中的契机。即使是现在（表7-3，C部分），从其基本的政党倾向来说，普通南方人倾向于民主党者仍然比倾向于共和党稍微多一些，这很大程度上是因为南方黑人对民主党的压倒性的认同。但民主党的这种优势已不像20世纪60年代之前那样显著了，在投票行为方面，现在南方各州是共和党占据压倒性优势。

有时，政党体系还反映出过去控制着全国经济的东部与南部、西部之间的竞争。在美利坚合众国建国之初，随着民主-共和党与新的拓荒者的向西扩张，联邦党人控制的东部金融利益的基础越来越窄了。当政党的政纲开始改变它们的政策立场时，直到最近几十年东北部仍然主要是共和党人——尽管是温和的共和党人。

西部山区各州在其共同关注的诸如保护西部煤炭储备和大农场主、反对联邦环境法等议题上有时作为一个统一的集团在全国政治中发挥作用。但是随着这些州的城市和郊区日益发展，已经出现了某种转向民主党的行动。特别是科罗拉多已经经历从共和党的控制向势均力敌的政党竞争的转变。

年龄

民主党在青年成人中通常比共和党拥有更多的支持，尤其是近些年来。尽管民主党在政党认同方面的优势出现在各个年龄群，但它现在在18～24岁的年轻人中拥有最大的优势，而在50岁以上的年龄群中优势最小。政党认同中这些与年龄相关的趋势既反映出年轻人对民主党的候选人和政策有更大热情，也反映出每一个年龄群组在其中都首先作为青年成人经历政治的那个时代的特殊环境。对于现在处于50岁左右的人来说，这大致处于罗纳德·里根任总统的时期，当时人们对共和党的认同正不断上升。①

---

① Frank Newport, "Democrats Do Best Among Generation Y and Baby Boomers," Gallup Poll, May 8, 2009, www.gallup.com/poll/118285/Democrats-Best-Among-Generation-Baby-Boomers.aspx? CSTS=alert (November 12, 2013).

种族

对政党认同最显著的影响——也是最具戏剧性的改变——包括种族因素。共和党的成立就是为了反对奴隶制。在几乎一个世纪的时间里，它在美国黑人和白人的心目中一直与种族平等联系在一起。但是当新政的社会福利计划开始帮助黑人及其他弱势群体摆脱贫困时，各政党的形象开始改变了。正如之前指出的，特别是从 20 世纪 60 年代民主党通过民权法案起，美国黑人日益转向民主党。1964 年以来，不论其收入、居住地或其他的特征，绝大多数黑人都已认同民主党。看一下表 7－3 的 E 部分中的显著差别：在黑人当中的民主党人数比共和党多达 81 个百分点。相反，在几乎 50 年的时间里，没有一位民主党的总统候选人赢得过大多数白人的选票。有趣的是，尽管黑人在诸如同性婚姻和堕胎等问题上往往比其他民主党人更保守，但这是事实。[①] 公民权利对美国黑人的极端重要性比其他这些议题的影响都更为重要。实际上，政党认同方面的种族和民族差异很大程度上解释了妇女和年轻人支持民主党的倾向。[②]

宗教和宗教虔诚

和在很多其他民主国家一样，美国的政党联盟之间经常存在着宗教差异。宗教和政党忠诚之间的关系可以部分追溯到宗教团体之间社会经济地位的差别，但也可以追溯到宗教信念和群体认同。在新政初期，天主教徒和犹太教徒是民主党最忠诚的支持者，尽管近年来天主教徒对民主党的支持下降了（表 7－3，D 部分）。

目前，最值得注意的这种关系当属白人福音派新教徒和大老党之间的紧密关系。虽然在最近的 20 世纪 80 年代末期白人福音教派教徒在两党之间平均分配了，但从那时起他们已成为共和党支持基础的一个重要组成部分。例如在 2012 年，78％的白人

---

① Frank Newport，"Blacks as Conservative as Republicans on Some Moral Issues，" Gallup Poll，December 3，2008，at www. gallup. com/poll/112807/Blacks-Conservative-Republicans-Some-Moral-Issue. aspx（November 12，2013).

② David C. Wilson，"The Elephant in the Exit Poll Results，" *Huffington Post*，November 8，2012，at www. huffingtonpost，com/david-c-wilson/the-elephant-in-the-exit_b_2094354. html（November 12，2013).

福音教派教徒，占选民人数的 1/4，在 CNN 的民调中说投票支持了共和党的候选人。这种联系如此强大，以至于大多数美国人认为福音派基督徒很大程度上是共和党的选民。[①] 更一般地说，超过一半的共和党认同者可以被归为“高度虔诚者”，他们说他们每周或几乎每周都参加宗教服务，宗教在他们的日常生活中相当重要。在民主党人中，这个比例只有 19%。[②] 这些变化反映出（也鼓励了）共和党自 1980 年以来转向反对堕胎和同性婚姻的立场和很多共和党领导人对传统价值观和社会保守主义的强调。[③] 相反，民主党变得越来越世俗化。

族裔（Ethnicity）

每 6 个美国居民中就有一个是西班牙裔或拉美裔美国人。尽管 2012 年拉美裔美国人的投票在全国范围内只占 10%，但其人口正在迅速增加；仅仅从 2008 年起，它在几个“摇摆州”就增加了 15～20 个百分点。拉美裔美国人已超过非西班牙裔黑人，成为美国最大的少数族裔群体。由于这个原因，两大党正在努力吸引拉美裔选民的支持。

大多数拉美裔选民是民主党人，但他们多样化的种族来源造成了比黑人更加多样的投票模式。20 世纪 50 年代菲德尔·卡斯特罗掌权之后定居在迈阿密的富有的古巴流亡者往往非常保守，坚定地反对共产主义，且倾向于支持共和党，而加利福尼亚更多的墨西哥裔美国人则倾向于民主党。在 2004 年，就像共和党在西班牙语媒体上投放的广告取得了成功一样，布什总统给予非法入境的（主要从墨西哥和中美洲）工人临时合法地位的提议在拉美裔人口中也取得了一些成功。但在之后的选举中，经济下滑和许多保守派共和党人采取的反对非法移民的强硬立场破坏了共和党的这些收益。在 2012 年，共和党仅赢得了 27%的拉美裔美国人的选票。

---

① David E. Campbell, John C. Green, and Geoffrey C. Layman, “The Party Faithful,” *American Journal of Political Science* 55 (2011): 42-58.

② Pew Forum on Religion & Public Life, “Religious Groups and Political Party Identification,” September 2012, http://features.pewforum.org/2012-political-party-identification-trends-more-republicans-gop/index.php (accessed November 12, 2013).

③ 关于美国竞选运动中的宗教，参见：Christopher Weber and Matthew Thornton, “Courting Christians,” *Journal of Politics* 74 (2012): 400-413.

性别

30 多年来，女性比男性在更大程度上支持了民主党（见表 7－3，F 部分）。2012 年尤其如此，当时白人男性对奥巴马的支持比 2008 年下降了。女性对奥巴马的支持在 2012 年比对罗姆尼的支持高出了 11 个百分点，而罗姆尼在男性中高出了 7 个百分点。[①] 性别差异也扩展到国会议员；在 2013 年，10 位共和党籍众议员中有 9 位是白人男性，而白人男性在美国历史上首次成为民主党籍众议员中的少数。

性别为何与政党认同相关呢？男人和女人对一些重要议题的态度是不同的。一般来说，女人比男人更支持社会计划而不太支持国防开支。这些差异与两党的议题日程是一致的；民主党强调医疗保健、教育及其他社会项目，而共和党把减税和提升军事实力放在第一要务。在过去 30 年中，特别是人们对性别平等和堕胎的态度与他们的政党认同已更紧密地关联起来了，而且当这些和其他“妇女议题”得到候选人强调时，性别差异就更可能显现出来。[②] 全国政党也会突出某些可能会影响男人和女人的政党认同的生活方式的差异。例如，在 2012 年首次当选的美国众议院和参议院议员当中，所有 37 位已婚共和党籍议员中除 2 人外在列出其配偶姓名时显示出他们共同的姓氏，但 45 位民主党籍议员中有 23 位的配偶使用不同的或带连字符的姓氏。[③]

尽管在很多西方民主国家女性的政治偏好已经向左转，[④] 美国政治中的性别差异的发展却并不相同。在 20 世纪 80 年代和 90 年代期间，无论男性还是女性都变得更加支持共和党，只是男性变化速度更快，程度也更大。[⑤] 2000 年之后，女性比男性更快地回归到民主党一边。黑人女性和单身女性已成为特别与众不同的民主党选民。根

---

① 调查结果可参见 www.cnn.com/election/2012/results/race/president（November 12，2013）。

② Kira Sanbonmatsu，*Democrats，Republicans，and the Politics of Women's Place*（Ann Arbor：University of Michigan Press，2002），Chapter 3；Christina Wolbrecht，*The Politics of Women's Rights*（Princeton：Princeton University Press，2000）；Brian Schaffner，“Priming Gender，” *American Journal of Political Science* 49（2005）：803－817.

③ 根据 *CQ Weekly* 关于众议院和参议院新人的人物简介得出，2012 年 11 月 12 日，第 2251—2283 页及其更新内容。

④ Torben Iversen and Frances Rosenbluth，“The Political Economy of Gender，” *American Journal of Political Science* 50（2006）：1－19.

⑤ Janet M. Box-Steffensmeier，Suzanna De Boef，and Tse-Min Lin，“The Dynamics of the Partisan Gender Gap，” *American Political Science Review* 98（2004）：515－528；Karen M. Kaufman and John R. Petrocik，“The Changing Politics of American Men，” *American Journal of Political Science* 43（1999）：864－887.

据2012年CNN的民调，67%的单身女性（几乎每4位选民中就有1位）支持奥巴马，而已婚女性中支持奥巴马者只有46%。[①] 单身女性特别是单身母亲在经济上普遍比已婚女性更没有保障，所以更可能把政府的社会计划视为一种支持。[②]

议题在群体-政党关系中的核心作用

对性别差异的这一讨论表明，社会群体和政党的联盟与政党关于各种议题的立场之间存在着紧密的关系。一个群体在一个政党联盟中的存在说明，这个群体中的很多成员——比如白人福音派基督徒——对主要议题和候选人有一些共同的反应，这已把他们吸引到一个政党而不是另一个。为维持他们的支持，政党可能会表达对该群体的关注的支持，使用它的语言，并让该群体的一些领导人在其全国代表大会和竞选活动中发挥重要作用。

社会群体和政党的立场之间的这种关系可能会随着时间演进而改变。一个政党为获得新的支持资源可能会调整其在一些议题上的立场，或者一个群体可能会认识到另一个政党对其关注正变得更加敏感。[③] 例如，考虑这样一个事实，堕胎议题和政党认同之间在最近的1988年还没有任何关系，民主党和共和党在这一议题上都是分裂的。[④] 但到那个时候，提倡堕胎合法化的积极分子在民主党成员中获得了力量，并使民主党坚持了让许多保守派民主党人，包括白人福音派基督徒和南方人感到被其全国性政党疏远的政策立场。这些保守派中的一些人，他们中很多人是反对堕胎的，看到了其声音在共和党内被倾听的机会，也作为共和党新的支持者而受到欢迎。在成为共和党初选选民中更大的一部分时，他们就推动其新政党的候选人采取更强有力的反对堕胎的立场。久而久之，共和党领导人和积极分子对共和党的这些新的狂热的支持者

---

① 参见：www.cnn.com/election/2012/results/race/president（November 12，2013）.

② 关于婚姻，亲子关系和政治态度，参见：Laurel Elder，Steven Greene，*The Politics of Parenthood*（Albany，NY：SUNY Press，2012）.

③ Mark D. Brewer and Jeffrey M. Stonecash，*Dynamics of American Political Parties*（Cambridge：Cambridge University Press，2009），Chapter 11.

④ Greg D. Adams，"Abortion：Evidence of an Issue Evolution，" *American Journal of Political Science* 41（1997）：718-737.

做出回应，把反对堕胎和同性婚姻的立场纳入他们的政纲，并把以信仰为基础的倡议纳入其话语之中。

结果，堕胎议题现在成了一个具有党派性的议题。如表 7－4 所示（见 A 部分），在认为堕胎应该是妇女自己的选择的那些人当中，现在有超过 60%的认为自己是民主党人（坚定的民主党人、认同较弱的民主党人再加上民主党的"倾向者"）。在该表的右侧，在"民主党减共和党"一栏中你可以看到，在赞成堕胎权利的那些人当中，民主党的数量大大超过了共和党。在认为堕胎应当是非法的人们当中，共和党比民主党多 34%。这个议题表明了各政党的议题立场与它们的联盟基础之间关系的清晰的发展脉络。在其他议题上，比如对工会的态度，两党的立场和联盟在几十年间一直非常稳定。

表 7－4　议题态度和政党认同（2012 年）

	坚定的民主党人	认同较弱的民主党人	倾向于民主党者	独立人士	倾向于共和党者	认同较弱的共和党人	坚定的共和党人	民主党减共和党**	案例
A. 堕胎									
自己选择	27%	19	17	12	9	10	7	37	2 599
二者之间	15%	14	10	15	11	15	20	−7	2 429
非法	14%	8	3	17	16	16	27	−34	715
B. 政府在服务上的开支									
更多	37%	20	17	11	4	6	5	59	1 604
不变	21%	19	16	17	8	12	8	28	1 387
更少	5%	8	6	11	23	19	29	−52	2 230
C. 政府在提供就业和好的生活标准方面的作用									
政府帮助	32%	20	15	15	6	7	6	48	1 670
二者之间	24%	17	16	18	8	10	9	30	1 274
自助	9%	10	8	12	19	18	25	−35	2 510
D. 政府在改善黑人地位方面的作用									
政府帮助	43%	20	14	11	5	5	3	64	875
二者之间	26%	17	15	15	9	10	9	30	1 237
自助	10%	12	9	14	17	17	23	−14	3 026
E. 政府的国防开支									
减少	27%	18	18	14	10	8	5	−24	1 644
不变	19%	15	10	14	13	14	15	2	2 244
增加	14%	12	8	12	14	15	25	−20	1 541

续表

	坚定的民主党人	认同较弱的民主党人	倾向于民主党者	独立人士	倾向于共和党者	认同较弱的共和党人	坚定的共和党人	民主党减共和党**	案例
F. 意识形态化的自我认同									
自由	44%	24	19	6	3	3	2	79	1 400
温和	16%	18	15	26	10	11	5	23	1 857
保守	7%	6	4	7	20	21	35	−59	2 133

说明：总数合计约 100%（因四舍五入而有些许差异）。

** “民主党减共和党”是强认同、弱认同和倾向民主党的选民的百分比减去强认同、弱认同及倾向共和党的选民的百分比计算得出的政党差异。负数表示共和党在一个群体中的优势。案例的数量加权处理后用来解释调查中对黑人和拉丁裔选民的细分采样。

资料来源：2012 American National Election Study，Univeristy of Michigan；数据来自 Inter-University Consortium for Politcal and Social Research.

两党的联盟在各议题上更清晰的差别

如你在表 7－4 中可以看到的，选民中的两党对主要议题的态度明显不同。政党在议题态度方面的差异与政党的联盟中关键群体的议题偏好有密切关系。比如，民主党比共和党（B 和 C 部分）更赞同福利国家计划：维持政府在公共服务方面的开支和政府在为失业人员提供就业岗位方面的作用。黑人、低收入人群、仅受过高中教育者、蓝领工人或从事非技术性工作者——都是民主党联盟中的重要群体——特别可能支持政府提供这些服务。这些服务和就业岗位的接受者往往是社会经济地位较低的人群，其民主党倾向在表 7－3 中可以看出。

按照政党划分，人们在诸如公民权利和国防开支等议题上的差异也非常大（见表 7－4，D 和 E 部分）。自 20 世纪 60 年代以来，在种族政策问题上，民主党一直比共和党更倾向于支持政府在帮助少数族裔方面的作用。这里可以回顾一下表 7－2 中黑人的强烈倾向，他们比白人更可能支持政府在取消学校里的隔离和促进工作中公平待遇的做法，也更认同民主党。在自称为自由派和自认为保守派的人们之间也存在引人注目的政党差异（表 7－4，F 部分）。正如一位民意调查者所说，“我们有两股巨大的、冲突的力量……一个（共和党的联盟）是农村地区的、基督教的、宗教上保守的、家里有枪的。……我们有第二个美国（民主党的联盟），它是社会宽容的、支持堕胎的、世俗的、居住在新英格兰和太平洋海岸的以及在富裕的郊区的”。[①] 政党的分裂已被准确地叫作“文化战争”。[②]

总之，在一个政党采取的立场与构成该政党的核心支持的群体之间存在着一种紧密但不断发展的关系。政党在各种议题上采取立场，目的是维持其现有的联盟中的群体的支持。有时，政党领导人会用各种议题立场把其他社会团体的成员吸引到其政党中来，就像共和党在 20 世纪 60 年代以来吸引南方白人一样。有时，是各群体试图把其关注置于政党的议程上，就像我们在堕胎议题上看到的。随着这些新群体成为政党联盟中的一种更大的力量，政党的领导人将会对它们的议题给予额外的承诺，巩固它们的支持。近年来，这一过程已导致两党的联盟之间在各种议题上的分歧不断加深。结果是，即使大多数选民没有在意识形态上变得更加极端，政党辩论已变得更明显是按照政党划分，因为选民已把自己归为与他们对各种议题的看法更接近的政党。[③]

从民主党的多数到势均力敌的竞争

自新政以来，政党体系还以其他重要方式也发生了变化。政党组织现在不再期望指定候选人、组织它们的竞选或是提供赞助性工作岗位了。更准确地说，政党组织主要是帮助筹集资金和支持由候选人及其付薪的顾问们组织的竞选活动。政党认同与选举结果之间的关系也已经变化了。直到 1952 年，新政政党体系的选举通常是**维持性选举**（maintaining elections），在这种选举中多数党的总统候选人——拥有最多认同者的政党——一般会赢得选举。1952 年以来，大多数全国性的选举是**偏离性选举**（deviating elections）——诸如候选人特质或议题等短期因素足够强大导致多数党的候选人失败的选举。种族议题在这种变化中发挥了重要作用。

另一个重要变化是民主党在政党认同方面的主导优势逐渐消逝。在 20 世纪 50 年代和 60 年代初期，更多美国人称自己是民主党人而非共和党人或独立人士。1964 年

① 引自：Thomas B. Edsall，“Political Party Is No Longer Dictated by Class Status，” *Washington Post*，November 9，2000，p. A37.

② Geoffrey C. Layman，*The Great Divide* (New York：Columbia University Press，2001).

③ Matthew Levendusky，*The Partisan Sort* (Chicago：University of Chicago Press，2009).

之后，民主党的优势开始受到侵蚀，但共和党并不能立即利用民主党的损失。“纯粹独立人士”的认同者比例增加了，而且不断出现独立候选人和第三党派候选人。[①] 政党认同的这些变化，与**解散联盟**（dealignment）或政党忠诚的下降相似，引起了很多学者关注。

然而，如我们所见，正当两党在全国都在失去追随者时，即将到来的改变的迹象在南方已非常明显。在 20 世纪 60 年代末期，南方各州开始加速转向对共和党的认同，共和党候选人收获了胜利果实。在 1960 年，在南方的几乎 2/3 的美国众议院选区中，普选选票上没有一位共和党候选人。唯一真正的竞争是在民主党的初选中。到 1968 年，这些一党的众议员竞选的数量下降了一半。[②]

20 世纪 80 年代期间，政党变化再次加速。年轻选民更可能称自己是共和党人而不是民主党人，是 50 年来第一次。[③] 两大原因是里根总统的声望和福音派基督教团体增加了推动加入共和党的努力。1980 年共和党在美国参议院获得持续 6 年的多数党地位。然后在 1994 年，大老党在 40 年中首次赢得了对国会两院的控制。在南方，现在共和党在州范围的选举中与民主党正进行着有效的竞争。在 1994 年，自战后重建以来共和党首次在该地区的国会议员和州长中占据多数，而且共和党的国会领导权现在也向南方人倾斜了。

我们如何描述这些变化：重组、解散联盟还是其他？

许多研究者认为，这些改变更应该被称为**政党重组**——政党的群体支持模式的重要和持久的变化，通常（但不总是）会产生一个新的多数党。我们当然已经看到了政党的群体支持方面的巨大变化；共和党的联盟已变得更侧重南方，更倾向于福音教派以及更保守，而过去曾经吸引大量南方白人支持的民主党现在在更大程度上依赖黑

---

① Martin P. Wattenberg，*The Decline of American Political Parties* 1952－96（Cambridge，MA：Harvard University Press，1998）.

② Donald Green，Bradley Palmquist，and Eric Schickler，*Partisan Hearts and Minds*（New Haven：Yale University Press，2002），pp. 141 and 158.

③ Helmut Norpoth，“Under Way and Here to Stay：Party Realignment in the 1980s?” *Public Opinion Quarterly* 51（1987）：376－391；Warren E. Miller，“Party Identification，Realignment，and Party Voting，” *American Political Science Review* 85（1991）：557－570.

人、自由主义者和世俗主义者的选票。

联盟的这些变化已经影响了政党的政策立场。从黑人中吸引其大量少数族裔追随者的民主党可能会采取不同于主要依赖南方保守派白人的民主党的立场。南方白人已经为共和党不但在公民权利，而且在医疗保健、堕胎、妇女权利、对大城市的援助以及对私立学校的支持等社会议题上采取更加保守的立场提供了至关重要的群众基础。第 15 章展示了这些议题在两党政纲中的变化。与几十年前相比，随着黑人、南方白人和福音派基督徒的政策偏好与他们的政党认同变得更加一致，每个政党内部都变得更加同质化了；民主党的认同者在 2014 年比 20 世纪 70 年代选民中的民主党更加一贯地坚持自由主义立场，而共和党的认同者则更加同质地坚持保守立场。

作为对政党重组观点的更多支持，共和党在国会选举中的收获，及大老党在曾经由民主党一控制的南方的增长，经常被引作民主党不再是真正的多数党的证据。① 乔治·W. 布什政府试图通过吸引更多拉美裔美国人、天主教徒以及黑人的选票并与福音派牧师一起努力提升保守派基督徒的投票率，来形成共和党的多数。② 这可能是一场艰苦的战斗，因为共和党联盟的支柱——特别是已婚白人基督徒——在总人口中的比例中正在下降。③

重组概念存在的问题

其他学者不愿使用“重新”（R）这个词（重组）来描述这些变化既有实际的原因，也有理论的原因。从实际上说，尽管共和党的力量增强了，但民主党在政党认同者当中仍占据优势。从理论上说，重组的概念很难准确地运用。政党联盟必须发生多大变化才能称之为重组呢？正如政治学家戴维·梅休（David Mayhew）所指出

① Earl Black and Merle Black, *The Rise of Southern Republicans* (Cambridge, MA: Harvard University Press, 2002); Michael F. Meffert, Helmut Norpoth, and Anirudh V. S. Ruhil, “Realignment and Macropartisanship,” *American Political Science Review* 95 (2001): 953-962; Paul Frymer, “The 1994 Electoral Aftershock,” in Philip A. Klinkner, ed., *Midterm* (Boulder, CO: Westview Press, 1996), pp. 99-113.

② Allan Cooperman and Thomas B. Edsall, “Evangelicals Say They Led Charge for the COP,” *Washington Post*, November 8, 2004, p. A1.

③ Alan I. Abramowitz, “The Incredible Shrinking Republican Base,” *Sabato's Crystal Ball* 6 (May 1, 2009).

的，不存在把选举归入重组时期和与之截然相反的非重组时期的明确标准。① 很多学者更愿意使用“议题演变”的概念讨论随着时间变化议题影响政党认同的各种方式。②

尽管南方白人和黑人政党认同的变化是极其显著的，但各政党在多个方面依然保留着其新政时期的特征。民主党仍然是弱势群体和少数种族和宗教团体的政党，尽管少数族裔已经发生了变化。随着天主教徒进入经济和政治生活的主流，他们在两党之间进行了更加平均的划分，但民主党仍然代表着低收入者、黑人、拉美裔美国人、同性恋者以及无宗教信仰的人中的大多数。即使黑人和南方白人的转变强大到足以推动美国进入一个新的政党体系，那么这个体系又是从何时开始的呢？是在南方黑人重获投票权、民权运动动摇南方的 20 世纪 60 年代吗？是在南方政党认同变化加速、罗纳德·里根吸引许多新选民加入共和党的 20 世纪 80 年代吗？是在国会最终处于共和党控制之下的 20 世纪 90 年代初期吗？或者是在包含所有这些处于不断发展（所谓长期的）变化过程之中的时期？

关于重组的概念是否是理解政党体系变化的一个有用工具，争论还将继续。或许，更有用的方法是，承认存在许多不同类型的政党变化，并承认在过去 50 年中我们至少在某种程度上已经看到所有这些变化。政党组织变化的证据，如第 3 章和第 4 章中所提供的，是令人信服的。新政政党体系中民主党的支配地位让位于更加平衡的全国性政党的力量也是毋庸置疑的。无论我们是否称之为重组，两党的联盟发生的变化已经足以导致竞选活动和国会辩论的明显改变。当民主党支持同性婚姻、共和党在堕胎问题上同意教皇的看法时，我们知道全国性政治中包含比 20 世纪 30 年代和 40 年代仅有的经济冲突更为广泛的议程。

在 21 世纪第二个 10 年开始时，美国选民是由两个人数基本相当的政党支持者群体组成的。民主党的群体包括自由主义者、低收入人群和少数族裔。尽管这个群体在最近几十年里有所减少，但也存在增长的潜力。共和党的群体中处于主导地位的是保守派人士、南方人和常去教堂的教徒。还有第三个可以真正被称为“脱盟者”

---

① David R. Mayhew, *Electoral Realignments* (New Haven: Yale University Press, 2002); Carmines and Stimson, *Issue Evolution*; Byron E. Shafer, ed., *The End of Realignment?* (Madison: University of Wisconsin Press, 1991); and Samuel Merrill Ⅲ, Bernard Crofman, and Thomas L. Brunell, "Cycles in American National Electoral Politics, 1854-2006," *American Political Science Review* 102 (2008): 1-17.

② Carmines and Stimson, *Issue Evolution*.

（dealigned）的群体，因为它认为没有持久的政党忠诚，而且通常是置身于政治活动之外。[①] 由于两大党都具有已被证明的能够从失败中重新振作的能力，它还是能够造成变化无常的选举结果的选民。因此，美国政治的发展轨迹也就存在迅速变化的可能。

---

① Paul Allen Beck，"A Tale of Two Electorates，" in John C. Green and Rick Farmer，eds.，*The State of the Parties*，4th ed.（Lanham，MD：Rowman & Littlefield，2003），pp. 38–53.

第8章

政党和投票率

选举除了由投票者决定外，还由不参加投票者决定。年轻人、黑人和拉美裔美国人异乎寻常的高投票率帮助奥巴马在2008年和2012年取得胜利。当2010年这些群体的人大量待在家里未参加投票时，奥巴马的政党的多数候选人都失败了。所以，民主党和共和党不但试图影响选民的偏好，还试图动员那些支持其候选人的人，如果可能的话，阻止他们的对手出来投票。

各政党试图从三个方面塑造投票率。首先，每个政党随着时间的推移都已努力为可能的支持者争取投票的权利。早期的杰斐逊派以及之后的民主党为把投票权扩大到包括农场主和其他无财产者在内的、将会很自然地支持它们的候选人和立场而不是联邦党人或辉格党人的看法的群体进行了斗争。

其次，一旦其支持者拥有了投票权，政党就会推动对它们来说使投票更加容易和更易接近（而对其对手来说不易接近）的政策。规定着投票容易程度的法律可能看起来没有政党倾向，但它们在实际上经常产生具有政党倾向的效果。比如，要求可能的选民出示有照片的身份证明的州法会引起争议，因为它们给某些人增加的负担可能会比其他人大。驾驶员的驾照是带照片的身份证明的最常见的形式，但买不起车或者因为身体残疾不能开车的人——这个群体更可能支持民主党的候选人——将需要花更大力气得到符合要求的带照片的身份证明。同样地，地方政府在社区一些地方而不是另一些地方设立提前投票中心，也会影响到不同类型的人们投票的便利程度。

最后，政党组织及其候选人在特定的选举中可能会努力促使其更多的支持者参加投票。这种选民动员已经成为竞争激烈的选举中的核心关注。比如，2010年和2012

年之间黑人和拉美裔美国人投票率的变化，部分是因为共和党和民主党在动员选民投票的效率方面的差异。

在探讨政党所做的这些努力时，我们需要思考它们对美国民主的影响。投票率在美国是相对较低的。在竞争激烈的 2012 年总统大选中，参加投票者只占有投票资格的选民的 58%，远低于大多数其他工业化民主国家的投票率。我们需要问一下为什么在美国选举中投票率相对较低，以及政党对这些低投票率负有什么责任。

选举：规则影响结果

政治中的规则，和其他任何领域的规则一样，绝不是中立的。选举过程中的每一个规则——比如谁有资格投票或何时选举必须进行——对不同的政党和候选人都会产生不同的影响。① 例如，如果投票所在下午 6 点钟停止投票（就印第安纳州和肯塔基州所做的那样），这就使办公室工作人员和工厂工人很难准时赶到投票站，那么民主党就可能会失去不成比例的选票。如果一个州允许以邮寄方式使投票变得很容易，那么任何一个组织充分、能够向其支持者分发邮寄选票的地方政党都会受益。

因为选举规则会产生具有政党倾向的影响，所以会有关于是否通过这些规则的政党辩论。不同于几乎所有其他民主国家，美国没有一个全国性的合格选民的名单。选民名单是由县和镇及其有政党倾向的民选官员维护的。在美国历史的很多时候，辩论倾向于把投票权扩展到更多的美国人。2000 年以来，在全国性选举非常接近之时，各州已经通过立法限制这种扩张的种种办法。

投票权的扩展

美国是民主国家中第一个赋予白人男性公民投票权的国家。19 世纪初期，在杰斐逊派（期望从这一变化中获益者）的推动下，各州逐步取消了在财产、收入、纳税资

① Pippa Norris，*Electoral Engineering*（Cambridge：Cambridge University Press，2004）.

格等方面对投票的限制，这些条件曾非常严格地限制了男子的投票权。① 到1860年，没有一个州再要求拥有财产，只有四个州要求把大量纳税额作为获得投票权的条件。

直到很久以后，妇女才在所有州都获得投票权。禁止各州基于性别而不给予投票权的第十九修正案，经过长达10年的斗争之后，直到1920年才最终获批准。最近一次的变化，是1971年各州批准了把所有选举的法定投票年龄降低到18岁的宪法修正案。

美国黑人投票权的历史更为复杂——既是人权的故事，也是政党认同的故事。新英格兰地区的一些州在内战之前已把投票权赋予黑人。内战之后在共和党政府支持下通过的第十五修正案规定，所有各州不得因种族原因取消投票权（支持奴隶解放的共和党得到大多数黑人的支持）。但是联邦政府很快将注意力转移到其他事务上去了。如我们将看到的，民主党控制的南方各州迅速把黑人排除在选举之外。到20世纪初，南方黑人的投票率已下降到微不足道的水平。南方大多数州一直维持着这样的状态，直到20世纪60年代，国会中的多数党民主党才改变了其在公民权利问题上的立场，联邦政府行政当局开始在这些州强制实施第十五修正案和关于投票权的新法律。

影响投票权之使用的规则

19世纪末和20世纪初的进步主义运动推动了选举规则的一些改变。进步主义者宣称，这些改变目的是使美国政治更加民主，但这些规则同时也是为了削弱当时的政党“机器”。

无记名投票

美国的选举并不总是采用无记名投票方式。19世纪初期，在很多地区，选民们只是告诉选举官员他们更喜欢哪些候选人。这种“口头投票”逐渐被政党或候选人印制

① “选举权”（suffrage）一词的意思是选举的权利。参见：Alexander Keyssar，*The Right to Vote*（Boulder，CO：Basic Books，2009）.

的选票取代。选民带着某一特定政党的选票去投票站，然后把它放入投票箱。不同政党的选票在颜色和外观上都有差异，所以观察员能分辨出每个人是如何投票的。这正是政党机器想要的；如果政党领导人们已经为换取一张选票而给某个人一些好处，他们希望确认自己花钱是值得的。

为打击买票行为和削弱政党机器，进步主义者推动采用新的投票制度，这种投票制度在 19 世纪 90 年代开始普遍使用。这些"无记名"的选票由政府印制，然后由选民私下里做出标记。因为选票是由政府管理并支付费用，这项改革也要求政府参与选举管理，这就为政府规范政党打开了大门。它也使得选民更容易进行分裂投票——在同一张选票上为不止一个政党的候选人投票。①

然而，进步主义者未能成功废除**冗长选票**（long ballot），在这种选票中每个州的选民都被要求选出大量的州和地方官员，而在其他民主国家这些官员都是被任命的。为了给 60 个或 70 个州和地方的每一个职位投出一张有意义的选票，公民将需要花费大量的时间收集信息，这是对大多数公民都没有吸引力的工作，从而拉低了投票率。确实参加投票者可能会为一些职位投票，但不为其他职位投票。与处于选票最上面的职位相比，这种"逐步降低"（roll-off）会使为低级职位和公民复决进行的投票减少 20%或 30%。② 冗长选票造成的选民疲劳促使人们采用各种便捷方式做出选择。政党认同是最常见的便捷方式——这无疑是进步主义者厌恶的后果。

公民身份

在 1894 年之前，至少有 12 个州允许非本国公民参加投票，③ 尽管有些州要求本人已经申请到美国公民身份。从 20 世纪 20 年代起，所有州都要求选民必须是美国公民。这是投票最大的法律障碍；数百万成年人中的大多数在加利福尼亚州、佛罗里达州、得克萨斯州和伊利诺伊州工作甚至可能纳税但却不能投票，直到他们被"归化"

---

① 地方层面的选票分裂的产生确实早于匿名选票，参见：Alan Ware，*The Democratic Party Heads North，1877－1962*（Cambridge：Cambridge University Press，2006），p. 21.

② Stephen M. Nichols and Gregory A. Strizek，"Electronic Voting Machines and Ballot Roll-off，" *American Politics Quarterly* 23（1995）：300－318.

③ Paul Kleppner，*Continuity and Change in Electoral Politics，1893－1928*（Westport，CT：Greenwood，1987），pp. 165－166.

为公民，这个过程需要多年才能完成。考虑到他们的平均收入水平和族裔，这些无公民身份的居民可能更倾向于把票投给民主党而不是共和党。

居住时间

在美国历史的大多数时间里，各州要求公民在获准投票之前必须在一个州或地区生活一段时间。南方各州对居住时间的要求最长（这就使移民来的农场工人无法投票）。1970 年，国会把各州关于总统选举的居住时间要求限定为不超过 30 天。自那时起，几乎一半的州完全放弃了居住时间要求。即便如此，很多美国人仍然频繁地搬家，新近搬家者不太可能参加投票，部分是因为他们必须花费时间并主动查明他们需要在哪里以及何时进行登记。①

登记

对投票的另一个重要障碍是登记要求——大多数州都规定，为了在一次选举中参加投票，公民必须提前进行登记。在 19 世纪的大部分时间里，选民只需要在大选日当天出现并投票。19 世纪末期的进步主义改革者为限制政党领导人进行选民舞弊，敦促各州提前进行选民登记。这提升了参加投票所需要的动力，因为它需要付出双倍的努力：第一次去登记，第二次去投票。这些登记要求对于降低那一时期高水平的投票率产生了影响。②

美国黑人获得投票权的特殊案例

投票的法律障碍对于阻止南方黑人参与投票是特别有效的。在南方，选举制度是

---

① Peverill Squire，Raymond E. Wolfinger，and David P. Glass，“Residential Mobility and Voter Turnout，” *American Political Science Review* 81（1987）：45-65.

② Walter Dean Burnham，“Theory and Voting Research，” *American Political Science Review* 68（1974）：1002-1023.

由一系列法律、歧视性的选举管理以及当这些微妙的办法都不奏效时采取的恐吓和暴力所操纵的。结果是，虽然黑人在 19 世纪 60 年代就被赋予了投票权，但在之后几乎一个世纪里，他们在前邦联地区及邻近的一些州却一直被挡在投票站之外。

争取投票权的长期斗争

重建结束之后的很多年里，南方各州和最高法院玩起了宪法上的“捉迷藏”游戏。各州会设计出一个剥夺黑人权利的办法，最高法院会裁定其违宪并废除它，然后各州又会找到其他办法。一个例子是“白人初选”。那时共和党在南方几乎不存在，所以赢得民主党初选的候选人就能确保赢得普选（general election)。面对在民主党初选中投票的黑人带来的威胁，一些州宣布政党是一种仅对白人开放的私人俱乐部，所以黑人不能参加初选投票。通过 21 年的法律诉讼和 5 个最高法院的判例，这一做法才得以终结。[①]

此外，南方大多数州还要求缴纳投票税才能投票——只有一两美元，但却经常要求在选举之前很久就缴纳，而且要求纳税者保管好收据，数周后在投票站呈现出来。在有些州，地方选举官员会利用测验来决定谁的“文化程度”足以适合投票。这些法律是故意针对贫穷和未受过教育的黑人的。

南方的立法者还设计了没完没了的拖延术和其他技术性细则来阻止黑人登记投票。观察员描述道，“分开的（登记）桌子分别给白人和‘黑鬼’（Negroes，那时对非裔美国人的习惯性称呼）使用。一队黑人在黑人的桌子前等待时，白人可能会走到他们前面，使用白人空闲的桌子，然后离开。有报告说，在亚拉巴马州安尼斯顿市，白人的桌子更大，当有白人在使用时，黑人是不能进入这间屋子的……在佛罗里达州北部的一个县，登记员……只是坐在那里，双腿伸直，堵在门口。黑人们没能进去”。[②] 不断尝试进去的那些人经常会面临经济上的报复（失去工作或家园）或者身体暴力。在这种无情的险恶环境中，在 1940 年代南方 11 个州，只有 5%的处于投票年龄的黑人完成了登记。[③]

---

① 最高法院最终在 *Smith v. Allwright*（*1944*）中终止了白人初选。

② Pat Watters and Reese Cleghorn, *Climbing Jacob's Ladder*（New York: Harcourt Brace Jovanovich, 1967), pp. 122–123.

③ V. O. Key, Jr., *Southern Politics in State and Nation*（New York: Knopf, 1949).

因为法院发现，反击这些不受法律支配的障碍是很困难的，所以改革者们就转向国会和行政部门。1965年的联邦《投票权法案》，在1982年和2006年又进行了扩展，授权美国司法部发出对阻止黑人投票的任何人的禁令。在司法部能够使联邦法院确信一选区存在歧视的“模式或实践”时，法院可以派遣联邦登记员到该选区登记选民。它还可以监督在最近的总统选举中已参加投票者不足潜在选民50%的州和县的投票过程。①

联邦对州选举的空前干预，连同民权运动动员黑人选民的努力，使黑人选民在南方地区能够大大增加。到20世纪90年代，黑人选民登记数量终于达到了接近南方白人的水平（关于当前的数据，见图8-1）。在这个过程中，这些新的黑人选民与南方白人之间的冲突从内部侵蚀了民主党，并导致两党的支持联盟的急剧变化（见第7章）。

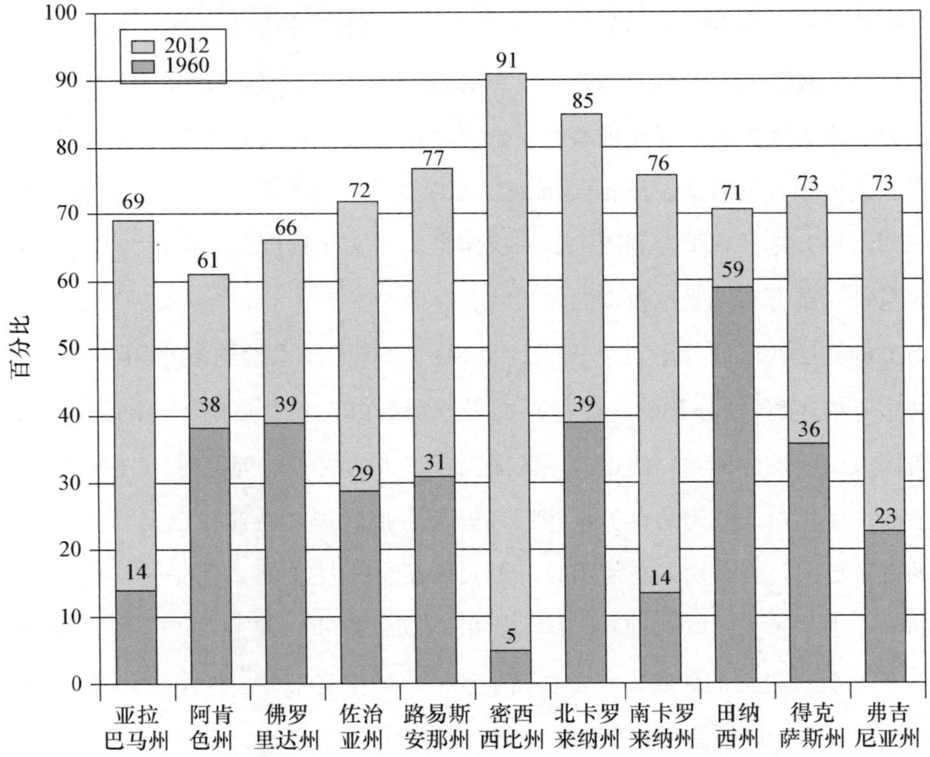

图8-1　南方黑人选民登记情况（1960年和2012年）

说明：柱形图显示了在两年中登记投票的黑人数量在投票年龄公民人口中所占的百分比。

资料来源：U.S. Census Bureau，Table 4B at www.census.gov/hhes/www/socdemo/voting/publications/p20/2012/tables.html（accessed November 15，2013).

---

① Chandler Davidson and Bernard Grofman，eds.，*Quiet Revolution in the South*（Princeton，NJ：Princeton University Press，1994).

从选举权到代表

即使在黑人获得投票权之后，一些州仍然一直试图稀释黑人选票的影响。联邦政府对这种老做法做出了回应。每 10 年，在美国人口普查之后，州立法机构必须重新划分国会和州立法机构选区，以保证这些选区在人口规模上保持平衡。这种重新划分立法机构选区的做法，由最高法院在 20 世纪 60 年代颁布命令，目的是抑制各州立法机构农村地区代表人数过多而大城市代表人数过少的问题，[①] 但这种办法经常被工于算计的政客用于获得至少是短期的政治收益。**不公正地重新划分选区**（Gerrymandering）——划分选区界线时使自己政党的优势最大化，使另一政党的劣势最大化——的做法非常普遍，通常也得到法院的许可。[②] 很多年来，就美国黑人来说，立法者划定立法机构选区界线，把黑人选民划分到多个选区中，从而削弱他们的选票优势，或者把黑人选民集中到少数几个选区，使支持民权运动的候选人以庞大但没有意义的多数在这些选区获胜。

1990 年人口调查之后，老布什政府敦促南方各州重新划分国会选区界线，以形成一些黑人和拉美裔选民占多数的选区，也被称为**少数族裔占多数的选区**（Majority-minority districts）。理由是这些选区通常会把少数族裔的立法者选进国会，从而改善少数族裔公民的代表性。这些选区很多是由黑人和拉美裔民主党人以及共和党白人组成的有趣的联盟创设的，它们确实也增加了美国黑人在国会中的席位。

但是，这种少数族裔占多数的选区的另一个影响是，更多共和党人被从南方选入国会——这正是共和党支持这一创造的一个原因。因为这些选区是通过把尽可能多的（非常支持民主党的）黑人选民集中到一个选区而形成的，这就产生了民主党的安全选区，临近选区的白人和共和党人的比例也就更高了。根据一项评估，“每创设一个黑人占压倒性优势的民主党选区，就很可能产生两个甚至更多由白人和共和党人占压倒性多数的选区”。[③] 结果是，随着民主党和共和党安全选区数量的增加，政党极化

---

① 标志性的最高法院判例是：*Baker v. Carr*（*1962*）；*Reynolds v. Sims*（*1964*）；*Wesberry v. Sanders*（*1964*）。

② 在 *Vieth v. Jubelirer* 判例中，最高法院拒绝禁止党派性改变选区。

③ Thomas B. Edsall, “Parties Play Voting Rights Role Reversal,” *Washington Post*, February 25, 2001, p. A1; Kevin A. Hill, “Does the Creation of Majority Black Districts Aid Republicans?” *Journal of Politics* 57 (1995): 384-401.

加剧了。

反过来，民主党的立法机构试图把大老党的选票集中到尽可能少的选区，以选出更多民主党的代表。最高法院已驳回了这些少数族裔占多数的选区中设计得最露骨的选区，但也裁定种族可以作为重新划定选区界线的一个因素，只要它不是支配性的因素。[①]

使黑人的选票得到计算

实现美国黑人公平的代表权，受到这样一个事实的限制：大约13%的黑人男性因被定重罪而失去了投票权。对吸毒进行的强制性判决似乎针对的是黑人更常用的毒品，而几乎所有州都拒绝给予重罪犯投票权，至少他们在监狱服刑时是不行的，而且在大多数州，犯人在假释期内也无投票权。估计有400多万各个种族的美国人因犯重罪而失去投票权。[②] 从他们的社会经济地位和种族来推断，这些人中大多数很可能会把票投给民主党。另外，一些州在2012年通过法律限制登记新选民的群体行为。这些法律针对的似乎是少数族裔选民，他们通过群体登记运动登记的选民人数可能是白人的两倍。所以，尽管现在黑人投票率比20世纪中期高很多，但对黑人投票权更微妙的挑战仍然存在。

放松投票规则的努力

登记要求以及强加于投票的其他“成本”与低投票率有关联。[③] 然而，旨在降低投票成本的改革并不总是能提高投票率。

---

① 该例子指的是 *Miller v. Johnson*（*1995*）和 *Easley v. Cromartie*（*2001*）。关于少数族裔占多数的选区，参见：David T. Canon，*Race*，*Redistricting*，*and Representation*（Chicago：University of Chicago Press，1999）.

② Jeff Manza and Christopher Uggen，“Punishment and Democracy，” *Perspectives on Politics* 2（2004）：491-505.

③ Robert L. Dudley and Alan R. Gitelson，*American Elections*：*The Rules Matter*（New York：Longman，2002），pp. 7-15.

选举日登记

北达科他州根本就不要求公民进行登记，另外 11 个州已通过法律，允许公民在同一天进行登记和投票，也被称为**选举日登记**（Election Day Registration，EDR）。这些州的投票率往往会更高，[①] 因为公民即使没有足够的兴趣参与，但到竞选最后、最吸引人的日子也可能会参加投票。[②] 但在大多数州，预期的选民仍然必须主动找到在何地以及何时进行登记，花费精力完成这些，然后在他们搬家或多年未能参加投票时再重新登记。一位专家估计，在 2008 年大选中，大约有 900 万符合条件者尝试但未能及时登记，他们当中很多人受教育程度不高，收入较低，或居无定所。[③]

“汽车选民”法（“Motor Voter” Laws）

另一项放松限制性登记规则的努力是所谓的**“汽车选民”法**（Motor Voter law，1993）。该法案要求各州允许公民在驾照管理局，通过邮寄以及通过分发联邦福利的机构登记投票。结果，选民登记在很多地区急剧增加。有些“汽车选民”的反对者担心，这可能会导致低收入的民主党选票在大选日增加。但大多数研究显示，虽然更严格的登记规则与更低的投票率之间有关联，但放松这些规则的改革，包括“汽车选民”，并不必然大大提高投票率。在这些可替代的地点，登记者比其他登记者更不太可能参加投票。[④]

提前和无理由缺席投票

为使投票更加方便，2/3 的州在 2012 年允许某种形式的本人提前投票或无理由缺

---

① Benjamin Highton and Raymond E. Wolfinger，“Estimating the Effects of the National Voter Registration Act of 1993，” *Political Behavior* 20（1998）：79－104.

② Glenn E. Mitchell and Christopher Wlezien，“The Impact of Legal Constrains on Voter Registration，Turnout，and the Composition of the American Electorate，” *Political Behavior* 17（1995）：179－202.

③ Nathaniel Persily 2009 年 3 月 11 日在美国参议院委员会关于法律和行政的证词。

④ Raymond E. Wolfinger and Jonathan Hoffman，“Registering and Voting with Motor Voter，” *PS：Political Science and Politics* 34（2001）：85－92；Michael D. Martinez and David Hill，“Did Motor Voter Work?” *American Politics Quarterly* 27（1999）：296－315.

席投票，个人不必解释理由即可索要一张缺席选票。在俄勒冈州、华盛顿州、科罗拉多州以及加利福尼亚州的大多数县，所有投票都通过邮寄进行。结果，大约37%的美国选民在2012年的大选日之前完成了投票。然而，提前投票或无理由缺席投票往往只是导致投票率的微弱增长。

提前投票确实在更长时期内会重新分配选票；在有些州，总统选举投票在9月末就开始了。所以，提前投票对地方选举官员来说是好事，因为这有助于发现投票系统存在的问题，并在大规模选民到来之前解决这些问题。但这给政党和候选人造成了挑战。如果大量选民在10月投票，那么组织在大选日实现完美收官的竞选活动的传统计划就不那么有效了。为利用提前和无理由缺席投票，政党组织必须做好准备，向其可能的支持者解释这些选择并动员提前投票的选民。传统的催票行动，以前是在大选日之前的周末才开始，现在至少要持续6周的时间。另一方面，候选人也因得到“流动轮候名单”（running lists）而获益，他们知道了谁已经索要缺席选票、谁已经提交选票或提前投票——尽管不知道每个人是怎么投的。

选民身份证件争议

就在最近，放松选民参与要求的这些努力已经引起了强烈抵制。一些州缩短了提前投票的时间。另外一些州增加了准选民的负担。最高法院在2013年谢尔比县诉霍尔德（*Shelby County v. Holder*）一案中宣布《投票权法案》的关键部分无效的裁决，可能会鼓励更多此类行动。

选民身份证件法

在相当短的时间内，很多州已经开始，其他大多数州也正在考虑要求选民在投票站出示州或联邦政府颁发的带有照片的身份证件。反对者（主要是共和党人①）认为

---

① Keith G. Bentele and Erin E. O'Brien, "Jim Crow 2.0? Why States Consider and Adopt Restrictive Voter Access Policies," *Perspectives on Politics* 11 (2013): 1088-1116.

需要由法律来限制选举舞弊。来自民主党的反对者进行了反击并拿出证据指出，投票站的选举舞弊是相当罕见的，而更常见的欺骗性缺席选票的案例并未被这些选民身份证件法所覆盖。[①] 尽管存在任何地方都要求出示身份证件的广泛印象，但反对者指出，数量不成比例的穷人、少数族裔和残疾人——倾向于支持民主党的群体——不太可能有驾照和护照，因而可能失去投票机会，尽管他们原本是符合条件的选民。

2008年，美国最高法院支持了印第安纳州的一项要求在投票时出示政府颁发的带有照片的身份证件的法律。[②] 2010年共和党获得立法机构多数的几个州出台了法律，以阻止大学生把校园身份证件作为选民身份证件，或者是使大学生更加难以在他们的大学城投票。[③] 国会也已经听取证据，证明这些规则的执行经常很武断。[④] 不管这个州的选民身份证件法如何规定，黑人比白人更可能被选举官员要求出示身份证明。

公民身份证明

亚利桑那州要求所有选民携带证明其美国公民身份的文件参加投票（通常是原始的出生证明、入籍文件或护照）。其他州也在讨论类似的法律。支持者认为，需要用这些法律来阻止无公民身份者投票。其他人认为，由于选民身份证件法，穷人和残疾人以及少数族裔都难以获得必要的文件，这需要笔费用，还要跑到相关政府办公室，因而他们投票的机会可能就会被不合理地剥夺了。

州立法机构和县经常就其他可能使投票更加便利或更加困难的法案进行投票，其中包括允许人们在商场和超市投票、设立更多或更少的选区投票地点[⑤]以及命令或禁止向所有登记选民发送缺席投票要求的法律。总体来说，民主党比共和党更支持这些

---

① 例子参见 Natasha Khan and Corbin Carson，"Election Day Impersonation，an Impetus for Voter ID Laws，a Rarity，Data Show，" *Washington Post*，August 11，2012，p. A1.

② 见研讨会"Voter Identification"，*PS*：*Political Science & Politics* 42（2009）：81–130. 这个例子是指 Crawford v. Marion County Election Board（2008）.

③ Peter Wallsten，"In States，Parties Clash over Voting Laws That Call for IDs，" *Washington Post*，March 7，2011，p. A1. 例如，2011年得克萨斯州立法投票通过持枪证不包括学生证可以作为有效选民证件。

④ Michael R. Alvarez，Stephen Ansolabehere，Adam Berinsky，Thad Hall，Gabriel Lenz，and Charles Stewart Ⅲ，"2008 Survey of the Performance of American Elections." May 5，2008，p. 2，at http://vote.caltech.edu/drupal/files/report/2008%20Survey%20of%20the%20Performance%20of%20American%20Elections%20Executive%20Summery.pdf（accessed November 15，2013）.

⑤ Henry E. Brady and John E. McNulty，"Turning Out to Vote，" *American Political Science Review* 105（2011）：115–134.

变化。人们常常认为（尽管经常未被证实），受教育程度较低和低收入者往往认同民主党，如果投票不会花费太多时间和精力，他们更可能会参加投票。

选民恐吓

在有些情况下，政党、候选人及其他群体依赖了已经玷污美国政治历史的更直接的选民恐吓手段。一种历史悠久的手段是把警车停在一些投票地点周围，（错误地）警告可能的选民，如果他们投票，可能会因未付费的违规停车罚单或子女抚养而被拘捕。另一种方式是雇主就如何投票向雇员施压。这些事件的增加已导致两党在最近的选举中征募了大量律师作为监票人。

投票系统：选票计算得公平吗

一旦人们到达投票站，我们中大多数人会认为他们选择的候选人会被准确地记录下来。至少 2000 年总统竞选之后，我们一直会这么认为。选票的接近引起的重新计票表明，在 150 万到 200 万张选票上（约占总票数的 2%），计票器未发现总统票，或者是投了不止一位候选人，因此这些选民的选票都未被计算在内。这些“少选票”（undervotes）或者“多选票”（overvotes）中有一些可能是故意的，但研究显示，投票系统本身可能是罪魁祸首。有些种类的投票机器（比如穿孔卡片系统）比其他计票器更容易出现这些问题。①

令人困惑的选票设计也会造成麻烦。2000 年佛罗里达州棕榈滩县使用的所谓蝶型选票让很多选民把票投给了不是他们本想投票支持的候选人。这在佛罗里达州是一个特别棘手的问题，它决定了小布什总统仅以 537 张选票的微弱优势胜出。其他地区遭遇了发生故障的投票机器或是因队伍排得太长，潜在选民放弃投票回家。《奥兰多前哨兵报》（Orlando Sentinel）估计，在 2012 年大选中，20 万未投票者“沮丧地放弃了”。②

---

① Justin Buchler, Matthew Jarvis, and John E. McNulty, “Punch Card Technology and the Racial Gap in Residual Votes,” *Perspectives on Politics* 2 (2004): 517-524.

② Jeff Zeleny, “Election Opponents Now on Same Team,” *New York Times*, February 15, 2013, p. A16.

为什么会发生这样的事？因为选举是分散化的，一个州甚至一个县的选民，都可能受到与另一个州或县的选民不一样的待遇。选民在全国大约20万个选区内接近70万个投票机器上投票。这些选区由大约一百万个投票站工作人员看管，他们一般是报酬很低、训练很少、具有政党倾向的志愿者，由通常在党派选票基础上选出的地方选举官员管理。① 像在其他任何大规模活动中一样，简单的人为错误很可能发生在组织选举和计票过程之中。

特别是各县支付最可靠的（也是最昂贵的）投票系统的能力也是不一样的。结果是，容易出差错的投票系统更可能出现在更贫困的和少数族裔处于主导地位的各个县，这些县往往会为民主党投票。美国民权委员会（U. S. Commission on Civil Rights）2001年的报告指出，尽管没有发现系统性地剥夺黑人选举权的证据，但在2000年佛罗里达州的选票中，他们的选票被少算或被丢弃的可能性比白人高10倍，因为他们居住的选区的投票系统更不可靠。②

媒体报道了2000年投票出现的问题之后，国会通过了2002年《帮助美国投票法案》（Help America Vote Act，HAVA），斥资30多亿美元帮助各州升级其投票系统，设置最低联邦标准，并创建由计算机控制的全州范围的选民登记名册。很多县用这笔钱购买了电子触屏投票机器或直接记录电子（DRE）投票机器。在2006年，所有选民中超过80%的人使用了某种形式的电子投票系统，其中超过1/3的选民是第一次使用电子投票系统。

遗憾的是，这也产生了新挑战。电子投票系统提出了使用过大学计算机实验室的任何人都熟悉的问题：计算机崩溃、更改编程代码、黑客攻击和机器被操纵。对在线选举系统的第一次网络攻击在2012年被发现，迈阿密戴德县选举网站从一个电脑程序收到了2 500个索要缺席选票的“虚拟要求”。③ 如果未被检测到的话，这些选票可能就被黑客投票了。佛罗里达州的一份报纸发现，使用触屏投票机器的县的选民，选

---

① David C. Kimball and Martha Kropf，“The Street-Level Bureaucrats of Elections，” *Review of Policy Research* 23（2006）：1257-1268.

② Michael Tomz and Robert P. Van Houweling，“How Does Voting Equipment Affect the Racial Gap in Voided Ballots?” *American Journal of Political Science* 47（2003）：46-60.

③ Gil Aegerter，“Cyberattack on Florida Election Is First Known Case in US，Experts Say，” NBC News，March 18，2013，参见：http://openchannel，nbcnews. com/_news/2013/03/18/17314818-cyberattack-on-florida-election-is-first-known-case-in-us-experts-say? Lite（accessed November 15，2013）.

票未被记录的可能性比使用类似多选题考试评分经常使用的光学扫描设备的县的选民可能要高出 6 倍多。[①] 另一个议题是，《帮助美国投票法案》为投票资格受到选举官员挑战的任何人赋予了投"临时性"选票的权力。但对于这些临时性选票中哪些应该被统计在内，国会没有确定统一的全国性标准，这导致人们担心受到党派倾向的影响和不平等对待。

很多县后来不再使用这些触屏投票机器了。但其他问题仍然有待解决（见专栏《廉价的民主：每张选票都被计算了吗?》）根据 2008 年的一项研究，由于各种行政管理的失误，300 万登记选民未能在当年的选举中投票：他们的名字被意外从登记名册上清除或未被准确登记，或者是他们去投票时未携带合适的身份证件。[②] 解决这些问题都需要钱。即使精确可靠的投票系统对一个民主国家来说极其重要，但选举是由地方法律规定的。当它们面临着资助其他重要服务的日常需求时，比如执法、垃圾清理和道路维修等，资金不足的县和州政府可能不会把必要的资源投入选举，这种情况每年都会发生那么一两次。

廉价的民主：每张选票都被计算了吗?

关注投票机器 10 多年之后，问题依然存在：

- 在 2012 年，全部选民中几乎 1/4 不得不使用不提供每张选票纸质记录的投票机器。这些机器独立地重新计票是不可能的。即便是有纸质记录的机器、选民在离开机器前可以进行查证，也可能会遇到打印机卡纸或根本无法查核的情况。
- 在佛罗里达州棕榈滩县，一位选民抵达投票站，不料竟被告知她因已"死亡"无法投票。她表示情况并非如此。投票站工作人员说，她可以得到一张临时性的选票，如果她能向选举官员证明自己还活着，且这张选票将会被计算在内。
- 华盛顿特区选举与伦理委员会（The Washington DC Board of Elections and Ethics）在 2010 年要求计算机专家用一周时间调查以互联网为基础的投票系统，查找缺陷。在 48 小时之内，专家们已经侵入和控制了这个网站，包括让它在每张选票

① Abby Goodnough, "Lost Record of Vote in'02 Florida Race Raise'04 Concern," *New York Times*, July 28, 2004, p. 1.

② Ian Urbina, "Hurdles to Voting Persisted in 2008," *New York Times*, March 11, 2009, 参见：www.nytimes.com/2009/03/11/us/politics/11vote.html (accessed March 15, 2013).

被投下时播放密歇根大学的战歌。

● 各县在越来越多地使用邮寄选票。反腐败法阻止了政党工作者“帮助”选民在投票站标记其选票，但不能保证邮寄选票免受这种影响。

如一位专家所言，“我们绝不会容忍自动取款机存在这个水平的错误。问题是，我们依然继续着廉价的民主”。

资料来源：“Voting Eqipment in the United States,” 2012，参见：http://www.verifiedvoting.org (accessed November 1，2013)；Bill Turque，“Election's Poll Workers Face a Myriad of Challenges amid Changes in Voting Rules,” *Washington Post*，October 26，2012，p. A1.

美国选举中的低投票率

除了赋予其支持者投票权并通过法律使支持者投票变得更容易，政党还可以通过在特定的选举中动员选民来努力塑造选民。从美国选举相对较低的投票率来判断，两大党在这方面做得并不是非常有效。虽然投票率在 19 世纪后期比较高，[①] 但在 20 世纪 70 年代到 2000 年之间，总统选举的投票率却从未超过 60%。[②] 在 2008 年选举中，总统选举投票率达到了 62%，为近年来的新高，但在 2012 年又下降到 58%（见图 8-2）。[③] 相反，瑞典和丹麦选民的投票率通常是 80%或更高，2012 年法国总统选举投票率达到 82%。

20 世纪中期以来，美国选民的投票率应该已经迅速提升了。[④] 教育水平显著提高了，更高的教育水平与更高的投票率是相关的。更宽松的登记、居住时间以及提前投票规则都使投票更容易了。当然，某些类型的选民的投票率确实比 60%高很多，这

---

① Walter Dean Burnham，“The Changing Shape of the American Political Universe,” *American Political Science Review* 59 (1965)：7-28.

② 因为估计美国人的投票率有一定难度，很多“官方的”投票率数据低估了实际投票率。这里的百分比和图 8-2 的数据对这种低估做了修正。这些数据的分母是为了估计有资格的选民人口数：选举年龄范围内人口减去在美国居住的非美国公民人口数。投票率分数的分子是在选举中期为得票最多的总统或官员投票的人数。参见：Walter Dean Burnham，“The Turnout Problem,” 参见：A. James Reichley，ed.，*Elections American Style* (Washington，DC：Brookings，1987)，pp. 97-133；Michael McDonald，“Voter Turnout,” http://elections.gmu.edu/voter_turnout.htm (accessed November 15，2013).

③ 除非特别说明，投票率均来自 Michael McDonald (参考注释②)。

④ Richard A. Brody，“The Puzzle of Participation in America,” 参见：Anthony King，ed.，*The New American Political System* (Washington，DC：American Enterprise Institute，1978)，pp. 287-324.

图 8-2　美国的选举投票率，1790—2012 年

说明：这是根据本章第 191 页注释 2 的描述推算的投票支持总统或在中期选举中获得最多票数的官员的百分比。

资料来源：数据来自 Walter Dean Burnham，“The Turnout Problem，” in A. James Reichley，ed.，*Elecions American Style*（Washington，DC：Brookings Institution，1987），pp. 113-114，更新过的 1984 年以后的数据，见：http://elections. gmu. edu/voter_turnout. htm. 1986 年以后的中期选举数据由 Curtis Gans 提供，Director of the Study of the American Electorate.

也增加了他们的偏好在选举结果中的影响。考虑了整体低投票率的原因之后，本章将探讨哪些群体在选举中被最充分地代表，以及政党的努力是否帮助选民在所有公民中更具代表性。

社会群体的投票率差异

我们可以从个人的成本和收益角度思考投票的决定。我们中每个人都会为选举付出一些代价，不是现金而是时间、精力和注意力。我们得到的回报看起来却极少，在大多数选举中单张选票的影响力可能是很小的。从这个角度来看，所有人都投票，影响可能会非常显著。① 很多经济和社会因素，从公民的教育水平到他们的社会联系，

① John H. Aldrich，“Rational Choice and Turnout，” *American Journal of Political Science* 37（1993）：246-278.

都会影响个人衡量投票成本和收益的方式。这反过来也会影响到政党动员不同类型的人们和群体的能力。

受教育水平

选民（voters）和不投票者（nonvoters）最大的区别是他们的受教育水平。受教育程度不高的美国人，往往是民主党的支持者，更不太可能去投票①（见图 8－3，A 部分）。由于教育水平与收入之间密切的关系，更贫穷者参加投票的比例也更低。更

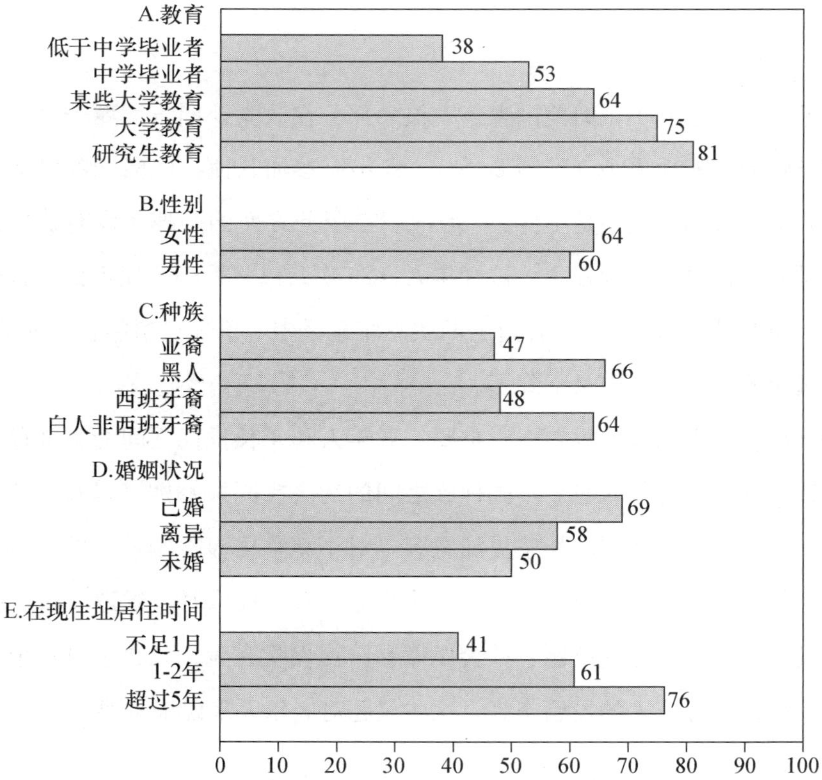

图 8－3　2012 年不同群体的投票率差异

说明：柱形图显示了每个群体中表示参加 2012 年总统选举投票的选民占投票年龄公民人口的百分比。

资料来源：U. S. Census Bureau data，Tables 2，5.1，8，and 9，参见：www. census. gov/hhes/www/socdemo/voting/publications/p20/2012/tables. html（accessed November 1，2013）.

---

① Rachel Milstein Sondheimer and Donald P. Green，"Using Experiment to Estimate the Effects of Education on Voter Turnout，" *American Journal of Political Science* 54（2010）：174－189；Robert A. Jackson，"Clarifying the Relationship Between Education and Turnout，" *American Politics Quarterly* 23（1995）：279－299.

高的受教育程度有助于人们理解政治制度，获取他们做出政治选择需要的信息。受过更高程度教育的人更可能认为他们应该去投票，更可能在投票中获得满足感，也更可能拥有在规定期限内完成任务和填表的经验，而这些经验对注册和投票来说是非常必要的。①

受教育程度和投票之间的这种关系听起来这么明显，以至于我们可能会认为在任何地方都看得到。然而，这种关系在很多其他的民主国家是更弱的，在这些国家，劳工政党和其他团体都努力动员受教育程度不高和收入较低的群体参与投票。在一些国家，政党动员能够弥补较低教育程度对投票率的抑制效应。②

青年人

尽管差距一直在缩小，但美国青年人很大部分在政党认同方面属于民主党，比老年人参加投票的可能性更小（见图 8-4）。青年人参加其他社区活动的可能性，比如志愿工作，比其长辈们绝不是更低。③ 但他们在服务方面的兴趣还没有扩展到包含政治服务的领域。在最近的调查中，被青年人（26 岁及以下）列为比做民选官员更没吸引力的唯一职业是从事农业。④ 在过去两次总统选举中，参加投票的青年人数增加了，但在非大选年的国会竞选中又下降了。

为什么年轻成人的较低投票率很重要？青年人和年长世代之间的态度存在着一些有趣的差异。现在的青年人对于不同种族之间的约会和同性婚姻（以及在族群和种族上更加多元化）通常比他们的长辈更加宽容，对于新移民对美国社会的影响，他们的看法也远不像其长辈们那么负面。⑤ 当大量的青年人不投票时，候选人就会把更多注意力转向投票者真正关注的议题。社会保障和医疗保险在竞选议程上排在前面，因为老年人投票率比年轻成人的投票率高，这些议题对老年人来说很重要。

---

① Rebecca B. Morton, *Analyzing Elections* (New York: Norton, 2006), pp. 53-55.

② Sidney Verba, Norman H. Nie, and Jae-On Kim, *Participation and Political Equality* (Cambridge: Cambridge University Press, 1978).

③ Cliff Zukin, Scott Keeter, Molly Andolina, Krista Jenkins, and Michael X. Delli Carpini, *A New Engagement?* (Oxford: Oxford University Press, 2006).

④ Karl T. Kurz, Alan Rosenthal, and Cliff Zukin, "Citizenship: A Challenge for All Generations," 2003, 参见：www. cpn. org/topics/youth/k12/pdfs/NCSL_Citizenship. pdf (accessed November 15, 2013).

⑤ Pew Research Center, "Partisan Polarizaiton Surges in Bush, Obama Years," June 4, 2012, 参见：www. people-press. org/2012/06/04/partisan-polarization-surges-in-bush-obama-years (accessed November 15, 2013).

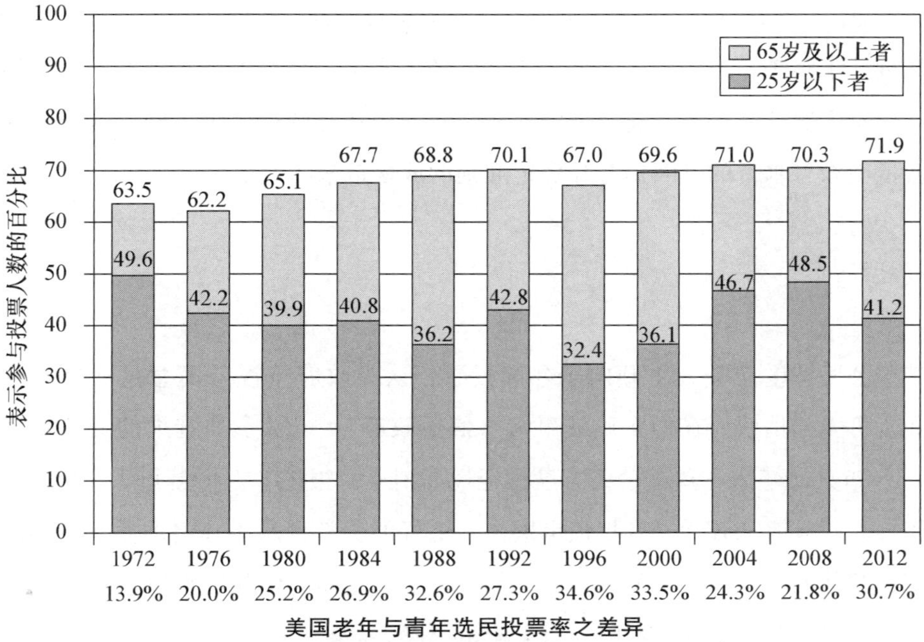

图 8-4　美国青年与老年选民投票率（1972—2012 年）

资料来源：U. S. Census Bureau data，参见：www. census. gov/prod/2013pubs/p20-568. pdf（accessed November 1，2013).

性别和种族

在获得投票权几十年之后，女性参加投票仍然不像男性那么频繁，但是女性日益增长的受教育水平以及妇女角色的改变已在很大程度上消除了这种性别差异（见图 8-3，B 部分）。现在参加投票的美国黑人的比例至少和白人一样高(见图 8-3，C 部分)。拉美裔或西班牙裔以及亚裔美国人的投票率最低。

社会关系

隶属于多个组织并与朋友家人保持紧密关系的人们更可能参加投票。与政治知识渊博的人们的联系也会提高这种可能性。① 这些组织和人员有助于动员选民。在通过自置住房、长期居住、参加教会活动或者户外工作等方式很好地融入社区的人当中，参加投票

① Scott D. McClurg, "The Electoral Relevance of Political Talk," *American Journal of Political Science* 50 (2006): 737-754.

者更加普遍。甚至婚姻状态也能影响一个人投票的可能性（见图 8－3，D 和 E 部分）。[①]

最近几十年来，某些形式的社会关系已经下降了。现在美国人不太愿意参加宗教活动，也不太愿意结婚了。通过削弱那些鼓励选民参与的社会关系网，这些下降因素可能会抵消教育水平的不断提升和登记规则的放松带来的效果。

政治态度

某些公民态度使个人更倾向于参加投票：认为政府重视公民意见（**外部政治效能**）而且可以相信政府在做正确的事情（**信任政府**），以及参加选举的责任感（**公民责任**）。[②] 近几十年来，这些公民态度已经逐渐消退。很多知识相当渊博、受过良好教育的年轻人对政府和政治已变得愤世嫉俗。更好的受教育水平和更加便于投票的条件并没有引起他们对参与政治的兴趣。[③] 人们对于政党倾向的强度也影响着投票。当政党认同在 20 世纪 70 年代减弱时，投票率也下降了。[④]

当前竞选活动的影响

公民态度的消极和社会关系的弱化有助于解释美国的选民参与水平为何没有上升。一场选举的特点也有助于解释投票率的变化。

选举的兴奋

一般来说，选民参与程度在总统大选中是最高的，在地方竞选中是最低的。[⑤] 总

---

① Nancy Burns，Kay Lehman Schlozman，and Sidney Verba，"The Public Consequences of Private Inequality，" *American Political Science Review* 91（1997）：373－389.

② Steven J. Rosenstone and John Mark Hansen，*Mobilization，Participation，and Democracy in America*（New York：Longman，2003），pp. 141－156.

③ Lyn Ragsdale and Jerrold G. Rusk，"Who Are Nonvoters?" *American Journal of Political Science* 37（1993）：721－746.

④ Paul R. Abramson，John H. Aldrich，and David W. Rohde，*Change and Continuity in the 2004 and 2006 Elections*（Washington，DC：CQ Press，2007），p. 97.

⑤ Robert A. Jackson，"The Mobilization of U. S. State Electorates in the 1988 and 1990 Elections，" *Journal of Politics* 59（1997）：520－537.

统竞选受到非常广泛的关注，而且往往也令人兴奋。由于受到广泛关注，人们获得关于候选人的信息也不会费太多工夫，而且由于竞选带来的兴奋，他们也可能更关注他们得到的信息。这两种情况都能降低投票的成本并增加其吸引力。

势均力敌的竞争

竞争激烈的竞选活动吸引选民参加投票。除了他们的兴奋，不相上下的竞选也让选民们更加确信他们的选票会非常重要，① 在缺乏政治竞争传统的地区尤其如此。在 2008 年总统竞选中，特别是在刚刚变得竞争激烈的州，如弗吉尼亚州、印第安纳州以及北卡罗来纳州，投票率上升了；而在一些不具有竞争性的州，则下降了。②

你为何不参加投票？	
以下是人们登记参加投票但在 2012 年未投票的原因（%）：	
太忙	19
生病或残疾	14
不感兴趣	16
不喜欢候选人	13
不在选区	9
登记问题（已经完成登记的公民当中）	6
我忘记了	4
投票地点不方便	3
交通问题	3
天气不好	1
其他	14

资料来源：U. S. Census Bureau data，参见：table 10，www. census. gov/hhes/www/socdemo/voting/publications/p20/2012/tables. html（accessed November 1，2013).

---

① Cindy D. Kam and Stephen M. Utych，"Close Elections and Cognitive Engagement，" *Journal of Politics* 73（2011)：1251－1266.

② Gerald M. Pomper，"The Presidential Election，" 参见：Michael Nelson，ed.，*The Elections of 2008*（Washington，DC：CQ Press，2009)，p. 47. Michael P. McDonald，"The Return of the Voter，" *The Forum* 6（2008)，issue 4，article 4.

政党动员选民的努力

政党组织在大选日动员投票时必须考虑所有这些因素。它们知道，最有效的动员手段就是面对面的接触。[①] 个人游说在动员第一次投票的选民方面特别有效。在 2004 年，3/5 的新选民说他们参加投票是因为“我的家人或朋友们鼓励我去投票”，而非首次投票的选民的比例是 1/5。[②]

在 20 世纪末，面对面的选民动员已经不是很普遍了。但在过去的 10 年中，政党及其他一些团体已制订了一些计划，以增加其支持者的投票率。民权组织已经与共和党进行了密切合作，以让更多黑人参加投票。以工会成员与其朋友和邻居的联系为基础，工会组织了重要的催票行动。在 2012 年，两大政党组织都不遗余力地向选民宣传新的州选民身份证件法以及对提前投票的限制。这些动员行动似乎已经对提高投票率产生了影响。[③]

传统观点认为，因为不投票者往往来自倾向于投票给民主党的群体，比如低收入和教育水平较低者，选民动员对民主党候选人应该会有帮助。这就是为什么使登记和投票更容易的建议经常被认为会有利于民主党。这也解释了为什么工会在登记和催票运动方面会花费那么多金钱和精力。

不过，传统观点并不总是正确的。正如我们已经看到的，势均力敌的竞争、剧烈的冲突以及令人兴奋的候选人能够让更多的人参加投票，但这些条件并不总是由民主党候选人创造的。实际上，共和党总统候选人在过去的 50 年里赢得了大多数高投票率的选举。[④]

---

① Donald P. Green and Alan S. Gerber，*Get Out the Vote*!（Washington，DC：Brookings Institution，2004）；Kevin Arceneaux and David W. Nickerson，“Who Is Mobilized to Vote?” *American Journal of Political Science* 53（2009）：1-16.

② Thomas Patterson，通过“消失的投票项目”发布，John F. Kennedy School of Government，Harvard University，November 11，2004.

③ McDonald，“The Return of the Voter.”

④ Jack Citrin，Eric Schickler，and John Sides，“What If Everyone Voted?” *American Journal of Political Science* 47（2003）：75-90.

政党的努力使选民多样化了吗?

这些政党动员活动已经推动形成一种更密切地反映美国人民的多样性的美国选民了吗?还是说,它们只是增加了本来就要去投票的那些人的代表性呢?

研究者发现,相对于不太富有者和青年人,两党和两党积极分子往往更多接触高收入者和年长者,这种趋势在最近的选举中已经上升了。[①] 大学生经常变换居住地址,这让很多政党积极分子很难找到他们。两党也都知道,鼓动那些已倾向投票者比吸引以前不投票者去投票更容易。

结果,大多数选民动员行动对于提高长期以来投票率都很低的群体的投票率都收效甚微。最近的例外是 2008 年和 2012 年奥巴马总统的竞选活动。其组织者打算提高选民投票率,因为最可能支持奥巴马的选民中有许多是传统上投票率较低的群体。除了少数种族和族裔群体,竞选活动特别瞄准了最近才有资格投票的青年人。他们的努力取得了成功。一位民意测验专家估计,2008 年,奥巴马在 30 岁以下选民中多赢得了 830 万张选票;在普选票中总共超出对手大约 800 万张选票。[②] 如第 11 章所显示的,这些努力在 2012 年进一步扩大了。

对政党的挑战

一种支持民主的论点是,只有决策的责任得到最普遍认同时才能做出最好的决策。如果是这样,那么我们应该争取尽可能广泛的选举参与(见专栏《你会选哪一个?我们需要每一张选票》)。[③] 然而,我们已经看到,美国的选民参与水平落后于大多数其他民主国家,其声音在选举中未被听到的那些人往往来自弱势群体:青年人、

---

① Kay Lehman Schlozman, Sidney Verba, and Henry E. Brady, *The Unheavenly Chorus* (Princeton: Princeton University Press, 2012), pp, 474-478; Amber Wichowsky, "Competition, Party Dollars, and Income Bias in Voter Turnout, 1980 - 2008," *Journal of Politics* 74 (2012): 446-459.

② Adriel Bettelheim, "Youth's Long-Term Role in Politics," *CQ Weekly*, November 10, 2008, p. 2973.

③ APSA Task Force Report, "American Democracy in an Age of Rising Inequality," *Perspectives on Politics* 2 (2004): 658.

亚裔和拉美裔美国人，以及那些经济资源较少和更需要政府帮助的人。

你会选哪一个？

我们需要每一张选票

当所有观点都被倾听时，民主才是最有活力的。当尽可能多的人参加选举时，政府更可能想出解决问题需要的具有创造性的办法。

政客会更加关注那些投票者的需要，而不是不投票者的需要。所以不投票者的看法和利益尽管是真实的，但却可能未被代表。

最坚定的选民往往是那些比其他公民更年长、受教育程度更高和更富裕的人。这些人从政府得到的好处将会比他们的公平份额要多，也会得到急于得到选票的民选官员的更多注意。

不参加投票的都是被疏远和不满意的人。他们可能容易接受极端的诉求。最好是把他们拉进他们可以以更富有成效的方式表达其关注的政治制度当中。

让睡着的狗躺下……

最不可能参加投票者也是信息最不充分和对政府最不感兴趣者。我们为何应该鼓励他们参加选举？如果他们不够关心或者对投票不够了解，难道他们待在家里我们不应该高兴吗？

如果人们有权投票而选择不去投票，这可能意味着他们对现状很满意。如果他们真的希望改变，他们可以利用自己的选票去获得。

如果我们放松了登记和居住要求以鼓励更多人参加投票，我们就会打开选举舞弊的闸门：人们可能会不止一次投票或者在其他人的指导下投票。

美国的民主已强大到足以度过被弹劾、有丑闻以及尽管赢得了普选票但失去总统职位的候选人带来的危机。如果美国民主没有坏掉，为何要修理它呢？

政党对这些低投票率承担怎样的责任？政党组织是选民动员活动的主要赞助人。它们有能力征募大量和不同群体的人参与政治。但政党和个人及其他团体一样，都是自利的；政党只想刺激它们可能的支持者投票率，并限制不可能支持其候选人的人们的投票率。它们发现，确定和联系已加入投票民众当中的人更容易了。那么在实际中，正像近来出现的，政党通常会调整其动员策略以适应当前的选民。它们通常不会努力吸引新的投票群体，特别是弱势群体。然而，奥巴马竞选的成功以及拉美裔和亚裔美国人数量的日益增加可能会改变这种模式。

美国活跃的选民并不像这个国家的人口那样多元，这一事实可能会减少美国政治中冲突的数量，并缩小政党必须应对的政治利益的范围。可以理解，候选人和民选官员会更多考虑参与选举的人们的需要，而不是未参加选举的人们的需要。例如，研究显示，国会议员会把更多的联邦开支分配给他们的选区中投票率较高的县，而不是投票率较低的县。① 然而，其代价是，在选民参与领域，美国政党已无法发挥其民主能力。

① Paul S. Martin, "Voting's Rewards," *American Journal of Political Science* 47 (2003): 110-127.

第四部分

政党、提名和选举

如我们所看到的，政党组织、其候选人及支持政党组织的公民（citizen supporters）步调经常是不一致的。但在选举时期，它们似乎会努力团结合作，因为它们都会因这种通力合作而获益。当候选人开展更强有力的竞选运动时，他们不但可以提高其自身能力，还可以提升其政党组织吸引金钱及其他资源的能力。候选人当选后，他们政党的积极分子更有可能看到其议题日程上的行动。当一个政党的候选人赢得州长或地方行政长官职位时，某些地区的政党领导人可能会控制一些赞助性工作和合同，这反过来会给政党组织带来更多捐赠。

然而，所有这种合作并非轻而易举地实现。几乎选举的每个方面都可能让政党的一部分需要与另一部分需要相互矛盾。当一个政党通过初选选择候选人时，政党选民选出的候选人可能常常会被政党领袖视为灾难。政党组织的募款活动与候选人自己的募款活动也是相互竞争的。候选人希望选择他们重视的议题，但在政党的领导人和积极分子持有不同的议题偏好时，这些选择会影响作为整体的政党的形象。一旦就任，政党的候选人可能就有理由忽略或淡化某些被政党积极分子视为“热点话题”的问题。

除了每一政党内部的这种竞争，各政党还在更大的舞台上进行竞争。像工会组织、宗教游说团体、保险公司以及其他公司等团体，也都参与到竞选运动之中，有时参与得非常积极，以实现它们的政治目标。比如，民主党领袖很可能会与环境、妇女权利和公民权利团体以及代表诉讼律师和政府雇员的工会进行激烈竞争，以引起一位民主党候选人的注意。这种竞争与合作是由从法律到标准惯例组成的一系列规则指引的。这些规则包括初选的广泛运用、管理竞选活动募款的法律以及面向选民的技术运用的快速变化。

本部分前两章主要关注政党在候选人提名中的作用。第 9 章探讨一般的提名过程，第 10 章考察美国主要政党选择其总统候选人的引人入胜、不同寻常的实践。在第 11 章，我们将讨论政党在大选中的作用。第 12 章将追踪金钱向选举运动的流动并考察它如何扩大和限制政党对其候选人的影响。

第9章

政党如何选择候选人

初选是美国人的创造，如同美国创造了民意测验、得来速餐厅（drive-through restaurants）以及其他使生活民主化的手段。在初选中（更正式的说法是**直接初选**），政党选民选择代表政党竞选公职的候选人。然后，在随后的大选中，所有选民在各政党提名的竞争各个公职的候选人之间做出选择。这看起来似乎是政党提名候选人的"正常的"方式。但事实并非如此。尽管有些民主国家最近已尝试了初选，但在民主世界的大多数国家里，候选人是由政党领导人、积极分子或民选官员而不是由选民选择的。①

美国大多数选举都会进行初选，包括总统竞选（见第10章）。初选的广泛运用对美国政党产生了深刻影响。它改变了政党与其候选人之间的关系，限制了它们使民选官员承担责任的能力，拉长了竞选运动的时间并增加了其花费。它需要大量的投票选民，这在很大程度上依赖政党认同，以减少选择候选人需要付出的努力。在一个政党占支配地位的地区，该党的初选选出的就是民选官员。

是什么导致了这种两阶段选举程序的运用？它运行得如何以及在多大程度上满足了选民、候选人和政党的需要？

---

① 参见：Alan Ware, *The American Direct Primary* (Cambridge: Cambridge University Press, 2002); John M. Carey and John Polga-Hecimovich, "Primary Elections and Candidate Strength in Latin America," *Journal of Politics* 68 (2006): 530-543.

提名程序是如何发展的

在美利坚合众国的第一个 110 年里，竞选公职的候选人是由政党核心分子会议提名的，后来则是由政党代表大会提名的。在这两种情况下，都是由政党组织的领导人和积极分子，而不是其他的投票民众选择政党的候选人。

政党核心分子会议提名

早期，随着政党建立起地方组织，它们举行地方政党会议，也被称为政党核心分子会议，选择竞选县的公职的候选人。国会中志同道合的支持者组成的政党核心分子会议继续提名总统和副总统候选人。州立法机构中类似的政党核心分子会议，选择州长及州范围内其他公职候选人。这些政党核心分子会议通常是非正式的，也不一定包含政党内所有重要人物。①

政党代表大会提名

随着争取大众民主的压力的扩展，政党核心分子会议逐步被视为贵族化的、忽视民意的精英团体——“君主会议”（King Caucus）。1831 年，一个少数党［反共济党（Anti-Masons）］举行全国代表大会，提名其总统候选人，目的是希望得到足够多的媒体关注，以取得大党地位。杰克逊派民主党人在 1832 年选举之前举行了他们自己的全国代表大会。从这时起，在 19 世纪余下的时间里，政党代表大会一直是提名总统候选人的主要方式。这些政党代表大会由州和地方党的领导人，经常是在他们自己更低层次的提名大会上选出的代表组成。

这些庞大和混乱的政党代表大会虽看起来比党团具有更广泛的代表性，但通常并非如此。政党领导人选择代表并控制政党代表大会。改革者批评这种政党代表大会制

---

① Stephen J. Wayne，*The Road to the White House* 2008（Belmont，CA：Wadsworth，2008），pp. 6–8.

度是另一种形式的老板统治。到 19 世纪末，进步主义运动引领了对新的候选人提名方式的探索。①

直接初选提名

进步主义者建议，选民应该能够直接选择其政党的竞选每一个公职的候选人，而不是让政党领袖们进行选择。这种直接的、预备性的（意即“第一次”）选举，反映了进步主义者的核心信念，即治疗民主之病的最佳方式是开出更大剂量的民主药方。进步主义运动领袖罗伯特·拉·福利特（Robert M. La Follette）宣称，在初选中，“政党的提名将不再是‘妥协’或‘冲动’，或者邪恶设计（他认为，政党控制的政党核心分子会议/政党代表大会制度就是这种邪恶设计）的结果……但赢得多数的候选人会诚实、公正地获得提名”。②

一些南部州在内战之后就已开始在地方选举中运用初选了，其目的是使候选人合法化，并解决他们民主党一党制（one-party Democratic systems）内部的争端。在 20 世纪头 20 年，除其他 4 个州以外，所有州至少在其州范围内的某些提名中都采用了初选。这是一党或另一党操纵许多州的政治的时代——美国历史上最普遍的一党统治。当选民在普选中有真正的选择权时，容忍政党代表大会做出的糟糕选择是可能的；但在处于支配地位的政党的候选人未经历激烈竞争时，这种缺点是更难以接受的。因此，进步主义者在运用反托拉斯立法与经济垄断进行斗争的同时，也利用直接初选作为武器，与政治垄断进行斗争。

尽管初选是为了使提名程序民主化，但许多支持初选者依然希望它能够进一步对政党产生破坏性影响。初选可以夺走政党组织最重要的权力——候选人的提名并把它转给政党选民。实际上，有些州，如威斯康星州，采取了对政党选民的非常宽泛的定义，以至于包含了所有选择在政党初选选举日进行投票的选民。

初选不是美国政党虚弱的首要原因。如果初选的提议被提出时政党领袖在全国范

---

① 参见：Chapters 7 and 21 in Marjorie Randon Hershey, ed., *Guide to U. S. Political Parties* (Los Angeles: Sage, 2014).

② Robert M. La Follette, *La Follette's Autobiography* (Madison, WI: R. M. La Follette, 1913), pp. 197–198.

围内足够强大，那么他们就有可能阻止这种改革的扩展并保持对提名本身的控制。但初选确实进一步削弱了政党组织的权力。由选民通过初选提名的民选官员，对政党组织不可能像经由政党领袖提名的官员那样忠诚。由于存在初选，美国的政党领袖对获得政党提名者的控制要弱于大多数其他民主国家。在有些州，改革甚至要求政党组织自己的领导人也要通过初选产生，政党因此也就面临着失去对其自身内部事务之控制的风险。

当前初选和政党代表大会的结合

尽管政党代表大会提名的方式已不再常见，但它们在总统竞选及少数几个州的候选人提名中还是最常用的。由于各州拥有设计自己的提名制度的法律权力，其结果是选择竞选州公职人员候选人的方式就成为初选和政党代表大会的结合。

现在每个州都会通过初选至少提名州范围内的一些公职人员候选人，大多数州只使用这一种方式。① 在 4 个南方州，政党可能会选择举行政党代表大会而不是初选，但近年来只有弗吉尼亚州曾选择使用过政党代表大会这种方式，其目的是把政党团结在一特定候选人周围。其他州在有些情况下采用了政党代表大会的方式，以提名某种类型的候选人或者筛选初选名单上的候选人。② 这些选择再次提醒我们，尽管全国性政党的力量在增长，但州和地方政党依然自己做出许多重要决定。

初选的类型

根据获准参加初选投票者的情况，可以把初选划分为许多不同的形式。③ 在采用

① 有些州允许第三党通过政党代表大会提名它们的候选人。

② 参见：L. Sandy Maisel and Mark D. Brewer，*Parties and Elections in America*，5th ed.（Lanham，MD：Rowman & Littlefield，2008），pp. 204–205.

③ The National Conference of State Legislatures lists the states' various primary election systems at www.ncsl.org/legislatures-elections/elections/primary-types.aspx（as of September，2011；accessed November 15，2013）.

所谓“封闭式”初选的州，只有正式宣布加入一政党的选民才能参加初选投票。这使政党积极分子和政党认同者更容易把其政党选择的候选人控制在自己手中。在采取“开放式”初选的州，选民有更大的自由，去选择他们愿意参加的政党的初选。在少数州，竞选州和地方公职（local office）的民主党和共和党候选人都在同一个初选名单，因此，一位选民可以选择每一政党中的一些候选人。

“封闭式”初选

大约 12 个州采取完全的**“封闭式”初选**（closed primary），选民在选举前必须登记为民主党或共和党的党员。① 然后，在他们参加投票时只能收到其自己政党的初选选票。如果想在另一政党的初选中投票，他们就必须在初选前正式改变登记册上的政党隶属关系。传统上政党组织很强的州，如纽约州和宾夕法尼亚州，都一直能保持着完全封闭式的初选制度。

在其他许多州，其初选经常被称作混合式的，或者是“半封闭式”和“半开放式”的，选民投票时可以改变他们的政党登记，或者只是在投票地点公开宣布其政党偏好。然后，他们就会收到自己所宣称的政党的选票；在其中的一些州，这也被视为登记加入该政党。这使独立人士，甚至其他政党的认同者能够“在某一天”变成“铁杆拥护者”，并参加一政党的初选投票。在选民看来，这些初选与“开放式”初选并无太大区别。但从政党角度看来，差别是非常重要的，因为在许多“半封闭式”初选中，都会有政党登记的书面记录，之后政党组织可以利用它，把其诉求直接对准宣称支持它们的人。

“开放式”初选

大多数其他州的公民可以在他们选择的初选中进行投票，不必公开宣布他们支持

---

① Thomas M. Holbrook and Raymond J. LaRaja，“Parties and Elections，”参见：Virginia Gray，Russell L. Hanson，and Thad Kousser，eds.，*Politics in the American States*，10th ed.（Washington，DC：CQ Press，2012），Table 3-3. 请注意，关于它们的定义，以及“开放式”初选与“封闭式”初选之间的界限，专家们意见有分歧.

哪一个政党。[1] 在**“开放式”初选**（open primary）中，选民会收到合并在一起的选票或者所有政党的选票，然后在投票站选择参加他们选择的政党的初选。在一特定选举中，他们只能在一个政党的初选中投票。在这些州中，有许多州的进步主义力量是有其历史的。

无限制初选

1935 年，华盛顿州采取了**无限制初选**（blanket primary）。这种初选制度给予选民更大的自由度。在无限制初选中，为区别于“开放式”初选，就像在正式选举中一样，所有政党候选人的名字都出现在同一选票上，选民可以为一个职位选择一位民主党候选人并为另一职位选择一位共和党候选人。后来，阿拉斯加州也采取了无限制初选制度。

1996 年，加利福尼亚州选民批准了一项举行无限制初选的倡议。支持者认为，这将会让更多选民参加投票并鼓励选择更温和的候选人。[2] 政党领袖则持不同看法。他们认为，这一计划使政党的忠诚支持者无法选择最能代表其看法的候选人。他们说，这违背了宪法第一修正案赋予他们的自由结社的权利，使得政党也不能为选民提供明确和一贯的信息。2000 年，美国最高法院支持各政党，把决定哪些人可以参加初选投票（至少是在加利福尼亚州）的权力授予政党组织。[3]

“两位得票最高者”式初选

2008 年，华盛顿州采取了一种被称为“两位得票最高者”（或超党派）制度的无限制初选制度。和无限制初选一样，所有候选人的名字都在同一张选票上。不同于无限制初选，无论来自哪个政党，竞争每一职位的“两位得票最高者”进入正式选举。

---

① 1986 年最高法院的一项裁决（*Tashjian v. Republican Party of Connecticut*）支持了康涅狄格州党确立开放式初选制度的努力。该裁决确认了政党而不是州控制自己的提名程序的权力。但许多州党更愿意采取“封闭式”而非“开放式”的初选制度。

② 关于“封闭式”初选更可能产生意识形态极端的候选人，研究者们看法不一。Compare Karen M. Kaufmann, James G. Gimpel, and Adam H. Hoffman, “A Promise Fulfilled?” *Journal of Politics* 65 (2003): 457-476; David W. Brady, Hahrie Han, and Jeremy C. Pope, “Primary Elections and Candidate Ideology,” *Legislative Studies Quarterly* 32 (2007): 79-106.

③ *California Democratic Party v. Jones* (2000). 关于无限制初选，参见：Bruce E. Cain and Elisabeth R. Gerber, eds., *Voting at the Political Fault Line* (Berkeley: University of California Press, 2002).

政党组织仍然可以支持一位候选人，但如果选民愿意（他们经常如此），他们可以选择两位民主党人或两位共和党人，在正式选举中进行竞争。加利福尼亚州选民在两年后采取了类似的初选制度。做出这种改变的目的是促使候选人去吸引所有选民，而不是仅仅去吸引他们自己政党的极端选民。对于“两位得票最高者”式初选是否已成功产生出更温和的候选人，观察家们有不同看法。

路易斯安那州的州和地方选举采取了这种初选制度中的一个版本：如果竞选一职位的候选人在跨党派的初选中赢得超过50%的选票，他或她即当选该职位。如果竞选该职位的候选人在初选中都未能获得绝对多数，那么，得票最高的两位候选人（无论属于哪一个党）将在预定时间的正式选举中再进行一次最终投票。毫不奇怪，主要政党都反对采用超党派或“两位得票最高者”式初选制度，并阻止各州在总统初选中采用这种制度。

各个州从一种初选制度转向另一种，通常是因为州政党领袖试图根据不断变化的政治状况，在提名过程中保护他们政党的利益。在有些情况下，州政党为吸引独立选民转而采用了“开放式”初选制度。在其他情况下，政党领袖在特定的选举年则推动立法机构采取新的初选规则，这些规则是有利于他们支持的候选人的。有时，如在加利福尼亚州发生的，转变是由无党派或反党派团体推动的。

初选的类型为何是重要的

这些类型的初选代表着对存在已久的争论的不同回答：是强大和纪律严明的政党之间的竞争更有利于民主，还是政党在其中拥有较小权力的制度更有利于民主？“封闭式”初选反映了这样一种信念：公民会因选举中有明确的选择而获益，强大、内部团结的政党能够提供这种最佳选择；因此，一个政党的候选人被其政党忠诚的追随者选出是合情合理的。相反，“开放式”和无限制初选更接近这种看法：僵化的政党忠诚可能会损害民众，因而候选人应该由全体选民选出，不论他们属于哪个政党。

大多数政党组织更愿意采用“封闭式”初选，政党在初选前必须对选民进行登记。这种初选制度对政党选择其候选人的权力给予了更多尊重。之前的政党登记还给政党带来一个意外收获——其政党支持者的公开名单。此外，至少在政党领袖看来，“封闭式”初选限制了“开放式”和无限制初选的最大危险：跨党投票（crossing over）和策略性投票（raiding）。这两个术语都是指人们参加他们通常不支持的政党的初选，二者的区别在于选民的意图。选民进行跨党投票，目的是参与更令人振奋的竞选或者投票选出另一政党更具吸引力的候选人。策略性投票指的是，故意把票投给其他政党最没吸引力的候选人，以此来削弱该政党。

在“开放式”初选中，跨党投票非常普遍。在非大选年的州长初选中，政党支持者（partisans）很少进行跨党投票，因为这将会使他们失去在其他州和地方层次政党竞争中的发言权。但在总统大选初选中，独立选民和政党支持者更可能进行跨党投票，特别是在他们偏好的政党在竞争中毫无竞争力时。比如，在 2012 年佛蒙特州举行的总统初选中，奥巴马总统在民主党初选中没有对手，于是许多民主党人和独立选民就和共和党人一样参加了共和党的“开放式”初选。这些跨党投票的选民支持的候选人经常与该政党支持者支持的候选人不同。在佛蒙特州共和党初选中，自由主义者罗恩·保罗得票仅次于米特·罗姆尼主要是因为前者得到独立选民和跨党投票的民主党人的大量选票。

因此，候选人在确定其竞选策略时就会考虑初选的类型。更温和的总统候选人、具有非传统的吸引力或更独立的形象的候选人，经常在特别采取“开放式”初选的州参加竞选，他们在这些州可能会因跨党投票选民的支持而获益。通过讨论能够吸引其他政党的选民的议题，他们在这些初选中也会鼓励跨党投票。① 在 2012 年共和党的竞选中，与只允许共和党人选择其政党候选人的州相比，保罗在采取“开放式”初选的州得票比领先者罗姆尼多得多。

有组织的策略性投票可能是更大的问题。政党领袖担心，对手可能会通过在政党初选中投票支持最没有吸引力的候选人进行破坏。2012 年，密歇根州民主党领袖就曾这么做。他试图督促支持者参加共和党初选投票，通过投票支持不太可能当选的竞争者里克·桑托勒姆（Rick Santorum），削弱罗姆尼。尽管罗姆尼最终赢得了初选，但大多数跨党投票的民主党人把票投给了桑托勒姆，这使他的候选人身份多维持了几个

① Lynn Vavreck, “The Reasoning Vote Meets the Strategic Candidate,” *American Politics Research* 29 (2001): 509-529.

星期（见图 9－1）。然而，对“开放式”初选的研究并未发现策略性投票的证据。选民跨党投票通常是为了支持他们真正偏好的候选人，而不是去削弱举行了他们参加的初选的政党。①

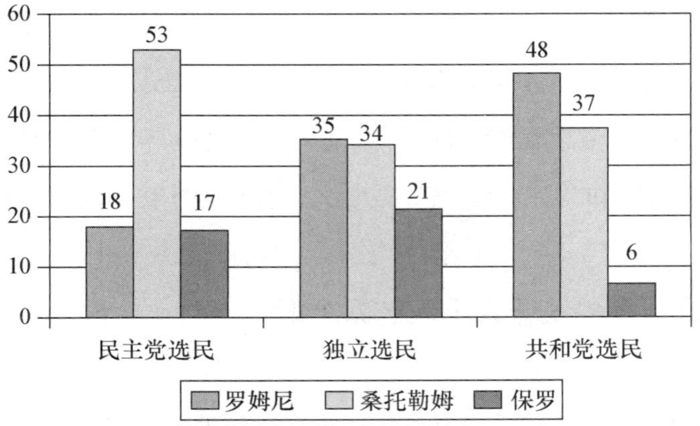

图 9－1　民主党人在共和党初选中进行“策略性投票”了吗？密歇根 2012 年

说明：柱状图显示了在密歇根州“开放式”初选中，不同政党选民投票支持米特·罗姆尼、里克·桑托勒姆以及罗恩·保罗的百分比。支持每一政党的总数不到 100%，因为略去了支持其他候选人的选票。独立选民占初选选民的 31%，民主党人占 9%，共和党人占 60%。在“封闭式”初选中，实际上所有选民都是共和党人。

资料来源：“Michigan Exit Polls：How Different Groups Voted，” *New York Times*，来自爱迪生研究中心（Edison Research）所做的民调，参见：http://elections.nytimes.com/2012/primaries/states/michigan/exit-polls (accessed November 15，2013).

候选人如何获得资格

候选人让自己的名字出现在初选选票上的难易程度及赢得提名所需要的支持，各州都不一样。

候选人如何登上选票？

在大多数州，候选人通过提出申请而被列入初选票。州选举法明确规定申请书必须包含多少签名——或者是一个具体的数字，或者是前一次该职位竞选中投票选民的一定比例。这一步的困难程度在各州之间差别很大。有些州有要求大量签名的复杂规

① Gary D. Wekkin，“Why Crossover Voters Are Not ‘Mischievous’ Voters，” *American Politics Quarterly* 19 (1991)：229－247.

则，目的在于支持政党内部人士。在其他一些州，候选人只需要在选举工作人员那里露面并缴纳少量费用。少数州甚至会直接把总统候选人列在选票上，如果他们被“普遍认为”会参选的话。

这些简单的规则会对政党产生深远影响。候选人越容易登上选票，持不同意见的，甚或不切实际的候选人参加竞选并与政党首选的候选人在代价高昂的初选中进行竞争的可能性就越大。在容易参选的州，公民可能会卷入充满怨恨的竞选，比如，人们会反对曾逮捕过他们的城镇治安官，或者只是怀有破坏初选之想法者。

决选（runoffs）：太多候选人出现选票上时

如果处于领先地位的候选人在初选中得票少于选票的大多数该怎么办？在大多数州的初选中，简单多数就足够了。然而，在几乎所有南方州和边疆州，如果没有一位候选人得票率超过 50%，都会在得票最高的两位候选人之间进行决选。在民主党长期一党统治南部时期，民主党的派别之争导致在初选中经常出现 3 个、4 个或 5 个认真的候选人竞争一个职位的情况。决选的目的是确保一位候选人以绝对多数胜选，为全体选民提供一个统一的面孔，防止在大选中出现来自黑人和其他共和党人的挑战。

长期以来，南方州的第二轮初选制度（runoff primary）一直存在争议。一个例子是，在第一轮初选中获得相对多数票的黑人候选人在决选中经常败给白人候选人。最近的研究表明，决选不利于少数族裔群体。①

关于初选，政党不喜欢的地方

进步主义者设计直接初选制度，目的是打破政党组织对提名的垄断控制。在一些重要方面，它起到了这样的作用。在这一过程中，它对政党选举的效能构成了更广泛的挑战。

---

① Thomas A. Reitz and Rebecca B. Morton，“Majority Requirements and Minority Representation，” *NYU Annual Survey of American Law* 63（2008）：691－725.

征召候选人的困难

候选人征召绝不是一项简单的工作，对于小党尤其如此。直接初选使挑战变得更加困难。如果一个有抱负的候选人能够在处于支配地位的政党的初选中挑战政党支持的候选人，他或她就几乎不可能考虑代表小党参加竞选。因此，有人认为，小党将更难于征召到优秀的候选人去参加不可能获胜的选举。大党逐渐成为施加政治影响的唯一可行的途径，小党进一步萎缩了。①

但这种看法并不能持久。初选制度变得更加普遍之后，一党政治衰落了。即便是在一党主导的地区，由初选推动的内部竞争也可以迫使官员对其选民负责。② 而且，政党组织无法确保其自己初选的结果，这一事实也意味着它们能为自己试图征召的候选人提供的可能更少。

无吸引力候选人的风险

和在大选中一样，通常只有大约一半选民会参加初选投票。③ 如果这更小部分的初选选民不能代表后来投票的选民，那么，这样的初选可能会选出一个在大选中由于他或她的议题立场或背景而对更广泛的选民毫无吸引力的候选人。当三 K 党的前官员在众多候选人的初选中夺得民主党的国会提名时，可以设想到南部加利福尼亚州民主党领袖的不安。特别是，一些参加初选的选民可能会倾向于选择一位比作为整体的选民更加极端的候选人（见专栏《一位“政治家”的失败》）。

初选选民可能会选择一位虚弱的候选人的另一个理由是，在一个所有候选人同属一个政党的竞选中，选民无法依靠其政党认同来选择候选人，许多选民也无法获得任何其他相关信息。他们选择一位候选人，可能是熟悉他或她的名字，或者只是因为其名字在选票上排在第一的位置上。人们常常认为，如果是由政党代表大会进行提名，

---

① V. O. Key, Jr., *American State Politics*: *An Introduction* (New York: Knopf, 1956), p. 195.

② John G. Geer and Mark E. Shere, “Party Competition and the Prisoner's Dilemma,” *Journal of Politics* 54 (1992): 741-761.

③ 参见：Malcolm E. Jewell and Sarah M. Morehouse, *Political Parties and Elections in American Studies*, 4th ed. (Washington, DC: CQ Press, 2001), p. 123.

由于政党代表大会代表对可能的候选人会有更好的了解，他们可能不会做出这些误判。

一位“政治家”的失败

在 1991 年苏联解体时，世界范围的核观察家都屏住了呼吸。苏联曾控制着庞大的致命核武库。它们会落入恐怖分子或流氓国家之手吗？这一问题是至关重要的，但由于保护国家免于核打击是“公共产品”——如果实现这一目标，将惠及所有人，而不仅仅是达致该目标者的选民——几乎没有国会议员会相信，如果他们投入时间，努力解决这一问题，能够获得连任。理查德·卢格（Richard Lugar），1977 年以来一直在参议院代表印第安纳州的共和党人做出了这样的投入。卢格与参议员萨姆·纳恩（Sam Nunn，D-GA）一起草拟了《纳恩-卢格法案》（Nunn-Lugar Act），规定由美国提供资金和专家，保护或解除苏联的核武器，并为苏联核科学家寻求其他工作。在确保这些“即将起爆的核弹”（loose nukes）的安全并关停它们方面，《纳恩-卢格法案》取得了巨大成功。

然而，到 2012 年，卢格已热情不再。印第安纳州财政部长理查德·默尔多克，是茶党支持的候选人，在共和党初选中与卢格进行竞争。尽管卢格有保守的历史，但默尔多克和反税组织“增长俱乐部”（Club for Growth）依然攻击他是自由主义者和“奥巴马心爱的共和党籍参议员”。“增长俱乐部”和其他右翼组织在初选中花费了 300 万美元，在广告中宣称卢格不够保守。默尔多克以 20 个百分点的优势击败了卢格。但当竞争从初选中的共和党基层选民转向大选中的所有选民时，大量印第安纳州人把默尔多克视为极端主义者。他傲慢地拒绝与民主党人妥协，以及他的“即便是因为强奸也不应允许堕胎”的言论，导致他败给一位民主党人——这成为 2012 年印第安纳州政治中不同寻常的事件。

分裂的初选

初选为政党内部冲突公开化提供了机会。参加在初选中失败的候选人的竞选运动的积极分子，在大选中可能会袖手旁观，而不是效力于其政党提名的候选人。2008 年民主党总统初选中希拉里·克林顿的支持者，对巴拉克·奥巴马赢得提名感到愤愤不平。他们不可能像初选中支持奥巴马的选民那样，在大选中投票支持奥巴马。[①] 如果奥巴马在大选竞赛中失败，克林顿的这些支持者的流失可能会是决定性的。候选人的初选竞争对手提出的指责，经常会再被大选中的对手利用，这是自由的竞选活动有利于另一政党的一个原因。如果分裂的初选花费巨大，它可能会消耗掉赢得初选的候选人在大选中开展有效竞选运动所需要的大量金钱。

如果失败的候选人拒绝接受失败的结果，作为独立候选人或小党候选人，不顾一切参加大选，分裂的初选可能会造成特别严重的危害。气急败坏的失败者可能会吸引足够多的支持者，从而破坏他或她的初选对手成功的机会。然而，在绝大多数州，“气急败坏的失败者”法和同步的申请截止日期使得初选失败者无法利用这种迂回战术登上普选选票。

尽管存在这些担心，分裂的初选并不总会削弱一个政党。参加竞争性初选，可能会让胜利者成为大选中更强大的候选人。在 2008 年，奥巴马在与克林顿进行的漫长的提名战中获得的经验，使他有机会在大选之前建立和检验他的竞选组织。有时，在一位现任候选人因丑闻或选区的改变而显示出其支持出现不断减弱的迹象的时候，全国性政党也会鼓励可行的挑战者。尽管这可能会引起分裂的初选，但它也可能会产生一位在秋季选举中更可能为政党守住席位的政党提名人。

众议院大量安全选区的竞争会让分裂的选举更加普遍。美国人口调查局（U. S. Census）在 2000 年和 2010 年重新划分选区之后，增加了国会安全席位的数量，一些有抱负的候选人把初选视为他们赢得众议院席位的最佳和最节约的途径。这吸引了数十个希望改变国会意识形态倾向的利益集团的注意，并为此花费甚巨。民主党人因其惯于内部争斗而闻名，但我们也可以看到这和共和党内部分裂的初选完全一样，比如，在与基督教右翼有关联的候选人挑战在社会议题上更加温和的共和党人的时候。[②] 其他团体，包括“增长俱乐部”，已把资助初选作为手段，警告其

---

① Priscilla L. Southwell, “The Effect of Nomination Divisiveness on the 2008 Presidential Election,” *PS: Political Science & Politics* 43 (2010)：255-258. 还可参见：Marjorie Randon Hershey, “The Media: Coloring the News,” 见于：Michael Nelson, ed., *The Elections of 2008* (Washington, DC: CQ Press, 2009), pp. 128-129.

② Paige L. Schneider, “Factionalism in the Southern Republic an Party,” *American Review of Politics* 19 (1998)：129-148.

他共和党人，如果不采取尽可能严格的反增税立场，他们将会在初选中遇到对手。[①]

让候选人承担责任的难题

当候选人不是由政党领袖选择而是经由初选选出时，政党就会失去让其候选人或官员对其行为负责的有力手段。比如在英国，如果一位经选举产生的官员在重要议题上与政党决裂，政党领袖通常可以使他或她不再被提名。如果政党不能阻止重新提名一个自行其是的官员，那么，它就无法强化对党的忠诚。当然，这只是进步主义者过去所期望的。因而，初选有这些缺点：

- 初选允许提名对政党组织和政党领袖持反对立场的候选人，反对政党的纲领，或者不符合政党领袖希望塑造的公众形象。
- 初选大大增加了提名的花费。一场激烈竞争的初选的花费，几乎经常会比一次政党代表大会的花费还要多。
- 初选延长了美国已经比其他民主国家更长的政治运动时间，达到了能够考验许多选民耐心的程度。

政党组织进行反击

政党已很明确地认识到初选造成的危险，但它们同样也认识到，直接废除初选的企图肯定会失败。因此，政党组织已形成了一系列试图限制初选造成的危害的策略。这些策略成功的程度各不相同。在第 10 章我们将会看到，总统提名过程经常是被政党领袖控制的，一些地方政党也能够有效地影响初选。其他政党组织既没有力量，也没有意愿去做出尝试。

说服候选人参选（或不参选）

通过确保政党支持的候选人没有竞争对手，政党组织能够最有效地控制初选。有

---

① Matt Bai, "Fight Club," *New York Times Magazine*, August 10, 2003, pp. 24-27.

些政党组织试图在可能的候选人之间进行调解，或者劝诱一位有吸引力但无意参选的候选人参加竞选。如果有强大的组织，它们可能会说服不够理想的候选人退出竞选。即便它们没有任何东西能够给予或保留，他们仍然有机会影响可能的候选人的决定。研究者已发现，几乎 70%的非现任州立法机构候选人在宣布参选之前都会与地方政党领袖讨论他们的参选计划。①

支持候选人

有些更强大的州党，比如马萨诸塞州和明尼苏达州的政党，其影响远超过这种非正式影响，在初选前就会为它们偏爱的候选人提供某种形式的支持。回顾几个州初选的历史可以看到，那些政党中至少有一个会举行政党大会，正式支持候选人竞选州公职。通常，一位得到一定比例政党大会代表支持的候选人会自动使他或她的名字登上初选票。这些支持往往伴随着竞选经费和组织帮助。在其他一些州，包括伊利诺伊、俄亥俄和密歇根等州，政党领袖可能会以非正式会见的方式支持某些候选人。

这些支持会影响选民吗？历史记录非常复杂。正式支持经常会阻止其他候选人或资金充裕的利益集团在初选中挑战政党的选择。此外，在赢得正式支持的过程中，候选人通常会与政党积极分子举行多次面对面的会谈，以便由此产生的清晰视野和支持他的政党提供的资源给他带来增加选票的好处。②

另一方面，从 1980 年起，得到政党支持的候选人在面临竞争的初选中只有大约一半取得了胜利——与 20 世纪 60 年代和 70 年代得到政党支持的候选人的成功率相比，已经大幅下降。③ 有些州的法律禁止政党在初选之前支持候选人。当政党在初选之前只被限定在提供非正式支持时，候选人尚未被列入选票，这些支持的效果会更有限。只有政治上最敏感的选民才能知道政党在支持特定候选人，他们最不需要通过政党支持提供的引导。④

---

① Gary F. Moncrief, Peverill Squire, and Malcolm E. Jewell, *Who Runs for the Legislature*? (Upper Saddle River, NJ: Prentice Hall, 2001), p. 39.

② Sarah McCally Morehouse, *The Governor as Party Leader* (Ann Arbor: University of Michigan Press, 1998), pp. 22–23.

③ Jewell and Morehouse, *Political Parties and Elections in American States*, pp. 109–110.

④ L. Sandy Maisel, Linda L. Fowler, Ruth S. Jones, and Walter J. Stone, "Nomination Politics," 参见: L. Sandy Maisel ed., *The Parties Respond* (Boulder, CO: Westview, 1994), pp. 155–156.

提供实质支持

如果政党不能防止对其优先考虑的候选人的挑战，那么它必须转而依靠更传统的办法。它可能会敦促政党积极分子帮助政党支持的候选人传送他们的提名联署书，或者为这些候选人提供政党资金和专家意见。它还可能发布广告表达政党的支持，或者印制选民可以带进投票站的提示卡。在初选日，政党组织可能会帮助鼓励政党选民进行投票。

尽管州和地方政党影响初选的方式各不相同，但征募候选人可能是最常见的活动形式。设法为偏爱的候选人清除障碍是不太常见的做法。在美国大多数地方，政党只是鼓励人们参加竞选的众多团体中的一种。地方企业，专业人士，劳工团体，公民协会，族群、种族和宗教组织以及其他利益集团和官员，都可能努力征募候选人。看上去最能控制候选人征募的政党组织，通常在初选中也会赞同和支持候选人。

初选中的候选人和选民

两种事实使初选更易于为政党所控制：一是在初选中经常是每一个职位只有一位候选人参选，二是大多数美国人不参加初选投票。政党可能应该对这些情况中的一种或两种负有责任。比如，由于政党在说服或阻止可能的候选人方面的技巧，初选中可能不存在竞争。结果是，提名可能会更容易被咄咄逼人的政党组织控制。

许多候选人在没有竞争的情况下参加选举

很多候选人在初选中没有竞争对手。决定初选竞争性的最重要的因素，或许是政党对在大选中取得胜利的期待。人们不太愿意竞争较弱政党的提名。当现任者参加竞选时（除非现任者已被认为是脆弱的），当政党在初选前已进行支持时，以及当州的法律使登上初选票变得更加困难时，初选往往会更缺少竞争性。①

现任职位阻止竞争的能力，是初选的众多具有讽刺意味的问题中的一个。在选民无法依赖政党标签指引他们的选择的选举中，知名度和媒体报道是重要的影响因素。现任者比挑战者更可能拥有这些资源。为赶走现任者，挑战者通常需要大量的竞选资金，但很少有挑战者能够募集大量竞选经费。通过直接初选弱化了政党对提名的控制，然后，进步主义改革者可能已无意中使得击败现任者变得更加困难了。

选民严重不足

如果初选中竞争不足，投票的选民也会不足。在更弱政党的初选中，在与州的总统初选分开举行的初选中，以及在不允许独立选民和认同其他政党的选民参加投票的选举中，投票率也会特别低。② 除了许多初选缺少竞争外，初选中无人当选这种事实可能也会降低投票率。争取提名的竞争缺少大选内在的戏剧性，大选中胜利的候选人将在大选后走马上任。

对于很少有人参加初选投票这一定律，早期南部的初选是个重要的例外。因为在一党控制的地区（one-party area）赢得民主党提名，就等同于赢得职位本身，所以民主党初选的竞争性和投票率都相当高。然而，当共和党在南部变得更具竞争力时，民主党的初选失去了其特殊地位。结果是，南部的初选中，选民的参与下降了。现在，共和党的初选正吸引着更多选民，因为其候选人在大选中获胜的前景大大改善了，但共和党的提升还不足以弥补民主党人投票率的下降。③

初选选民存在几个方面的区别。许多初选选民是坚定的政党认同者和积极分子，他们对政党对某些候选人的支持反应敏感。正如所料，与未参加初选投票者相比，参加初选投票者具有更高层次的教育程度和政治兴趣。没有太多最近的证据表明，与其他政党选民相比，初选选民持有更极端的意识形态立场，或者他们对意识形态的信奉

---

① Jay Goodliffe and David B. Magleby, "Campaign Finance in U. S. House Primary and General Elections," 参见：Peter F. Galderisi, Marni Ezra, and Michael Lyons, eds., *Congressional Primaries and the Politics of Representation* (Lanham, MD: Rowman & Littlefield, 2001), pp. 62–76.

② Malcolm E. Jewell, "Northern State Gubernatorial Primary Elections," *American Politics Quarterly* 12 (1984): 101–116.

③ Jewell and Morehouse, *Political Parties and Elections in American States*, pp. 124–125.

更加强烈，尽管研究者确实发现，在 2013 年茶党支持者比其他共和党人更可能报告他们经常参加初选投票。① 但是，与大选相比，由于初选通常只能吸引小样本的合格选民，它们更容易被资金充沛的、组织起来的利益，如反增税或支持强制持有的团体等控制。

初选选民经常会做出出人意料的选择。因为初选不会得到太多媒体报道，候选人经常不为人知。因而，选民在初选中的选择，也不像在普选中那样结构良好（well-structured）或者具有可预见性。很多投票决定就是在投票站做出的。因而，政党对初选结果不太有信心，民意测验者发现难以对初选做出准确预测，也就不足为奇了。

直接初选的影响

初选制度的采用，如何从总体上影响了我们？把初选的权力从政党领袖转到选民手中，便使提名民主化了吗？它已经完全削弱了政党组织吗？简言之，进步主义者的愿望实现了吗？

初选让选举变得更民主了吗

参加初选投票者比参加政党代表大会或政党核心分子会议者要多得多。在这种意义上，过程已变得更民主了。但是，初选的民主前景因大量无竞争对手的候选人和低水平的投票率而降低了。如果要想让选民拥有有意义的选择，竞选一个职位的候选人就是必须是一个以上。如果要让选举结果有意义，人民就必须去投票。

然而，毫不奇怪，初选投票率是很低的。采取直接初选制度使美国选举的数量增加了一倍。这或许已为公民提供了比他们希望的多得多的参与政治的机会。由于在初选中无法把政党认同作为做出投票决定的快捷方式，为投出明智的一票，参与者必须做更多准备。由于多一次选举的花费、登上初选票的困难以及把自己与党内其他候选

① Alan Abramowitz, "Don't Blame Primary Voters for Polarization," *The Forum* 5 (2008), Issue 4, Article 4. 关于茶党，参见皮尤研究中心的作品，"Whither the GOP?," July 31, 2013, 参见：www.people-press.org/2013/07/31/whither-the-gop (accessed November 18, 2013).

人区别开来的需要，想成为候选人者会望而却步。如果初选创造者的目标是竞选公职过程中的广泛竞争和提名过程中的大量公众参与，那么，他们将会极其失望。

我们已经看到，政党组织领袖经常能够影响初选选举。如果只有 25%的合格选民参加投票，那么，13%的选民支持就足以提名一位候选人了。政党寄望这一事实，参加投票者大部分是重视政党领袖建议的、忠诚于政党的人。因此，强大的政党组织——能够调集必需的选民、金钱、积极分子和组织——依然能够对结果产生重要影响。但是，致力于影响初选选举会花费巨大，而且非常耗时，即便对强大的政党来说也是如此。从参议员到调查员，美国有大量民选职位，因而政党组织在试图影响初选时也不得不是有选择性的。政党有时也会袖手旁观，因为在初选中支持最喜欢的候选人可能会导致怨恨。当然，政党领袖最大的担心是，如果他们在初选中支持一位候选人，而另外一位候选人胜选了，他们可能会失去对获胜官员的一切影响。

因而，在某些方面，初选已成为一种民主化的力量。在竞争性选区，特别是在没有现任者参加竞选时，选民有机会选择改革者期望的候选人。在所有选区，初选对政党领袖的权力都施加了实际限制。政党，甚至是强大的政党，再也不能把提名授予它们选择的任何候选人了。对其他一些国家的研究显示，与政党领袖选择候选人的制度相比，初选能够帮助更弱的政党选择一位更能吸引选民的候选人。[①] 初选为反对者提供了机会，使他们能诉诸政党的选民，因而也为他们提供了一种否决政党领袖偏好的可能。

初选如何严重损害了政党

另一方面，如果直接初选弱化了政党，可否说它强化了美国的民主？从分裂的选举的风险到竞选资金的增加以及它们需要的选民动员，初选限制了政党资源并为政党领袖制造了麻烦。尽管通过提供初选前的支持或举行政党代表大会提名某些候选人，有些政党组织还能够保持对其初选的控制，但底线是：当一个政党组织无法选择带着政党标签参加普选的候选人时，政党的重要资源之一就被剥夺了。

---

① James Adams and Samuel Merrill Ⅲ，“Candidate and Party Strategies in Two-Stage Elections Beginning with a Primary,” *American Journal of Political Science* 52 (2008)：344-359.

直接初选重新分配了政党内部的权力。进步主义者的目标是把提名候选人的权力从政党组织转移到选民中的政党手中，但令人费解的事情在这一过程中发生了。因为即便违背政党组织，候选人（特别是现任者）也能赢得政党的提名，所以政党“纪律”的观念就失去了公信力。直接初选削弱了政党组织征召与政党有共同目标且遵守其纪律的候选人的能力，它还使政党组织无法惩罚已经当选的政党支持者。因而，以损害政党组织为代价，初选增强了政党的候选人和政府中的政党的权力。这使得美国不同于其他许多民主国家，其他民主国家的政党组织对政府中的政党拥有实际权力。

初选还导致美国政党内部权力的分散化。只要候选人能成功地吸引大多数地方初选选民，他们就可以免于州或全国政党领袖的控制。所有这些都表明，直接初选的影响已超越了改变提名过程。它已推动重塑了美国政治。

初选的代价值得付出吗

自从美国开始出现政党起，如何提名政党候选人就一直是一个充满争议的问题。它提出了这样一个根本性的问题：政党是什么？政党只是官员的联盟——政府中的政党吗？早期政府官员在政党核心分子会议提名其有希望的同事的时代，这种定义似乎非常普遍。政党的定义应该扩大到包含政党的积极分子和组织领袖吗？从政党核心分子会议到政党代表大会的提名制度的改变，反映了政党定义的这种改变，政党组织在其中发挥了最大作用。

我们是否应该把政党观念扩展到远超越其他大多数民主国家接受的范围，使之包含全体选民中的政党支持者？如果是这样，哪些支持者应该被包含其中——只是愿意正式登记为政党忠诚者的那些选民，还是希望在初选中投票支持（或反对）政党候选人的所有选民？对这一问题的回答，经历了多年才演变成政党的更具包容性的定义。尽管最高法院坚决认为政党的结社自由是至关重要的，但“政党”，特别是采取开放式或无限制初选制度、实际上采取“半封闭式”或“半开放式”初选制度的州的政党，已变得特别容易被渗透，其界限已难以确定了。

我们采用的提名候选人的方式产生了深远影响。杰克逊的追随者（Jacksonians）推动政党代表大会制度，目的是从国会的政党领袖手中夺取对政党的控制。进步主义者利用他们对直接初选的偏好作为武器，从政党组织手中夺取对政党的控制，最终夺取对政府的控制。由于提名在政治过程中的重要性，控制提名的那些人会对政治议程产生重大影响；反过来，又会影响谁在政治制度中得到什么。因此，在这一争论中，风险是极高的。

第10章
选择总统候选人

急聘：

美国大党总统候选人

申请者必须愿意在数年内每周都要出差且每天都要募款，忍受对手的激烈攻击，经得起对其背景和议题立场等各方面的审查，让其家庭也经受类似审查，还必须受到从地方晚宴到华盛顿咨询公司等各种场合的陌生人的审查。

工作时数：24/7/365。薪水：无。（成功的申请者可能会被要求捐出他或她自己的数百万美元资产用于竞选活动。）

工作保障：有效期仅至大选日或民调严重下滑之时，无论何者为先。

在米特·罗姆尼击败11位竞争对手赢得2012年共和党总统提名的晚上，他作为正式候选人已有15个月，但他的竞选活动已密集地进行了整整6年。赢得政党总统提名者绝不可能在一夜之间取得成功。为到达梦寐以求的地方，被提名人要经历漫长的旅程，无论是从字面看，还是形象的比喻，都是如此。他或她必须说服谁，以及如何做才能获得政党的总统提名？

“隐形初选”

在选举前数年，认真的总统候选人就开始进行民意测验、募款、在早期竞选的各州寻找积极的支持者，并争取深受尊敬的顾问的帮助（见专栏《总统候选人是如何选出的》）。在第一批初选和政党核心分子会议之前的数月里，竞争会升温。记者们在这一时期也会进行激烈竞争，他们都想第一个预测谁会赢得提名。他们使用的指标是候选人在民意测验中的位置以及他们在募款方面取得的成功。这种早期募款和谋求媒体关注和公众支持的过程，已变得对最终结果如此重要，以至于被称为“隐形初选”（invisible primary）或“金钱初选”。[①]

政党领袖和积极分子以及与政党联系密切的利益集团也都会密切关注。他们希望确定最符合其利益的候选人。尽管政党领袖没有影响提名过程的正式权力，但他们可以通过公开支持特定候选人，与政党积极分子沟通他们的选择。在 2008 年的总统竞选中，初选中的选民和政党核心分子会议提名的都是政党领袖和积极分子达成共识后选择的候选人。[②] 特别是在这一过程的早期阶段，许多政党支持者对可能的候选人了解不多，因而会欢迎这些建议。

总统候选人是如何选出的

第一步：评估他们成功的可能性。

许多认为自己有可能成功的人——州长、参议员、众议员、其他领域的知名人士——会考虑竞选总统。他们会做一些私人民意测验，审视他们在潜在选民中的形象。为评估他们获得所需资源的前景，他们会联络募捐者和潜在捐赠者，并努力争取备受尊重的顾问帮助他们竞争候选人身份。他们会访问提前进行初选和举行政党核心分子会议的州，以争取地方官员的支持。

时间：通常是总统选举前数年。

第二步：加入竞选。

认为自己很可能会成功者——有的并不认为自己很可能成功——会设立总统竞选考察委员会（exploratory committees），募集竞选广告费用并资助他们频繁赴艾奥瓦州、新罕布什尔州及其他提前遴选代表的各州的费用。然后，他们再正式宣布参

① Marjorie Randon Hershey, “Shedding Light on the Invisible Primary,” 参见：Larry J. Sabato, ed., *Get in the Booth! The Presidential Election of 2004* (New York: Longman, 2004), pp. 27–47.

② Marty Cohen, David Karol, Hans Noel, and John Zaller, *The Party Decises* (Chicago: University of Chicago Press, 2008)，特别是在第九章.

选并参加每个州的选举。

时间：通常是在总统选举前至少一年。

第三步：初选和政党核心分子会议。

选民在他们州投票支持希望他们党提名的总统候选人。大多数州为此举行初选；其他州则举行参与式政党核心分子会议和州政党代表大会。代表由各州选出，然后在党的全国代表大会上投票支持他们州的选民选出的候选人。

时间：每次总统选举年的一月到六月之间。

第四步：政党全国提名大会。

代表们在其政党的全国代表大会上投票支持他们州的初选或政党核心分子会议（第三步）选出的总统候选人。然后，他们投票支持获胜的候选人选择的副总统候选人，并正式通过政党的政纲。

时间：根据传统，当前不占有总统职位的政党会在7月或8月首先举行其政党代表大会；不久之后，另一政党也会举行其政党代表大会。

第五步：大选。

两大政党的候选人互相竞争。

时间：从政党代表大会直到11月第一个星期一之后的第一个星期二。

在竞选资金和支持度方面落后的候选人，甚至在大多数美国人有机会评估他们之前就很可能会被排除出竞选。另一方面，募款超过预期的候选人，成功的机会可能会大大提升。2011年，主要因反对同性婚姻和进化论等充满争议的言论而闻名的女国会议员米歇尔·巴克曼（Michele Bachmann，R-MN），通过在“隐形初选”早期数月募款方面超越共和党内更著名的竞争对手，使自己成为总统竞争者。

通过第一个测试期的候选人还必须面对州政党初选和政党核心分子会议的挑战。他们的目标是赢得将会在政党的全国代表大会上投票支持他们的代表的支持。这一不断发展的过程对每一位总统候选人的战略能力构成了挑战。

总统初选的采纳

美国建国之初，可能的总统候选人需要打动其国会中的同僚，因为总统候选人是由国会中的政党核心分子会议选出的。当 19 世纪 30 年代政党开始在全国代表大会提名其总统候选人时，如第 1 章所述，这一过程中真正的权力转移到地方和州政党领袖手中。他们选择参加其全国政党代表大会的代表，并要求这些代表支持哪一位总统候选人。这种选择通常是在一系列由政党控制的、被称为党团会议的会议中完成的，这些会议首先在地方层次举行，然后再举行州范围的政党代表大会。

在进步主义者的推动下，他们的目标是削弱政党领袖的权力，佛罗里达州在 1901 年通过了第一个总统初选法，让选民选择政党的候选人。接着，其他许多州也跟进。后来，各政党进行了回击。到 1936 年，只有 14 个州还通过举行初选选择其参加政党全国代表大会的代表。直到 1968 年，这个数字几乎没有任何改变。① 即使是在举行初选的许多州，选民只能参加无约束力的“选美比赛”，以表达他们对总统候选人的偏好；参加政党全国代表大会并实际选择候选人的代表是在别的地方选出的。然而，1968 年发生了引人注目的事情，全国民主党从州政党手中夺回了对代表选择过程的控制权，为总统初选制度的使用注入了新活力。

民主党内的混乱

1968 年民主党全国代表大会会场外，暴徒们与警察发生了冲突。民主党因在民权及美国卷入越南战争等问题上的争端而被撕裂。当政党代表大会提名政党领袖选择的休伯特·汉弗莱（Hubert Humphrey）副总统作为民主党的总统候选人时，反战的民主党人公开反对，认为这未能公正地反映党的大多数草根积极分子的意见。他们抱怨，汉弗莱甚至连一个州的初选都没有参加。为平复这些积极分子的怨恨，民主党全

① 参见：John S. Jackson III and William J. Crotty，*The Politics of Presidential Selection*，2nd ed.（New York：Longman，2001），Chapters 3 and 4.

国政党领袖们达成协议，下一次政党代表大会代表以更开放和更民主的方式选出。

民主党设立了一个以自由派参议员乔治·麦戈文（George McGovern）为主席的改革委员会［后美国众议员唐纳德·弗雷泽（Donald Fraser）任主席，该委员会也被称为麦戈文-弗雷泽委员会（McGovern-Fraser Commission）］。该委员会建议做出巨大改变以增加造反派民主党人在1972年总统提名过程中的影响，这一建议得到民主党全国委员会和随后的民主党全国代表大会的批准。这一事件最显著的内容之一是，州民主党领袖很轻易地接受了规则变化，这些规则变化大大减少了他们授予政党的最大奖赏——总统提名——的权力。[①]

在努力遵守新的、复杂的麦戈文-弗雷泽规则的过程中，许多州不再采用政党核心分子会议-政党代表大会制度，而是重新建立了初选制度。其他保持政党核心分子会议制度的州要遵守严格的政党要求，代表必须在开放和广为宣传的会议上选出。州政党组织以前采用的控制政党核心分子会议的手法成为非法行为。在这一过程中，不但代表选择过程发生了根本性变化，而且还建立起这样的原则：全国性政党而不是州或者州政党制订提名总统候选人的规则。

改革的魔鬼一旦被放出瓶子就很难再被遏制。在随后的20年里，几乎每一次选举之前，民主党人都会对他们的提名规则进行小的修补。首先，他们利用全国性政党的影响力，让这一过程更加开放并更能代表妇女、黑人和年轻人。然后，民主党人要求采用比例代表制，以使各州的代表团更准确地代表选民对候选人的支持。从1980年起，为把政党领袖（以及他们对候选人的“同侪审查”）纳入这一过程，许多民主党籍的民选官员和政党官员，作为不受约束的“超级代表”，都确保了在政党代表大会上投票的权力（后面章节中将会讨论）。

其结果大大改变了民主党人选择其总统候选人的过程。许多州的立法机构对民主党的新规则做出的反应是改变州的选举法，要求两党都实行初选。于是，共和党人成为民主党改革的不情愿的受益者。然而，共和党人一直保持着他们的传统，给予州党制定其自己的规则的广泛自由，这使得全国性政党组织置身于规则争论之外。

---

① 参见：Larry M. Bartels，*Presidential Primaries and the Dynamics of Public Choice*（Princeton，NJ：Princeton University Press，1988），pp. 17-21.

当前的总统初选和政党核心分子会议

每个州自己决定是以初选的方式，还是以一系列政党核心分子会议的方式选择其参加政党全国代表大会的代表。尽管初选的方式更加普遍，但从一次总统选举到下一次总统选举，各州可以改变选择办法（见图 10-1）。

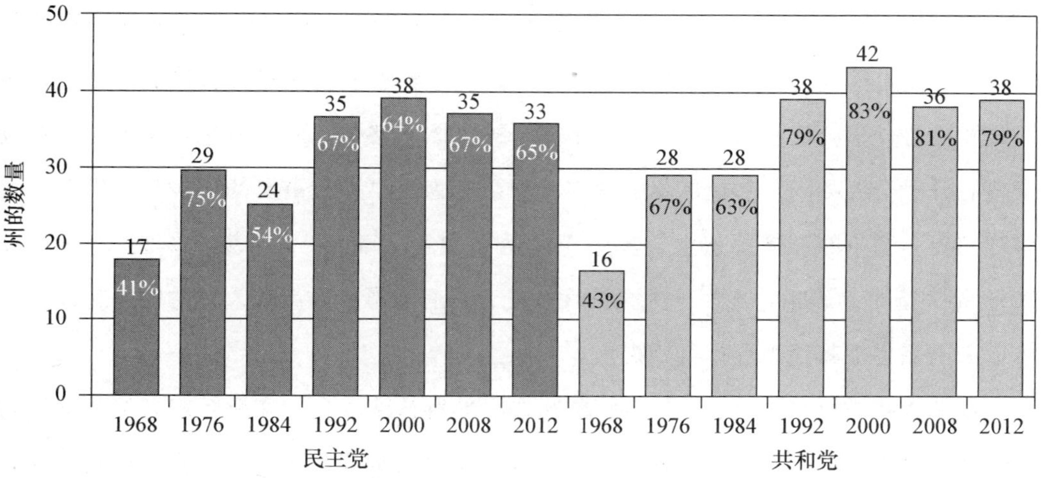

图 10-1　总统初选代表百分比及州数量变化情况，1968—2012 年

说明：每一栏上方的数字是当年通过初选选择代表的州的数量。每一栏内是在这些初选中选出的政党代表大会代表的百分比。其中包括所有 50 个州和华盛顿特区，但不包括领地（美属萨摩亚、关岛、波多黎各以及维京群岛）或民主党海外分部。代表百分比包含民主党的“超级代表”和共和党的不受约束的（unbound）代表。

资料来源：1968—1992 年数据引自：Michael G. Hagen and William G. Mayer，“The Modern Politics of Presidential Selection，”参见：William G. Mayer，ed.，In Pursuit of the White House 2000（New York：Chatham House，2000），pp. 11 and 43-44. 2000 年和 2004 年数据由 Mayer 提供。2008 年和 2012 年的数据系作者根据美国国务卿协会（National Association of Secretaries of State）和绿皮书（The Green Papers）（www.thegreenpapers.com/P12/D-Alloc.phtml〈accessed November 18，2013〉）提供的数据做出的估计。

举行初选的州，会选择一个日期，其合格选民可以去投票地点（或者通过信件选票或缺席投票），选择他们希望成为其政党总统候选人的人。每一位候选人的普选票决定该州有多少代表去参加政党的全国代表大会，支持这位候选人。代表每一候选人的代表名单，通常由候选人或其代理人同意。这无疑确保了参加全国代表大会的代表将会投票支持他们受选民之托支持的竞争者，尽管没有法律要求代表们必须这么做。①

其他州采用的是从选区政党核心分子会议开始的耗时更长的代表选择程序。在这些会议中，政党认同者应邀聚集在一起，经常是一个小时或更长时间，讨论哪一位总

① Byron E. Shafer，*Bifurcated Politics*（Cambridge，MA：Harvard University Press，1988），pp. 181-184.

统候选人最能代表他们政党和他们信奉的议题。然后，他们再选择代表，在更高层级，通常是在县、国会选区，然后在州一级会议上就他们偏爱的总统候选人进行沟通。参加政党全国代表大会的最终州代表名单，由更高层级的政党代表大会决定。比如，2012 年全国最早举行政党核心分子会议的艾奥瓦州在 1 月开始举行选区会议（precinct meeting），但直到 4 月和 6 月的区（district）和州政党代表大会时，该州参加政党全国代表大会的代表还未选出。

直到 1976 年还鲜为人知的民主党籍州长吉米·卡特，通过在艾奥瓦州密集的竞选活动，使自己成为重要的总统候选人，并出人意料地赢得大量代表的支持之前，举行政党核心分子会议的州的活动，几乎完全被媒体忽略了。从那时起，艾奥瓦州的政党核心分子会议和新罕布什尔州的初选一起，成为最早和最重要的代表选举活动。大多数对提名竞争的媒体报道也会集中于这两个州的活动。① 为降低它们在 2008 年和 2012 年大选中的影响，美国两大全国性政党允许有大量少数族裔人口的内华达州和南卡罗来纳州也把其代表选择日期提前。

候选人在举行政党核心分子会议的州进行的竞选活动，与在举行初选的州进行的竞选活动是不同的。因为政党核心分子会议的出席人数非常少，且主要是政党积极分子，赢得政党核心分子会议的支持，需要广泛组织起来，确认并吸引这些可能参加政党核心分子会议者（相反，媒体广告更适用于影响更多参加初选投票的选民）。举行政党核心分子会议的州对 2008 年巴拉克·奥巴马成功竞选总统发挥了很大作用。他的竞选运动在提名季早期举行政党核心分子会议的州调动了许多现场组织者，并赢得其中大多数的支持。②

代表的竞选：时机与势头

在“隐形初选”中幸存的候选人知道，赢得在提名过程的早期举行竞选的州能够

---

① William G. Mayer and Andrew E. Busch, *The Front-Loading Problem in Presidential Nominations* (Washington, DC: Brookings Institution Press, 2004), pp. 24-25.

② James W. Ceaser, Andrew E. Busch, and John J. Pitney, Jr., *Epic Journey* (Lanham, MD: Rowman & Littlefield, 2009), p. 22.

形成胜利的势头。这些早期的胜利，能够吸引媒体对候选人更多的报道，他们在选民中的知名度也会更高。候选人看起来会越来越不可阻挡，因而募款也变得更加容易，这也使得之后更可能取得胜利。这尤其会出现在采用“赢者通吃”规则的竞选中。由于其他候选人未能赢得任何代表的支持，他们会越来越落后。

州立法机构也认识到，较早地举行初选或政党核心分子会议，对它们州有好处。较早的竞选引起媒体的兴趣，会使大批记者（他们会在饮食、住宿及其他需求方面进行消费）涌入他们州，也会为他们州带来竞选经费。媒体可以让州的关注上升为全国的注意。比如，艾奥瓦州的全国最早的地位意味着，艾奥瓦州种植玉米的农场主支持的乙醇使用政策，从总统候选人那里得到的关注会比从其他方面得到的多。因而，随着各州把它们的初选和政党核心分子会议前移到接近提名季（见专栏《提名过程前置》）开始之时，提名过程在最近的选举中已被大大**前置**（front-loaded）了。2012 年，提名过程的**前置**几乎使最初的代表选择活动成为“隐形初选”。艾奥瓦州和新罕布什尔州在 1 月的前 10 天举行了政党核心分子会议和初选。共和党的规则改变使其他几个州无法把它们的共和党初选日期提前。

提名过程前置

2012 年最早的总统选举活动——艾奥瓦州的党团会议，在 2011 年圣诞节后不到两个星期时举行。竞选招牌（campaign yard signs）在各种节日装饰品中间清晰可辨。直到 11 月初的大选，总统竞选过程因而持续了整整 10 个月。相反，1972 年民主党改革后的第一次提名竞选活动在 3 月初才开始进行。

候选人提名角逐是“被前置的”。各州越来越推动把其代表选择活动提前到接近选举年开始的时候，这样会有更多的媒体报道，也会从竞选广告中获得更多金钱，使州的选民有更多机会影响政党候选人的选择。传统上，最早的代表选择活动是艾奥瓦州的政党核心分子会议和新罕布什尔州的初选。从整体来看，这两个州都不具备美国人的典型特征。其人口几乎完全是白人，没有几个城市中心区。参加艾奥瓦州政党核心分子会议投票的人数通常是非常少的，因为政党核心分子会议需要在一个非常寒冷的晚上在公共场所进行一个小时或更长时间。2012 年的政党核心分子会议，出席人数仅占 5%——这已是创纪录的高投票率了。另一方面，这两个州都特别小，以至于能够在选民中进行一对一的、“零售式”的竞选活动，这使较不出名的候选人能够得到全国的关注。有意思的是，这两个州现在都是大选中的战场州。

然而，由于缺少种族和族裔多样性，这两个“第一棒”（leadoff）的州已让许多观察家感到困扰。为提升拉美裔和非裔美国人在提名过程中的发言权，民主党全国委员会同意内华达州和南卡罗来纳州把它们的代表选择活动提前到 2008 年初选季早期举行。这打开了闸门。不久，密歇根州和佛罗里达州也决定在民主党全国委员会授权的、二月初开始的“窗口期”之前举行代表选择活动。民主党全国委员会警告这两个州，如果他们提前举行，将会失去其所有政党代表大会代表。但这两个州都无视警告，提前举行了代表选择活动。由于减少了惩罚，它们又在 2012 年初举行了代表选择活动。

前置对提名过程有几个重要影响。它迫使总统候选人很早就开始募款。它给作为“隐形初选”中的领跑者的候选人提供了巨大帮助。这些早期活动中出现策略性错误的代价，可能是非常高的。这种“匆忙做出判断”的做法，如两位政治科学家所言，使提名制度“不够慎重，不够理性，更缺乏灵活性，而且更加混乱”。

资料来源：Andrew E. Busch and William G. Mayer, “The Front-Loading Problem,” 参见：William G. Mayer, ed., *The Making of the Presidential Candidates* 2004 (Lanham, MD: Rowman & Littlefield, 2004), pp. 1-43; David P. Redlawsk, Caroline J. Tolbert, and Todd Donovan, *Why Iowa?* (Chicago: University of Chicago Press, 2011), Chapter 8.

候选人的策略选择

在着手应对这些前置的初选和政党核心分子会议时，候选人必须做出一些至关重要的决定。他们在每个州应该投入多少努力和金钱？他们的哪些议题立场和个人品质将会对哪些选民最具说服力？不同类型的候选人面临着不同的挑战。比如，早期领跑者在最初的代表选择活动中通常必须展现出压倒性的支持，否则可能会严重动摇他或她的支持者和捐助者的信心，以至于使候选人胜选的前景变得暗淡。2008 年民主党早期的领跑者希拉里·克林顿，把其赢得提名的策略锁定在创造一种使她毫无疑问会成为候选人的印象上，但由于她在艾奥瓦州党团会议选举中失利，这一策略被削弱。许多其他正式和非正式的“规则”限定着提名过程并影响着竞选策略。

民主党的规则与共和党的规则不同。回顾一下，民主党的提名改革要求采用比例代表制（PR），以使得到重要支持的候选人在任何州都不会被排除在外。从 1988 年起，任何在一州初选或党团会议中赢得至少 15%的选民支持的候选人得到的代表票份额，与他们得到的普选票比例几乎是一样的。直到 2012 年，对于如何计算这些选票，共和党一直没有全国性的规则。大多数州的共和党采取某种形式的赢者通吃的制度：在州初选或党团会议中得到多数选票的候选人得到所有或大多数的州代表票。

赢者通吃规则造成的结果，与比例代表制规则完全不同。[①] 例如，约翰·麦凯恩在 2008 年密苏里州共和党初选中赢得 33%的选票，迈克·赫卡比（Mike Huckabee）和米特·罗姆尼紧随其后，分别得到 32%和 29%的选票。尽管把三位候选人区别开来的只有区区不足 2.2 万票，但密苏里州赢者通吃的规则要求把州政党代表大会 58%的代表票分配给以较小优势获胜的麦凯恩。赫卡比和罗姆尼一无所获。相反，当 2008 年奥巴马在一次初选中以微弱比例败给克林顿时，根据民主党的比例代表制规则，他得到的代表票数几乎和克林顿一样多。如同一位记者所指出的，“杀掉水牛的共和党候选人可以得到所有肉，而民主党候选人不得不蹲伏在篝火周围，与他的男女同胞一起分享”。[②] 共和党赢者通吃的规则在 2008 年使麦凯恩能够很快在代表票（delegate）方面确立领先地位，并在 3 月 4 日成功取得其政党的提名，这比奥巴马取得提名早很多。[③]

2012 年和 2016 年规则的改变

奥巴马在 2008 年大选中击败麦凯恩之后，共和党领袖开始怀疑那么早选出被提名者是否明智。为放慢共和党下一次提名竞争的步伐，共和党全国委员会放弃了其惯常的州权政策，规定在 2012 年 4 月 1 日之前举行初选和党团会议的州共和党，在给

---

① John H. Aldrich，*Before the Convention*（Chicago：University of Chicago Press，1980）；Paul-Henri Gurian and Audrey A. Haynes，“Campaign Strategy in Presidential Primaries，” *American Journal of Political Science* 37（1993）：335-341.

② John M. Broder，“Show Me the Delegate Rules and I'll Show You the Party，” *New York Times*，February 17，2008，Week in Review，p. 1.

③ 比例代表制并不总是会放慢民主党的提名竞争。如果一位候选人初期获得领先势头，就像在民主党最近的竞选中发生的那样，民主党也能很快确定被提名人。但当处于领先地位的候选人获得的支持势均力敌时，比例代表制就会延长他们的竞争。

总统候选人分配代表票时，必须采用某种形式的比例代表制。只有较晚进行提名活动的州才能采取赢者通吃的规则。在较早进行的竞选中采取比例代表制，将有助于多位候选人而不仅仅是领跑者在竞选中坚持更长时间，新规则也为各州不提前举行其政党核心分子会议和初选提供了一个理由。共和党领袖希望，这能让最后的被提名者在总统竞选过程中经受更多检验并进行更多实践。

这些日程改变有助于共和党人挑选一个优胜者吗？米特·罗姆尼作为共和党的领跑者开始了 2012 年的竞选。与共和党内其他任何竞争对手相比，他有更多的竞选经费、更严密的组织以及更多的竞选办公室。看起来他似乎应该毫不费力地取得共和党的提名。但他最后未得到提名。大多数较早进行竞选的州改为比例代表制，帮助了他的对手们，使他们能够积聚一些代表，尽管他们在初选和党团会议选举中失败。竞选经费方面的改变也很重要。像纽特·金里奇（Newt Gingrich）的“赢得我们的未来”（Winning Our Future）等超级政治行动委员会（PAC），几乎完全是由一位拥有赌场的亿万富翁提供的 2 100 万美元进行资助的。这使金里奇能够在选举中坚持更长时间，没有它们的支持，他不可能坚持这么久。对罗姆尼可能无法击败奥巴马总统的担心，导致了“除了罗姆尼，任何人都行”（anybody but Romney）运动的发展，特别是在右翼保守派当中的发展。这种情绪与共和党内令人难以置信的 20 多个候选人的争论结合在一起，不断推动新候选人取代这位领跑者。直到 2012 年 5 月底，罗姆尼仍未能锁定赢得提名需要的足够多的代表。结果，2012 年共和党的提名季比 2008 年延长了几乎 3 个月。

罗姆尼在大选中的失败，引起共和党的某些反思。共和党全国委员会的结论认为，改革后的提名季持续太长，并放弃了对 2016 年选举的比例代表制要求。一政党特别工作组建议，在 2016 年 7 月举行共和党全国代表大会，以给总统被提名人更多时间准备秋季的选举。这就要求各州在 5 月中旬之前举行它们的初选和政党核心分子会议选举。①

政党的作用是什么？

政党组织在提名过程中的兴趣，并不必然与总统候选人的兴趣完全一致。州和地

① Republican National Committee，“Growth and Opportunity Project，” March 18，2013，pp. 72－73，参见：http://growthopp. gop. com/default. aspx（accessed November 18，2013）.

方政党希望被提名人能够吸引选民投票支持竞选州和地方官员的政党候选人。一个虚弱的总统候选人可能会损害他们的机会。政党领袖也担心，激烈的提名竞争可能会激发地方和州政党内部的冲突，这有可能在普选中削弱他们。

历史上看，有些州政党会选择未表态支持任何候选人的代表，然后把州代表票作为一个整体投给一特定被提名人，以这种方式保护它们自己的利益。操纵大量代表支持一位候选人的能力能够提升州政党在政党代表大会中的影响。但现行的提名制度使州政党无法派出一个未表明态度的代表团。在大多数举行初选的州，候选人确立了他们自己的代表名单，因此，代表们的第一忠诚对象是候选人。在举行政党核心分子会议的州，表态支持一位候选人的代表只是比未表态的代表对参加政党核心分子会议者具有更大吸引力。因此，在由候选人及其支持者控制的提名过程中，政党领袖更难保护政党的利益。

民主党在 1984 年试图通过增加民选官员和政党官员在全国代表大会上的代表席位来提升其政党的作用。这些**超级代表**（super delegate）——所有民主党籍州长和国会议员、现任及前任总统和副总统以及民主党全国委员会全体成员——是一个数量巨大的未表态的集团，现在占所有代表的大约 15%，他们心中考虑的是政党的利益。但是，由于在大多数选举年提名竞选很快就结束了，超级代表在提名过程中并未发挥独立的作用。①

2008 年提名季代表统计的封闭性（closeness）使人们担心，超级代表的选票可能会实际上决定竞争的结果。有些观察家担心，这可能引起人们对“老板统治”的猜疑。这些怀疑是没有根据的。所有超级代表，或者是选举产生的官员，他们在维持选民支持方面有天然的利益，或者是政党领导人，他们希望选出对选民最具吸引力的候选人。实际上，尽管克林顿在提名季初期似乎有更多超级代表支持，但随着奥巴马在选举产生的代表方面处于领先地位，支持他的超级代表也在同步增长。因而，实际上，为了政党利益，超级代表并未作为一种独立的声音发挥作用。2008 年及之后 2012 年的总统候选人，和过去的提名一样，主要是由于他们自己的核心支持者而不是政党组织的支持而被选择的。这限制了政党组织在他或她当选总统后对其产生的影响。

---

① Kim Fridkin, Patrick Kenney, and Sarah Gershon, “Comparing the Views of Superdelegates and Democratic Voters in the 2008 Democratic Nomination Campaign,” *Party Politics* 18 (2012): 749–770. 共和党向其全国大会派出的超级代表，包括各州共和党主席，数量更少一些。

选民在总统提名中的选择

采取初选和参与性政党核心分子会议提升了公民对总统提名过程的参与。在这些竞选中，什么决定了选民投票率的水平并引导了选民的选择？

谁会参加投票

不同的州的投票率差别很大，同一州的不同年份的投票率差别也很大。媒体对较早的竞选活动的报道，有助于促使这些州出现更高的投票率。公民整体教育程度更高并且有两党竞争传统的州，投票率也会更高——这些州在大选中的投票率也更高。竞争的类型也非常重要。当竞选势均力敌、候选人为竞选花费了更多金钱以及选举令人兴奋时，选民最可能参与，所有这些都会增强人们对选举的兴趣。[1]

参加初选的选民有代表性吗

然而，初选投票率比大选投票率低。在总统初选中出来投票，因而为其他公众选择被提名人的人们，能代表其他公民吗？改革的批评者指责：他们没有代表性，因而，现在的候选人是由一群不具有代表性的公民选择的。

我们可以用多种方式分析这一问题。在比较总统初选的投票者和未投票者时，我们发现，初选中的投票者实际上受教育程度更高、更富有，也更年长，大选中的投票者也是如此。更恰当的是与政党认同者的对比，因为初选是政党选民选择其被提名人的途径。运用这种比较方法，大体上和初选选民一样，总统初选的选民也稍微有点更年长、受教育程度更高、更富裕、更好地融入他们的社区之中，政党倾向稍微更强且对政治更有兴趣，而且不大可能是黑人或西班牙裔人。不过，这种差别不是实质性的。[2]

---

① Barbara Norrander，“Primary Elections and Caucuses,” 参见：Marjorie Randon Hershey，ed.，*Guide to U. S. Political Parties*（Los Angeles：Sage，2014），Chapter 21.

② Barbara Norrander，*The Imperfect Primary*（New York：Routledge，2010），p. 63.

选民会做出明智的选择吗

对初选的另一种批评是，选民不能做出非常明智的决定。与大选中的选民相比，初选中的选民对竞选活动似乎不会关注太多，对候选人也没有太多了解。特别是在早期的竞争中，随着支持出乎意料地或以较大优势胜选的候选人的浪潮的形成，选民会受候选人这种竞选势头的影响。候选人的个人特质在初选中也会影响选民，① 但议题往往只能产生很小的影响。按照这种说法，结果就是许多竞争主要是基于短期、表面的考虑决定的。②

很多分析家认为，这种指控过于严重了。他们认为，在短期竞选中，选民在面临没有政党标签提供强有力的指引而必须在多个候选人中进行选择的挑战时，能够做出某种理性的反应。③ 尽管仅仅因为一个候选人竞选势头很好就支持他或她似乎是毫无意义的，但初选选民经常会发现，他们的政党的候选人之间只有很细微的议题差别，因而他们只是希望选择最有机会为他们的政党赢得总统位置的候选人。

竞选势头看起来很重要，特别是在选民们被要求从一群候选人中选出他们了解很少的候选人时，④ 以及没有为人熟知的领跑者时。⑤ 即便这样，冲到一群候选人前面的候选人通常还会受到更细致的评估，这会给选民更多支持或反对他的理由。总之，尽管初选选民对候选人的了解比大选选民对候选人的了解要少，但他们在初选中所做决定的品质，与在大选中所做决定的品质可能没有太大差别。⑥

初选会造就好的候选人吗

和更早时候的提名制度一样，当前初选主导的制度已产生了一些富有才干的候选

---

① Mark J. Wattier and Raymond Tatalovich, "Gods, Generals, and the Confederate Flag," *The Citadel Symposium on Southern Politics*, Charleston, 2014.

② John G. Geer, *Nominating Presidents* (New York: Greenwood Press, 1989).

③ Samuel L. Popkin, *The Reasoning Voter* (Chicago: University of Chicago Press, 1991), Chapters 6–8.

④ Bartels, *Presidential Primaries and the Dynamics of Public Choice*, Chapter 4.

⑤ Paul R. Abramson, John H. Aldrich, Phil Paolino, and David W. Rohde, "'Sophisticated' Voting in the 1988 Presidential Primaries," *American Political Science Review* 86 (1992): 55–69.

⑥ Walter J. Stone, Ronald B. Rapoport, and Alan I. Abramowitz, "Candidate Support in Presidential Nomination Campaigns," *Journal of Politics* 54 (1992): 1074–1097.

人和一些不太杰出的被提名人。更早的提名制度更有利于为政党领袖所接受的主流政客，包括一些通过政党忠诚而非靠他们的个人魅力或治理能力赢得提名的候选人。初选更可能为那些名字广为人知的候选人和得到议题积极分子和有强烈看法的人们支持的候选人带来优势。①

与早期的提名过程相比，当前的提名制度使总统候选人有更好的机会，展示公众对他们的支持，募集更多竞选经费，并检验他们的耐力和应对压力的能力。另一方面，候选人在初选中的表现，可能并不是一个能够很好地反映他们在白宫能否胜任的指标。目前初选制度的前置，还增加了政党选民过于草率地选择一位被提名人然后又后悔的风险。

政党全国代表大会

各州通过初选和政党核心分子会议选出它们的代表后，这些代表再参加他们政党的全国代表大会，投票选出总统被提名人。当然，到那时全国都已知道各政党在初选和政党核心分子会议中赢得大多数代表支持的候选人，1968 年以来的历次政党全国代表大会都提名了第一轮投票中的胜出者。那么，全国代表大会只是做一个平淡无奇的声明，或者是还有什么留待代表们去完成？

政党代表大会的起源

政党全国代表大会是一种古老且备受尊重的制度，但它至少部分是源自权力的争夺。1832 年，提名安德鲁·杰克逊为民主共和党的总统候选人是意料之中的结果，但州的政党领袖们希望阻止提名国会政党核心分子会议支持的亨利·克莱（Henry Clay）为副总统；他们支持的是马丁·范·布伦（Martin Van Buren）。因此，这些州政党领袖推动举行政党全国代表大会，进行提名。在这一过程中，他们从国会领袖手中夺取了对总统选择过程的控制权。到 1854 年共和党出现时，政党全国代表大会已

① Michael G. Hagen and William G. Mayer, "The Modern Politics of Presidential Selection," 参见：William G. Mayer, ed., *In Pursuit of the White House 2000* (New York: Chatham House, 2000), pp. 17-21.

成为大党选择其总统候选人的常规途径。从 1856 年起，两大党每四年都会举行全国代表大会。

政党代表大会的任务

政党代表大会通常由一位政党“明星”做主题演讲，为会议热身，然后尽可能多地展示其受欢迎的领袖和富有吸引力的新面孔，最后在提名总统和副总统候选人时达到引人注目的高潮。这种基本形式在几十年里基本上没有任何变化。

总统提名正式化

在 20 世纪 70 年代提名制度改革之前，政党的总统被提名人是由州和地方政党领袖选择的代表（delegates）在政党全国代表大会期间选出的。当第一轮投票未形成支持一位候选人的多数票时，其他候选人和州政党领袖之间会进行激烈的谈判。处于领先地位的候选人会努力维护其支持者的支持，同时与已承诺支持其他候选人的各州代表团进行谈判，争取它们的选票。但最近几年，在政党代表大会开始之前，就已经有一位候选人赢得了大多数代表的选票，因而政党代表大会只需一轮投票即可。

批准副总统被提名人

选出总统被提名人的那天之后，代表们再投票选择副总统候选人。这也是礼节性的；总统候选人选择他们的竞选搭档，政党全国代表大会批准他们的选择。[①] 过去，副总统被提名人都是由（通常已筋疲力尽的）总统被提名人在政党代表大会上选择的。现在，总统被提名人在政党全国代表大会开始之前就宣布他们的“副总统”人选，这经常被用作增加某些选民群体对他们的支持的手段。

批准政纲

除提名候选人外，政党全国代表大会的主要工作，是批准政党的**政纲**（platform）——关于政党在广泛议题上的立场的声明。政纲委员会经常会在举行政党全国代表大会前很久，以在线以及举行听证会的形式，征求公众意见。然后，再把准备好的政纲提交政党全国代表大会批准。

因为政纲是在提名大会上批准的，而提名大会的主要目的是选出总统候选人，所

---

① Lee Sigelman and Paul J. Wahlbeck, “The ‘Veepstakes’,” *American Political Science Review* 91 (1997): 855-864.

以，这些政纲通常会反映候选人的看法，或者反映候选人为赢得支持或维持政党和谐而愿做出的交易。[①] 于是，政纲通常会列出政党的（和候选人的）支持联盟中各个群体的政策偏好。政纲还是竞选文件，目的是帮助政党候选人赢得选举。

然而，政纲绝不仅仅是一长串承诺清单。政党政纲研究权威学者的研究表明，政党之间的重大差别经常是由它们（政纲）界定的。[②] 于是，它们在政党全国代表大会上可能会引起激烈辩论，因为许多代表非常关心这份关于政党在诸如堕胎、征税、污染及美国参与世界事务等议题上的看法的声明（见第 15 章）。

发起大选竞选活动

政党全国代表大会的最后一项任务，是把政党的总统候选人推介给美国民众。候选人希望，政党全国代表大会做出的热情洋溢的描绘能够大大提升民众对他们的支持，也被称为“会后弹升”。

政党全国代表大会还有其他许多事情上演。说客们会主办豪华晚宴和招待会，讨好民选官员。尽管政党全国代表大会部分是由税款资助的，但它们的大多数花费是由对联邦政策有兴趣的大资助者——公司（特别是支持共和党的）、工会（支持民主党）以及富有的个人——支付的。

谁会成为代表

政党代表大会代表帮助塑造了两党在公众中的形象。谁会成为这些代表呢？

在各州之间按比例分配代表席位

全国性政党决定每个州可派出多少代表参加政党全国代表大会。两党做出的选择是不同的。共和党在各州之间更平均地分配代表席次，民主党则更强调州的人口规模

① L. Sandy Maisel，“The Platform-Writing Process，” *Political Science Quarterly* 108（1993－1994）：671－699.

② Gerald M. Pomper，“Party Responsibility and the Future of American Democracy，” in Jeffrey E. Cohen，Richard Fleisher，and Paul Kantor，eds.，*American Political Parties*：*Decline or Resurgence*?（Washington，DC：CQ Press，2001），pp. 170－172.

及其支持民主党籍候选人的记录。

这些分配方案影响了政党联盟内部各种团体的投票力量，就像它们在两个全国委员会中所做的那样（见第 4 章）。共和党更平等地代表小州和大州的决定，有利于其保守派。相反，通过相对更重视具有投票支持民主党的更强传统的大州，民主党促进了其党内更加倾向自由主义的地区的利益，特别是拥有大量少数族裔人口的城市地区。

这些代表的代表性如何

参加民主党和共和党全国代表大会的代表从来就不是代表美国公民甚或其政党选民的典型的一群人。白人男性、受良好教育者和富有者，传统上在政党全国代表大会中一直是被过度代表的。自 20 世纪 30 年代起，反映了它们不同的联盟基础，民主党的代表团中有了更多工会成员和美国黑人代表，而共和党全国代表大会则吸收了更多新教教徒和小企业主。

人口统计数据

1968 年之后，民主党通过肯定性行动计划，增加了妇女、黑人以及较短时间内青年人的参与。我们可以看到对政党代表大会代表进行民意测验的结果。尽管 2012 年对代表们的例行民意测验不是由新闻机构进行的，但依然没有理由认为 2012 年的代表与 2008 年的代表会有很大不同。在 2008 年民主党全国代表大会上，超过 1/3 的代表是有色人种（共和党只有 6%的代表是有色人种）；1980 年起，民主党全国委员会一直要求，女性代表应占全部代表的一半。在没有政党强制要求的情况下，参加共和党全国代表大会的女性代表的百分比在这一时期也提高了。民主党全国委员会已敦促州政党征募更多中低收入代表，但他们较少的政治参与和参加全国代表大会的高昂代价阻碍了他们的参与。结果，政党全国代表大会依然是富有者和受良好教育者的会议。比如在 2008 年，34%的共和党代表和 22%的民主党代表说，他们是百万富翁，也是十余年中比例最大的部分，而且大多数都受过研究生教育。①

① 本章此处及后面引用的数据均来自：*New York Times*/CBS New Polls of Democratic and Republican National Convention delegates.

政治经验

我们可以假定，代表们可能是“惯犯”（recidivists），会在一次又一次的政党代表大会上再次亮相。但事实并非如此。经过一些改革之后，首次参加政党代表大会的代表比例跃升到大约80%。即便是在民主党开始把政党代表大会席位留给政治经验丰富的超级代表后，新人依然是代表中的大多数。但是，绝大多数代表是长期的政党积极分子。在2008年，一个随机抽样的大多数代表报告指出，在至少20年里，他们在其政党中一直非常活跃，而且大多数说他们目前担任政党职务。

议题

与大多数其他选民相比，政党代表大会代表对各种议题的看法会更极端，也更了解各种议题。2008年，民主党的代表（19%）比民主党的选民（15%）更愿称自己非常自由主义，大约是愿意称自己自由主义和非常自由主义的普通选民比例的2倍。40%的共和党代表认为自己非常保守，而共和党选民中认为自己非常保守的只有30%，所有选民中只有15%的认为自己非常保守。因而，不同政党的代表们的看法是非常极化的。

代表们与他们的政党选民之间的距离，因议题不同而有所差异。如表10－1所示，尽管2008年民主党的代表们在一些关键议题上比大多数选民的立场都更加自由，但在支持覆盖所有美国人的医疗保健、环境保护、枪支管制等议题上，他们都是最接近民主党选民（及所有选民）的看法的。关于非法移民问题的重要性，共和党代表们的看法与其他共和党人以及普通选民几乎完全一样，但他们在其他问题上更加偏右。在医疗保障的覆盖和减税等问题上，民主党代表和共和党代表相互间差别最大。因而，尽管麦戈文-弗雷泽改革的支持者曾希望新制度比旧制度能更好地代表大多数政党认同者的看法，但这些改革并未在这方面产生很大影响。①

是纯粹主义者还是实用主义者

人们还期望这些改革能产生以不同方式对待政治的代表。用第5章描述的术语说，有些政党代表大会的代表可被称为纯粹主义者，其他的可被称为实用主义者。纯粹主义者更多被议题所吸引，更坚持党内民主，更不愿做出妥协。相反，实用主义者更可能会

---

① Warren E. Miller and M. Kent Jannings, *Party in Transition* (New York: Russell Sage Foundation, 1986), Chapters 7-9.

坚持对政党的长期承诺，而且更愿意为了赢得大选而在某些议题上进行妥协。

有一些证据表明，民主党的改革，和预期的一样，已减少了 1968 年和 1972 年的政党代表大会之间政党实用主义者的参与。[①] 然而，如我们已经看到的，政党后来又通过增加超级代表，使这一趋势发生逆转。研究表明，无论是在这些改革之前，还是之后，代表们一直都坚定地保持着对政党及其目标的强烈忠诚。[②] 无论是实用主义者还是纯粹主义者，对他们来说，参与这种非常公开的政党庆典都可能会强化代表们对其政党目标的忠诚。

谁控制着代表们

如果代表们只是充当强有力的政党领导人的爪牙，那么他们的代表性如何可能就不重要了。而在政党代表大会的大部分历史中，各州代表团恰恰就是这么运作的。但现在州政党领袖已不再控制他们的州代表团了。在 1968 年民主党废除他们长期采用的单位投票制时，一州代表团的多数代表可根据这一制度把该代表团所有选票投给一位候选人，它们排除了政党领袖施加控制的有力工具。或许，阻止州政党领袖控制代表大会的最强大的力量是这一事实：现在两大党的代表们去参加政党代表大会时已经忠于一位候选人了。这使得政党领袖无法再“操纵”他们。如果有人能控制现代政党代表大会，那么，一定是政党可能的总统被提名人，而不是州政党领袖们。

表 10－1　对议题的看法：2008 年政党代表大会代表与选民之比较

	民主党代表（%）	民主党选民（%）	全体选民（%）	共和党代表（%）	共和党选民（%）
为全体美国人提供医疗保障覆盖比降低税收更重要	94	90	67	40	7
堕胎在任何情况下都应该得到允许	58	33	26	13	5
非法移民现在对美国是非常严重的问题	15	36	49	64	58
国会在 2001 年通过的许多减税措施应该是永久性的	7	34	47	62	91

① John W. Soule and Wilma E. McGrath, “A Comparative Study of Presidential Nomination Conventions,” *American Journal of Political Science* 19 (1975): 501–517.

② Geoffrey C. Layman, “Party Activists,” 参见：Hershey, ed., *Guide to U. S. Political Parties*, Chapter 16.

续表

	民主党代表（%）	民主党选民（%）	全体选民（%）	共和党代表（%）	共和党选民（%）
美国对伊拉克采取的军事行动是正确的	2	14	37	70	80
与发现新的能源来源相比，环境保护应该成为政府更高优先关注	25	30	21	9	3
应该允许同性恋伴侣合法结婚	55	49	34	11	6
枪支管制法应该更加严格	62	70	52	32	8

说明：数据为赞同各陈述的每个群体的百分比。

资料来源：关于政党大会代表的数据来自 *New York Times*/CBS New 在 2008 年 7 月 16 日—8 月 17 日对民主党代表大会代表（$n=970$）和 7 月 23 日—8 月 26 日对共和党代表（$n=854$）所做的民意测验。在同一家民意测验机构于 2008 年 8 月 15 日—20 日所做的全国性民意测验（$n=1014$）中，“选民”全部为登记选民。

媒体如何报道政党代表大会

除了在政党代表大会的代表和权力中心方面的所有这些变化以外，媒体对政党代表大会的报道也已发生了显著变化。一方面，为适应媒体的需要，政党代表大会的形式已被重新调整，开会时间也做了重新安排。[①] 另一方面，出乎意料的是，最近几年媒体对政党代表大会的关注大大下降了。

从 1948 年第一次电视转播政党全国代表大会开始，电视记者和政客们找到了服务彼此利益的方法。

在录像比较便捷之前的电视时代的早期，电视网急需填充广播时间的内容，因此，它们会全程现场直播政党代表大会。政党代表大会成为像奥林匹克运动会一样的重大新闻事件，通过对这一事件的报道，电视新闻台（TV news）可以展示其技能，并提供公共服务。记者们在会场里来回穿梭，报道主要候选人的战略举动、有权势的政党领袖的行动以及个体代表的反应等。

---

① Shafer，*Bifurcated Politics*，Chapter 8；Costas Panagopoulos，ed.，*Rewiring Politics*（Baton Rouge：Louisiana State University Press，2007）.

对于政党领导人来说，电视报道为影响选民并发起具有最大影响的总统竞选活动提供了极其重要的机会。于是，他们把政党代表大会改造成面向全国电视观众以及代表们的一场表演。政党官员让适合上镜的候选人做主题演讲，加速完成大会程序，并推动在黄金时段播放政党代表大会最引人注目的事项。政党代表大会的目的，越来越从处理政党事务转变为争取选民的支持。

然而，一旦提名改革措施生效，政党的总统候选人的选择也在政党代表大会开始之前确定下来，政党代表大会的大多数悬念也就消失了。为吸引电视观众，媒体便在政党代表大会上寻找新的兴奋源，比如潜在的冲突。但政党领导人不愿意把他们的争论公开化，因为这会干扰他们试图传达的积极信息。随着政党代表大会变得更加照本宣科，公众因而对其也没有太大兴趣了，主要电视网对它们的报道也大大减少了。尽管迷恋政党代表大会者仍然会调到有线电视网观看整个政党代表大会，但美国广播公司（ABC）、美国哥伦比亚广播公司（CBS）以及美国全国广播公司（NBC）对每次政党代表大会的报道已从 1952 年的大约 60 个小时减少到 2012 年的大约 3 个小时。

政党代表大会仍然有目标吗

自从提名制度改革起，政党代表大会已改变了许多。它们已不再是大党实际选择它们的总统被提名人的时刻。这是在初选和政党核心分子会议中完成的，政党代表大会只是正式批准这种结果。政党全国代表大会已丧失了其大部分协商特性和独立性。

然而，以另外一种方式，政党代表大会已变得更加重要了。由于候选人必须动员众多集团的积极分子和选民以支持赢得初选和政党核心分子会议选举，也由于其中许多集团非常关注特定的政策，提名改革已经让各种议题在政党代表大会政治中变得更加重要了。许多参加政党代表大会的代表不但忠于一位候选人，而且也忠于一项事业。一个很好的例子是，基督教保守派在最近的共和党全国代表大会上施加压力，以维持该政党明确反对同性婚姻和堕胎的立场。

尽管发生了所有这些改变——或者可能是由于这些改变——政党全国代表大会依然是全国性政党鲜活的象征。它们为重新发现共同利益和赞美政党的英雄们提供了一个机会。它们激励了州和地方政党的候选人，使政党工作人员充满热情，并发动了总统竞选活动。它们可能无法与《与明星共舞》（*Dancing With the Stars*）竞争收视率，但它们确实提醒政党积极分子和政党认同者，政党为何对他们很重要。

我们应该对这些改革进行改革吗

麦戈文-弗雷泽改革只是美国政治中一种历史悠久的模式的组成部分：改革者试图打破权力在政党领袖中的集中。然而，如我们都看到的，改革也有许多意想不到的后果。初选可能会造成政党组织内部的分裂，这种分裂可能在大选时都无法修复。许多初选和政党核心分子会议的低投票率，可能会导致增加组织良好的群体对意识形态狂热分子——共和党的右翼和民主党的左翼——的影响。在全国不是很有代表性的少数几个州较早进行的初选的结果，对全国性选举结果产生了不成比例的影响。① 在大多数年份里，到大多数选民能够充分了解候选人以做出明智选择时，被提名人已经被选出来了。候选人还必须在提名过程中投入大量的时间、精力和金钱，以至于最后的获胜者在到达政党代表大会时，其本人已精疲力竭，而且财政上也枯竭了。

但也不可能回到旧制度了。如同改革者指责的，旧制度是由州和地方政党领袖控制的，而他们与全体选民是脱离联系的。它使许多政党选民，甚至政党积极分子都被排除在挑选总统的至关重要的第一步之外。它违背了人们对更开放、更民主的政治的期望，也未能帮助总统候选人学会如何为世界上最有权势的领导职位做准备。②

哪些是可以改进的

两党都已感受到要求对这些改革进行修改的压力。③ 共和党一个特别工作组在2013年建议举行区域性提名活动，在一特定区域的各州把它们的初选都安排在同一天举行。通过限制举行初选的天数并缩短整个提名季，可以减少候选人承受的巨大压

① Emmett H. Buell, Jr.,"The Changing Face of the New Hampshire Primary," in William G. Mayer, ed., *In Pursuit of the White House 2000* (New York: Chatham House, 2000), pp. 87-144.

② Nelson W. Polsby, *The Consequences of Party Reform* (Oxford: Oxford University Press, 1983).

③ Caroline Tolbert and Peverill Squire, eds.,"Reforming the Presidential Nominating Process," *PS: Political Science and Politics* 42 (2009): 27-79.

力。在 20 世纪 80 年代末和 90 年代，大多数南方州在 3 月初的某一天举行它们的初选，也被称为“超级星期二”。它们的目的是鼓励民主党提名温和的、与南方各州的关注一致的候选人。但是，一系列区域性初选并不必然会解决许多问题。第一个投票的地区，因其独特性和特定的关注，会不成比例地影响提名。地区性初选仍然可能导致政党内部分裂；实际上，它们可能会增强区域性政党极化的意识。而且全国性政党在阻止州政党打破日程安排规则方面也不可能比现在做得更好。

另一选择是，举行全国性初选，所有州的初选和政党核心分子会议选举在同一天举行。但是，巨大的初选也有许多缺点。它有利于资金最多、知名度最高、能够在数十个州同时举行竞选活动的候选人，但会降低政党组织和各州在这一过程中的作用。政治中经常是这样，没有“正确的”答案——只是一系列的选择，其中每一种选择都可能有利于某些类型而不利于其他类型的候选人和利益。

第11章
大　选

总统竞选开始于把每一个县分成若干个选区。每一选区的负责人应该创建一份选民名单，把选民个人分为可能的支持者或未确定者。然后，政党积极分子将会联系每一位未确定的选民，给他们提供经过剪裁且有说服力的信息。

2012年奥巴马和罗姆尼竞选中的工作人员似乎会比较熟悉这种计划。实际上，这种针对少数目标的计划是为威廉·亨利·哈里森（William Henry Harrison）1840年的总统竞选设计的。然而，与2012年的竞选活动不同，这一计划不是由候选人、其竞选工作人员或者有报酬的顾问们设计的。它是由一位名为亚伯拉罕·林肯（Abraham Lincoln）的精明的辉格党积极分子设计的，20年后他在总统政治中声名鹊起。[①]

20世纪中期以前，大多数竞选活动是**以政党为中心**（party centered）的；政党领袖规划和管理候选人的竞选活动，心里装着政党的利益，就和现在大多数其他民主国家的政党领袖一样。州和地方政党组织提供候选人使用的大量金钱和志愿者。但一系列改变削弱了政党对竞选活动的控制。改革者推动更多采用初选制度。对政党来说，在初选中选边站是很危险的，因此，所以候选人为竞争他们政党的提名不得不建立并在赢得初选后维持他们自己的竞选组织。州和地方政党组织还因从公务员法到无政党支持的选举（nonpartisan elections）等其他改革而被削弱了，其志愿者的流动也枯竭了（见第3章）。新颖而高效的技术出现了，富有的候选人可以像政党一样轻松

① Doris Kearns Goodwin，*Team of Rivals*（New York：Simon & Schuster，2005），pp. 89–90.

地购买这些技术。有些公共关系专家专门从事政治咨询，并提供服务——当然是收费的——早期政党提供服务是免费的（至少是没有金钱给付）。

这些改变把候选人从在金钱、志愿者以及建议等方面不得不依赖其政党的状态中解放出来。竞选活动变得更多以候选人为中心了，直接由候选人和他们的工作人员及顾问而非政党组织控制，集中关注候选人而非政党的需要。但是，在它们出现以来的长期历史中，政党一直在不断调整以适应这些变化。本章将考察候选人现在可使用的以及导致大多数以候选人为中心的竞选活动的技术、信息来源和说服手段。我们还将研究政党组织在至少某些竞选活动中能够重新恢复重要作用的条件。

竞选策略

制定大选竞选策略①在很多方面不同于制定初选策略。初选中的竞选活动主要关注政党选民，特别是在举行“封闭式”初选的州（见第 9 章）更是如此。相反，大选观众（audience）人数更多、更加多样化，而且他们可以在更长时间内观察候选人。大选竞选活动还受到候选人所属政党在那一选区是多数党还是少数党的强大影响（见《2012 年和 2016 年政党竞选策略》）。

然而，无论是在初选还是在大选的竞选活动中，赢得许多职位的最佳途径之一是守住你追求的职位。② 现任者通常比潜在的挑战者有更高的知名度，在吸引（经常是积极的）媒体报道方面也更成功。与挑战者相比，他们的选民服务以及往来选区间的免费旅行使他们具有更巨大的优势，除非他们因丑闻而弃选。现任者获得的权力使他们能够募集到他们认为必要的竞选经费，他们的经验也有助于他们有效地使用这些经费。而且，现任者通常属于选区中的多数党。由于具备这些优势，无论在初选中还是在大选中，现任者经常只需要稍微强调他们的经验、他们的可信度以及他们给选区带来的看得见的好处。

---

① Paul S. Herrnson, *Congressional Elections*, 6th ed. (Los Angeles: Sage/CQ Press, 2012); Marjorie Randon Hershey, *Running for Office* (Chatham, NJ: Chatham House, 1984).

② Gary C. Jacobson, *The Politics of Congressional Elections*, 8th ed. (New York: Pearson, 2012).

2012年和2016年政党竞选策略

作为竞选活动管理者，你需要决定投入你的多少资源去动员你的选民基础——你的核心支持者以及花费多少用于吸引独立选民。如果你在一个选区管理多数党的候选人的竞选，如果能设法让你的大多数选民出来投票，你将会赢得选举。为达到这一目的，你可能需要通过强调政党的核心价值来开展竞选活动。对于一个拥有更多美国众议院安全选区的政党，这种基础战略用得越来越多。如果你的政党是少数党或者选举竞争比较激烈，那么，通常你应该扩大自己的诉求以包含独立选民。

在2012年赢得共和党初选后，米特·罗姆尼开始缓和他在堕胎、税收以及移民等问题上的立场，以吸引独立选民，因为共和党是少数党。他确实在政治大选中赢得了独立选民的支持，但他也成为近来第一个赢得独立选民支持但在总统大选中失败的候选人。罗姆尼的竞选策略的问题是，已经没有很多独立选民了。奥巴马的竞选团队已经发现，它不必在基础选民和独立选民之间做出选择。通过收集大量关于选民偏好的数据，模拟特定诉求对特定类型选民的影响，他的竞选活动能够定位并瞄准可能的支持者，无论他们是把自己认定为民主党人，还是独立选民。

如果你在管理2016年的总统选举活动，你会采取哪种方法呢？在共和党方面，你的保守派基督徒基础选民要求的议题立场，会让你更难以扩展你的诉求吗？如果你是民主党人，奥巴马的微目标策略会成功地传给另一位总统候选人吗？如果你的策略成功，你将会被捧为天才，你所属政党2020年的总统候选人们将会争着聘用你。如果你的策略失败，将会出现乔恩·斯图尔特（Jon Stewart）和斯蒂芬·科尔伯特（Stephen Colbert）经常提到的情况。

挑战者面临着更艰苦的竞选环境。特别是如果他们之前从未赢得任何其他政治职位，挑战者开始竞选时就不可能建立经验丰富的组织，也没有被证实的募款技能或其他现任者优势。[①] 在政党组织负责竞选的时期，这或许还不是问题。但在以候选人为

① Edward I. Sidlow, *Challenging the Incumbent* (Washington, DC: CQ Press, 2003).

中心进行竞选的时期，这就是个问题了。一个很明显的方案，或许是通过雇用政治顾问并购买经验丰富的竞选组织的服务，但大多数挑战者没有这么多钱。于是，可预见的循环开始了。挑战者没有现成的组织和足够的金钱去吸引知名顾问的兴趣并购买媒体时间，因而他或她也就无法接触许多选民。没有这些重要资源，挑战者就无法在民调中出头或者募集足够多的金钱以使自己更出名。

然而，不论挑战者的资源多么有限，他们都可以提出议题。因而，与现任者相比，诸如堕胎、医疗保健以及税收等政策议题对于挑战者来说都是更重要的工具。[①] 研究者发现，在以他们政党“坚持的”的议题为中心进行竞选时，比如民主党的医疗保健与社会保障议题和共和党的国家安全和税收议题，挑战者经常会选得更好。[②] 但是，如果他或她无法吸引更多的金钱和媒体报道并把它们传播出去，即便是最强有力的议题也不会给挑战者带来太多好处。

竞争开放席位（没有现任者竞选的席位）的候选人进行的选举，竞争可能更为激烈。选择竞选最引人注目的职位——总统、州长、参议院席位——的那些候选人，通常在开始竞选时就有很高知名度，其知名度的提升是由于人们对开放席位竞选的关注。他们能够吸引充足的资金，支付昂贵的媒体宣传活动费用。他们的主要挑战可能是，有效地使用他们的金钱并在其对手有机会界定他们之前向选民界定自己。

竞选活动发生了怎样的变化

现在候选人拥有的竞选工具会让几十年前的竞选者羡慕不已。数据分析、社交媒体、选民定向（voter targeting）以及募款等方面的进步已经使竞选运动发生了革命性的变化。

信息来源

民意测验和大型数据库

在大规模、竞争性选举中，竞选团队（campaigns）希望收集到关于每一位潜在候选

---

① Herrnson，*Congressional Elections*，pp. 219-223.

② John R. Petrocik，William L. Benoit，and Glenn J. Hansen，“Issue Ownership and Presidential Campaigning，1952-2000，” *Political Science Quarterly* 118 (2003)：599-626.

人从议题态度到投票历史的尽可能多的信息。民意测验、社交媒体和投票记录是这种信息的主要来源。① 从“频繁购物者”（frequent shopper）卡、其他消费者数据库以及对个人浏览互联网的追踪等获取的数据，也被并入关于选民态度的大规模数据集。

计算机的使用

最终生成的数据库被分成多种类型，比如什么会激怒选民、什么可以动员选民以及竞选活动的运势是如何一天天变化的。在计算机被用于竞选活动之前，候选人依赖推测和德高望重的政治顾问的看法来指导他们的选择。现在，预算巨大的竞选活动可以测验关于其选举模型之表现的数百种替代策略的预测效果。

然后，竞选战略家可以制定以证据为基础的计划，购买媒体时间并选择广告内容。募款者可以比较因不同诉求而募集的金钱的数量。研究对手者可以准确找到对方候选人在任何想象得到的议题上的说法。还可以分析社交媒体营销活动的影响，然后进行精确调整。

专业顾问

政治顾问们专门从事特定的竞选服务。② 有些顾问购买媒体时间，开展广告活动，集中关注一天中对他们的候选人客户最有效的节目或时间段。其他顾问主要处理网页设计或调查，或直接邮件募款。专门顾问通常会同一时间服务于几个不同的竞选团队，但他们几乎一直是与来自同一政党的客户合作。有些顾问甚至进一步把自己限定在同一政党内部的同一个意识形态集团中。尽管他们是独立于政党组织而发挥作用的，但通常也会努力与政党领袖保持合作关系。政党全国委员经常会把顾问和候选人召集到一起，发挥牵线搭桥的作用。

说服的方法：空战

由于大多数州和联邦选区都规模庞大，候选人（以及全国性政党）会广泛利用大

---

① James A. Thurber and Candice J. Nelson，eds.，*Campaign Warriors*（Washington，DC：Brookings，2000).

② 参见：David A. Dulio，*For Better or Worse*（Albany，NY：SUNY Press，2004).

众媒体，特别是电视、广播和互联网。

电视

电视可以消耗掉一次典型选举活动的大部分预算。在早期，电视花费不多的时候，候选人购买大块时间向全国或州的观众播送演讲全文。现在，由于电视的花费大大增加以及选民注意力持续时间缩短，竞选活动信息被压缩成时长 30 秒的、可以频繁播放的插播广告（spot ad）。[①] 这些插播广告的安置是媒体专家的主要关注。比如，如果一位候选人想吸引中年男人，那么，媒体专家可能会在《犯罪现场调查》（*CSI*）和《周一橄榄球之夜》（*Monday Night Football*）登载广告。然而，由于电视观众可以通过静音键、电视节目录像机（TiVo）等技术筛选竞选广告，插播竞选广告的价值已大大降低。

相对于传统广播电视网络，有线电视是一种有成本效益的替代选择，且在地方选举活动中效果良好；地方选民人数太少，没有必要在主要媒体市场购买时间。与更大的网络相比，大多数有线电视台，比如 TLC 和基督教广播网（CBN），拥有更专业的"小"众（"niche" audiences）。这让竞选活动能够有针对性地传播它们的信息（也称为**窄播**，[②] narrowcasting）。

竞选团队还试图尽可能多地得到电视和广播新闻以及报纸的**免费媒体**（free media）报道。[竞选者更愿意称之为**赢得的媒体**（earned media）]。当新闻广播和通讯员（printer reporters）报道一位候选人时，这些信息看起来似乎比通过竞选团队自己的广告传达的信息更加可信和"客观"。

为得到免费媒体报道，竞选团队需要提供能够满足媒体的"新闻"界定的素材。[③] 如果"新闻"指的是戏剧性的、充满争议的和即时的，那么，一位候选人就不可能在另一位候选人正在发表标准的竞选演讲时赢得媒体的报道。戴夫·巴里（Dave Barry）对此做出了说明："我们来考虑一下两个新闻标题。第一个新闻标题是'联邦储备委

---

① Darrell M. West, *Air Wars*, 6th ed. (Washington, DC: CQ Press, 2013).

② "窄播"指美国竞选中的小范围拉票。——译者注

③ Doris A. Graber, *Mass Media and American Politics*, 8th ed. (Washington, DC: CQ Press, 2009), Chapter 4.

员会考虑彻底转变推迟政策复审延期的情况’；第二个新闻标题是‘和小绵羊一起被困在汽车旅馆的联邦储备委员会’。现在，说句实话，这两个故事中你可能会读哪一个?”[①] 依靠免费媒体的候选人需要筹划使用像小绵羊一样温顺的政治人物的竞选活动：剧烈的冲突、令人兴奋的背景，或者会见知名人士或上镜的人士。

但是，免费媒体对竞选活动的报道都过于简短。即便在接近大选日时，在30分钟的地方新闻节目中，电视观众通常只能看到不足2分钟的选举新闻，大多数是在讨论选举策略和民意测验，而付费政治广告却长达4.5分钟。[②] 现在，有众多媒体可供人们选择，这使美国人能够避开所有政治新闻。于是，这些躲避新闻者得到的政治信息只能全部来自竞选广告和娱乐节目。[③]

互联网

1996年，网站首次被候选人用于选举，现在它已是每一次重要选举和许多地方选举的一部分。竞选者可以在互联网上直接联络他们的支持者，从而避开了广播媒体的需要和偏见。许多网站要求访问者必须注册，这使竞选团队后来能够联系到他们。通过在线载入插播广告或更长的广告——比如在视频网站上——竞选者不需要为电视时间付出昂贵费用，即可在全国范围内传播他们的信息。

媒体购买者（media buyers）还把竞选广告作为弹出式广告放在其他网站上。两党都会在谷歌上购买广告，当有人键入一个显示其政治观点（如“奥巴马社会主义者”）的搜索词时，随后就能弹出广告，列出与那些观点最接近的政党或候选人。点击广告的人们会被指引到可以给政党捐款的页面。通过研究这些搜索结果，一个政党可以判断哪些搜索词能带来最好的结果。从2000年起，可搜索政治信息的互联网搜索引擎已迅速增加。而且，尽管30岁以下的人们最有可能是互联网使用者，使用互联网的年长者几乎和年轻人一样也可能会观看政治性视频节目并在线分享选举新闻。[④]

---

① Dave Barry, “Scandal Sheep,” *Boston Globe Magazine*, March 15, 1998, pp. 12-13.

② Jeff Valenzuela, “Midwest Local TV Newscasts Devote 2.5 Times as Much Air Time to Political Ads as Election Coverage,” Joyce Foundation, November 21, 2006.

③ Markus Prior, “New vs. Entertainment,” *American Journal of Political Science* 49 (2005): 577-592.

④ Aaron Smith, “The Internet's Role in Campaign 2008,” 参见：http://pewresearch.org/pubs/1192/internet-politics-campaign-2008 (accessed March 28, 2013).

总之，广播媒体是影响大量潜在选民的一种有效方式。然而，它们最大的优势——其影响的广度——也是它们最大的劣势之一（另一个是它们的高成本）。如果你在竞选公职，你会想针对不同类型的人们传递不同的信息，以便你能够与每一个人就他或她最关心的议题进行对话。

通过邮件、短信和推特直接联系

直接邮寄广告

通过把对竞选活动特别有兴趣的人们的邮寄地址清单合并在一起，顾问可以把个性化的信函邮寄给数百万可能会对某一特定诉求做出反应的人。例如，一位想吸引支持枪支持有的选民的候选人，可以把电脑生成的信件寄给全美步枪协会邮寄名址录上的人们，他们是其他支持枪支持有的候选人的捐赠者，也是狩猎杂志的订阅人。由于目的是让志趣相投的个人在自己家中的私密空间阅读这些信件，直接邮寄信函里的诉求可能是高度情绪化和极具煽动性的，这样的诉求在“冷静的”电视媒介中不会产生有效影响。

电子邮件

电子邮件有很大优势，比普通信件更便宜；使用电子邮件和网站募款的花费大约是每募款 1 美元花费 1 美分，而通过直接邮寄广告募款的花费大约是每募款 1 美元花费 40 美分。[①] 首次由约翰·麦凯恩于 2000 年有效运用的在线募款已成为大多数联邦竞选活动和许多州及地方候选人的核心工作。2008 年，奥巴马竞选团队收集了 1 300 万个地址的电子邮件名单，共发出超过 10 亿封电子邮件。2012 年，他的竞选团队在线募款共约 6.9 亿美元，部分是通过再次联系小额捐赠者并请他们再次捐款获得的。[②]

手机短信

由于邮寄信件会错过大量其地址每年都会改变的年轻人，手机短信成为一种越来越普遍的联系支持者的手段。[③] 奥巴马的竞选团队在这方面也处于领先地位。利用其

---

① Richard J. Semiatin, *Campaigns in the 21st Century* (Boston: McGraw Hill, 2005), p. 178.

② Joshua Green, “The Science Beyond Those Obama Campaign E-Mails,” *Bloomberg Business Week*, November 29, 2012, 参见：www. businessweek. com/articks/2012 – 11 – 29/the-science-behind-those-obama-campaign-e-mails (accessed November 18, 2013).

③ Allison Dale and Aaron Strauss, “Don't Forget to Vote,” *American Journal of Political Science* 53 (2009): 787–804.

“快速捐赠”计划，奥巴马的竞选团队在通过手机短信募款方面大大超过了罗姆尼的竞选团队。在战场州，已注册奥巴马短信（Obama texts）的每位选民在选举日当天都会收到数条短信，提醒他或她去投票并带其他人参加投票。

社交网站

在2012年选举期间，几乎1/3的在线成年人定期或间或使用脸书获得竞选新闻——比2010年增加了10个百分点。[①] 通过在脸书上（或者通过电子邮件、手机短信、博客）发出一条竞选信息并要求每一位收到信息者转发给他或她已有的联系人网络，一个竞选团队可以在付出很少或不付出任何代价的情况下，成倍地增加它与选民的联系，这也叫病毒式营销。奥巴马的脸书好友们也被要求，允许竞选团队接触他们自己的社交网络。比如，竞选团队会告诉他们，他们的社交网络中哪些人还未回复缺席投票请求，以便拖延者除从奥巴马竞选团队收到一次提醒外，还可以从他或她的脸书好友那里收到个人提醒。

推特

这种信息网络在2008年第一次被用于竞选活动。到2012年，其活跃用户增加了10倍，达到1亿人。和在脸书上做的一样，竞选团队可以根据个人表达的兴趣，对推特用户进行分类。发布在这两个网站上的关于候选人的信息基本上都比主流媒体的报道更加负面。[②]

地面战：“雷达之下”

竞选者传统上还使用更个性化的表达请求的方式。这些也被喻为**“地面战争”**（ground war）：挨家挨户地游说和打电话，与挑选出的人群进行沟通。2004年，共和党人发展了复杂的地面战争技巧，可能反映了共和党与商界的市场研究之间更紧密的关系。

但是，在最前沿的数据分析方面掌握特定技巧的技术专家往往是社会自由主义

---

① Pew Research Center, “Internet Gains Most as Campaign News Sources But Cable TV Still Leads,” October 25, 2012，参见：www.journalism.org/commentary_backgrounder/social_media_doubles_remains_limited（accessed November 18, 2013）.

② Marjorie Randon Hershey, “The Media: Different Audiences Saw Different Campaigns,” 参见：Michael E. Nelson, ed., *The Elections of 2012* (Washington, DC: CQ Press/Sage, 2013), pp. 97-118.

者；在 2008 年和 2012 年，他们发现自己在奥巴马的竞选团队中会更加舒适、惬意。结果，他们改变了“地面战争”的形态（见专栏《2012 年的高科技竞选》）。

2012 年的高科技竞选

2008 年，奥巴马竞选团队把重点放在了“地面战争”——走过每一个街区，打一个又一个电话，以尽可能多地联系个人。这被普遍视为他获胜的主要原因。但在 2012 年，由于经济陷入困境且在民众满意度方面奥巴马优势微弱，仅采用 2008 年的“地面战争”是不够的。于是，奥巴马的竞选活动管理者设计了一种更彻底的测量驱动型（metric-driven）竞选方式。奥巴马竞选活动 2.0 版不但增强了其现场操作（field operations），还把主要资源投入技术创新。2012 年奥巴马竞选活动数据分析团队人数是 2008 年奥巴马竞选组织中数据分析团队人数的 4 倍，汇集了来自现场工作人员、募捐者、民意调查员、州民主党选民档案以及社交媒体信息等的大量数据。这一名为独角鲸（Narwhal）的集成数据库，与整个竞选活动是同步的。奥巴马竞选团队的工作人员和志愿者可以与不断更新的选民信息进行互动。使用这一数据库，分析家可以针对每一位接受者的特点，提出注册请求（registration appeals）、游说以及募款要求，以达到竞选团队能够给每一个战场州的每一位选民确定从 1 到 100 的“支持评分”（support score）的程度。添加关于卫星和有线电视收视数据，使得竞选团队能够定制广告并确定可以以尽可能低的代价购买影响更大部分目标收视群的时间段。

尽管罗姆尼的竞选活动得到超级政治行动委员会（PACs）非常充裕的资金帮助，但其竞选团队的技术却令共和党领袖们非常沮丧。其被大力吹捧的动员投票的数字工具（digital tool）——“虎鲸”（Orca）（以独角鲸的几种捕食者之一种命名），在选举日崩溃了。共和党的民意调查员系统性地低估了选民可能的投票率。正如共和党全国委员会主席莱因斯·普里伯斯所言，“我们的信息存在缺陷。我们的‘地面战争’并不充分。我们还缺乏包容。我们在数据和数字化方面都是落后的。我们的初选和辩论过程需要改进”。2013 年起，共和党全国委员会把主要重点放在了技术更新上。

资料来源：关于普里伯斯，引自：Michael Scherer and Zeke Miller，“Growing Pains，” *Time*，April 1，2013，p. 10；Alexis C. Madrigal，“When the Nerds Go Marching In，” *The Atlantic*，November 16，2012，at www. theatlantic. com/technology/archive/2012/11/when-the-nerds-go-marching-in/265325（accessed November 18，2013）.

游说与电话拜票

在机器政治（machine politics）时期，政党组织把它们的委任工作者（patronage workers）和其他志愿者派到可能会投票支持政党候选人的人家中，告诉他们关于政党票（party ticket）的信息。从 20 世纪 70 年代到 90 年代初，游说变得不太普遍了，这时政党在寻找志愿者方面更困难了。但从那时起，政党已发展了更复杂的游说形式，以使他们的基础选民和其他特别针对的群体出来投票。日益增长的政党极化已动员了更多志愿者。因而，政党进行的选民联系已大大增加了，特别是在竞争激烈的选举中。

微目标（microtargeting）

如果你在一个大城市敲每一家的门，你会遇到很多民主党人。共和党选民在地理上不会像民主党人那样集中。共和党的战略家在 21 世纪初认定，他们必须使用更高科技的技术手段，锁定可能的共和党选民。利用商业数据库，共和党收集了关于数百万人电视收视习惯、杂志订阅、购物偏好以及投票模式等方面的数据。他们把这些数据录入名为**"选民保险库"**（Voter Vault）的共和党的全国性数据库之中。对数据的分析显示，观看福克斯新闻、国家或宗教电视台或高尔夫频道，开宝马而非雪佛兰，下班后去健身俱乐部，喝波旁威士忌或库尔斯啤酒，观看大学篮球赛而非职业足球赛的人们，更倾向于支持共和党。

依靠这些数据，布什-切尼竞选团队和共和党全国委员会在 2004 年的选举中与共和党的州和地方政党协调，努力筛选可能的共和党选民。这就是所谓的**微目标**（microtargeting）或"针对性营销"（niche marketing）。他们特别集中关注了 700 万可能的共和党人和过去从未定期投票的 1 000 万倾向于保守派（conservative-leaning）的独立选民。然后，把这些目标分成各种类型，并确定每一类型的选民最可能被哪些议题激发起来。一种选民类型可能需要通过一种个人联系或者一通讨论同性婚姻的电话去接触，另外一种选民类型可能会收到关于恐怖主义的诉求。

共和党的成功，促使民主党在 2008 年提升自己的计划，并在 2012 年再次升级。共和党全国委员会对 2012 年总统竞选活动的自我评价承认，共和党在这一领域已失去优势："以数据为基础的极具针对性和个性化的选民联系方式的使用，是奥巴马竞选团队在 2012 年明显胜出的领域。”该报告呼吁共和党改善它们的微目标和游说技巧，并培育一种“数据文化”。①

除挨家挨户地游说外，许多竞选团队会把支持者集中到一个装有电话机的中心位置［一家**电话银行**（phone bank）］——经常是商业、工会或政党或竞选活动总部，甚或是一间志愿者可以使用自己的手机的空房子中——按竞选团队的微目标确定的众多名单拨打电话。电话银行比挨家挨户的联系花费更少，尽管通常不是太有说服力。更廉价的是虚拟电话银行，即在这个国家任何地方的支持者都可以上网得到一个电话号码列表和一份供朗读的讲稿，以及**自动语音电话**（robocalls），这样志愿者或计算机就可以给竞选团队的目标名录上的许多人拨打自动电话。自动语音电话经常被用于散发一种负面消息或者是做**导向性民意调查**（push polling）——伪装成民意测验的攻击信息。在引人注目的竞选中，随着选举的临近，每个家庭在晚上都可能会收到一些这样的电话。这些技术也有其局限性：来电显示系统使得人们能够屏蔽他们的电话；使用手机者的数量日益增加，这使得打电话会花费更多。

负面选举

自美国立国起，政治人物一直受到无情攻击，既有对个人的攻击，也有意识形态上的攻击。负面宣传的增加似乎有多种原因。第一，新闻媒体报道负面广告比正面广告要多，因为冲突和论战看起来更像“新闻”。于是，新闻报道把这些负面广告的信息带给了更多人。② 在 2012 年，超级政治行动委员会（见第 12 章）和其他外围团体对大多数负面广告负有责任，但奥巴马和罗姆尼阵营的大多数广告也都是负面的。一位民意调查员解释道：“两位候选人都不能……把对他们自己的怀疑放在一边。因而，唯一的策略就是提出对对手的质疑。”③

负面选举能奏效吗？最近的证据显示，它确实有效。负面广告可能特别难以忘

---

① Republican National Committee，“Growth and Opportunity Project，” March 18，2013，pp. 35 and 39，参见：http://growthopp. gop. com/default. aspx（accessed November 18，2013）.

② John G. Geer，“The News Media and the Rise of Negativity in Presidential Campaigns，” *PS：Political Science & Politics* 45（2012）：422-427.

③ Celinda Lake quoted in Donovan Slack，“RIP Positive Ads in 2012，” *Politico*，November 4，2012，参见：www. politico. com/news/stories/1112/83262. html? hp=13（accessed November 18，2013）.

记，而且容易引起情感上的投入。在某些情况下，这能够增加选民信息，提高投票率。[①] 发布这些广告的时机非常重要。在选民选择候选人之前，负面广告可能会提供信息而且是有用的。在选民做出选择之后，攻击性广告更可能降低投票率，特别是在政党倾向不强的人们当中更是如此。[②]

让这些手段发挥作用

最近的选举以各种方式使用了这些竞选手段。最近竞选活动中强调比较多的是地面战技术的发展。比如，为抵消工会组织的游说技巧，美国共和党在 2002 年进行了一系列关于如何最大限度地影响选民的试验。他们现场测试了一个项目。在该项目中，他们让大量共和党志愿者和付薪工作人员，特别是在竞选运动的最后 72 个小时期间，涌入竞争激烈的州的各选区。这一**"72 小时计划"**（72 - hour project）非常昂贵，花费了 2 亿美元，但观察家认为，它使 2002 年共和党的投票率比上一次中期选举提高了大约 3%。共和党赢得了大多数"封闭式"选举，保持着对众议院的控制，并以微弱优势重新获得对参议院的控制。[③] 因而，共和党在 2004 年又扩展了这一模式。在选举前整整一年，共和党全国委员会和乔治·W. 布什的竞选团队已经在培训成千上万的志愿者，为庞大的"72 小时计划"征募游说者了。由于布什总统无异议地获得共和党提名，其庞大的竞选预算全部可以集中用于大选。2004 年，布什以比很多人预期的更大优势再次当选。

2006 年民主党重新获得优势

共和党候选人预料到 2006 年的选举会更加困难。布什的民意满意度大大降低，部分是由于民众对伊拉克战争日益增长的不满。随着反共和党情绪的增长，越来越多

---

① John G. Geer, *In Defense of Negativity* (Chicago: University of Chicago Press, 2006).

② Yanna Krupnikov, "When Does Negativity Demobilize?" *American Journal of Political Science* 55 (2011): 797-813.

③ Paul R. Abramson, John H. Aldrich, and David W. Rohde, *Change and Continuity in the* 2000 *and* 2002 *Elections* (Washington, DC: CQ Press, 2003), pp. 261-262.

之前“安全的”共和党现任者开始倍感担心。民主党很快找到其他目标，包括一些共和党籍国会议员，他们与一位腐败的游说者和一名因向未成年的众议员青年助理发出带有明显性表示的电子邮件而辞职的共和党籍国会议员有联系。2006 年选举活动开始时，竞争激烈的众议院席位有 35～45 个，这一数字很快扩大到原来的 2 倍多。

有些共和党保守派采取的反移民立场，破坏了共和党吸引拉美裔选民的努力，进一步损害了共和党胜选的机会。为弥补这种损害，共和党的战略家很快决定开始共和党的微目标行动和拉票活动，并把目标扩展到包含更大部分的独立选民。随着其胜选机会日益渺茫，共和党把其 90%的资金用于攻击民主党人的负面广告。民主党候选人的反应是把其共和党的对手与布什联系起来。

选举日当天，民主党就像共和党在 1994 年选举中一样破浪前行。由于在众议院净增 31 席，参议院净增 6 席，民主党在 12 年中首次控制了国会参众两院。民主党的趋势是以离开共和党候选人的温和派和独立选民为基础的，这种趋势在东北部尤其强烈。

2008 年选举的旧与新

随着布什的声望再创新低，2008 年民主党的力量在持续增长。如第 4 章所示，民主党全国委员会和其他一些倾向于民主党的团体特别强调与共和党的微目标技术相匹敌。利用民主党全国委员会最新的数据库 VoteBuilder 以及私人数据库 Catalist 的数据，奥巴马竞选团队筹划了非常广泛的“地面战争”。除挨家挨户游说外，它还通过互联网、短信、手机电话和其他电子工具成功地与选民进行了联系。

或许，奥巴马竞选最显著的成就是其扩展战场（playing field）的能力。在 2008 年之前，民主党的总统竞选都是锁定东西海岸民主党能够稳操胜券的一些州，然后再挑选足够多的战场州（特别是俄亥俄州、宾夕法尼亚州和佛罗里达州等），以确保达到总统选举人团的多数。奥巴马竞选团队的工作人员尝试创造了更多赢得选举的不同方式。他们把精力特别放在某些以前的共和党州，比如科罗拉多州和弗吉尼亚州，这些州的人口构成正变得越来越有利于民主党候选人。

尽管如此，对民主党来说，这也不是轻松的竞选。作为一位自封的“特立独行者”和改革者，共和党候选人约翰·麦凯恩能够把自己与不受欢迎的布什总统进行切割。麦凯恩是一位战争英雄，长期的从政经历与奥巴马在全国性政治中经验相对不足形成对照，其个性对独立选民也颇有吸引力。麦凯恩试图通过在竞选中把奥巴马描述成一个“与我们没有共同价值观”的精英主义者，压制民主党的势头，这与布什在2004年和2000年对其民主党的竞争者约翰·克里和阿尔·戈尔的描述类似。麦凯恩在共和党全国代表大会之后甚至超越了奥巴马。但9月中旬的金融灾难及麦凯恩对危机反应的摇摆，破坏了他的势头，使奥巴马在11月轻松获胜。民主党因获得8个参议院席位和21个众议院席位而取得圆满成功。和2006年一样，2008年也是民主党的一次浪潮选举（wave election）。

2010年的反弹

民主党连续两次获胜之后，潮流再次发生变化。经济复苏缓慢。尽管统一的民主党政府在2009年和2010年通过了重要法案，包括医疗保险改革和重要的经济刺激计划，但这些成就未能提升民主党的民意满意度。共和党指责奥巴马和民主党国会在试图策划由政府接管医疗保险和经济的其他部分。对医疗保险法案之争论的广泛报道使这一过程令许多选民反感，并引发了茶党积极分子反民主党的强烈抗议活动。[①] 奥巴马总统的政绩满意度下滑到50%以下。因而，对选举结果的两个主要预测指标——总统的民意满意度和经济指标——都指向2010年民主党的大败。

就像浪潮选举中发生的，许多在2006年和2008年当选的民主党人是在通常的共和党选区和州获胜的。当政党潮流转变时，这些“易受攻击的”现任者就面临着危险。全国性政党被迫动用其资源保护这些脆弱的现任者，然而共和党全国委员会能够把它们的攻击目标扩大到包括有权势的民主党籍众议员和参议员以及资历较浅的议员。

民主党在2010年遭受了大溃败。尽管民主党的竞选花费超过了共和党，但共和党依然赢得了众议院多数，赢得66席，仅失去3席——这也是自1948年以来两党取得的最大胜利。共和党还赢得参议院6个席位（但未获得多数控制）和6个州的州长

---

① Christopher F. Karpowitz, J. Quin Monson, Kelly D. Patterson, and Jeremy C. Pope, “Tea Time in America?” *PS: Political Science & Politics* 44 (2011): 303–309.

选举，外加 700 多个州立法机构席位。这增加了共和党对 2011 年进行的州立法机构和国会席位的选区重划的控制。民主党的失败，在温和派和支持医疗保险改革法案和延长布什总统的银行救助期限的人们当中影响尤为严重。① 这些失败方式，使民主党在国会比以前更加倾向自由主义，共和党则比以前更加保守。

和 2012 年民主党的复兴

然而，政党的选民支持仍然非常均衡，所以民主党能够在 2012 年恢复实力。毫不奇怪，国会中期选举与总统选举不同。国会中期选举的选民与参加总统大选的选民也不同。国会中期选举的选民更可能是白人，比大选选民更年长、更富裕，在 2010 年的选举中更是如此。2012 年参加选举的选民，会更加年轻、更加多元，对黑人和拉美裔美国人会更有利，因而对民主党也更友好。

政治环境也不同了。尽管实际收入只比四年前增加了一点点，失业率依然很高，但收入增长率在 9 月就提高了，正好及时缓和了某种经济悲观主义，提高了奥巴马再次当选的可能性。② 多数民众把衰退本身的大部分责任推到了奥巴马的前任——布什身上。

但奥巴马竞选团队知道，经济信心依然很低，总统在民意满意度方面优势仍然比较小。于是，他们早在 5 月就开始了“空战”，把大量广告开支用于向全国观众界定罗姆尼，不给他留有解释自己的机会。奥巴马阵营的广告把共和党描绘成一个不理解普通民众生活的、超级富有和无情的公司抢夺者。负面广告强调，商人罗姆尼已经把工作岗位转移到国外。罗姆尼不经意间证实了这种形象。在一个他认为是私人募捐会的场合，罗姆尼评论说，47%的美国人认为他们有权享有医疗保险、食品和住房，政府有责任照顾他们，所以，他们对自己的生活不必承担个人责任了。记录这些评论的影片像病毒一样扩散开来。

奥巴马竞选团队也很重视其“地面战争”，为此建立了复杂的竞选办事处网络。如前文专栏《2012 年的高科技竞选》所述，奥巴马的竞选组织依赖大规模、一体化的

---

① Calculations by Nate Silver, “Health Care, Bailout Votes May Have Hurt Democrats,” FiveThirtyEight. com, November 16, 2010.

② Larry Bartels, “The Economy and the Campaign,” *The Monkey Cage*, January 14, 2013, 参见：http://themonkeycage. org/blog/2013/01/14/the-economy-and-thecampaign/#more-26660 (accessed November 18, 2013).

数据库，动员临时倾向于支持奥巴马的选民，并从小额捐赠者那里募集到数额空前的经费。罗姆尼从资金非常充裕的外围团体那里得到的帮助比奥巴马得到的多，但共和党选举后自己研究的结论认为，这种资金，主要花费在电视广告（“空战”）方面，并未得到足够的选票回报。①

奥巴马赢得连任，但大多数群体在2012年给他的支持比2008年要低。拉美裔美国人是一个重要的例外。罗姆尼在移民问题上采取了强硬路线，建议非法移民“自行离境”。一位共和党积极分子抱怨道，当“有些共和党人的话听起来好像他们支持驱逐你的妈妈或你的阿姨”时，在拉美裔美国人当中增加共和党的选票就是不可能的。② 罗姆尼已经发现自己在移民及其他议题上陷入了困难的境地。因为他在初选中的主要竞争者是极端保守的，因而为赢得共和党初选和党团会议选举而被迫采取了极右立场。但这使他在大选中无法有效吸引拉美裔及其他反对这些立场的人们。然而，和往常一样，部分是由于观察家的议程，这些结果被以不同的方式解读。（见专栏《民主党为何能在2012年胜选?》）

民主党为何能在2012年胜选?

许多保守的共和党人认为，米特·罗姆尼失败是因为他在各种议题上未能保持一贯的保守立场。教训是，共和党应该在每一个议题上都坚定地反对奥巴马总统。

不那么保守的共和党人认为，罗姆尼在移民和对所有富人减税等问题上极其保守的立场，降低了他赢得温和派、拉美裔美国人和妇女支持的可能性。

很多温和民主党人认为，奥巴马胜选是因为选民认为他比共和党籍国会议员更加温和（centrist），也更具合作精神（collaborative）。

持强烈自由主义立场的民主党人宣称，如果奥巴马在医疗保险、金融服务以及环境等问题上的立法建议遵循了更加平民主义的路线，他会赢得更多选票。教训就是，要时时处处与众议院共和党人进行斗争。

---

① RNC “Growth and Opportunity Project,” p. 49.

② 引自：Peter Wallstein, “Republicans Face Murky Political Future in Increasingly Diverse U. S. ,” *Washington Post*, November 7, 2012, p. 1.

不同群体以支持各自偏好的观点的方式对一场选举的意义做出不同解释（或“陈述”）是很常见的。记者是这种陈述的对象，对其经常是愤世嫉俗。《芝加哥论坛报》（*Chicago Tribune*）前全国政治记者乔恩·马戈利斯（Jon Margolis）宣称，他转向体育专栏是因为他说过，他从未见过一个这样写的体育故事：“今天芝加哥小熊队（Chicago Cubs）以 2∶1 的比分击败圣路易红雀队（St. Louis Cardinals）。但红雀队拒绝承认这一结果。”

资料来源：Margolis quoted in Ronald D. Elving, “Campaign Data Can Be Calculated Nonsense,” *CQ Weekly*, August 19, 1995, p. 2602.

竞选活动很重要吗

由于竞选吸引了那么多媒体关注、金钱和努力，许多人很自然地会认为，竞选活动决定了选举的结果。然而，谨慎的统计分析显示，选举结果经常可以根据选举开始之前业已存在的条件做出相当好的预测，比如现任者之前的民调数字、经济情况以及选区中政党忠诚度的分布等。这都没有为竞选活动决定选举结果留下太多空间。相反，这一分析表明，竞选活动只是使选民们想起这些存在已久的情况，并以这种方式推动他们选择这种很大程度上已预先注定的结果。这是否意味着候选人的战略是不重要的呢?

认为竞选活动很重要的观点

候选人当然会认为，选举活动会影响选举结果。这正是他们如此努力地募款、参加活动以及避免可能赶走某些选民的失言的原因。有些证据确实表明，某些类型的竞选运动确实很重要。例如，有研究表明，游说对投票率和选民之选择的影响很小但具有潜在意义。[①] 民意调查显示，2011 年拉美裔和年轻人对奥巴马的热情降低了，2012

① Thomas M. Holbrook and Scott D. McClurg, “The Mobilization of Core Supporters,” *American Journal of Political Science* 49 (2005): 689-703; Seth E. Masket, “Did Obama's Ground Game Matter?” *Public Opinion Quarterly* 73 (2009): 1023-1039.

年愿意去投票的更少了。奥巴马竞选活动的实地工作密集指向了这些群体，因此他们的投票率在选举日没有降低。塞思·马斯克特（Seth Masket）的推测显示，奥巴马的竞选办事处（field offices）发挥的作用即便非常小，也足以改变佛罗里达州的选举结果，因为奥巴马在这里的优势是非常小的。①

在动员选民方面，挨家挨户的游说已被证明比电话联络更加有效，这两种联络方式又都比投递邮件更有效。② 联络的质量至少和联络媒介一样重要。③ 游说在地方选举中可能比在总统选举中产生的作用更大，因为在地方竞选中替代性信息来源更少。在政党积极催票的地方，其选票比例会增加几个百分点，这在势均力敌的选举中可能会成为至关重要的优势。④

正如人们所料，电视新闻和广告——以及支付广告的金钱——也会影响选民的决定。⑤ 但电视广告的影响通常都是短期的。⑥ 在某些条件下，竞选辩论和其他活动对选举结果也会产生影响。⑦ 所有这些竞选活动信息加在一起，可以增进公民的知识，影响他们的选择，并提高投票率。⑧

有些选民会比其他选民更容易受到竞选活动的影响。比如，政治兴趣非常有限的选民，可能只会接触很少关于竞选活动的信息，但是突然出现的少量信息——经常是对一位候选人的好感度的认知——可能会对他们的态度产生很大影响。⑨ 政党认同比较弱和对他们政党的候选人持有怀疑的人们，特别容易受到他们接收到的竞选信息的影响。⑩

---

① Seth Masket，"The Ground Game in 2012，" *Mischiefs of Faction*，January 31，2013，参见：http://mischiefsoffaction.blogspot.com（accessed November 18，2013）.

② Donald P. Green and Alan S. Gerber，*Get Out the Vote*!（Washington，DC：Brookings Institution Press，2004），pp. 92－93.

③ David W. Nickerson，"Quality Is Job One，" *American Journal of Political Science* 51（2007）：269－282.

④ John P. Frendreis，James L. Gibson，Laura L. Vertz，"The Electoral Relevance of Local Party Organizations，" *American Political Science Review* 84（1990）：225－235.

⑤ Daron R. Shaw，"The Effect of TV Ads and Candidate Appearances on Statewide Presidential Votes，1988—96，" *American Political Science Review* 93（1999）：345－61.

⑥ Alan S. Gerber，James G. Gimpel，Donald P. Green，and Daron R. Shaw，"How Large and Long-lasting Are the Persuasive Effects of Televised Campaign Ads?" *American Political Science Review* 105（2011）：135－150.

⑦ Daron R. Shaw，"A Study of Presidential Campaign Effects from 1952—1992，" *Journal of Politics* 61（1999）：387－422.

⑧ Paul Freedman，Michael Franz，and Kenneth Goldstein，"Campaign Advertising and Democratic Citizenship，" *American Journal of Political Science* 48（2004）：723－741.

⑨ Matthew A. Baum，"Talking the Vote，" *American Journal of Political Science* 49（2005）：213－234.

⑩ Shanto Iyengar and John R. Petrocik，"'Basic Rule' Voting，" 参见：James A. Thurber，Candice J. Nelson，and David A. Dulio，eds.，*Crowded Airwaves*（Washington，DC：Brookings，2000），p. 142.

媒体[1]和竞选团队[2]（campaign）对选举或候选人的不同方面，比如候选人关于经济或其背景或族裔的看法的强调，会影响选民对问题重要性的理解。

认为竞选活动不重要的观点

另一方面，有几个理由可以解释为何竞选活动可能只有非常有限的影响。电视新闻、广告以及"地面战争"行动为观众提供了关于候选人的非常广泛的信息——积极的、消极的以及中立的信息和看法，所有这些都混杂在一起。这些信息的矛盾性，使选举活动更难以对观众的心灵产生单一、连贯的影响。[3]

我们知道，选民对媒体和其他选举信息的关注是选择性的。他们习惯于被支持他们的信仰和忠诚的朋友、信息甚至个人经验围绕，[4] 经常会忽视与他们的看法冲突的信息。近年来，媒体环境已变得高度多元化了，博客、时事通讯、谈话类节目（talk radio）以及有线电视等提供了令人眼花缭乱的看法。因此，人们不难找到能够强化其看法的媒体报道：看看福克斯新闻对于保守派和微软全国广播公司（MSNBC）对于自由派的意义。于是，大多数选举活动信息很可能会强化和激发选民现有的政治倾向，过去也经常是如此。[5] 这可以解释，为何做出那么多选举努力让人们出来投票——根据他们已有的任何看法——而不是试图改变他们的投票决定。

一些初步回答

我们应该问问在哪些条件下选举活动更可能是重要的，而不是问选举活动是否重

① Joanne M. Miller and Jon A. Krosnick，"New Media Impact on the Ingredients of Presidential Evaluations，" *American Journal of Political Science* 44（2000）：295－309.

② David A. M. Peterson，"Campaign Learning and Vote Determinants，" *American Journal of Political Science* 53（2009）：445－460.

③ Russell J. Dalton，Paul A. Beck，and Robert Huckfeldt，"Partisan Cues and the Media，" *American Political Science Review* 92（1998）：111－126.

④ Paul Allen Beck，"Voters' Intermediation Environments in the 1988 Presidential Contest，" *Public Opinion Quarterly* 55（1991）：371－394.

⑤ Alan I. Abramowitz，"It Don't Mean a Thing If It Ain't Got That Swing，" *Larry Sabato's Crystal Ball*，July 19，2012，参见：www. centerforpolitics. org/crystalball/articles/it-dont-mean-a-thing-if-it-aint-got-that-swing（accessed November 18，2013）.

要。势均力敌的选举是一种显而易见的条件。在当前政治所处的信息丰富的环境中，以及在大量政党倾向较弱者和倾向独立者当中，选举活动塑造选民看法的潜力至少会和过去一样强大。然而，选举活动的影响将会继续受到经常制约它的同样因素的限制：选民留心自己赞同的信息的倾向及其屏蔽大多数政治信息的能力。

以候选人为中心的竞选或以政党为中心的竞选

无论是否会影响选民，我们在本章研究的竞选技术已经影响了政党和候选人之间在选举活动中的权力平衡。需要大量的观（听）众的广播媒体，倾向于关注个体人格而不是关注像政党这样的组织机构。诸如互联网和电视广告这样的手段，付得起费用的任何候选人都可以采用；它们使候选人能够在没有政党帮助的情况下与选民沟通。总之，20 世纪中期以来发展起来的技术，已经使候选人能够独立于政党组织开展选举活动。如果在这些技术发展的时候，美国的政党在组织上能够像许多其他国家的政党那样强大，那么，它们或许已经能够为选举目的而垄断对电视及其他媒体的使用了。但实际上，如我们已经看到的，在一种敌视其发挥作用的政治文化中，美国政党经常要为维持自身权力而斗争。

20 世纪 60 年代以来的这些技术变化，已经推动了以候选人为中心的竞选活动的发展，因为长期以来美国政治规则一直对政党不利。① 美国的选举过程没有诸如议会-内阁制政府或比例代表制这样的制度，这会促使选民把选举视为政党之间争夺对政府的控制的竞争。相反，从竞选经费监管到权力分立等规则都鼓励候选人作为个人参加选举，而且使得政党难以协调多位候选人的竞选活动。而且，如我们已看到的，直接初选制度使候选人能够在未得到政党组织批准的情况下参加选举。

结果，在大多数竞选活动中，战略决策是由候选人及其顾问们而不是由政党做出的。候选人有自己的竞选总部和工作人员，而不是使用政党的设施。候选人维持自己与选民的关系，而不是依赖政党组织作为媒介。政党组织不是管理选举活动，而是经

---

① John H. Aldrich, *Why Parties? A Second Look* (Chicago: University of Chicago Press, 2011), pp. 266-269.

常致力于提升个体候选人的吸引力。政党必须与顾问们、利益集团以及其他力量竞争，以争取这样做的机会。

政党在竞争激烈的选举中的影响

但是，政党在反击。过去 30 多年中流入全国性政党的大量金钱，已使它们能够用金钱或其他服务来帮助个体的竞选活动。[①] 如第 4 章特别提到的，软钱使政党组织能够在 2003 年之前在一些战场州投入数百万美元用于竞选广告。从那时起，大量的政党募款和选民联系需求已经扩展了政党在更多竞选活动中的存在，尽管同时其他组织的存在也已扩展了。

全国性政党的能见度变得越来越高了，特别是在大多数竞争激烈的参议院和众议院选举中。使用独立开支的政党组织在有些选举中的花费甚至比候选人本身投入的还要多。但是，由于独立开支不允许政党协调它们与其候选人的活动，更不能管理他们的选举活动，政党资助的广告强调的主题有时不同于竞选团队更愿意强调的主题，也通常会比竞选者自己的广告更强调负面信息。[②] 由于选民很少会注意任何特定消息的来源，候选人因负面选举受到指责，还必须申明他们没有进行负面选举。因而，在大多数竞选活动中，政党的作用都不是非常明显的。

候选人与政党组织之间持续斗争

政党在竞选活动中作用的扩展，会产生经济上的意义。政党组织可以同时向一些候选人发出呼吁并登记选民以帮助党的所有候选人。政党可以以有成本效益的价格购买媒体广告和顾问们的服务，供许多候选人使用。政党组织可以为政党的所有候选人协调选举日的行动，提供监票员防范选举违规行为，派出汽车带人们去投票，以及检查选民名单以在选举日晚些时候动员不投票者。

---

① Holbrook and McClurg, "The Mobilization of Core Supporters."

② Paul S. Herrnson and Diana Dwyre, "Party Issue Advocacy in Congressional Election Campaigns," 参见：John C. Green and Daniel M. Shea, eds., *The State of the Parties*, 3rd ed. (Lanham, MD: Rowman & Littlefield, 1999), pp. 86－104.

然而，这种效能是以限制每一位候选人的独立为代价换来的。政党组织和候选人的目标经常是不同的。政党的目的是实现胜选数量的最大化，因而会把其有限的资源用于竞争最激烈的选举中，并尽可能减少对其认为没有希望的选举的花费。相反，每位候选人首先是致力于他或她自己的胜选，并努力获取实现这一目标所需要的资源，无论这种胜利的可能性多么渺茫。为了赢得每一次竞争激烈的选举，政党很可能会不择手段，无论是负面选举还是正面选举。相反，候选人必须面对选民；连续、密集的攻击广告，可能会让候选人变得不受欢迎。

结果是政党组织和候选人——政府中的政党——之间为控制选举活动而进行持续不断的斗争。在大多数选举中，候选人已赢得了战斗。尽管与几年前相比，现在政党组织能够给候选人提供更多东西，但它们所能够提供的东西在大多数选举中依然只占总花费的很小的比例。相反，欧洲政党经常为大多数候选人提供一半多的资助。

以候选人为中心的竞选会对管理有重要影响。在自己控制选举活动的情况下，获胜的候选人能够与其选民建立个人关系而不受政党联系的制约。候选人可以与利益集团自由建立紧密的联盟，这会提高这些集团影响公共政策的能力。简言之，相对于政党组织的权力，以候选人为中心的选举加强了政府中的政党的权力。这就导致了一个重要问题：如果强政党组织能够有助于让选举产生的官员为其行为负责，那么，选民在以候选人为中心的政治中应该承担多少责任？

第 12 章
为竞选提供资金

2012 年竞选连任的美国参议员，平均每人花费 1 000 万美元用于选举活动。[①] 如果你必须募集那么多钱，那么，你就需要在你 6 年参议院任期中的每天平均募集4 700 美元。也就是几乎每周要募集 3.3 万美元——或许比你必须募集的用于大学一年的费用还要多。当然，募款应该是在除去与你的选民进行沟通、了解已提出的法案、与其他参议员进行合作以及对议案进行投票表决等你必须花费的时间之外进行。

为赢得一个年薪 17.4 万美元的工作，付出的努力似乎太多了。但金钱是在一场切实可行的选举中调动其他必要资源的关键，而且这些资源——大型数据库、电视广告、有偿专业顾问、民意调查——的花费已大大增加了。候选人都不愿意用上一次选举的技术开展今年的选举活动。因而，候选人，特别是竞选州一级或全国性职位的候选人，除非开始时有庞大的选举预算或被确认有募款才能，否则不可能被认真对待。

在美国历史的大部分时间里，用于选举的大多数金钱是秘密募集和使用的。候选人未被要求公开他们募款的数量，捐赠者通常也不愿意他们的名字被公开。公民无法确定谁在支付候选人的选举费用，或者捐赠者能够得到什么回报。20 世纪 70 年代采取的规则，给我们提供了大量关于选举捐赠和支出的信息。但由于 2010 年和 2011 年的法院裁决，2012 年选举中花费的大部分资金和改革之前一样是难以追踪的。

---

① 除特别说明外，本章引用的所有数据均来自：Federal Election Commission reports，the Center for Responsive Politics at www.opensecrets.org. 有关竞选资金的卓越的分析，参见：Michael J. Malbin，ed.，*The Election after Reform* (Lanham，MD：Rowman & Littlefield，2006)；Marian Currinder，*Money in the House* (Boulder，CO：Westview，2009).

竞选活动花了多少钱

2012 年美国各层次公职选举花费共计 70 多亿美元——仅与 20 多年前的花费数目相比就是巨大的增长。在这一时期通货膨胀已降低了美元的购买力，所以通货膨胀调整后的实际增长并不是那么大。但无论以哪种标准衡量，1996 年以来选举花费的增长都是非常可观的。

总统竞选

2012 年的总统选举是历史上花费最多的选举（见图 12－1），尽管民主党的提名没有竞争，但这一纪录至少会保持到 2016 年。选举开支迅速窜升有许多原因。竞选团队已变得更善于激发小额和大额捐赠者。极化的政治制度升高了选举中的风险。最高法院剔除竞选经费法，使非政党团体能够在竞选中募集和花费史无前例的经费。在联邦规则能够降低竞选经费螺旋式增长的时期之后，我们又回到了大额捐赠者秘密捐

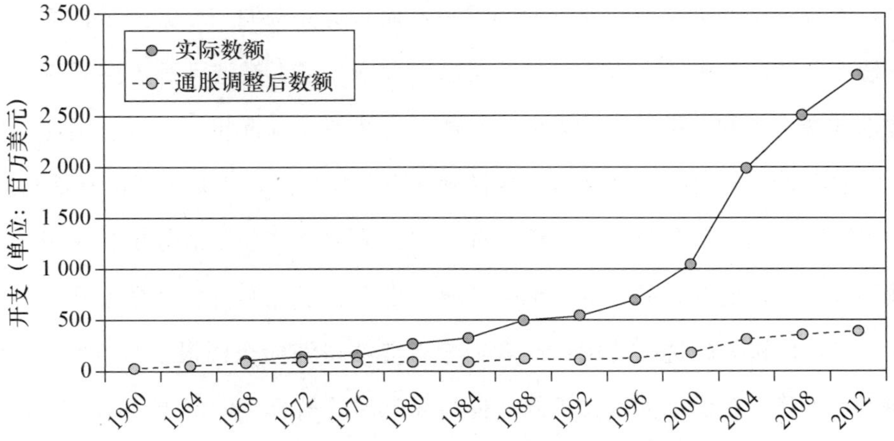

图 12－1　总统选举中候选人、政党及各团体的总开支（1960—2012 年）

说明：估计数字是总统选举年两年选举周期结束时的数字。根据通胀调整后的数字系通过使用消费者物价指数年平均值（以 1960 年为基准年）紧缩实际支出计算出的数字。

资料来源：John C. Green，ed.，*Financing the* 1996 *Election*（Armonk，NY：M. E. Sharpe，1999），p. 19；2000—2012 年联邦选举委员会数据参见：www. fec. gov/press/press2013/20130419_2012－24m-Summary. shtml（Novermber 21，2013）。消费者物价平减指数（Consumer Price Index deflator）以美国人口调查局（U. S. Census Bureau）的表 724 “美元的购买力”（Purchasing Power of the Dollar）为基础，参见：www. census. gov/compendia/statab/2012/tables/12s0724. pdf（accessed November 21，2013）.

赠、威胁选举过程的诚信和政党效能的时代。

在 2011—2012 年，总统候选人自己的竞选活动总共募集和花费了近 14 亿美元（见表 12-1）。这些总额中也包含他们的政党提供的经费。尽管奥巴马的竞选团队的募集的经费比罗姆尼的多，但共和党在政党方面的优势和政党-竞选者共同开支（joint party-campaign spending）使双方几乎势均力敌。

表 12-1　2011—2012 年总统和国会候选人竞选资金来源　　（单位：百万美元）

	2011—2012 年总统候选人竞选资金来源		
	民主党候选人	共和党候选人	总额
个人	549.6	444.4	997.0
候选人	>0.1	6.1	6.2
超级政治行动委员会	>0.1	1.7	1.8
政党组织直接拨付经费（Party direct）	>0.1	>0.1	>0.1
政党协调支出（Party coordinated）*	20.8	21.5	42.3
政党独立支出（Party independent）*	0.1	44.2	44.3
转用经费（Transfers）+	181.7	150.0	331.7
其他	6.9	35.1	43.0
合计	738.5	637.5	1 379.8

2011—2012 年国会候选人竞选资金来源							
	民主党		共和党		两院总额		总计
	众议院	参议院	众议院	参议院	众议院	参议院	
个人	283.7	244.4	349.4	213.1	637.0	466.1	1 103.1
候选人捐款和贷款（Candidate contributions and loans）	39.0	8.0	57.5	150.6	108.2	167.3	275.5
超级政治行动委员会	148.1	42.5	192.0	36.7	341.2	80.2	421.4
全国政党组织捐款（National party contributions）	0.9	0.6	0.6	0.8	1.5	1.4	2.9
全国政党协调支出（National party coordinated）*	5.3	9.4	4.7	7.7	10.0	17.1	27.1
政党独立支出*	60.5	52.6	64.7	32.5	125.2	85.1	208.1
其他	15.1	12.4	33.2	14.9	48.6	27.4	76.0
合计	486.8	307.9	632.7	416.1	1 136.5	742.3	1 878.8

*政党协调开支和政党独立开支是代表候选人进行的开支而不是给予竞选团队（the campaign）的开支，因而都未包含在本表底部合计数据中。在有些情况下，民主党和共和党的数字加起来并不等于“合计”栏中的总和，因为后者还包含小党候选人的资金。“其他”包括利息、红利以及公司和个人的退款（vendor and individual refunds）。

+这些是来自政党竞选活动联合筹款委员会及其他竞选委员会的转移支付（transfers）。

资料来源：联邦选举委员会（FEC）数据，参见：www.fec.gov/press/press2013/20130419_2012m-Summary.shtml (November 21, 2013).

政党可以通过四种不同方式把资金投入总统选举。他们可以使用**协调开支**（coordinated spending）：政党组织与候选人的竞选团队协调后、用于购买诸如媒体广告或选举民意测验等服务的经费。政党以及个人和其他政治团体，也可以花费它们自己愿意支付的经费，明确支持或反对一位候选人，只要他们这么做**没有与他们的候选人商量**。2012 年 4 400 多万美元的政党**独立开支**（independent spending）中，大多数来自共和党。但与 2008 年不同，当时奥巴马的竞选团队强烈劝阻其盟友独立投入经费，但其 2012 年的竞选团队认识到，没有这些开支者的帮助，它可能无法保持竞争力。

政党还被允许与候选人的竞选团队分摊**混合广告**（hybrid ads）费用（候选人和一般的政党信息在这种广告中都会被提及）以及**通过基层努力动员选民**（mobilize voters through grassroots efforts）。对候选人来说，这些形式的政党开支是非常重要的。但与在大多数其他民主国家相比，美国政党在资助竞选方面发挥的作用非常有限，这些国家的竞选开支大都是政党组织而非候选人支付的。

政党的独立开支在应对总统选举的广告所花费的 5.838 亿美元的独立开支中只是很小的一部分。这种独立开支最大的部分来自被称为超级政治行动委员会的非政党团体。由于这些外围团体提供的资助大量增加，政党的开支在 2012 年选举总开支中所占的份额，比在最近其他选举中所占份额都要小［关于政治行动委员会、超级政治行动委员会和 501（c）组织等的开支，本章后面将会讨论］。此外，工会组织、公司、会员协会（membership associations）也花费数百万美元用于“超党派”的选民动员，进行选民登记并让他们在选举日参加投票。

纳税人的钱在总统选举中也发挥了一些作用。纳税人为在初选和政党核心分子会议选举中有资格得到公共资金的候选人提供了某些捐助。他们还负担两党全国代表大会的部分费用，尽管公司和其他利益集团的捐助会承担大会的大部分费用。但在 2012 年这种公共资助比前些年少很多，因为无论是奥巴马还是罗姆尼都没有接受纳税人的资助，他们本可以接受这种资助用于他们的大选竞选。

国会竞选

2012 年国会选举在竞选开支方面也创造了新纪录（见图 12-2 和图 12-3），参议院选举一共花费 7.48 亿美元，众议院选举一共花费 11 亿美元。三场参议院选举（马萨诸塞州、康涅狄格州和宾夕法尼亚州），每一场选举都花费了成功者和失败者总共5 000 多万美元。在众议院选举中，众议员米歇尔·巴克曼（Michele Bachmann，

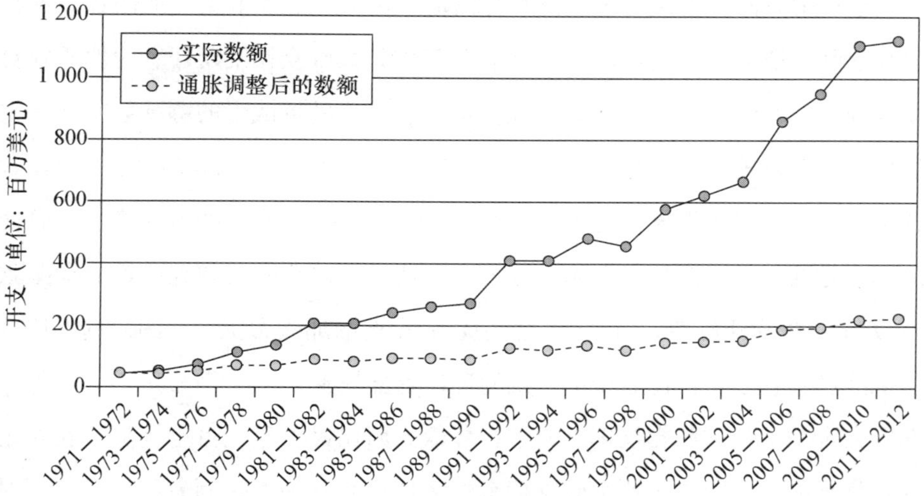

图 12-2　众议院竞选全部候选人开支（1971/1972—2011/2012）

说明：通胀调整后的数字系通过使用由以 1972 年为基准年的消费者物价指数（年平均值）衡量的价格水平的变化缩减实际支出计算出的数字。

资料来源：联邦选举委员会数据，参见：www.fec.gov.press/press2013/20130419_2012-24m-Summary.shtml（November 21，2013）。消费者物价平减指数（CPI deflator）与图 12.1 所使用的相同。

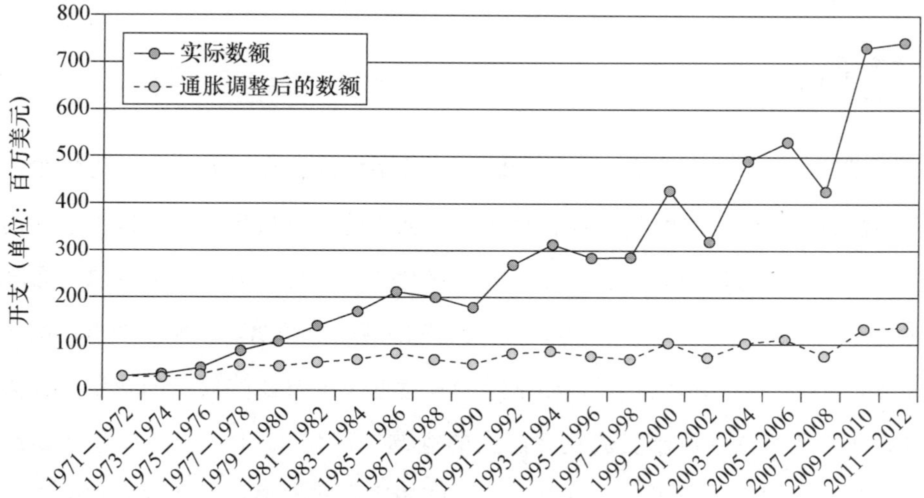

图 12-3　参议院竞选全部候选人开支（1971/1972—2011/2012）

说明：根据通胀调整后的数字与图 12-1 中的计算方式相同。

资料来源：联邦选举委员会数据，参见：www.fec.gov.press/press2013/20130419_2012-24m-Summary.shtml（November 21，2013）。消费者物价平减指数（CPI deflator）与图 12.1 所使用的相同。

R-MN）为赢得连任平均在每位合格选民身上花费了 140 美元。众议员艾伦·韦斯特（Allen West，R-FL）平均在每位选民身上花费超过 108 美元，但依然未能保住其席位。①

在国会选举方面一个最引人注目的发现是，在每一个选举年，现任者在募款和开支方面都远胜过他们的挑战者。2012 年，处于中位数的众议院现任者为他或她自己选举募款数额（130 万美元），比处于中位数的主要政党的挑战者的募款数额（民主党挑战者的募款是 7 万美元，共和党挑战者的募款是 6 万美元）多 20 多倍。② 现任者在参议院选举中的优势甚至更大。处于中位数的参议员募款大约1 000 万美元，而处于中位数的民主党的挑战者募款只有 4.5 万美元，处于中位数的共和党的挑战者募款只有 18.4 万美元。竞选开放性席位——没有现任者竞选的那些席位——的候选人比处于中位数的挑战者募款多，但比处于中位数的现任者募款少。

在国会选举中，共和党候选人通常在募款方面比民主党人占有优势。在特定选举中，这种优势的大小取决于哪个政党拥有最多现任者并因而控制着国会两院。对于一个政党来说，控制立法机构确实是非常重要的。在 2012 年政党控制悬而未决时，共和党籍参议院候选人在募款方面以 1.4∶1 的比例超过了民主党候选人。在众议院，共和党籍候选人的募款也以 1.3∶1 的比例领先民主党人。

州和地方竞选

对于成千上万的竞选州和地方政府职位的选举中的花费，人们知道得更少，这主要是因为没有一个像全国性的联邦选举委员会这样的中央报告机构。这些选举的范围非常广泛。许多地方候选人花费了数百美元就胜选了。另一方面，迈克尔·布隆伯格（Michael Bloomberg）在 2009 年为赢得纽约市长第三个任期，花掉了他自己的 1 亿多美元经费。大州州长选举的花费，经常至少和竞选美国参议院议员的花费一样多。甚至州最高法院法官选举也已变成花费巨大的竞选。仅在 2011 年威斯康星州最高法院选举中，利益集团就花掉了 360 万美元。在这些法官选举中，大多数经费来自企业界

---

① Lee Drutman, "Which Candidates Spent the Most Per Voter in 2012?" December 26, 2012, 参见：http://sunlightfoundation.com/blog/2012/12/26/biggest-spenders (accessed November 21, 2013).

② Calculated from FEC data at www.fec.gov/press/press2013/20130419_2012−24m-Summary.shtml, Congressional Table 12.4 (accessed November 20, 2013).

和辩护律师，法官裁决对他们影响巨大。①

我们必须正确看待这些数据。尽管其数目巨大，但所有美国选举的总花费只占每年花在彩票上的费用的1/10（见专栏《竞选开支：太多还是太少?》）如果选举为我们提供了一个了解将要统治我们的人们的优点和缺点的机会，用于竞选广告的花费应该算是很划算的。② 然而，关于捐赠者的动机和不同候选人之间募款的悬殊，还有一些重要问题等待回答。

竞选开支：太多还是太少?

在美国，70亿美元可以买到什么?

- 是全美在2012年美国职业橄榄球锦标赛期间花费的快餐费用的7倍
- 美国在伊拉克战争中花费总额的大约1/115
- 不足2012年财年美国人购买彩票费用的1/10
- 建造一艘尼米兹级航空母舰（不考虑运行成本）
- 2012年各层次政府选举中所有候选人的所有政治竞选费用。

资料来源：Tim Nudd，“$1.02 Billion on Snacks，” January 24，2012，参见：www.adweek.com/adfreak/102-billion-snacks-what-well-spend-super-bowl-sunday-137702；Danielle Kurtzleben，“What Did the Iraq War Cost? More Than You Think，” *US News & World Report*，December 15，2011，参见：www.usnews.com/news/articles/2011/12/15/what-did-the-iraq-war-cost-more-than-you-think；“How Much is Spent on Lottery Tickets Each Year?” November 28，2012，参见：http://gestetnerupdates.com/2012/11/28/how-much-is-spent-on-lottery-tickets-each-year，and http://wiki.answers.com/Q? how_much_does_an_aircraft_carrier_cost（all accessed November 20，2013).

竞选开支的影响是什么

金钱并不总能买来胜利，但它也很少妨碍胜利。在总统大选中，双方通常都有足够的金钱，把它们的信息传递给选民，因而，拥有最多资金的候选人也无法获得压倒

① “Buying Time：Wisconsin Judicial Election 2013，” February 14，2013，at www.brennancenter.org/analysis/buying-time-wisconsin-judicial-election-2013（accessed November 20，2013).

② 参见：John J. Coleman and Paul F. Manna，“Congressional Campaign Spending and the Quality of Democracy，” *Journal of Politics* 62（2000)：757−789.

性优势。在总统提名选举的早期数月，特别是在购买对于处于劣势者至关重要的早期可见性时，金钱更为重要。在后来的初选和政党核心分子会议选举中，候选人已为人们所熟知，金钱上的优势并不必然导向胜利。

在国会选举中，大多数研究者发现，金钱确实能发挥重要作用——对于挑战者来说。挑战者在与现任者竞争时花费得越多，他们胜选的可能性也就越大。对现任者来说，就不是这样了。加里·雅各布森（Gary Jacobson）发现，现任者花费得越多，在选举中的表现越差。[①] 不是说现任者的花费会让其失去选民，而是说他们在面临激烈竞争时会花费大量金钱。因而，一位现任者的庞大预算，通常意味着他或她有（或担心有）特别强大的挑战者。

其他研究者不同意这种看法并在研究报告中指出，当现任者花费更多时，他们确实得到了选票的回报。这一争论开启了关于评估竞选开支之影响的恰当方式这一棘手问题，[②] 但论者在三点上也存在基本一致。第一，众议院现任者通常并不面临连任的严重挑战。第二，挑战者需要大量金钱才可能有机会击败现任者。第三，现任者面临强大的挑战者时，投入大量金钱到竞选中也未必能够幸存。对于政治科学家来说，衡量竞选开支的影响是一件非常困难的工作。对于候选人来说，答案很简单：越多越好。

金钱如何进入竞选活动

金钱以两种不同的方式被用于竞选。第一，个人和团体可以**为候选人的竞选提供金钱**（give money to a candidate's campaign）（见图 12－4 最上部分）。然后竞选团队决定如何花费所收到的金钱。第二，团体和个人（而不是候选人）可以把金钱用于竞选传播和竞选活动，通常是独立于竞选团队的（见图 12－4 中间部分）。在这种情况下，是个人或团体，而不是竞选团队选择如何使用金钱。这种独立开支将会在本章后

---

① Gary C. Jacobson, *The Politics of Congressional Elections*, 7th ed. (New York: Pearson-Longman, 2009), p. 45.

② 参见《美国政治科学杂志》的文章：Donald Philip Green and Jonathan S. Krasno, "Salvation for the Spendthrift Incumbent," 32 (1988): 884-907; Gary C. Jacobson, "The Effects of Campaign Spending in House Elections," 34 (1990): 334-362; and Kenneth Benoit and Michael Marsh, "The Campaign Value of Incumbency," 52 (2008): 874-890.

面进行讨论（从“吃掉改革的漏洞”开始）。个人、政党组织以及政治行动委员会（不是超级政治行动委员会）可以通过这两种方式把金钱投入竞选之中。其他非政党团体——超级政治行动委员会，501（c）组织和 527 组织——只能把它们的金钱用于竞选传播，不允许它们把金钱直接给予候选人。

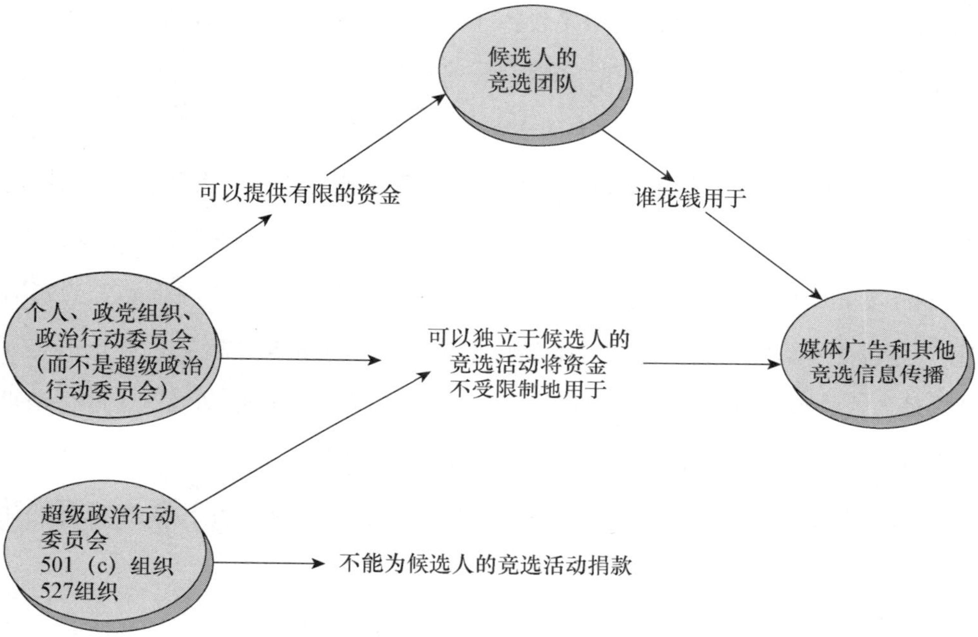

图 12－4　金钱如何进入联邦竞选活动

第一种途径：为候选人的竞选提供金钱

候选人募集竞选献金（campaign contributions）的来源有 5 种：个人、政治行动委员会、政党（包括政府中的政党）、候选人自己的资源以及公共（纳税人的）资金。

个人捐赠者

当听说直接捐给候选人的金钱大多数来自个人而非政党或政治行动委员会（如表 12－1 所示）时，你可能会感到吃惊。在 2012 年的选举中，在给予众议院候选人的献金中，个人捐助占 56%；在给予参议院候选人的献金中，个人捐助占 63%。

然而，个人捐赠者的性质已经发生了变化。20 世纪 70 年代竞选经费改革之前，国会和总统候选人可以从个人那里得到的金钱没有数额限制。例如，保险业巨头 W. 克莱门特・斯通（W. Clement Stone）和千万富翁理查德・梅隆・斯凯夫（Richard

Mellon Scaife）在 1972 年为尼克松总统连任竞选一共捐款 300 万美元。对这些“肥猫”会因他们的捐款而得到某种回报——从减税到大使职位——的合理担心，促使国会在 1974 年通过《联邦选举竞选法案》（Federal Election Campaign Act）修正案，就像我们后面看到的，限定个人对任何联邦候选人的捐款不得超过 1 000 美元。

随后的 20 多年里，这些限制似乎发挥了作用。由于这些改革，国会选举不是由少数大额赠与者，而是由许多提供小额捐赠（低于 1 000 美元）的人们资助的。总统竞选的提名阶段也是这样。这些扩大的小额捐赠者在总人口中所占百分比依然是比较小的。这些捐赠者往往比普通美国选民更年长、更富有、更保守和更倾向于共和党，也更可能是男性而非女性。① 与斯通们和斯凯夫们相比，他们才更像典型的美国人。

1 000 美元的限制意味着竞选活动必须吸引更多小额捐赠者的捐赠。当富有的“肥猫”是优先考虑的资金来源时，他们被邀请参加明星云集的晚宴，候选人本人也会亲自拜访或打电话争取支持。对于小额捐赠者，通常是通过信函或电子邮件请求他们的支持。两党都已把重要精力用于争取更多小额捐赠者。在 2011—2012 年，与罗姆尼相比，奥巴马的竞选团队从小额捐赠者那里募集的经费占其募款总额的比例更大。

“传统的”政治行动委员会

政治行动委员会（PACs）是政治团体，② 不是政党组织，其目的是募款并花出去，以影响选举。大多数政治行动委员会是由公司、工会或者行业协会（trade associations）建立的，政治献金大户（heavy hitters）集中在金融、房地产、医疗保险、通信以及能源等领域。目前，公司和工会只能通过传统的政治行动委员会直接为联邦候选人提供金钱。因而，公司、贸易协会或工会成为政治行动委员会的“创始”组织（“parent” group），可以支持政治行动委员会开始其募款工作。其他政治行动委员会没有支持性组织（sponsoring organizations）；在这些所谓**未被联系起来的政治行动委员会**（nonconnected PACs）当中，许多是意识形态团体。这种类型的政治行动委员会还包括超级政治行动委员会和领导者政治行动委员会——由现任者建立以向他们党

---

① Peter Francia，John C. Green，Paul S. Herrnson，Lynda W. Powell，and Clyde Wilcox，*The Financiers of Congressional Elections*（New York：Columbia University Press，2003）.

② 在本章，“传统的”政治行动委员会（“traditional” PACs）指的是所有形式的政治行动委员会而非超级政治行动委员会。前者可以为候选人捐款，也可以独立开支。超级政治行动委员会只能独立开支。

内其他现任者和挑战者分配金钱的那些。国会议员也向其他候选人提供捐赠，因为他们的国会委员会坚持认为，他们“共同拥有这些财富”。

政治行动委员会的发展，部分是由于 20 世纪 70 年代的竞选经费改革使传统的政治行动委员会能够给每位候选人捐赠最多 5 000 美元，而个人只能最多捐赠 1 000 美元。联邦法院的裁决和联邦选举委员会确认了政治行动委员会的合法性和支持性组织支付它们的间接费用的权力（只要政治行动委员会的政治资金是独立于支持性组织的固定资产和财政收入的）。一旦它们的合法性得以澄清，且其募款的优势变得很明显，政治行动委员会的数量在 20 世纪 70 年代和 80 年代便随之激增。

扩展最多的是公司政治行动委员会和没有联系的政治行动委员会。公司政治行动委员会与贸易协会政治行动委员会（其中大多数与商业有关）提供的捐赠占 2012 年所有政治行动委员会给予联邦候选人的捐赠的一半多。工会政治行动委员会只提供了所有政治行动委员会给候选人提供的捐赠的 30%，但由于工会把几乎所有其政治行动委员会的金钱都捐给了民主党，它们帮助抵消了共和党在商界捐赠方面通常具有的优势（见表 12－2）。

表 12－2　捐赠最多的政治行动委员会（2011—2012 年给予联邦候选人的献金）

		给予联邦候选人的献金		
排名	政治行动委员会	献金总额（单位：百万美元）	给民主党人的献金（%）	给共和党人的献金（%）
1	美国全国地产经纪商协会	4.0	44	56
2	美国啤酒批发商协会	3.4	41	59
3	霍尼韦尔国际公司	3.2	41	59
4	操作工程师联合会*	3.2	84	15
5	美国汽车经销商协会	3.1	28	72
6	国际电子工人兄弟会*	2.9	97	2
7	美国银行家协会	2.7	20	80
8	美国电话电报公司	2.5	35	65
9	美国司法协会（出庭律师）	2.5	96	3
10	全美信用合作社协会	2.5	47	52

* 工会政治行动委员会。由于整取误差，百分比总数经常不到 100%。

资料来源：联邦选举委员会数据来自互动政治研究中心，参见：www.opensecrets.org/pacs/toppacs.php?cycle=2012&party=D（2013 年 11 月 20 日查询）。

传统的政治行动委员会会把大多数金钱投入国会选举中，即便在总统选举年也是如此。2012 年，它们给予联邦候选人的捐款共有 4.23 亿美元，其中 3.41 亿美元给了众议院候选人，8 000 万美元投入参议院选举当中。政治行动委员会给予总统候选人的捐款只有 180 万美元。由于一般的众议院候选人不如参议院候选人经费充裕，政治行动委员会的捐赠占了众议院竞选预算更大的部分（几乎是 1/3）。一些政治行动委员会和公司利益集团（corporate interests）还为得到有强大影响力的国会议员支持的慈善团体捐赠资金。

候选人和政党都努力争取得到政治行动委员会的金钱。两党的国会委员会把它们的候选人与可能会同情它们事业的政治行动委员会联系起来。竞选者也根据分类列举了议题立场、资源规模、之前的捐赠记录等的政治行动委员会名录，直接寻求政治行动委员会的帮助。现任国会议员会邀请政治行动委员会或其上级组织（parent organizations）的说客，参加在华盛顿举行的募款宴会。政治行动委员会也会主动出击。与大多数个人捐助者不同，它们的职责就是提供政治献金，所以它们不会等待。①

"传统的"政治行动委员会用它们对国会选举的捐赠换来了什么？大多数政治行动委员会的金钱是为了让捐赠者获得这样的机会：当一个团体希望把其诉求列入法案时，确保国会议员的门对它们是敞开的。因而，政治行动委员会的绝大多数献金捐给了现任者。毕竟，接触可能的失败者没有什么好处。因此，政治行动委员会的金钱和个人捐款一样，也流向拥有最多现任者的政党。于是乎，尽管公司政治行动委员会更愿意捐给共和党，但当民主党的浪潮选举可能出现时，它们也会调整自己的计划。

政治行动委员会的献金看来可能确实有助于它们接近立法者。哪个民选官员（elected officials）会对为自己竞选捐款的团体不予理睬呢？但确定政治行动委员会的关注是否会影响他们的立法行为是更加困难的。没有太多的证据证明政治行动委员会的献金会影响接受者的唱名投票，② 尽管接受政治行动委员会的金钱的立法者在国会委员会中会更加积极地代表其政治行动委员会的捐赠者关注的议题。③

政治行动委员会的金钱为何不能在国会"买到"投票支持（votes）？政治行动委员会一般会支持已表明会支持其利益的国会议员，因此，很难说政治行动委员会的金

---

① Frank J. Sorauf, *Inside Campaign Finance* (New Haven, CT: Yale University Press, 1992), Chapter 4.

② Gregory Wawro, "A Panel Probit Analysis of Campaign Contributions and Roll-Call Votes," *American Journal Political Science* 45 (2001): 563–579.

③ Richard L. Hall and Frank W. Wayman, "Buying Time," *American Political Science Review* 84 (1990): 797–820.

钱导致了国会议员的行为。政治行动委员会把大多数金钱给予现任者，同时必须与其他许多影响力来源——政党领袖、选民及其他政治行动委员会——进行竞争，以引起现任者的注意。因为大多数政治行动委员会给予每位候选人的捐款远低于 5 000 美元的最高限额，所以大多数政治行动委员会可以被视为小额捐赠者。当它们在国会议员的选区代表强大利益时，当它们与他或她的政党立场不冲突时，以及当它们追求的利益与其他任何人都没有直接利益冲突时（比如给予特定公司大幅减税的微小的税法改变），它们的影响可能会是最大的。

政党

在 20 世纪 70 年代的改革通过后，政党组织已没有足够的金钱成为国会或总统选举中的大玩家了。但从那时起，政党已变成更加高效的募款者。甚至在国会阻止政党委员会募集无限的“软钱”之后，两党在每次选举中的募款都超过了 10 亿美元。它们在选举中，特别是在竞争激烈的选举中的作用也变得越来越重要。

政党可以直接向众议院选举（最高 5 000 美元）和参议院选举（最高 4.54 万美元）提供小额献金。更重要的是两党的协调性开支——政党代表自己的候选人并与候选人的竞选团队协调花费的经费，特别是用于诸如电视和广播广告及民意测验等服务的花费。协调性开支对于政党来说是有用的，因为与直接给候选人提供献金相比，政党委员会对于如何使用金钱拥有更多的控制权。在 2013 年时，每一个政党可以为每一场众议院选举花费 4.66 万美元，只有一个众议院选区的州除外，这些州的限额是 9.31 万美元。州政党可以花费或授权另一政党委员会花费同样的数额。在参议院选举中，这种限额因各州符合投票年龄的人口规模而有所不同：从特拉华州的 9.31 万美元到加利福尼亚州的 270 万美元不等。[①] 在全国范围内，2012 年两党在协调性开支方面投入了 7 600 万美元。但在大多数选举中，这种政党经费在候选人全部支出中仍然只占很小的一部分。

如第 4 章所示，政府中的政党的成员已成为重要的竞选献金提供者。现在，政党领导人及众议院和参议院其他成员有望从他们的个人竞选账户及领导者政治行动委员会和通过为政党及其受到挑战的候选人募款，为他们政党的国会竞选委员会提供重要

---

① FEC，“2013 Coordinated Party Expenditure Limits，”参见：www. fec. gov/info/charts_441ad_2013. shtml (2013 年 3 月 30 日查询).

献金。这些献金表明了现任者在实现其政策和政治目标过程中对其国会政党的重视。

候选人自己

候选人，就像他们经常做的，在竞选公职时可以花费他们个人的财富。在 2012 年，众议院普选候选人大约 17%的竞选经费以献金和借贷的形式来自他们自己的腰包。参议院候选人为自己提供和借贷的经费异乎寻常地占到了他们全部竞选经费的 36%（见表 12-1）。不过，花费自己经费最多者通常会失败。

公共资助

国会在 20 世纪 70 年代初投票准许纳税人留出其税款中的 1 美元（现在是 3 美元），作为给予参与其政党总统提名的候选人的小额献金，并像之前提到的那样，在大选中为总统候选人支付大部分费用。其意图是通过限制私人资金的作用减少腐败。但是，接受公共资金要求候选人在每个州的初选或政党核心分子会议选举中以及作为整体的提名和总统大选竞选中都要遵守低开支限制。因而，希望能募集到远超过公共资助可提供的经费的候选人，逻辑上会拒绝公共资金，以避开那些开支限制。

州和地方竞选中的金钱

州选举（state campaigns）通常遵循着一种与全国层次的选举相似的模式。[①] 除在少数几个州以外，个人捐赠者是候选人竞选经费最重要的来源，其次是政治行动委员会的献金，再其次，更远一些，是州政党和立法机构领袖及党团会议提供的资金。很大部分个人捐赠来自大额捐赠者（1 000 美元或更多）。个人捐赠者在地方选举中甚至更重要，因为政党和政治行动委员会在这一层次选举中发挥的作用更小（尽管正在增强）。

竞选经费规则的改革

在过去几十年中，美国关于竞选经费的法律是薄弱、矛盾、常常被忽略的。改革者试图定期规范竞选募款和开支。20 世纪 70 年代初水门丑闻爆发后，改革进入了新篇章。这些募款丑闻引起的反感，导致美国历史上关于这一问题的最广泛的联邦法律

---

① Anthony J. Corrado, Michael J. Malbin, Thomas E. Mann, Norman J. Ornstein, *Reform in an Age of Networked Campaigns* (Washington, DC: Campaign Finance Institute, 2010), Table 12.4.

的出台：《联邦选举竞选法案》(FECA) 修正案。1976 年，最高法院裁定其中某些改革无效。由此产生的法律为联邦竞选献金及开支设定了限制，并为总统竞选确立了公共资助制度。

献金限额

为终结富有的“肥猫”捐赠者的大额献金，《联邦选举竞选法案》限制了个人、政治行动委员会和政党组织每年在每一次选举（初选或大选）中可以直接给予一位候选人的献金数额。这些限制仅适用于联邦层次的竞选——总统和国会竞选。根据这些法律捐赠的金钱被称为**硬钱（或联邦资金）**（hard money/federal money）——根据《联邦选举竞选法案》之规定募集和开支的资金。2002 年进行的另一被称为《两党竞选改革法案》（本章后面将会讨论）的改革，在几乎 30 年里第一次提高了竞选献金限额（见表 12－3）。

表 12－3 联邦法律关于竞选献金的限额（2012 年）

	献金的限额（单位：美元）		
	个人	政治行动委员会	州或全国政党委员会
每次选举中给予每位候选人或候选人委员会的献金	2 600	5 000*	5 000**
每一个两年选举周期给予所有候选人的献金总额	46 200	无限制	无限制
每年给予全国政党委员会的献金（个人在每一个两年选举周期给予所有政治行动委员会和政党委员会的献金总额不超过 74 600 美元，其中给予政治行动委员会和州及地方政党的不超过 48 600 美元）	32 400	15 000	无限制
每年给予一个州或地方政党委员会的献金	10 000	5 000	无限制
每一个两年选举周期提供的献金总额	123 200	无限制	无限制

* 根据联邦法律，如果政治行动委员会可作为一个“多候选人委员会”为 5 个或更多联邦候选人提供献金，那么其限额就是 5 000 美元。否则，该委员会就被视为限额为 2 600 美元的个人。

** 给予总统和众议院候选人的献金限额是 5 000 美元。全国和参议院政党委员会在每次选举中可以为每位美国参议院候选人一共提供 4.54 万美元的献金。

注：这些都是对 2014 年选举的所谓硬钱献金的限额。个人限额是与通货膨胀水平挂钩的，而政治行动委员会的限额（以及个人给予政治行动委员会和州党的献金限额）并不与通货膨胀水平挂钩。

资料来源：Federal Election Commission News Release，“FEC Announces 2013-2014 Campaign Cycle Contribution Limits，” January 30，2013，参见：www.fec.gov/press/press2013/20133001_2013-14ContributionLimits.shtml（2013 年 3 月 2 日查询）.

信息公开

改革者们还希望竞选经费更加透明。他们认为，如果知道谁为每位候选人提供了献金，选民们可以做出更明智的选择。因此，《联邦选举竞选法案》要求国会和总统候选人公开披露他们的开支以及捐赠 200 美元及以上的所有捐赠者的姓名、地址和职业。设立联邦选举委员会目的是接收候选人的报告并使数据可用。联邦选举委员会的权力因经费不足而受到限制，但其可在线（www.fec.gov）获得的公开文件提供了丰富了竞选经费信息。

总统竞选中的公共资助

在把“有利害关系的经费”（interested money）从选举中排除出去的另一努力中，国会分别在 1971 年和 1976 年通过法律，以为总统候选人提供公共（税金）资助。为获得这些经费，竞争一政党总统提名的候选人必须在 20 个州的每一个州都募集 5 000 美元，其中每笔等于或少于 250 美元，从而首先展现出广泛的公众支持。然后，公共资金再为每一笔个人捐款配套提供最高达 250 美元（其目的是鼓励候选人集中于小额献金）。如同本章前面提到的，每一个大党的候选人都可以选择利用公共资金支付他或她在正式选举中的费用。

公共资金对待小党候选人的方式是不一样的。他们只能得到公共资金总额很少的一部分，而且只有在选举中赢得至少 5%的选票的情况下才能得到。由于候选人需要为许多竞选花费支付现金，《联邦选举竞选法案》的这一条款增加了小党面临的困难。只有一位小党候选人，改革党领袖罗斯·佩罗，在 1996 年曾取得获得公共资助的资格。

开支限制

接受公共资助的总统候选人，还必须接受开支限制。这些限制没有跟上总统竞选日益增长的花费。结果，尽管可以得到的公共资助已帮助知名度不高的候选人继续留在提名竞选中，并因而为选民提供了更多选择，但能够独立生存的总统候选人在 2016 年选举中都不愿意接受公共资助，除非国会投票大大提高配套资金和开支限制的数额。①

国会还试图限制众议院和参议院选举中的开支。然而，最高法院在巴克利诉瓦莱奥②一案中裁定，限制候选人的开支侵犯了候选人言论自由之权利。只有在候选人接

---

① 关于公共资助，参见：Michael J. Malbin, “Small Donors, Large Donors and the Internet,” www.cfinst.org/president/pdf/PresidentialWorkingPaper_April09.pdf (accessed November 21, 2013).

② Thomas E. Mann, “Linking Knowledge and Action,” *Perspective on Politics* (2003): 69-83.

受公共资助时，这些限制才是合理的。国会可以把开支限制应用于其自身的选举，而且只能作为利用公共资金补贴选举之计划的一部分。这也就意味着，也要补贴他们的挑战者的竞选活动。对国会的现任者来说，他们的开支通常远超过其挑战者，这不是一种很有吸引力的想法。

侵蚀改革的漏洞

国会通过《联邦选举竞选法案》改革之后不久，最高法院就开始逐步调取其实质内容。

独立开支：金钱找到进入选举的第二条路径

如果你登一则支持一位候选人的广告，如果你和候选人的竞选团队一起登载广告，那么，法律就会把这一广告视为竞选献金，《联邦选举竞选法案》对此做出了限制（如前所述）。但最高法院在巴克利案（*Buckley*）判决中写道，如果你独立于竞选团队登出你自己的广告——如果你未就该广告与竞选团队进行磋商——那么，你的言论自由之权利使你在广告方面的花费可以不受限制。最高法院多数派的推理是，言论自由在民主国家是根本性的——比限制政治腐败更加重要——以及因为“自由的”言论要花费金钱，通过电视及其他媒介进行传播，国会不能限制各集团和个人用于独立开支——独立于候选人的竞选团队登载的广告——的数额。最高法院在 1996 年规定，政党还可以单独把钱花在竞选广告方面；2003 年又表示，这也适用于公开资助的总统选举活动（见图 12－4 中间部分）。①

从那时起，全国性政党就已把其竞选经费的大多数投放到独立开支方面。对于政党领袖来说，在竞选中花掉不受限制的经费的机会比直接把它给予候选人更有吸引力，后者是受《联邦选举竞选法案》限制的。由独立开支资助的广告，可以明确地呼

---

① 这些案例是：*Colorado Republican Federal Campaign Committee v. Federal Election Commission*（1996），通称为：“Colorado Ⅰ”和 *McConnell v. Federal Election Commission*（2003）.

吁选择或击败一位候选人。一个政党如何登载独立于候选人而又要帮助其竞选的广告呢？这就要求政党区分负责独立开支的工作人员和与候选人合作的政党工作人员。但这依然无法阻止“独立”工作人员把他们购买广告的事情告诉记者或博主们，也无法阻止他们对媒体报道能够传递这种“独立”广告的内容和时机的期望。

由于独立开支是不受限制的，政党可以利用它来大幅扩展它们在有针对性的竞选中的作用。比如，在 2012 年，两党在众议院和参议院选举中用于独立开支的经费是 2.08 亿美元（外加用于总统选举的 4 400 万美元）。从 2008 年起，在大多数竞争激烈的众议院选举中，政党独立支出已达到或超过了候选人自己花费的总量。但 2012 年非政党团体的独立开支比政党的独立开支少得多，用于所有选举的一共约 13 亿美元（其中大约一半来自所谓的超级政治行动委员会，后面我们将会看到）。

独立开支对民主国家构成了许多挑战。大多数独立开支为负面广告提供了资金。2011 年国会选举中的一个特别令人难忘的广告，把白人、女性民主党候选人描述成一个把税款给黑人帮派成员来购买枪支的脱衣舞娘。如果一位候选人发起一种肆无忌惮的攻击，公民可以通过投票支持其对手反对他或她。如果一政党、利益集团或个人作为独立支出者登出肆无忌惮的广告，应该由谁来负责？独立支出者不可能在选举中受到惩罚，因为他或她不参加任何选举。而且由于独立支出者也不会与候选人协调他们的活动，为这种攻击性广告而惩罚候选人是公平的吗？因而，独立支出者可以随心所欲，口无遮拦，而无论是他们自己还是他们支持的候选人都不用负责任。

软钱

为加强州和地方政党组织，国会在 1979 年修改了《联邦选举竞选法案》，以使它们能够为政党建设和选民动员活动募集和支出数量不限的经费。这种没有数量限制的募款被称为**软钱**（soft money），这也被解释为扩展到适用于全国性政党委员会。因此，公民可以为政党组织提供数量不限的金钱，尽管同样这些公民和政治行动委员会给予联邦候选人的献金是受到严格限制的。政党不能直接把这种软钱给予联邦层次的竞选活动，但可以支付一场选举活动的任何非联邦部分的费用，这些金钱往往会转移到任何需要的地方。

因此，软钱事实上成为个人和团体通过政党组织漂洗大量选举献金的一种方式。

政党会努力争取获得这笔金钱。例如，在因最高法院判例而出名的一封信中，时任共和党全国主席的吉姆·尼科尔森给医药公司百时美施贵宝公司送去一份该党的医疗保健建议草案，并要求提出任意修改建议，为共和党全国委员会提供一笔 25 万美元的软钱献金。① 肥猫们又粉墨登场了。软钱能够迂回于《联邦选举竞选法案》的献金限额，不是该法律申明的意图，而是监管这些资金使用的困难导致的。在大多数州，软钱既可以从个人和政治行动委员会那里募集，也可以从公司财务部和工会会费那里募集——根据《联邦选举竞选法案》，这些资金都不能直接捐赠给联邦候选人。②

从 20 世纪 90 年代初直到 2002 年，大量经费因在联邦层面被禁止而通过软钱管道流出了。软钱已成为如此有吸引力的资金来源，特别是对于没有同样多硬钱捐助者的民主党人来说更是如此，以至于在 2012 年软钱占民主党收入的一半多，占共和党收入的比例也超过 1/3。③

议题支持广告（Issue Advocacy Ads）

议题支持广告（简称议题广告）最初被定义为任何不包含“选举”“投票支持”“支持”“反对”或类似字眼的政治广告。只要政治广告没有说出这些“咒语”，法院就不会把其认定为选举广告，因为它没有明确表示支持选举一位候选人。法院可以再次援引言论自由的极端重要性，裁定个人和团体可以利用数量不受限制的经费，播送这些议题广告，即便是在竞选活动正在进行之时也可以播送。

1996 年，民主党全国委员会争辩道，议题广告实际上就是政党建设和选民动员的一种形式，因此，他们应该可以使用软钱，支付支持克林顿总统连任的议题广告。④ 这些议题广告听起来非常像竞选广告。例如，在 2000 年纽约州参议院竞选后期，希拉里·克林顿的反对者登载的一则广告，画面主要是由几个戴着纽约扬基棒球帽比较

---

① 依据 *McConnel v. Federal Election Commission* 的记录，引自：Adam Cohen，“Buying a High-Priced Upgrade on the Political Back-Scratching Circuit，” *New York Times*，September 15，2003，p. A22.

② Anthony Corrado，Sarah Barclay，Heitor Gouvea，“The Parties Take the Lead，” 参见：John C. Green and Rick Farmer，eds.，*The State of the Parties*，4th ed.（Lanham，MD：Rowman & Littlefield，2003），pp. 97－114.

③ 关于软钱之党派影响的不同观点，参见：Raymond J. LaRaja，*Small Change*（Ann Arbor：University of Michigan Press，2008）.

④ John Kenneth White，Daniel M. Shea，*New Party Politics*（Belmont，CA：Wadsworth，2004），p. 258.

上镜的婴儿组成，画面外一个声音庄重地说：“这些婴儿中，每一个都比希拉里·罗德姆·克林顿在纽约生活的时间更长。”该广告的意图是很明显的。但由于没有明确说出“投票反对”克林顿或“投票支持”她的对手，它依然被视为议题倡议，因而可以得到不受限制的软钱资助。

在候选人看来，议题广告是一种利弊并存的东西。和独立支出者一样，外围团体登载的议题广告传递的信息经常与竞选团队更愿传递的信息有很大差异。但它们对政党是有利的，它们现在有在联邦选举中利用公司、工会和个人提供的大额献金的合法途径，能够避开《联邦选举竞选法案》对政党组织的开支限制。

20世纪70年代的改革实现了什么?

到2002年，各团体和各政党已从《联邦选举竞选法案》规则中发现了一些引人注目的漏洞，包括独立开支和议题广告，这些主要是由不受管制的软钱支付的。但对直接给予联邦层级候选人的献金限制还继续保持着。

预期影响和非预期影响

首先，《联邦选举竞选法案》改革实现了其大多数目标。在过去大约30年里，这些改革减缓了总统候选人竞选开支的增长。在这些改革之前的1960年和1972年之间，总统竞选开支增加了两倍。从1972年到2000年，实际开支增加得更慢了，而且在这8次选举中有三次选举的实际开支下降了。献金限额使小额捐赠者对候选人更重要了，这扩大了竞选经费的基础。这些改革还向公众监督开放了大部分竞选融资过程。

然而，和所有改革一样，《联邦选举竞选法案》也产生了一些令人担忧的非预期效应。最重要的是，给予候选人的受限制的献金与软钱、议题广告和独立开支等导致的不受限制的开支之间日益增长的不平衡。硬钱献金的1 000美元限额一直维持到2002年，尽管通货膨胀在这一时期已使其价值大大降低。对个人献金的这些相对较低的最高限额，使软钱和独立开支对政党和利益集团更具吸引力。这两种形式的开支，都导致了现实的责任问题，并使《联邦选举竞选法案》的倡导者希望从联邦竞选活动中清除出去的各种形式的献金——来自从个人到公司和工会财务部等的大额献金——卷土重来。

因而，长期来看，改革者们的努力未能实现他们的一个重要目标：降低“有利害关系的金钱”的影响。目前，可能不超过 1%的美国人为联邦层次的任何候选人提供献金，[①] 很少有人会捐出 200 美元或更多。其他捐赠者是希望从立法者那里得到某些特别的东西的集团——公司、工会以及其他有组织的利益集团。它们是否得到自己想要的东西，经常是不清楚的，但我们可以推断，如果认为自己不会得到任何回报，他们就不会花费那么多。

对政党的影响

《联邦选举竞选法案》实施开始的 20 年里，非常流行的看法是，这些改革损害了政党组织。通过限制它们直接给予总统和国会候选人的献金，《联邦选举竞选法案》使政党在竞选过程中地位并不比政治行动委员会或其他团体更优越。此外，和在大多数其他民主国家一样，对总统竞选活动的公共资助直接给予了候选人自己而非政党。这在政党组织和总统竞选团队之间造成了更多距离。

然而，从 1996 年起，这些改革中的漏洞，包括独立支出、软钱和议题倡议等，为全国性政党募集和花费比以前多得多的经费提供了途径。大量政党经费被用于电视和广播广告以及加强选民动员项目。州和地方政党，因来自全国性政党提供的经费的激励，更多卷入到竞选活动之中。有些州和地方政党把主要精力投入劳动密集型的草根工作之中，这在更早时期是政党组织的主要工作。软钱使政党能够增加其在最具竞争性的选举中的存在，政党组织把它们新获得的一些财富投入州和地方政党建设之中。[②] 然而，很少有政党资助的议题广告会提及政党标签，因而，它们很可能并未推动加强政党与选民之间的联系。[③]

另一次尝试：《两党竞选改革法案》

这些非预期影响——特别是软钱——成为要求进行新的改革的压力。2002 年，在

① Michael J. Malbin, “Political Parties Under the Post-*McConnell* Bipartisan Campaign Reform Act,” *Election Law Journal* 3 (2004): 183.

② Raymond J. La Raja, “State Parties and Soft Money,” 参见：*Green and Farmer*, *The State of the Parties*, 4th ed., pp. 132−150.

③ Jonathan Krasno and Kenneth Goldstein, “The Facts About Television Advertising and the McCain-Feingold Bill,” *PS Political Science & Politics* 25 (2002): 210.

经历另外一些募款丑闻之后，国会通过了**《两党竞选改革法案》**（Bipartisan Campaign Reform Act）（BCRA，或因其倡议者的名字而称为《麦凯恩-范戈尔德法案》）。[①]《两党竞选改革法案》禁止为全国性政党提供软钱类献金。州和地方政党仍然可以接受个人、公司以及工会提供的、每位捐赠者每年总额最高 1 万美元的经费，以及用于州级选举的不受限制的捐款。

《两党竞选改革法案》还试图缩小议题广告漏洞。如果一个议题广告提及一位联邦候选人但没有表达支持（通过使用诸如“投票支持”、“选择”以及“击败”等“咒语”），那么它将会被称为**竞选宣传**（electioneering communication）并会受到约束。这些竞选宣传广告不得在大选前 60 天内或初选前 30 天内播出，除非它们完全是由联邦规则控制的金钱或仅由个人捐献的软钱资助的。在这一“窗口期”，不能发布由公司或工会资助的广告。然而，这种限制仅适用于针对特定观（听）众的广播媒体广告，倡议性组织在这一时期还可以继续把软钱用于直接邮寄广告、电话银行及选民登记等。确实有许多组织把它们的软钱用于这些活动。[②] 此外，《两党竞选改革法案》把个人为联邦选举提供的献金限额提高到 2 000 美元，提高了个人给予候选人、政党及其他政治委员会的献金的总体限额，并允许根据通货膨胀情况提高这些限额。

尽管大多数民主党籍国会议员投票支持这一法案，但民主党领袖担心，《两党竞选改革法案》会严重削弱他们政党的募款能力。在过去几十年里，共和党在募集硬钱方面一直比民主党更成功；能够为一次竞选捐出超过 2 000 美元的个人更多是共和党人。由于可以从工会得到软钱，民主党曾经能够缩小在募款方面与共和党的差距。在禁止软钱后的一年内，共和党全国委员会手头拥有的现金是民主党全国委员会的 3 倍。

更多规避办法：527 和 501（c）倡议性组织

因而，民主党在《两党竞选改革法案》通过之后试图寻找一种把软钱注入竞选活动的新办法。它们在被称为 **527s** 的一类组织中找到了这种新办法。这种怪异的名字指

① Raymond J. LaRaja，“State and Local Political Parties，”参见：Malbin，*The Election after Reform*，Chapter 4.

② Michael M. Franz，Joel Rivlin，Kenneth Goldstein，“Much More of the Same，”参见：Malbin，ed.，*The Election after Reform*，Chapter 7.

的是美国税法第 527 条，它允许某些免税组织接受数额不受限制的献金并不受限制地花在选举倡议上——只要它们不明确呼吁选择或击败特定候选人，而且不与联邦候选人或政党协调它们的行动。这些组织可以登记选民，动员民众出来投票，广播议题广告，直接邮寄广告，以及分发选民指南等。在 2004 年竞选活动期间，一小群富有的自由主义者及时组成了几个 527 组织作为软钱的中转渠道，否则这些软钱早已流向了全国性政党。

共和党建立自己的 527 组织网络的过程更加困难。关于公司丑闻的报道使商界领袖对于向这些组织提供献金心存疑虑。于是，国会要求 527 组织公布它们的捐赠者和开支。联邦选举委员会进一步规范了它们的募款，更像是对待政治行动委员会一样对待 527 组织。

因而，一些组织，包括美国商会，把它们的政治活动转移到另一类非营利组织中。这些组织，通称 **501 (c)** 组织，有这样的优势：只要联邦竞选活动不是它们的“主要目的”，就不必向公众公布其捐赠者的名字。这种机会对公司特别有吸引力，因为这可以使它们避免其名字被公开后与充满争议的、党派性的信息联系在一起时可能面临的消费者的抵制。大多数 501（c）组织是由很少的个人或组织提供的非常大额的（经常是百万美元）捐赠资助的。501（c）组织在 2012 年选举中花费了大约 3.33 亿美元，[①] 主要是用来支持共和党籍候选人和保守派的事业。

这些渠道中每一种对于某些类型的募款和支出都是有用的。因而，一个组织可能会建立数个不同的团体：一个 501（c）团体，利用不想被公开身份的捐赠者给予的金钱登载广告；一个 527 团体，负责倡议性广告和“地面战”行动；一个政治行动委员会，为候选人提供直接但数额受限制的献金。

全国性政党在《两党竞选改革法案》通过后存活下来

尽管《两党竞选改革法案》剥夺了全国性政党的软钱，但政党再次进行了适应性调整。它们制定了经改进的新方案，以吸引小额献金捐赠者。在这些小额捐赠中，有

---

① Center for Responsive Politics，www.opensecrets.org/outsiderspending/index.php（2013 年 11 月 21 日查询）.

许多是通过互联网募款的方式提供的。此外，《两党竞选改革法案》对个人献金更高的限额，使各政党能够募集到更多的捐款。捐赠者可以把更多的献金捐赠给联合募款委员会，这既有利于候选人，也有利于他们的全国性政党和州政党。他们能够从国会议员（见第 4 章）手中募集数百万美元，也可以帮助全国性政党在失去软钱后存活下来。

在做出调整以适应《两党竞选改革法案》方面，州和地方政党组织面临着更多困难。在禁止从全国性政党组织转移软钱后，州和地方政党的募款减少了。特别是各州民主党遭受了严重影响。因而，许多州政党削减了它们为联邦候选人准备的广播广告。大多数州政党组织发现，在遵守新法律复杂规定的同时增加它们自己的募款，是富有挑战性的。[①]

捆绑

《两党竞选改革法案》的另一个非预期影响是，鼓励了一种被称为**捆绑**（bundling）的做法的更多使用。尽管对个人为一场竞选提供的献金是受到限制的，但个人或团体可以召集大量的这种个人捐赠者，把他们的献金合并（捆绑）在一起，交付给竞选团队，并因提供更大量的捐赠而受到好评。在《两党竞选改革法案》对个人的捐款做出双重限制后，捆绑变得更有用了。诸如支持妇女堕胎的“埃米莉名单”（EMILY's List）和反增税（antitax）的“增长俱乐部”等团体，为单个候选人提供的捆绑式的捐款，总共有数十万美元。

捆绑募款人（bundlers）在 2011—2012 年打破了所有纪录。奥巴马的竞选团队从大约 800 个捆绑募款人手里募集了至少 1.86 亿美元。罗姆尼的竞选团队没有公开这一信息。大多数捆绑募款人是律师、游说者、金融界高管以及和其他大额捐赠者一样、在联邦政策中有利益的开发商。尽管捆绑明显绕开了献金限额，但它依然是合法的。

---

① Joseph E. Sandler, Neil P. Reiff, “State and Local Parties Must Tread Carefully Through the Campaign Finance Minefield,” *Campaigns & Elections* 25 (2004), *pp*. 50-51.

“公民联合组织”改变游戏规则

全国性政党逃过了《两党竞选改革法案》的制约，但《两党竞选改革法案》未能逃过最高法院的裁决。就如同它之前给《联邦选举竞选法案》制造巨大漏洞一样，最高法院通过对**“公民联合组织诉联邦选举委员会**（2010）”（*Citizen United v. FEC*）案的判决，帮助废除了《两党竞选改革法案》。在此案中，大法官们以微弱多数裁定，公司和工会可以在任何时候，甚至是接近选举时，把它们愿意花费的、来自其自己财务部门的经费用于议题广告，或者是用于独立开支，资助明确表示支持选举或击败某位总统或国会议员候选人的演讲。多数大法官认为，若没有这一权利，公司及其他组织的言论自由之权利就会受到限制。

许多人认为，公民联合组织一案将会为大量的公司竞选开支打开闸门。支出这种经费的方式很快就出现了。联邦上诉法院在“‘现在演说’组织诉联邦选举委员会”（2010）一案的判决中声称，如果一个政治行动委员会把自己限定在独立开支范围内，不直接为候选人提供献金，那么，它就可以从个人那里接受数额不受限制的献金。由于公民联合组织案的裁决，这些所谓的超级政治行动委员会，也就是只采取独立开支的政治行动委员会，也可以接受公司财务部和工会提供的数额不受限制的捐款。超级政治行动委员会可以直接表示支持或击败一位候选人，也可以与其他超级政治行动委员会协调。它们不应该与其他候选人或政党进行协调，尽管大多数会这么做。实际上，有些超级政治行动委员会的建立仅仅是为了推动单个总统候选人的选举，而且是由候选人以前的工作人员领导的。

在 2010 年选举期间，超级政治行动委员会并没有大量增加。这次选举中花费的绝大多数金钱来自候选人的竞选团队和政党组织，而非外围团体。[①] 但到 2012 年时，已建立了 1 200 多个超级政治行动委员会。其中大多数是支持共和党的。2012 年超级政治行动委员会花费的 6.07 亿美元中，至少有 66%来自保守团体（见表 12－4）。[②]

---

① Michael M. Franz，“*The Citizens United* Elections?” *The Forum* 8（2010）：22.

② Eliza Newlin Carney，“Casino CEA Adelson Ups the Ante on Giving，” *CQ Weekly*，December 17，2012，p. 2518.

这帮助共和党抵消了民主党在候选人募款方面的微弱优势。在超级政治行动委员会2012年收到的金钱中，超过一半来自少数富人，他们每人提供了100万美元或更多。超级政治行动委员会是2012年提名竞选过程中非政党组织比候选人本人播出更多广告的一个主要原因。①

表12-4　2011—2012年联邦选举中在独立开支和竞选广告方面开支最高的外围团体

排名	团体（政党倾向）	团体类型	开支（百万美元）
1	美国十字路口/美国十字路口GPS（共和党）	超级政治行动委员会，501（c）	176
2	挽救未来（共和党-罗姆尼）	超级政治行动委员会	142
3	优先美国行动（民主党）	超级政治行动委员会	65
4	多数派政治行动委员会（民主党）	超级政治行动委员会	38
5	繁荣美国人委员会（共和党）	501（c）	36
6	美国商会（共和党）	501（c）	35
7	服务业员工国际联合会（民主党）	超级政治行动委员会，501（c）	33
8	众议院多数政治行动委员会（民主党）	超级政治行动委员会	31
9	美国未来基金会（共和党）	501（c）	25
10	全美步枪协会（共和党）	501（c）	25

资料来源：互动政治研究中心（Center for Responsive Politics），见：www.opensecrets.org/outsidespending/summ.php?disp=O [March 25，2013].

和其他政治行动委员会一样，超级政治行动委员会也必须报告为其提供金钱者。但一种管道已经建立起来，个人、团体或公司可以通过它为501（c）组织提供金钱，而且不必公布其捐赠者，反过来，501（c）组织可以给超级政治行动委员会提供金钱。这就掩盖了超级政治行动委员会的金钱来源。有些团体通过建立一个超级政治行动委员会和一个作为“姐妹组织”的501（c）组织，使这种掩饰变得非常容易。举个例子，保守团体“美国十字路口”（American Crossroads），是一个超级政治行动委员会，它的501（c）姐妹组织是“美国十字路口GPS”（American Crossroads GPS）。这一对组织声称，在2012年选举中一共花费了2亿美元，其中很大部分是由少量大捐赠者提供的。一位记者表示，“在这次选举中，每一位候选人都需要他自己的亿万富翁”。②

---

① Michael M. Franz，“Interest Groups in Electoral Politics：2012 in Context，” *The Forum* 10（2012）：62-79.

② Jane Mayer，“Leader of the PACs，” *New Yorker*，February 8，2012，www.newyorker.com/online/blogs/newsdesk/2012/02/leader-of-the-pacs.html（accessed November 21，2013）.

到 2014 年，大量外围团体把金钱用在广告及其他竞选宣传上。“传统行动”（Heritage Action）及其他极右团体在支持它们认为不够保守的参议员和众议员的主要挑战者，有些商业利益集团威胁“在初选中支持”投票支持 2013 年政府关门的其他共和党籍国会议员，这对商业产生了破坏性影响。一些团体似乎正在与政党委员会及候选人的竞选团队协调它们购买广告的活动，以便当一方积极行动时，另一方在一段时间内停止播放广告。公民联合组织案的另一个遗产是，公司现在可以自由联络其雇员，“建议”他们应如何投票①——这种行为以前是被禁止的。

超级政治行动委员会会取代政党吗?

公民联合组织案为政治行动委员会及其他非政党团体提供了优于政党组织的非常有利的条件。超级政治行动委员会可以通过接受公司、工会及个人提供的数额不受限制的献金，为其独立开支提供资金。但自从《两党竞选改革法案》使全国性政党无法接受数额不受限制的软钱起，政党就不能资助其独立开支了。为资助它们的独立开支，政党组织必须从个人和政治行动委员会而非公司或工会那里募集数额受到限制的金钱。从单个个人那里募得 100 万美元比说服 1 000 个人每人捐赠1 000 美元会更加高效。

超级政治行动委员会和其他非政党团体是补充还是取代政党委员会，尚不明确。非政党团体比政党委员可能会更加敏捷和灵活。比如，“美国十字路口”在运作过程中的花费比共和党全国委员会要少得多。它们可以为实现自己的募款目标而利用大的政党捐助者，这很可能会降低政党组织自身的融资前景。它们还可以与 501（c）组织结合在一起，规避献金限制和披露要求。

但是，由于超级政治行动委员会已把金钱主要用于媒体广告，至少在这一点上，它们没有与政党组织发生冲突，传统上后者产生影响的领域是“地面战”的组织。或许，正因如此，2012 年得到超级政治行动委员会的媒体助选支持的大多数候选人在竞选中失败了。而且，如果最高法院或国会解除了对政党募款及开支的限制，政党委员会将会重新发挥其在募款方面的作用。然而与此同时，在 2014 年和 2016 年的信息传递方面，全国性政党也在试图与超级政治行动委员会进行更密切的协调。

---

① Steven Greenhouse，“Here's a Memo from the Boss：Vote This Way，” *New York Times*，October 27，2012，p. A1.

州的规则与资金筹措

竞选州长的候选人是受50种不同的州规则规制的。在20世纪70年代，水门丑闻引发了许多州的改革运动，主要集中在要求公开披露（public disclosure）。随着政治行动委员会的活动在州一级层次的增加，对其进行的规范也在增长。自2012年起，大多数州有了限制个人、政治行动委员会、公司、工会以及政党为竞选提供献金的规则。[①] 少数几个州和一些城市（比如俄勒冈州的波特兰市和纽约市）已经为至少是某些类型的候选人提供了可选择的公共资助，这种资助通常只是涵盖竞选活动花费的一部分。[②] 但最高法院已表示，它可能会全部推翻这些项目中的某些类型，其中大多数是较小的和资助较少的。

竞选经费规则发挥作用了吗

为了解竞选经费改革，你已读过的东西远比你想读的多。这些改革已经产生了影响。与《联邦选举竞选法案》之前竞选经费不受管制的“荒野西部”（wild West）时期相比，公民（和候选人的对手们）现在有更多机会了解谁在竞选中为哪些人提供金钱。当然，透明度还远远不够，因为501（c）组织依然可以掩盖其捐赠者的名字，登载独立支出广告的组织依然可以建立起来，而使用的名字（“未来公民”）不会让观察者知道它们到底是谁。根据一项研究，在2004年，98%的非政党组织透露了支付它们的政治广告费用的捐赠者的姓名；但在2010年，这么做的非政党组织的百分比要小得多——尽管支出的数额急剧增长。[③]

但是，尽管直接给候选人的献金仍然受到限制，而且必须报告，但改革者已对公司、工会和其他组织以及个人把大量的金钱用于与候选人登载的广告看上去非常相似

① 参见：The National Conference of State Legislatures，http://www.ncsl.org/research/elections-and-campaigns/campaign-finance-an-overview.aspx（November 21，2013）.

② Michael Miller，“Gaming Arizona，” *PS：Political Science and Politics* 61（2008）：527－532. 竞选资金研究所已经研究了几种类型的公共资助项目，www.cfinst.org.

③ Mike McIntire，“The Secret Sponsors，” *New York Times*，October 2，2010，www.nytimes.com/2010/10/03/weekinreview/03mcintire.html?hpw（November 21，2013）.

的广告的“独立”支出的能力感到沮丧。在支持最高法院裁决的那些人看来，就应该这么做；他们认为，言论自由比限制腐败更重要。然而，其后果是，改革者的许多目标——限制有利害关系的金钱和减缓竞选开支的增长——现在几乎和《联邦选举竞选法案》成为法律之前一样，远未实现。①

美国政治中的金钱

无论在这些改革之前，还是在这些改革之后，金钱在美国选举中的作用都比在大多数其他民主国家要大。美国许多选区选民的巨大规模，促使候选人购买昂贵的大众传媒时段。数量巨大的民选官员和频繁的初选及大选结合在一起，造就了一个年复一年、循环往复的选举行业。募款占据了候选人的大量时间，甚至在他们当选之后也是如此，这会分散公职官员的注意力，使之不能周到地考虑公众的需要，而且可能会让大额捐赠者对公共政策施加不正当的影响。即使民选官员占据着相对安全的席位，他们也会被期待募集大量金钱，帮助他们更脆弱的同事赢得连任。而且，由于许多捐赠者在各种议题上看法很强烈，政党极化更加严重了。

竞选经费在英国产生作用的方式非常不同。英国竞选活动只进行大约 30 天，候选人和政党在这期间都不能购买电视和广播时段播放广告。相反，英国政党都可以获得政府经营的 BBC 的免费时段。每一个主要政党只能播放 5 个 5 分钟的电视短片，每个短片只能播一次。按照美国的标准，英国的竞选支出只是口袋里的零花钱；在竞选年期间，每一个政党只允许花费不超过大约 3 000 万美元，候选人的开支也受到严格限制。另一方面，只要是感兴趣的英国人（Britons）都有机会每天观看政党领袖的、经常是存在争议的记者招待会。

美国的竞选经费制度（system of campaign finance）有重要影响。候选人控制着美国竞选过程中的募款这一事实，使他们能够在就任后更大程度地独立于其政党组织。各政党在竭力提升自己在募集和花费竞选经费方面的作用。它们的聪明才智过去受到《联邦选举竞选法案》和《两党竞选改革法案》的限制，现在又受到公民联合组

① Raymond J. LaRaja，“From Bad to Worse，” *The Forum* 6 (2008)：Issue 1，Article 2.

织案的严格检验，但到目前，两党在做出调整以适应它们的改革方面都展现出许多弹性。

在所有这些经历了没有留下印记的改革之后，继续试图监管竞选经费还有任何意义吗？很多人可能会认为这是无用的努力，因为有利害关系的金钱总是能够找到进入权力口袋的办法。另一方面，尽管人们会继续从其他人那里盗窃东西，但这通常不会被用作废除反盗窃行为的法律的论点。撤销所有竞选经费规则，会导致大额献金对政治产生不受限制的影响，这种大额献金甚至可能是来自其他国家或有组织犯罪集团。因而，遏制有利害关系的金钱的斗争将会继续下去。

第五部分

政府中的政党

众议院议长约翰·博纳（John Boehner）和美国会参议院少数党领袖米奇·麦康奈尔（Mitch McConnell），都是**政府中的**共和**党**的成员。你或许还记得第 1 章所述，政府中的政党包括所有选举产生和任命的、认为自己属于该政党的公职官员。他们对于作为一个整体的政党是极其重要的，因为是政府中的政党，而不是政党组织或政党的选民，必须通过和实施政党关于大学生贷款、移民、堕胎以及枪支权利等建议。

政府中的共和党，和政府中的民主党一样，是一个多样化的团体。除了作为共和党党员经选举进入众议院、参议院和白宫的所有这些人外，政府中的共和党还包括：在联邦、州及地方行政机构工作的共和党人，供职于地方的经由选举和任命获得职位的共和党人，甚至还有视自己为共和党人的法官（以及最高法院法官）。他们可能有同样的政党标签，但他们优先关注的问题经常是不同的。可能有很多次，议长博纳和少数党领袖麦康奈尔都希望能够掐死对方。

美国政治制度的设计是反对在政府中出现一个统一的政党的。因为国会议员与总统是分开选举的，他们不必作为单个的民主党或共和党“团队”行动。他们代表着不同的选民和压力，因而对于他们在政府中的政党应该如何做，看法也会有所不同。国会候选人不是由他们的政党组织选择的，而是通过在初选中赢得选民的支持成为政党的候选人。因而，权力的分立连同联邦主义和直接初选的采用一起，成为试图在政府各个层次都发挥作用的政党实现一系列综合政策目标的难以逾越的障碍。实际上，在某些情况下，众议院民主党领袖会鼓励从倾向于共和党的选区中选出来的一些民主党众议员在某个法案上投票反对民主党，以取悦他们的选民并赢得连任。

几十年来，改革者们一直梦想一种替代方案。一种是**政党政府**（party government）的思想，也叫**责任政党**（responsible parties）。其支持者表示，如果政党能够提供关于它们提出的政策的更加清晰和完美的报告，提名承诺支持这些政策的候选人，并确保其胜选的候选人实施这些计划，美国的民主将会得到改进。然后，选民不但可以在候选人之间进行选择，更重要的是，也可以在不同系列的政策之间进行选择并确信获胜的政策能够得以实施。这会大大加强政党的作用，而且，这种观点还认为，选民问责其政府的能力也会得到更好的提升。

尽管我们确实看到有些东西接近其他一些民主国家的政党政府，包括英国，但在不进行根本性的制度改变的情况下，这些不可能在美国得到充分发展。由于权力的分立，共和党可能在国会占多数而民主党占据着白宫，或者一个政党在众议院处于支配地位而另一政党控制着参议院。实际上，在过去半个世纪里，对政府的分裂控制在全国层次和在大多数州都已成为常态。这使得一个政党难以实施其优先考虑的所有政策；相反，立法很可能需要妥协。即便是在一个政党同时控制着国会和总统职位，立法机构的政党与其白宫的同事也经常不完全一致，就如同被激怒的奥巴马总统已经认识到的。政党组织无法确保政党在全国不同选区的初选中选出的所有候选人都会根据政党的党纲进行竞选。而且政党的选民依然只是与政党组织保持着松散的联系。

然而最近几年，尽管没有制度性改革，民主党和共和党的行动也更像责任政党。与过去几十年相比，现在国会和州立法机构更是沿着政党线划分的。政党忠诚对行政首脑办公室的人员配备和法官的任命都有重要影响。随着越来越多的公民因他们关注的特定议题而被吸引到政党工作之中，要求政党承担更大责任的压力增加了。

第五部分各章将解决有关政府中政党的影响的这些问题。第 13 章和第 14 章研究政党在立法机构、行政部门以及法院的组织和运作中的作用。第 15 章考察在多大程度上可以说政党政府在美国政治中是存在的这一问题。

第13章

国会和州立法机构中的政党

想起国会，“僵局”（gridlock）这个词就会在脑海中浮现。为什么？人们不会为了争吵和无所作为而设法被选进国会。然而在过去30年里，在重大议题上，政党在国会中已变得更加极化了。共和党籍议员的保守程度已变得更加一贯和强烈，而民主党籍议员则变得更加自由主义。四个国会政党——众议院民主党、众议院共和党、参议院民主党和参议院共和党——的成员，与它们在过去一个世纪里的做法相比，现在更经常进行与它们的政党保持一致的投票。政党领袖增加了对国会运作的影响。近年来两党在参众两院都曾品尝过多数党的权力，并希望在下一次选举中维持或重新获得这种权力。它们认为，它们的政党获得选民支持是因为强调政党间的差异而不是因为它们做出妥协的能力。每一个法案都成为向政党选民“传递信息”的一种方式。[①] 于是，僵局就产生了。

然而，有一种观点认为，国会的政党领袖们对国会政党成员有相当大的权力。对这种观点，国会领袖也许会暗自偷笑。政党在国会中更核心的作用是来之不易的，它是有条件的。为获致成效，国会政党必须与制度的设计进行一场艰苦的斗争。美国政治最基本的规则之一——权力分立——削弱了政党团结的努力。在没有权力分立的政治制度中——议会政体，比如大英帝国的政体——赢得（或能够组成政党联盟赢得）多数立法机构席位的政党成为执政党，其领袖成为总理或首相，并实际上领导着行政

① France E. Lee，“Parties as Coordinators：Can Parties Unite What the Constitution Divides?” 参见：Marjorie Randon Hershey，ed.，*Guide to U. S. Political Parties*（Los Angeles：Sage，2014），Chapter 3.

及立法部门。如果大多数议员投票表示他们“不信任”执政党的主要政策，要么必须改组执政内阁，要么必须解散立法机构，送其成员回家重新竞选他们的工作职位。因而，立法机构的政党有保持团结的强大动机。

美国国会议员不会面临这些压力。他们可以拒绝总统、州长或者他们自己的立法机构政党领袖的建议，不必让政府倒台，也不必面临新的选举。他们的选民可能也不会因这么做而惩罚他们。因此，众议院议长约翰·博纳已多次遭到其立法机构政党的右翼的反抗，特别是 2010 年以来当选的茶党联盟的共和党籍议员的反抗。但近年来，在国会和许多州的立法机构，一些力量也在推动每一立法机构政党的成员团结合作。

对一些分析家来说，这种日益增长的政党团结并不反映政党在立法机构生态中的权力。相反，他们认为，国会议员依赖他们自己在投票时的议题上的倾向，保守派国会议员已把自己归入共和党，而自由派国会议员则把自己划入民主党。① 然而，有大量证据表明，国会外的政党的改变、组织改革以及政党领袖本身已经增强了立法机构的政党的重要性。②

政党在国会中是如何组织的

美国政府建立之后不久，国会议员创立了政党，以满足他们的需求。过去和现在，这些立法机构政党一直会协调对公共政策的看法，设定优先关注的问题，在推动立法的过程中进行分工并努力使政党的法案得以通过，让他们的领袖承担责任，保护政党的声誉，以及使政党的候选人当选等。③ 国会政党是独立于全国性、州及地方政党组织的，但与这些组织又有联系。

每一立法机构政党的成员会集合在一起开会［众议院民主党称之为“党团会议”（caucuses），参议院民主党和参众两院共和党称之为“会议”（conferences）］，选择他

① Keith Krehbiel，“Where's the Party?” *British Journal of Political Science* 23 (1993)：225-266.

② Gary W. Cox and Keith T. Poole，“On Measuring Partisanship in Roll-Call Voting，” *American Journal of Political Science* 46 (2002)：477-489；Gerald C. Wright and Brian F. Schaffner，“The Influence of Party，” *American Political Science Review* 96 (2002)：367-379.

③ Steven S. Smith，*Party Influence in Congress* (Cambridge：Cambridge Univeristy Press，2007).

们政党的领袖（见专栏《政党领袖在众议院和参议院的地位》）。他们还通过提名其会议主席候选人（众议院议长或参议院的临时议长）和批准任命政党成员参加国会委员会的程序，精心组织国会本身。

政党领袖在众议院和参议院的地位

每个政党在参众两院都创设了其自己的领导架构，领导者个人是由国会中全体政党成员选出的。在等级结构的最顶端是政党领袖（称为**多数党领袖**或**少数党领袖**，这取决于政党是否控制国会）。在众议院，**议长**比多数党领袖的地位高，成为多数党的真正的领袖。这些政党领袖都有助手，他们被称为**党鞭**、**资深党鞭**、**副党鞭**或**助理党鞭**，他们把其政党在各法案上的立场告知其成员，努力说服他们以政党领袖期望的方式投票，并统计每一法案的支持者和反对者的人数。

每一国会政党还有一些专业化的领导职位。一位**会议主席**或（众议院民主党当中的）**党团会议主席**，负责领导全体政党成员会议。其他主席被选出来领导各委员会：**指导委员会**，负责向各委员会指派政党成员；**政策委员会**，负责说明政党对立法建议的立场和设定议题优先次序；**竞选委员会**，负责为政党的国会候选人提供竞选支持；以及立法机构政党可能创设的任何其他委员会。形式确实有不同，例如，众议院民主党只有单一的指导和政策委员会。

多数党控制着两院的组织。在众议院，选举产生的多数党领袖，即议长，在国会的运作方面拥有非常广泛的权力。多数党领袖控制着各委员会和全体大会中的行动，并选择所有委员会的主席。每一委员会的大多数成员来自多数党，其优势经常会比多数党在国会的优势大。从 20 世纪 50 年代初直到 1995 年以及从 2007 年到 2011 年，民主党控制着众议院多数席位。在参议院，多数党领袖管理着全体大会的行动，达到了可以在高度个人主义的制度中管理全体大会行动的程度。从 2007 年起，民主党一直占据着参议院的多数，但从 1981—1987 年和从 1995 年到 2007 年这一时期大部分时间里，共和党一直占据多数。

众议院政党领袖权力的变化

国会中的政党领袖是由他们在立法机构的政党的所有成员投票选出的。实际上，他们的权力是由其政党的党团会议（或会议）授予的，其任命也需要得到党团会议的同意。[①] 随着时间推移，政党成员把权力授予其国会的政党领袖的意愿改变了很多。

对“沙皇”坎农的反抗

多年前，众议院的权力高度集中于议长手中。在 20 世纪的第一个 10 年，权势强大的议长乔·坎农（Joe Cannon）任规则委员会主席。该委员会就如同“交通警察”（traffic cop），坎农通过它控制着法案进入全体大会的流程。他任命了所有常设委员会及其主席，把其主要支持者安插在关键位置上，而且通常也拥有执行政党纪律必需的资源和惩罚手段。[②]

然而在 1910 年，其自己政党内的持不同意见者与少数党民主党联合起来反对“沙皇”坎农。在之后的几十年里，议长们都无法集中起坎农曾控制的那种程度的权力。相反，他们不得不在一种更加分散化的众议院中运作，政党纪律在其中只能通过娴熟的谈判技巧和强大的个人忠诚得以维持。在这一时期，成功的议长都是经验丰富的谈判者而非指挥官。[③]

坎农之后的 20 世纪大部分时间里，负责处理立法建议的常设委员会的主席是根据资历规则选出的：在一委员会服务时间最长的多数党成员自动成为其主席。由于这一规则，多数党的成员仅仅通过在国会连任多次就可以赢得主席职位，即便他们不支持其政党领袖在各种议题上的立场——实际上，他们更经常投票支持其他政党而非他们自己的政党。这为服务时间较长的政党成员——他们当中许多是保守的南部民主党议员——提供了在国会中独立于其政党领袖的权力基础。委员会主席们可以以独断专

---

① D. Roderick Kiewiet and Mathew D. McCubbins，*The Logic of Delegation* (Chicago：University of Chicago Press，1991).

② 但坎农也受到限制，参见：Eric D. Lawrence，Forrest Maltzman，and Paul J. Wahlbeck，“The Politics of Speaker Cannon's Committee Assignments，” *American Journal of Political Science* 45 (2001)：551-562.

③ Steven S. Smith and Gerald Gamm，“The Dynamics of Party Government in Congress，” 参见：Lawrence C. Dodd and Bruce I. Oppenheimer，eds.，*Congress Reconsidered*，9th ed. (Washington，DC：CQ Press，2009)，p. 149.

行的方式使用这种权力，他们也经常是这么做的。

日益增加的政党协调

然而，在 20 世纪 70 年代，民主党的党团会议中紧跟在水门丑闻之后当选的自由派议员数量日益增长，他们呼吁限制委员会主席的独立性。他们认为，削弱资历规则，同时加强政党党团会议，将会使众议院民主党能够实现更大的政策协调并通过更自由的政策。众议院民主党党团会议首先赋予自己就是否保留各委员会主席问题进行无记名投票表决的权利。之后不久，众议院民主党党团会议确实用其观点和行为更容易为该党团会议中的自由派所接受的、不太资深的民主党人取代了一些委员会主席。① 其他的委员会主席以及想成为委员会主席者认识到，他们需要更多注意党团会议的看法。通过降低委员会主席的自主权，这种改革扩大了他们的主要竞争者——政党领袖——的权力。而且，由于民主党控制着众议院，它还改变了作为整体的国会的权力结构。

向各委员会指派成员——对各成员的职业生涯至关重要的决策——的权力，被转到了由议长任主席的新的指导和政策委员会。在得到党团会议批准的情况下，议长还可以选择规则委员会主席及其他民主党籍成员，其独立性过去曾经被政党领袖一方视为眼中钉、肉中刺。于是，对于其他党籍议员的未来和他们希望通过的法案的命运，议长获得了更大权力。党鞭制度，一些负责把政党的立场告知其党内同事并查明支持这些立场的成员数量的国会议员扩大了，而且对政党领袖的反应更积极了。② 多数党领袖不仅仅成为一个“交通警察”，还成为权力和政策发展的重要来源。

金里奇革命

少数党共和党对于民主党在 20 世纪 70 年代和 80 年代进行的程序改革并未提出意见。但在 1994 年，在以被称为“与美利坚的契约”（Contract with America）的一系列保守政策承诺为中心的竞选之后，共和党在 40 年中第一次赢得了众议院的多数

---

① Gary W. Cox and Mathew W. McCubbins，*Legislative Leviathan*，2nd ed.（Berkeley：University of California Press，1993），pp. 279－282.

② Barbara Sinclair，“Evolution or Revolution?” 参见：L. Sandy Maisel，ed.，*The Parties Respond*，3rd ed.（Boulder，CQ：Westview，1998）.

席位。许多新当选的保守派议员使众议院共和党更加团结了。在这些新议员中，大多数都曾从当时众议院第二号共和党领袖、众议员纽特·金里奇那里得到过竞选帮助，并相信他能够引领他们党对众议院的出人意料的控制。他们选举金里奇任议长，并赋予他史无前例的权力，以推动共和党的议程。

为推动共和党的议程，金里奇彻底撇开了资历规则。政党领袖可以根据把政党期望的法案诉诸全体大会讨论的承诺选择委员会主席。每位委员会主席任期限为 6 年。各委员会主席为何会同意这样大大减少其权力？共和党人在众议院只占微弱的多数，他们面对的是民主党的总统比尔·克林顿（Bill Clinton）。共和党籍议员或许愿意接受强有力的政党纪律，以获得更好的机会，实现“与美利坚的契约”的目标。[①] 或者，这种改变可能反映了委员会主席们对金里奇的个人忠诚，甚至是对他们自己政治生涯的担心——如果他们反对的话。这是政党权力在众议院扩展的重要一步，金里奇成为坎农之后最有权势的议长。[②]

其结果是，至少在初期，政党纪律的水平是“沙皇”坎农可能会感到舒服的。在众议院对“与美利坚的契约”的 10 个部分进行投票表决时，共和党可能的 2 300 个投票决定（10 个条款乘以 230 位共和党籍众议员）中，只有 111 个“否决”票；95%的共和党籍众议员投票支持其政党领袖的立场。与过去几乎一个世纪相比，为实现政策目标，多数党对自己进行了更大程度的约束。

后来政党控制的转移

金里奇的无敌光环在 1995 年后期开始黯淡了。当克林顿总统与众议院共和党之间在国家预算问题上的僵局导致政府关门时，金里奇及其同事们遭到批评。议长因违反道德行为所受的指控和日益下降的声望而被搞得狼狈不堪。众议院共和党因其无定型的领导风格而倍感沮丧。当共和党在 1998 年选举中净失 5 个席位时，许多众议院共和党议员要求选出新领导人，金里奇辞去议长之职。

---

① Barbara Sinclair, *Unorthodox Lawmaking*, 2nd ed.（Washington, DC：CQ Press, 2000），pp. 103－106.

② Bruce I. Oppenheimer，“Ebbs and Flows in the Power of Congressional Party Leaders Since 1910，”参见：Hershey，ed.，*Guide to U. S. Political Parties*（Los Angeles：Sage，2014），Chapter 24.

金里奇下台之后，共和党领袖还维持着对众议院各委员会主席之选择的控制权。当第一批有任期限制的委员会主席应该在 2001 年被取代时，新任主席是由领袖操纵的共和党指导委员会选出的，它忽略了几位温和的共和党人，以选择资历较浅的保守派。[①]

随后，在 2002 年的选举中，共和党的席位增加了，新的多数党领袖汤姆·迪莱（Tom DeLay），因其铁腕般的权力使用而得到了“锤子”（The Hammer）这个绰号。对议长的任期限制被取消了，资历规则甚至也被大大削弱，目的是把忠诚的领袖联盟转移到强有力的小组委员会主席，政党领袖也对拒绝服从党的领导的共和党籍议员进行了打击。[②] 民主党籍议员抱怨，他们被排除出两院协商委员会（conference committee）并被阻挠就议案提出修正案。共和党领袖在众议院推动立法的成效却极为显著。

在迪莱于 2005 年辞职以来国会迅速变化的环境中，朝向更强有力的政党领袖的趋势大体上一直延续下来。尽管民主党在 2007 年赢得对众议院的控制后恢复了让政党的党团会议选择委员会主席的做法，而且党团会议选出的委员会主席几乎都是他们委员会最资深的民主党人，但与之前的民主党籍议长相比，新任议长南希·佩洛西（Nancy Pelosi）还是给各委员会主席施加了更多的政党纪律压力。现在，各委员会主席肩负着采取行动支持政党领袖的目标并为政党候选人的竞选募得大量金钱的重望。带着金里奇和迪莱领导下的共和党把民主党排除在外的同样的党派激情，民主党领袖也把少数党共和党排除在立法过程之外。

共和党对民主党领袖使用其权力的方式的愤怒，导致众议院不断出现僵局。2011 年政党控制再次发生变化时，共和党籍议长约翰·博纳允许采取一种更开放的立法程序。可以进行更广泛的全体大会辩论，也可以对议案提出更多修正案。博纳必须得到民主党支持以弥补右翼共和党人的背叛，才能通过一些法案；有时似乎是背叛者在控制着议长，而不是相反。但共和党领袖致力于对众议院的活动保持强有力的控制，重新恢复了对委员会主席的任期限制，并提升了政党对预算过程控制。博纳在 2012 年走得更远了，把四位桀骜不驯的共和党籍众议员从合意的委员会位置上开除掉。

因而，从总体上看，规则的改变已使众议院成员更加依赖其政党领袖。如果众议

---

① David Rohde and John Aldrich, “Consequences of Electoral and Institutional Change,” 参见：Jeffrey M. Stonecash, ed., *New Directions* in American Political Parties (New York: Routledge, 2010), pp. 234–250.

② Mike Allen, “GOP Leaders Tighten Their Grip on House,” *Washington Post*, January 9, 2005, p. A5.

员想在众议院通过和推动法案，他们就需要充分表现出对其政党及其领袖的忠诚。只要众议员们的努力能够帮助其政党在众议院获得或保持多数地位，他们也就能更好地实现个人的目标。①

什么导致了这种更强大的政党领导？

20 世纪 70 年代以来众议院个体的政党成员更愿意接受强大政党领袖的一个主要原因是，每个政党的成员在意识形态上的凝聚力都已变得更强了——在各种议题上更倾向于与其党内同事保持一致。② 如第 7 章的讨论，自 20 世纪 70 年代以来，正在离开民主党的南方白人选民数量日益增多，几乎没有保守的南方民主党人被选进国会。于是，民主党籍众议员比过去几十年里都变得更加自由了。由于委员会改革，其他保守的南方议员失去了其委员会权力的据点。20 世纪中期把南方民主党人与北方民主党分割开来的巨大鸿沟，已变成很容易跨越的小溪。国会的共和党人在意识形态上也变得更加团结，来自 20 世纪 80 年代罗纳德·里根总统的保守政策领导也为其提供了能量。

当一个政党在意识形态上有凝聚力时，政党核心分子会议会发现更容易对法案的统一立场达成一致。有凝聚力的政党的成员可能会更加相信，其领袖会与他们有相同的政策关注并推动其实现，也会保护他们的连任利益。此外，与过去相比，这一时期两大国会政党在各种议题上也更多是相互冲突的。因此，每一政党的立法者都变得更愿意把权力赋予他们在立法机构的政党领袖，包括对掉队的立法者施加压力，以使其保持一致、通过其政党提出的法案以及阻止另一政党赢得选票。③

对导致更强大的政党领导的原因的这种解释，被称为**有条件的政党政府**（CPG）。它强调，随着两大党在全体选民中的支持联盟变得更加极化——认同一个政党的人们相互间在偏好方面变得更加相似，与其他政党的人们之间的偏好变得更加不同——国

---

① Marian Currinder, *Money in the House* (Boulder, CO: Westview, 2009), Chapter 2 and p. 203.

② David W. Rohde, *Parties and Leaders in the Postreform House* (Chicago: University of Chicago Press, 1991). 另参见：Barbara Sinclair, *Legislators, Leaders, and Lawmaking* (Baltimore: Johns Hopkins University Press, 1995).

③ William T. Bianco and Itai Sened, "Uncovering Evidence of Conditional Party Government," *American Political Science Review* 99 (2005): 361–371.

会中代表他们的政党成员也变得更加极化了。于是，一个政党的立法者就会赋予其国会中的政党领袖更多的权力，以实现这些共同的政策目标。① 反过来，政党领袖们也会努力保护其政党的“品牌”，以使更多的政党候选人当选，因为只有这么做他们才能得到权力；多数党领袖比少数党领袖能够做得更多。② 政党领袖的工作人员和资源与他们增加的权力是同步扩展的。③

请注意，有些政党领袖已经比其他政党领袖更愿意利用这些新的权力来源了。前众议院多数党领袖迪莱利用国会的改革，成为非常坚定自信的共和党领袖。10 年后，博纳对具有攻击性的党派偏见感到不是那么舒服。因而，立法机构政党的凝聚力和政党领袖的权力，不但取决于政党的极化，还取决于政党领袖个人的技巧和倾向。

“个人主义者”的参议院中的政党

很明显，众议院政党领袖的工作是具有挑战性的，但参议院政党领袖的工作更像是放牧群猫。到 20 世纪 70 年代中期，芭芭拉·辛克莱（Barbara Sinclair）解释道，④ 美国参议院已经从一个由强大的委员会支配立法工作的组织转变为一种更加个人主义式的、权力分配更具派别性（collegial）的机构。在媒体热情的关注下，参议院的成员越来越多地把自己塑造成在各种政策问题上的国家发言人。一旦他们变成政治“明星”，这些参议员就期望以他们的方式更充分地参与参议院的工作，以获得更大的荣耀和更高的职位，许多参议员都希望如此。

这种改变连同参议院在制度上的特点，出现了造成僵局的危险。参议院有独一无二的冗长辩论规则——延长辩论的权利，用来反复讨论一个法案或一个提名以阻挠其通过，如果无法得到足够票数以任何其他方式击败它的话。停止一个冗长辩论需要参议院 60 票支持，达到这一数目是非常困难的。所以，即使是威胁进行冗长辩论也足以阻止立法的推进。在过去 20 年里，通过更频繁地使用这种威胁，少数党的参议员

① John H. Aldrich, *Why Parties? A Second Look* (Chicago: University of Chicago Press, 2011), Chapter 7.

② Rohde and Aldrich, “Consequnces of Electoral and Institutional Change.”

③ Daniel J. Galvin, “The Transformation of Political Institutions,” *Studies in American Political Development* 26 (2012): 1–21.

④ Barbara Sinclair, “The New World of U. S. Senators,” 参见：Dodd and Oppenheimer, eds., *Congress Reconsidered*, 9th ed., pp. 1–22.

已能够从多数党手中夺过对立法议程的控制权。2013 年，参议院民主党多数派最终阻止了对总统提名的大多数人选的议事阻挠，但其他立法依然可能会被冗长辩论阻止。

到这时，和在众议院一样，南方政治的变化已导致参议院更严重的政党极化。更多前众议员被选入参议院，也把他们在众议院的经验带到了参议院。① 一个政党倾向更强的参议院再加上一系列允许任何成员无限期地绑架该机构之工作的规则，其结果就是迫切需要一位立法机构的“交通警察”。参议院里的政党领袖已越来越多地试图“指挥交通”。参议员个人已开始依赖其政党领袖来推动立法机构内政党的利益。

参议院的规则使得多数党对参议院的控制比多数党在众议院的控制更加困难；他们不允许政党领袖拥有同样集中的权力。② 参议院多数党领袖依然会比众议院中与之地位对等者（议长）在更大程度上遵从各委员会主席们，政党领袖会广泛咨询他们的党内同事，而不是命令他们。但即使是在参议院，政党领袖现在都发挥着更为重要的作用。③ 委员会主席在 1995 年是有任期限制的，现在多数党领袖可以不必遵循资历规则而任命参议院最重要的委员会一半的成员。

州立法机构中的政党

和在国会中一样，州立法机构政党几乎组织着每个州的立法机构。④ 它们精心组织了从立法机构领袖到其委员会等所有方面。但是，各个立法机构政党的权力是不同的，这部分取决于立法机构的规则和政党领袖的技巧及资源。在少数州的立法机构，日常的党团会议和强大的政党领袖，使得一个政党在各个方面都像在最近美国众议院里一样强大。在其他州，特别是在传统上的一党州，政党组织比其在 20 世纪 70 年代改革之前的国会中要弱。

大多数州立法机构的政党领袖对立法机构的日常运转拥有很大的权力。他们通常并非必须遵从有权势的委员会主席。政党领袖通常可以以对政党领袖的个人支持或对

---

① Sean M. Theriault and David W. Rohde, “The Gingrich Senators and Party Polarization in the U. S. Senate,” *Journal of Politics* 73 (2011): 1011–1024.

② Smith and Gamm, “The Dynamics of Party Government in Congress,” pp. 141–164.

③ 参见：Nathan W. Monroe, Jason M. Roberts, and David W. Rohde, eds., *Why Not Parties?* (Chicago: University of Chicago Press, 2008).

④ 内布拉斯加州不包括在内，它是公开的无政派之见的州。

委员会将要审议之议题的看法而非资历为基础，选择有影响力的委员会主席及其成员。政党领袖还通过党团会议施加其影响。在许多两党制很强大的州，政党领袖会召集会议，为其成员提供关于即将审议的法案的信息，了解其成员在一个议题上是团结的还是分裂的，并敦促立法者支持其政党的立场。少数这些州的政党领袖甚至会设法让党团会议进行“有约束力的”投票，呼吁所有成员在重要议题上支持政党的立场。①

总之，尽管政党在各个州的立法机构中的组织看上去是相似的——其政党领袖的地位也非常一致——但它们的行为方式是不一样的。同一个州立法机构的两院之间，其政党领袖的权力也是不同的，这和党团会议的影响及效率是一样的。②

政党施加影响的方式

立法机构的政党及其领袖如何行使其权力？他们可以利用哪些资源去影响其成员的行为？

胡萝卜加大棒（Carrots and Sticks）

国会的政党领袖有很多办法可以影响其党内同事的行为。他们更多依赖激励而非惩罚，因为即便是最有效的惩罚，其作用也是有限的，而且有时会产生反作用。最有影响力的惩罚是解除特立独行的国会议员在众议院或参议院的席位。然而，除了在很少的情况下，政党领袖并不拥有这种权力。只有国会议员的选民可以这么做，但他们不可能成为服务于国会政党领袖的代理人。因而，众议员和参议员通常可以投票反对其政党领袖或反对他们政党的总统提出的重要议案，而不必担心失去自己的工作。

---

① Malcolm E. Jewell and Sarah M. Morehouse, *Political Parties and Elections in American States*, 4th ed. (Washington, DC: CQ Press, 2001), pp. 236-238.

② Jennifer Hayes Clark and Gerald C. Wright, “Differences in Party Leadership and Control among the U. S. House, Senate, and State Legislatures,” 参见：Hershey, ed., *Guide to U. S. Political Parties*, Chapter 25.

即使是支持其他政党的总统候选人这种明目张胆的不忠诚，在国会也没有总是受到惩罚。在康涅狄格州参议员乔·利伯曼（Joe Lieberman）不但为共和党总统候选人约翰·麦凯恩进行了大量竞选活动，还在共和党全国大会上发表讲话支持麦凯恩并作为独立候选人竞选连任其在参议院的席位之后，参议院民主党在 2008 年依然允许他维持其委员会主席之职。民主党担心，惩罚利伯曼可能会导致他转而加入共和党，这可能会危及民主党在参议院的多数党地位。

关于政党惩罚的弊端，最著名的例子或许是菲尔·格拉姆（Phil Gram）的故事。1978 年，他在得克萨斯州当选民主党籍众议员。众议院民主党领袖给予格拉姆，这个保守派人士，在很有声望的众议院预算委员会的一个席位，以回报他与政党领袖进行合作的承诺。但在 1983 年，在知道格拉姆已把民主党举行的关于里根政府预算的会议的细节透露给共和党籍众议员之后，民主党党团会议成员非常愤怒。党团会议撤销了格拉姆在预算委员会的席位。

格拉姆没有平静地接受这种安排。他辞去在众议院的席位，然后作为共和党人参加了为接替他的席位而举行的特别选举。他的选民把他作为共和党人重新选入众议院，后来又选入参议院。实际上，承蒙共和党领袖的允许，他很快又回到众议院预算委员会！只要立法机构的政党领袖不能阻止其政党的特立独行者重新获得提名并再次当选，而且其所在选区的选民不受国会议员的政党忠诚的影响，政党的影响将会是非常有限的。因而，很少会采取这种行动。

简言之，只是在试图把其政党团结起来的时候，众议院和参议院的政党领袖才会在很少情况下要求进行惩罚，而且这经常会存在风险：惩罚一位国会议员会导致他或她背叛或失掉其席位给另一政党。相反，政党领袖倾向于更多依赖激励去获得政党忠诚。他们可以给予或拒绝给予理想的委员会任命并帮助通过一成员的议案。他们可以为其成员提供关于一议案在立法日程上的状态的有用信息。为帮助一成员连任，他们可以发表演讲并募款。政党的国会竞选委员会，利用其竞选经费和服务，已经在立法方面帮助提升了政党的凝聚力。[1] 政党领袖还可以利用其与党内同事的个人关系，通过仔细的倾听或更有力的说服诱导他们。例如，在众议院关于教育补助金卷的一次投票中，一位记者描述了众议院共和党领袖们围攻一位来自肯塔基州的共和党籍众议员

① Paul S. Herrnson, *Congressional Elections*, 6th ed. (Los Angeles: Sage/CQ Press, 2012).

的情形。这位议员在那周之前曾针对这一议案反对政党领袖。一位资深民主党人，“众议员戴维·R. 奥贝（David R. Obey，D-WI）拿过麦克风，‘在座的有来自主治医师办公室的吗?’他毫无表情地说，‘我知道某人的胳膊要折了。’”那位共和党籍众议员确实决定投票支持这一议案。[①]

议程控制

根据**卡特尔理论**（cartel theory），[②] 政党领袖权力的另一个至关重要的来源是他们控制立法议程的能力。当政党领袖们能够控制哪些议案进入表决时，他们也能够让可能会分裂其政党成员的立法脱离轨道，他们还能够推动有助于其政党保持多数党地位的议案。在最近几十年里，两党在成为众议院多数党时，都采取了把控制议程的这些权力集中于其政党领袖的规则。议案的辩论通常是根据严格的规则进行的，这些规则是由政党领袖控制的规则委员会制定的，少数党成员的参与被阻止了。有时，法律（legislation）是被并入到范围非常广泛的“综合性的”议案之中的，以至于成员个人在理解其内容时不得不依靠政党领袖。两院协商委员会，以前包括来自两党的代表，目的是讨论解决众议院和参议院版本的议案的差异，现在已很少举行，而且经常把少数党排除在外了。政党领袖可以在这一过程中的各个点上谈判立法内容，几十年前他们是不可能控制这一过程的。[③]

政党对立法机构投票的影响

政党的影响在何时是最有效的？在对一个议案进行投票时，一位国会议员可能会因这几种因素当中任何一个的影响而动摇：不仅仅是政党，还有他或她对于眼前议题的看法或者来自总统、竞选捐助者或选民的压力等。然而，研究者已经发现，国会中

---

① Juliet Eilperin，“House GOP Practice Art of One-Vote Victories，” *Washington Post*，October 14，2003，p. A1.

② Gary W. Cox and Mathew D. McCubbins，*Setting the Agenda*（Cambridge：Cambridge University Press，2005）.

③ Barbara Sinclair，“Orchestrators of Unorthodox Lawmaking，” *The Forum* 6（2008），issue 3，article 4.

的政党对其成员的投票模式有着非常重要的影响，无论是通过政党领袖的说服而产生的直接影响、多数党的议程控制，还是由于一成员的政党认同对于精心组织议题并在他或她自己心中创造忠诚的能力。

各立法机构政党团结的程度如何？

可以采用几个指标（measures）来确定各成员（members）投票支持其政党的频率。第一个是**政党投票的频率**（*the frequency of party votes*），也就是唱名表决的比例——大多数民主党议员以一种方式对一个议案进行投票而大多数共和党议员则以另外一种方式投票的比例。第二个是**政党团结分**（*party unity scores*）（**或政党支持，** *party support*），也就是国会议员在这些政党投票中投票支持其政党多数派的程度。

政党投票已变得更加频繁

对政党投票的一种要求非常严格的检验标准可能是立法机构所有唱名表决的百分比，其中一个政党的至少 90%的成员投支持票，而另一政党有 90%或更多的成员投反对票。根据这一严格的检验标准，政党纪律在英国下议院和德国联邦议院经常出现，但在美国立法机构中出现并不频繁。在“沙皇”坎农时代，众议院所有唱名表决中，有 1/3 符合政党纪律的这个标准。从 1921 年到 1948 年，这一数字下降到只有 17%，① 并在 20 世纪 50 年代和 60 年代稳步下降到 10%以下。大约在同一时期的英国下议院，几乎在每一次唱名表决中都会出现这种异乎寻常的政党分裂。

然而，自 20 世纪 90 年代后期起，国会出现“90%的选票”的情况大大增加了，甚至一政党成员一致投票反对另一政党的百分比也大大增加了。② 例如，从 2009 年起，参众两院在许多重大议题上的立场几乎完全是按照政党划分的，包括奥巴马总统的医保改革议案（见图 13 - 1，案例 1）以及奥巴马的经济刺激开支计划和联邦预算等。

---

① Julius Turner，*Party and Constituency*，rev. ed. Edward V. Schneier，ed.（Baltimore：Johns Hopkins University Press，1970），pp. 16-17.

② “Party Unity Background，” *CQ Weekly*，January 21，2013，p. 137. 参见：Jason M. Roberts and Steven S. Smith，“Procedural Contexts，Party Strategy，and Conditional Party Voting in the U. S. House of Representative，1971-2000，” *American Journal of Political Science* 47（2003）：305-317.

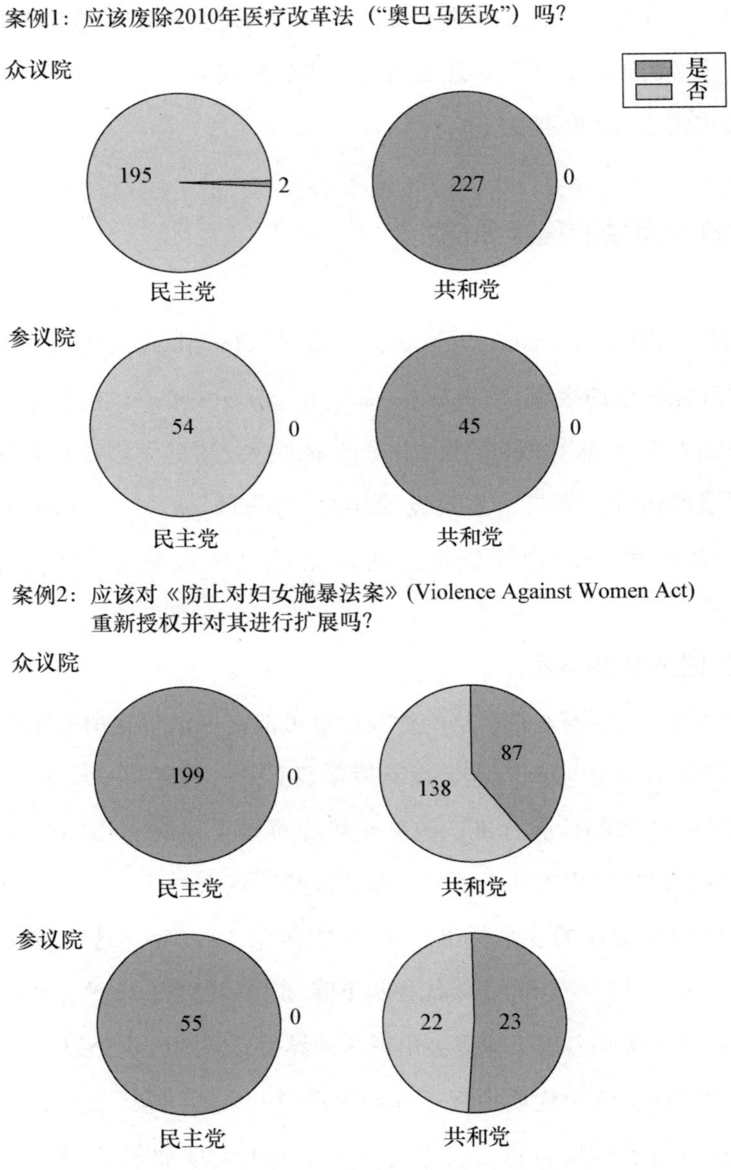

图 13－1　2013 年国会政党的团结与不团结

说明：本图显示了针对题目中提及的法案，在参议院和众议院投“赞成”和“反对”票的民主党和共和党国会议员的数量。参议员伯纳德·桑德斯（Bernard Sanders，I-VT）和安格斯·金（Angus King，I-ME）被算作民主党人，因为他们参与了民主党的党团会议。

资料来源：*CQ Weekly*，April 8 and May 20，2013，pp. 633 and 902（反对医疗改革）；February 18 and March 4，2013，pp. 338 and 418（Violence Against Women Act）.

然而，对于考察美国过去的立法经验来说，这一标准 90%是过于严格的。于是，研究者们开始关注不太严格的指标：**政党投票频率**，或者反映一政党的多数议员反对另一政党的多数议员的唱名表决的百分比。用这种指标衡量，20 世纪 90 年代和 21 世纪头 10 年也在许多年份造就了最大程度的国会政党投票。

让我们从参议员们认为我们应该开始的参议院开始看。20 世纪 60 年代末期和 70 年代初期，在参议院全部唱名表决投票中，大多数民主党籍议员反对大多数共和党籍议员的次数不足 40%。从 20 世纪 90 年代起，在民主党和共和党控制下，这一数据已上升到 50%和 65%之间。

政党投票在众议院有时甚至更加频繁了。在 19 世纪末期，政党投票非常普遍（尽管依然远低于英国议会的政党投票）。这是各政党在大多数国会选区竞争非常激烈的时代，政党领袖掌握着重要的立法权力，国会还不是一个非常专业化的组织机构。1900 年之后，随着更专业化的国会的发展，[①] 政党投票的频率大大降低了。20 世纪 30 年代开始的新政政党体制在一段时间内加剧了政党投票，到 1970 年和 1972 年才再次降到 20 世纪的低点（27%）。

但是，由于从 20 世纪 80 年代中期起现有的政党开始极化，众议院中的政党投票已达到了新政以来从未有过的水平。在充满仇恨的 1995 年会期中，多达 73%的选票是政党投票，2012 年这种情况再次出现（见图 13－2）。众议院议员在 2011 年以 76%的政党投票率打破了纪录。总的看来，从 20 世纪 80 年代中期起，“这一时期唯一具有重要意义的投票分裂线是政党倾向，”[②] 立法议程也主要是由白宫和众议院政党领袖设定的。

议员的政党支持也是如此

国会议员在多大程度上会在政党投票中支持其政党？从 20 世纪 30 年代后期到 20 世纪 60 年代，南方保守的民主党国会议员在众议院和参议院经常投票支持共和党，那个时代权力分散的政党领袖包容了他们的背叛。这种跨党联盟（cross-party），也被称为**保守派联盟**（conservative coalition）共同反对民权法案和民主党的劳工与教育议案。

民主党在南方的支持联盟的重组，在 20 世纪 70 年代和 80 年代大大削弱了保守派联盟。如前所述，当《选举权利法案》（Voting Rights Act）赋予南方黑人选举权时，南方民主党新的支持者开始选举不同类型的代表。一些保守的南方众议员被更吸引黑人选民的温和的自由主义的民主党人击败，其他保守派民主党籍议员退休或转而

---

① Nelson W. Polsby, “The Institutionalization of the United States House of Representatives,” *American Political Science Review* 62 (1968): 144-168.

② Aldrich, *Why Parties?*, p. 243.

加入了其他政党。大多数其他国会议员被数量日益增加的南方共和党候选人赶下台。于是，民主党在国会失去了其大多数保守派席位。

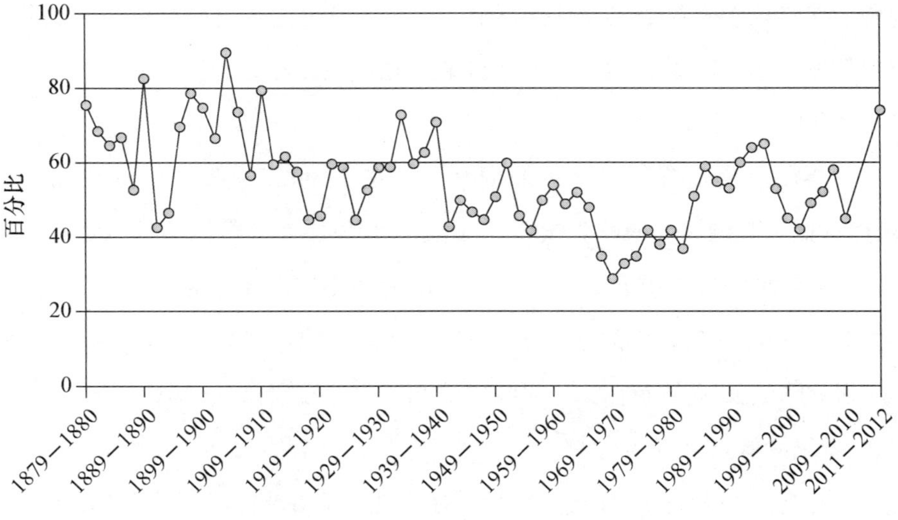

图 13-2　众议院的政党投票（1879—2012 年）

说明：图中各项是一个政党的绝大多数反对另一政党的绝大多数的投票否决的百分比。因为政党投票在偶数年往往会降低，随着选举接近，这一数据在每一届国会的两院都趋向平均值。

资料来源：1879－1974 年的数据来自：Jerome B. Chubb and Santa A. Traugott，"Partisan Cleavage and Cohension in the House of Representatives，1861－1974，" Journal of Interdisciplinary History 7（1977）：382－383，关于最近国会会期的数据来自 *CQ Weekly*12 月或 1 月的报道。

从 20 世纪 70 年代起，这些新当选的南方共和党人，比他们大多数连任的共和党同僚都更为保守。从那时起，非南方共和党人也已变得更加保守了。① 因而，国会的共和党人（无论是来自北方还是南方）与国会民主党人相比，现在更趋向于代表不同类型的选区，面临着来自政党积极分子和有组织的利益集团的不同压力，吸收自不同的行业，并对重大议题持有不同的看法。如同有条件的政党政府理论所表明的，这导致了政党支持的巨大增长，特别是在 1995 年共和党赢得对国会的控制之后（见图 13-3）。政党的组织改革，在本章前面已讨论过，也使国会的政党领袖更容易把其政党团结起来。②

政党支持的增长并不总是一致的。当民主党在 2007 年重新获得控制权时，议长佩洛西几乎没有对新当选的温和民主党人提出纪律要求。民主党领袖需要这些新人在

① Roberts and Smith，"Procedural Contexts."

② Rohde，*Parties and Leaders in the Postreform House*，Chapter 3. 也可参见 M. V. Hood III，Quentin Kidd，and Irwin L. Morris，"Of Byrd［s］and Bumpers，" *American Journal of Political Science* 43（1999）：465－487.

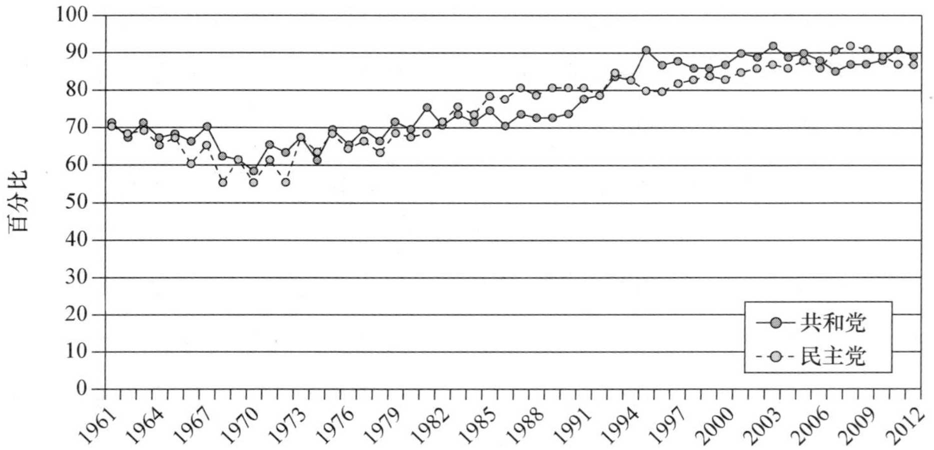

图 13-3　平均政党团结分（1961—2012 年）

说明：图中各项是在政党投票——一个政党的绝大多数投票反对另一政党的绝大多数——方面投票赞成其政党的绝大多数成员的平均百分比。众议院和参议院的数字是平均的。

资料来源：根据 *CQ Weekly Vote Studies* 数据进行的测算，见 12 月或 1 月的报道。

其郊区或远郊区的选区连任，以保持民主党在众议院的多数党地位；这反过来要求他们投票支持一种比政党领袖可能推动的更加温和的路线。[①] 这些新人中有许多加入了“蓝狗联盟”（Blue Dog Coalition），一个由大约 50 位民主党众议员组成的团体，他们来自农村和小城镇选区，特别是南部和西部，在包括税收和商业问题等众多议题上持温和立场。随着极化的扩展，几乎一半的“蓝狗联盟”成员在 2010 年中期选举中失利，2014 年选举中只剩下 14 人。为保护剩下的席位，参众两院的民主党领导人鼓励易受攻击的民主党议员投票反对民主党的议案，批评奥巴马——简言之，不惜一切代价，以在困难的政治氛围中争取连任。

同样，众议院中一些温和的共和党人（“星期二集团”，“Tuesday Group”）和参议院中少量温和的共和党人继续在社会议题、有时也在经济议题上表现出与其政党立场的不同，因为他们的选民与其大多数共和党同僚的选民是不同的。在共和党意识形态分布的另一端，在 2012 年和 2013 年，相当数量的保守共和党人在预算问题上与他们的政党领袖决裂了，因为担心他们选区的茶党支持者会因业已提出的预算削减幅度不够而反对他们。同样的，在其他一些议题上，比如《防止对妇女施暴法案》（Violence Against Women Act）的重新授权（见图 13-1，案例 2），非常保守的共和党人

---

① 关于佩洛西议长职位，参见：Kathryn Pearson and Eric Schichler，“The Transition to Democratic Leadership in a Polarized House，” in Dodd and Oppenheimer，*Congress Reconsidered*，9th ed.，pp. 165–188.

已拒绝附和其党内多数派。只要美国政党无法保护国会议员免受选民的压力，而且只要某一事项对于纽约州的共和党人的意义与对于密西西比州共和党人的意义是不同的，政党的凝聚力就会受到伤害。

然而，这些都是例外。政党支持在近年来已经比 20 世纪 50 年代以来变得更高了。在 2012 年，在政党投票方面，众议院共和党人在 90%的时间里投票支持了共和党的立场，民主党人在 87%的时间里投票支持了民主党的立场。在参议院对应的数据是，共和党是 80%，民主党是 92%。① 自由主义组织“美国人争取民主行动组织”（Americans for Democratic Action，ADA），研究了国会议员在 20 次关键投票中投票支持“美国人争取民主行动组织”立场的频率，发现民主党籍众议员在 2012 年的平均得分是 80%，共和党籍众议员平均得分是 6%；120 位共和党籍众议员得到了“美国人争取民主行动组织”的零分。在参议院，可对比的分数分别是 90%和 12%。②

国会政党更严重的极化

简单地说，唱名投票表明，与 19 世纪 70 年代末以来任何时候相比，现在参众两院都因政党而变得更加极化了（见图 13－4）。中间部分缩小了，如果把参众两院所有成员按照从自由到保守的程度进行排列，在共和党籍国会议员与民主党籍国会议员之间几乎没有重叠的部分。特别是，从 2000 年起，每一批新当选的共和党籍众议员都比已经离任的那些更加保守。③ 实际上，在 2010 年的选举中，即使赢得之前民主党选区的共和党人，往往也比连任的共和党籍国会议员保守。④

作为这种变化的一个原因，我们已经强调了支持政党的选民联盟的变化的重要性。具有政党倾向的选区重划（partisan redistricting）也会产生影响。如果一个众议院选区被划归支持现任者的政党，那么，挑战现任者最可能成功的就是现任者政党内

---

① “Party Unity Background,” *CQ Weekly*, January 21, 2013, p. 137.

② “2012 Congressional Voting Record,” www.adaction.org/pages/publications/voting-records.php (accessed November 22, 2013).

③ Gary C. Jacobson, “Explaining the Ideological Polarization of the Congressional Parties Since the 1970s,” 参见：David W. Brady and Mathew D. McCubbins, eds., *Party, Process, and Political Change in Congress*, Vol. 2 (Stanford: Stanford University Press, 2007), pp. 91－101.

④ Edward G. Carmines, “Congressional Elections and Asymmetrical Polarization: 2001－2010,” *Perspectives on Politics* 9 (2011): 645－647.

图 13-4　国会中的政党极化（1879—2012 年）

说明：图中各项是国会每一届众议院中民主党和共和党之间 DW-任命得分（DW-NOMINATE scores）的均值差。通过运用记名投票的测度（scaling of roll call votes），这些得分可以评估每位议员在自由-保守维度上的立场；更高的价值（更接近 1.0）意味着政党之间更大的差异。

资料来源：Keith T. Poole，"An Update on Political Polarization through the 12th Congress，" Voteview blog，January 16，2013，at http：//voteview. com/blog/？ paged=2（November 22，2013）.

部初选中与他角逐的雄心勃勃的候选人。在初选中，共和党籍现任者最可能受到来自右派的挑战；而民主党籍现任者，最可能受到来自左派的挑战。这就鼓励众议院成员向他们政党的极端立场而不是向中间立场移动。一项研究发现，一次有希望成功的初选挑战可以推动竞选国会议员的典型候选人沿着从保守到自由的 100 点的刻度移动整整 10 个点。① 美国黑人在城市地区的集中和少数族裔占多数的选区的采用（见第 8 章），也使这些选区成为更一贯地支持民主党的选区，而其他选区则成为更一贯地支持共和党的选区。

注意，唱名投票只是衡量国会政党行为的一种指标，最受关注的唱名投票通常也都是政党冲突最激化的地方。② 此外，在唱名投票方面的这些鲜明的政党差异并不全部都是坏事。在选举众议员和参议员时，这些差异确实为大多数选民提供了一种清晰

① Barry Burden，"Candidate Positioning in U. S. Congressional Elections，" *British Journal of Political Science* 34（2004）：211-227.

② Frank R. Baumgartner，Jeffrey M. Berry，Marie Hojnacki，David C. Kimball，and Beth L. Leech，*Lobbying and Policy Change*（Chicago：University of Chicago Press，2009），Chapter 5.

的选择。但它们也可能导致出现令人不安的政策变化。因为两党的实力如此势均力敌，以至于政治气候的相当小的转变就可能导致政党对国会及总统之控制权的改变，继而又会导致明显的政策变化。从2009年到2010年，民主党掌握着国会的足够多数，使之能够通过几项具有里程碑意义的自由主义立法，包括对医疗保险改革和银行业监管的改造、废除阻止男同性恋者公开在军队中服役的“不问、不说”规则等。2010年选举之后，民主党对众议院的控制权输给共和党后，议事日程被改变了。从2011年到2014年，在共和党控制下，众议院关注的焦点是废除民主党的医疗保险和金融服务改革以及减税与削减开支。

哪些议题促使政党投票？

学习国会和州立法机构的学生会发现，三类议题最可能激起更频繁的政党投票和更高水平的政党支持：影响作为一个集团的立法机构政党之利益的议题，涉及支持或反对行政部门之计划的议题，以及明显分裂政党选民的议题。

影响立法机构政党之利益的议题

可以导致最强大的政党团结。其中最好的例子是把立法机构组织起来的基本选票。例如，在国会中，在投票选举众议院议长这一问题上，预测百分之百的政党团结通常是安全的。共和党人约翰·博纳在2013年争取连任议长的选举中失去13位共和党议员选票支持，这成为当时的头条新闻。

在影响其人数（numerical strength）和影响立法机构运作程序的议题上，各政党往往也是非常团结的。在规范政党、选举和竞选活动的法律、立法机构受到挑战的成员的席位以及立法机构选区的重新划分等议题上，政党纪律在州立法机构中都发挥着重要作用，所有这些都会影响到政党作为一个政治组织的基本利益。

行政部门的建议

国会议员经常团结在他们政党控制的行政部门周围，或者团结起来反对另一政党控制的行政部门。这种党派之争一直在上升。在20世纪60年代后期，总统所属政党在国会的成员平均在大约60%的时间里投票支持了他明确指出是其计划之一部分的议题。到21世纪初，这一数据达到了90%。在2012年，参议院民主党人在93%的时间里支持了奥巴马总统的立场，尽管众议院民主党人仅仅在77%的时间里支持了奥巴马总统的立场。

相反，反对党对总统计划的支持已稳步下降了。[①] 自 20 世纪 80 年代起，反对党只有在平均大约 1/3 的时间里支持了总统的提案；在 2012 年，众议院共和党人只在 17%的时间里支持了奥巴马，这是历史上的最低纪录。克林顿的总统任期是这种政党极化的极好的例子。当克林顿在 1998 年因其在与白宫实习生存在性关系一事上撒谎而被众议院弹劾时，众议院投票弹劾他和参议院投票为他开释，都是接近按党派立场投票的。加里·雅各布森写道，"在所有人都称之为良心投票（conscience vote）的问题上，共和党 98%的良心决定投票弹劾总统，而民主党 98%的良心做出相反的决定"。[②]

当国会中总统的政党与总统的提案保持一致时，有必要问一问国会是否会继续在治理问题上发挥独立作用。当然，另一政党的一致反对可以成为对行政部门潜在的制衡。但特别是在众议院，即使微弱的多数就可以施加极大的控制，有时候党派色彩太强的领袖已把国会权力割让给行政部门了。

对政党制度至关重要的政策

在从根本上把选民中的政党分开的各议题——"界定标签"的议题上，立法机构的政党也是更加团结的。[③] 在内战时期，奴隶制度和重建问题在各政党内部导致了极大的凝聚力，而在两党之间造成了最明显的分裂。在 19 世纪 90 年代，这些议题被农业和工业利益集团之间的冲突所取代。现在，对于政府在经济中的作用，包括税收和对商业的监管，以及在人们的个人生活中的作用这一问题上，各政党内部都是高度一致的。比如，在许多州的立法机构，试图限制或扩大工会权利的做法将会使一个团结的政党反对另外一个团结的政党，就像环境议题以及妇女、同性恋者和少数族裔群体等议题一样，也会产生这种效果。在国会，类似的一系列议题——社会福利、环境及税收政策——已导致了最具凝聚力的党派投票（见专栏《2011—2014 年新任众议员：

① Cary R. Covington, J. Mark Wrighton, and Rhonda Kinney, "A 'Presidency-Augmented' Model of Presidential Success on House Roll Call Votes," *American Journal of Political Sciences* 39 (November 1995): 1001-1024.

② Gary C. Jacobson, *The Politics of Congressional Elections*, 7th ed. (New York: Pearson-Longman, 2009), p. 255.

③ C. Lawrence Evans and Claire E. Grandy, "The Whip Systems of Congress," 参见：Dodd and Oppenheimer, 9th ed., p. 210.

团队合作者？》)。

2011—2014 年新任众议员：团队合作者？

在政党命运发生巨大转变的过程中，选民在 2010 年选出了 88 位新的共和党籍议员进入美国众议院。仅仅是他们的数量——超过了所有共和党籍众议员的1/3——就使他们成为其国会政党中的主要力量。他们被记者们视为支持削减联邦预算的一种一致、保守的声音。很多人认为，他们反映了选民的不耐烦，“他们对大政府和创纪录的预算赤字感到愤怒，希望立即发生彻底改变，他们说”。

然而，一旦进入国会，这些宣称“立即改变”（change now）的新人便描绘出一幅更为混杂的图景。大多数在划分两党的唱名投票中几乎毫无疑义地支持了自己的政党。有些议员确实推动其政党领袖实现更引人注目的政策变化。新当选议员的热情支持，强化了更资深的保守派议员坚持要求削减联邦开支数万亿美元的决心。有几位新当选议员游说共和党领袖，以坚持要求更大幅度地减少医疗补助制度（Medicaid）和其他社会项目开支——在议长看来可能是过于激进的削减。许多新当选议员的风格是非常容易引起冲突的。

议长竭力安抚这些新当选议员。但在 2012 年末，他把四位更桀骜不驯的新当选议员从重要的委员会位置上开除出去，以警告其不忠诚之行为。或许正因如此，2013 年进入众议院的更小的共和党人团体表现得就不再那么独立了。尽管国会中政党领袖与国会议员之间的关系可能看上去经常是单方面的，是由政党领袖推动的，但实际上，这种关系是双向的。

资料来源：Alan K. Ota，“The House：New Majority，New Challenges，” *CQ Weekly*，November 8，2010，p. 2528；引自：Bob Benenson，“In a Class of Their Own，” *CQ Weekly*，May 2，2011，p. 959；Rosalind S. Helderman，“As John Boehner Navigates Fiscal Cliff，House Republican Freshmen Largely Quiet，” *Washington Post*，December 11，2012，p. A1.

哪些条件造就了强大的立法机构政党

概括地说，基于对政党在美国国会和州立法机构中的作用的了解，对于最可能造就强大的立法机构政党的条件，我们可以得出一些结论。

政党极化和凝聚力

当一个政党的议员代表类似的选民时（比如，当整个州或全国的共和党人都得到基督教保守派的重要支持，而很少得到黑人的支持时），他们更可能持有类似的看法，政党的凝聚力也因而增强了。加上两党在其支持者的本质以及他们对各种议题的看法等方面区别更大，这促使议员们接受强大的政党领导，以把这些看法转变为政策。在加利福尼亚州及其他州，立法机构的政党力量长期以来一直在壮大，两党在这些州的支持基础完全不同——民主党的力量集中在工会成员和城市的黑人当中，共和党籍的州议员往往代表通常由白人和保守派人士居住的郊区和农村选区。[①] 这对于美国国会众议院来说是特别正确的，如我们已看到的，其规则允许政党领袖掌握更大的控制权。

更大的党际竞争

两党的竞争力和政党投票的程度之间的关系是非常有意思的。在议员个人层次，与来自安全选区的议员相比，来自两党支持者份额几乎均等的边缘选区的议员，通常不太可能投票支持他们自己的立法机构的政党，而更可能对其选民的偏好做出反应。[②] 边缘选区的两个特点，促使议员对选民保持着高度敏感。第一，两党在边缘选区经常都拥有强大的组织和有吸引力的候选人，因而，对手也都是强有力的威胁。第二，在许多边缘选区，支持民主党或共和党的团体与更典型的、和政党联系在一起的团体是不同的。当一个选区的政党选民在一重大议题上与全国性政党或州政党持有不同看法时，一位代表为争取连任，通常需要屈服于选民的愿望，即便这意味着反对他或她的立法机构政党的立场。

如同我们已看到的，政党领袖在这种情况下可能不会坚持要求其成员的政党忠诚；他们可能更愿意有一位至少会投票支持其政党的议长候选人的议员，而不是一个完全忠诚但可能会连任失败的议员，因为他或她的选民不想要全国性政党正在兜售的东西。在选民和政党指向不同方向的情况下，大多数国会议员能够记住，是他们的选民而不是其政党领袖给他们提供了工作机会。

然而，在作为一个整体的立法机构层次，势均力敌的政党竞争可能会导致政党投

---

① Boris Shor and Nolan McCarty, "The Ideological Mapping of American Legislature," *American Political Science Review* 105 (2011): 530-551.

② John D. Griffin, "Electoral Competition and Democratic Responsiveness," *Journal of Politics* 68 (2006): 911-921.

票的增加。当两党在一个立法机构从数量上看相对平衡时，“多数党必须团结一致才能让法案得以通过，少数党如果能够保持步调一致也会有某些切实的获胜机会”。[①] 势均力敌的政党竞争为两党提供了一种保持团结的动因。相反，足够多数票可能会助长内部的纷争。在南方处于民主党一党统治时期，许多立法机构的政党确实是这样的。现在，在一个政党占据绝大多数的州立法机构中，也是如此。

缺少竞争性的权力中心

立法机构的常设委员会可以成为与政党领袖的权力进行竞争的权力来源。在过去资历是成为委员会主席的唯一标准时，国会就是如此。当委员会主席以政党忠诚之外的其他标准为基础选出时，他们对其政党领袖的忠诚就会更少。现在，无论是在国会还是在州立法机构，都很少再把资历作为任命其成员到重要位置的基础。此外，一些州的其他权力中心——有权势的商业团体、工会、意识形态团体或其他大额捐助者——经常与一个政党的领袖结成紧密的联盟。

其他必要的资源

政党组织能够给一位议员提供得越多，他或她在立法机构投票中就越可能追随政党的领导。在国会和许多州立法机构，政党领袖可以利用他们影响立法议程的权力，帮助一议员通过他或她期望的议案。立法机构的政党领袖可以通过上下移动议员家乡选区的分肥项目在议程上的位置，帮助维持其党内同僚的忠诚。

立法机构外的政党组织，如果控制着重要资源，也可以影响立法机构投票。在大多数州，州政党的立法机构竞选委员会会帮助资助立法机构候选人；在有些州，立法机构政党领袖个人的政治行动委员会也会提供帮助。[②] 考虑到在这一层次竞选经费的匮乏，许多候选人越过立法机构竞选委员会，直接从州政党那里寻求竞选经费和服务。现在州政党比过去准备得更好，以对此做出反应。很多州对政党给予竞选者的捐助并未做出最高限额规定，因此只要它们愿意且能够承受，各政党可以进行大量资助。另一个重要的资源是政党对提名的影响。许多州政党的领袖在征募立法机构候选人方面已变得更加积极，有些州政党的领袖可能会说服地方积极分子，反对重新提名对政党不忠诚的候选人（尽管这种能力经常会被初选削弱）。

---

① Jewell and Morehouse，*Political Parties and Elections in American States*，p. 244.

② Anthony Gierzynski，*Legislative Party Campaign Committees in the American States*（Lexington：University of Kentucky Press，1992）；Daniel M. Shea，*Transforming Democracy*（Albany：SUNY Press，1995）.

立法机构较低程度的职业化

国会已逐渐变成一个高度专业化的立法机构。每一位国会议员都掌握着一批数量可观、报酬丰厚的私人助理和大量预算，用于满足其立法和连任需要。在国会服务是一种全职工作，薪水丰厚，待遇良好。尽管各州立法机构也已经变得更专业化，但极少州立法机构能够为其普通成员提供与国会为国会议员提供的水平相当的支持。工作人员和预算通常都是非常少的。大多数州的议员很幸运，都有一间个人办公室和一名私人秘书。许多州立法机构每年只在部分时间举行会议，提供的薪水如此之少，以至于其大多数成员必须从事其他工作，而且只是临时住在州府。由于个人资源有限，大多数州的议员在完成其在立法机构中的任务时都会欢迎政党领袖的帮助。当一位州立法者依赖政党领袖获得必要资源时，他或她也就更可能听从后者对政党纪律的号召。

政党领袖个人的风格

和美国参众两院的政党领袖一样，各州立法机构的政党领袖使用强有力的领导手段的意愿也有所不同。他们的领导风格与他们的政党的状况——无论是一个强有力的多数党，有竞争力的政党，还是一个衰弱的少数党——的相互作用，决定了他们在团结其政党成员并使他们的议案得以通过方面的运作效果。

立法机构政党的权力

本章讲述了一个复杂的故事。一方面，政党处于立法过程的最中心。有人甚至视之为“立法机构的利维坦”，控制着国会事务，以使它们的成员个人受益。① 政党归属比其他任何单个因素都更充分地解释了州议员和国会议员在其所处环境中的立法行为。近年来，政党投票和极化现象在美国参众两院都增加了。

然而，即便是现在，大多数美国立法机构政党不像大多数其他民主国家的政党那样统一。美国政府碎片化的机构留下了它们的印记。权力的分立使政党失去了维持其内部凝聚力的制度需求。② 尽管在国会和各州的立法机构中的政党已得到强化，但美

① Cox and McCubbins, *Legislative Leviathan*.

② Gary Cox, *The Efficient Secret* (New York: Cambridge University Press, 1987).

国立法机构中的基本关系是各议员和他们的选民之间的关系，而不是议员与他们的政党领袖或政党组织之间的关系（见专栏《你会选择哪个?》）。

你会选择哪个?

你的代表应该更仔细聆听政党的声音，还是选民的声音?

对选民来说：这听起来像是一个简单的问题。如果我们选举国会议员，他们应该代表其选民的利益，对吗？我们有一种以候选人为中心进行竞选的单一席位选区制（single-member district system)，这会鼓励我们集中关注候选人个人的品质而不是政党的党纲或方案。我们投票支持一位候选人，然后期望他或她赴华盛顿做我们所要求的一切。这位国会议员为何应该听命于政党领袖呢?

对其政党来说：这种以选民为中心的取向听起来不错，但并不现实。怎么能期望国会议员知道其所有 70 万选民想要什么呢？对两大党来说，在各种议题上提供竞争性的回答，督促立法机构内其政党成员通过这些政策，然后让选民决定他们是否喜欢这些结果，不是更好吗？这对于作为选民的我们要求得更少，而且可能相应地与我们愿意花在政治上的（最少）时间更为一致。此外，通过把眼光放得更长远一些，政党可以超越地方关注，着眼于更广泛的国家利益。

对二者来说：如同我们已经看到的，当一个政党的议员代表的各种选民的看法变得更加相似而且与另一政党的看法更加不同时，大多数议员就不必在选民和政党之间进行选择。在这些时候，各议员就可以投票支持其党内同事，并代表在他们看来送他们进入立法机构的利益集团和选民的利益。因此，政党和选民并不必然是冲突的。

在某些情况下，比如在政党的立法机构选民的偏好更相似或者与另一政党的偏好更加不同时，立法机构中的政党会更加统一，政党投票现象也会很普遍。这一点在近年来的美国国会及许多州立法机构中特别真实。日益增长的政党极化，把立法机构政党领袖的看法与政党选民的看法拉得更近了，国会议员更不可能面临在政党和选民之间做出困难选择的情况了。不过，在美国立法机构的制度世界里，政党领袖永远都不能把他们的权力视为当然之物。

第 14 章

行政部门和法院中的政党

如果你曾被警察阻止并被拖入法庭受审，如果你的案子被分派给一位民主党籍的而不是共和党籍的法官，或者是一位由民主党籍而不是共和党籍州长任命的法官，你认为会得到不同的判决吗？知道法官的政党倾向确实可能会影响对你的裁决，你可能会感到诧异。

大多数美国人认为法院是超党派的，就和我们希望警察和检查饭店厨房者的行为也是超党派的一样。然而，我们在本章将看到，美国的法官和行政官员（不仅仅是总统和州长，还包括领导政府机构及在其中工作的人们）都是有政党倾向的。许多总统和州长的行为举止就像政党领袖，尽管宪法制定者设计了法官任命终身制的独立的联邦法院系统，希望保护法院免受党派争议的影响，但设计出没有政党认同的法官一直就是不可能的。因此，现在美国最高法院法官和大多数其他联邦法官的任命都会引起激烈的党派冲突。

政党倾向已经以多种方式比在其他西方民主国家更深刻地渗透进美国的行政部门和司法部门。如第 2 章所讨论的，推动大众民主的结果是，一些公职人员，比如州立学校负责人和地方法官也经由选举产生了，这在其他大多数国家都是任命的。当行政人员和法官经由选举产生时，就在他们的选举中为政党影响打开了大门。即使这些官员是任命的，政党归属（party affiliation）也经常是他们获得任命的一个标准。

如果政党倾向影响了他们的选择，它是否也会影响行政人员和法官工作的方式呢？如果是这样，这是否反映了政党组织影响行政人员和法官之行为的努力呢？或者只是大多数人觉得更接近一个政党而非另一个，认为自己是共和党人的人们往往对政治议题持类似态度，无论他们是选民、警察还是法官，那些自认为是民主党人的人们也是如此？

作为政党领袖的总统和州长

奥巴马开始其总统任期时曾试图成为“后政党主义者”（post-partisan），但没能坚持多久。当国会共和党人拒绝对他的倡议做出反应时，他便开始利用党派倾向更强烈的言辞去影响民意，以推动政策。[①] 最近的总统们都发现，党派行动对于他们的成功极其重要。

特别是[②]有几位共和党籍总统，通过帮助征募政党候选人并与之一起竞选和为政党募款，已非常广泛地卷入政党活动之中。这些努力已经加强了总统和他们帮助竞选的国会本党同僚之间的牢固联系。特别是在目前华盛顿和许多州府极化的气氛中，以及当立法机构中的政党差异非常小时，行政部门就会培育与它们政党的国会议员之间的关系，以获得通过它们的政策所需要的票数。

作为竞选总指挥的总统

总统们都是伟大的竞选募款者。他们经常不但为自己募款，也为他们党内其他候选人募款。尽管许多民主党籍国会议员抱怨奥巴马第一个任期内在为其党内其他候选人募款方面做得不够，但在 2012 年连任且面临共和党控制的不愿合作的众议院后，奥巴马在募集政党经费方面变得更加积极了。

总统们还可以为其政党组织做更多。在试图说服一位有吸引力但不愿竞选州长者参选，或者敦促一位渴望参选的候选人在初选中不要反对政党支持的候选人时，州或全国性政党组织经常发现自己处于困境。总统们可以成为非常有说服力的招募者或“劝退者”，特别是在他们的公众支持率很高时。

---

① Sidney M. Milkis, Jesse H. Rhodes, and Emily J. Charnock, “What Happened to Post-Partisanship?” *Perspectives on Politics* 10 (2012): 57-76.

② 参见：Daniel J. Galvin, *Presidential Party Building* (Princeton: Princeton University Press, 2010).

作为“第一候选人”的总统

即便是在没有积极为他们进行竞选，总统的行动和成功也会影响其党内其他候选人成功的前景。

裙带效应

人们已经用“裙带”的比喻来解释总统的成功与政党的胜利之间最直接的联系。这种解释认为，总统“在选票的最上端”进行竞选，政党选票上的其他候选人紧紧抓住他们牢固的裙带得以胜选。这种裙带效应在 19 世纪政党印制它们自己的选票时是非常普遍的，因为选民通常必须投票支持整个政党票。

从第二次世界大战结束后直到整个 20 世纪 80 年代，裙带效应下降了。① 通过密切关心其利益并为选民个人提供服务，国会议员已非常善于培育他们的选民了。这有助于他们免受外部选举因素，包括总统声望的影响。② 与他们的挑战者相比，现任者在募款方面获得了巨大优势，特别是在众议院的竞选中更是如此。

随着政党已经变得更加极化，③ 从 20 世纪 90 年代初起，总统选举结果和国会选举结果之间的关系重新浮现。裙带效应也延伸到非联邦层次的选举之中。④

没有外套的裙带

即使总统们不在选票上，他们也可以影响选举结果。选民对总统工作表现的认可，会影响他们在国会中期选举中对总统所属政党的候选人的支持。⑤ 比如在 2010 年中期选举中，37%的受访者对一出口民调（exit poll）说，他们投票支持国会是想表达对总统的反对，这些人当中有 92%把票投给了共和党人。很少有人（23%）说他们投票是为了表达对奥巴马的支持，他们当中有 96%把票投给了民

---

① James E. Campbell, “Predicting Seat Gains from Presidential Coattails,” *American Journal of Political Science* 30 (1986): 164–183.

② 参见：Bruce Cain, John Ferejohn, and Morris Fiorina, *The Personal Vote* (Cambridge, MA: Harvard University Press, 1987).

③ 参见：Gary C. Jacobson, “Congress,” in Michael Nelson, ed., *The Elections of 2012* (Los Angeles: Sage, 2014), pp. 156–163.

④ 参见：James E. Campbell, “Presidential Coattails and Midterm Losses in State Legislative Elections,” *American Political Science Review* 80 (1986): 45–63.

⑤ Robin F. Marra and Charles W. Ostrom, Jr., “Explaining Seat Change in the U. S. House of Representatives, 1950–86,” *American Journal of Political Science* 33 (1989): 541–569.

主党人。① 这是过去 40 年里国会投票与总统支持率之间最明显的关联。

这有助于解释为何总统的政党的众议院席位所占份额在中期选举中几乎总是会下降。② 大多数总统的民意支持率在其任期的中间点上都会下降，总统日益下滑的声望会拖垮其政党的国会候选人，阻碍有吸引力的党内候选人竞选。③ 与赞成总统之表现的公民相比，不赞成总统之表现者在中期选举中参加投票的数量会更多，他们的不赞成可能会导致他们投票支持另一政党的候选人。④

1998 年和 2002 年的选举打破了这种总统所属政党在中期选举中失败的模式。在这两年中，选民对总统的支持度或者是保持稳定，或者是上升的。尽管布什总统以相当低的民众支持率开始了其第一个任期，但其支持率在“9·11”恐怖袭击之后迅速攀升到接近 90%，并在接近 2002 年选举时保持着超过 60%支持率。特别是他在共和党内 90%的支持率使其在势均力敌的选举中产生影响。⑤ 但传统的模式在 2006 年又开始回归了。

总之，无论他们是否选择像政党领袖那样发挥作用，总统们的声望和成功都能够影响到其党内其他候选人赢得竞选的可能性。特别是如果候选人的对手们强调他们与总统的联系且总统积极为他们竞选的话，这种影响就会发生。它为总统向他曾帮助竞选的立法机构的党内同僚施加影响提供了一种潜在可能。

政党领袖与立法机构的关系

很多总统和州长已发现，让他们极其烦恼的是，即使他们的党控制着立法机构两院的多数，他们依然不得不为争取对其计划的支持而斗争。为赢得这种支持，行政部

---

① Paul R. Abramson，John H. Aldrich，and David W. Rohde，*Change and Continuity in the 2008 and 2010 Elections* (Washington，DC：CQ Press，2012)，p. 294.

② The classic statement is Angus Campbell. “Surge and Decline：A Study of Electoral Change，” 参见：Campbell，Philip E. Converse，Warren E. Miller，and Donald E. Stokes，eds.，*Elections and the Political Order* (New York：Wiley，1966)，pp. 40-62.

③ 参见：James E. Campbell，“The Midterm Landslide of 2010，” *The Forum* 8 (2010)，issue 4，article 3.

④ Richard Born，“Surge and Decline，Negative Voting，and the Midterm Loss Phemomenon，” *American Journal of Political Science* 34 (1990)：615-645.

⑤ 参见：Abramson，Aldrich，and Rohde，*Change and Continuity*，p. 196.

门可以利用他们吸引媒体报道的能力、他们的民意支持率（如果它很牢固的话），以及他们可能为议员个人提供的政治影响和支持。首席行政长官也有立法机构联络员：这些工作人员与政党领袖及国会或州立法机构的其他成员一起工作，以争取他们对行政部门提案的支持。一位总统的“立法商店”（legislative shop）可以在安抚愤怒的委员会主席或为“摇摆”的支持者提供关键信息方面发挥重要作用。幸好行政官员所属政党的议员都知道，如果他们让他或她看起来很虚弱，他们自己连任的机会可能也会被削弱。这可以推动他们在重要投票中团结在总统或州长周围，即便他们更愿意以不同方式投票。

立法机构对行政部门的支持

民众支持是首席行政官员让国会赞同他或她的计划的一种关键资源。“9・11”之后布什总统声望的上升有助于他在国会山获得巨大成功，而其较低的民意支持率也拖垮了他在 2007 年和 2008 年成功的概率（见图 14-1）。总统们在其政党控制着国会

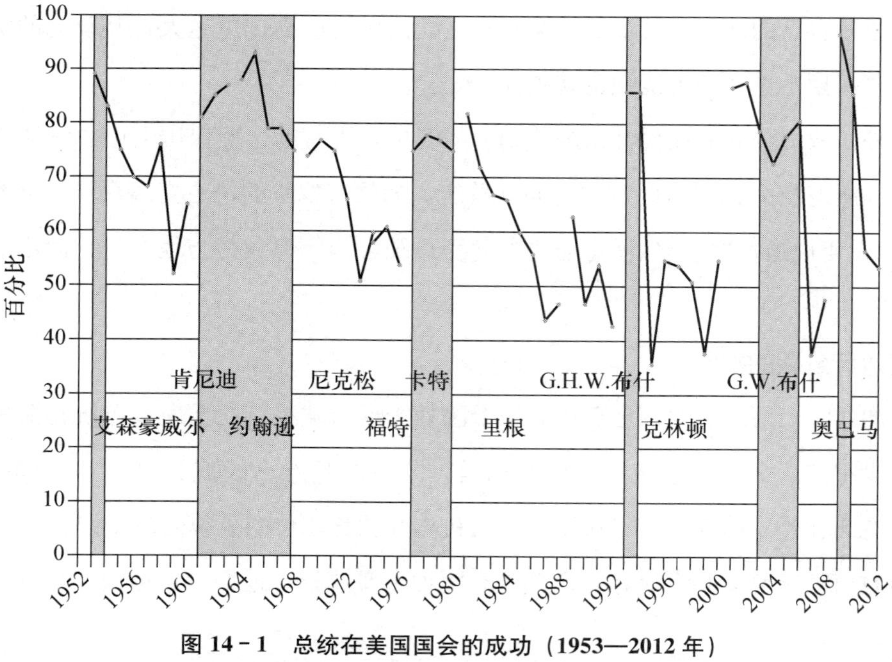

图 14-1　总统在美国国会的成功（1953—2012 年）

说明：每年的各项是众议院和参议院两院议员投票支持总统宣布的立场的时间百分比。阴影部分的年份是总统的政党控制国会两院（统一的政府）的年份。

资料来源：*CQ Weekly*，January issues.

参众两院时也会做得更好，这些时期——艾森豪威尔、肯尼迪和约翰逊、卡特、乔治·W. 布什和奥巴马政府的开始几年——通常是总统在立法方面取得成功的最大的机遇期。在 2009 年和 2010 年民主党成为众议院多数党时，奥巴马总统获得了众议院民主党人历史最高水平的支持。当共和党在 2011 年和 2012 年重新控制众议院时，奥巴马成功的概率直线下降了，尽管它在民主党控制的参议院还保持着较高水平。

即便是国会由同一政党控制也无法确保成功。从比尔·克林顿时期起，认同民主党人对总统的支持和认同共和党人对总统的支持之间巨大的“民意支持率差距”已经出现了。对奥巴马总统来说，在 2012 年后期有平均 90%的民主党人赞同他在就业方面的表现，而共和党人中赞同者只有 8%。[①] 因而，反对党的国会议员有充分理由对总统的提案投反对票，因为总统在他们的选区可能非常不受欢迎。正如第 13 章已表明的，奥巴马的许多最重要的立法成果是在几乎没有共和党投票支持的情况下通过的。这要求总统高度依赖其所在政党的国会议员。但对代表“摇摆”选区的那些党内同僚来说，两党在这些选区都有很强竞争力，如果他们的投票与总统步调一致的话，可能会危及自己的连任。总统的政党规模在立法机构所占比重越大，其政党的国会议员来自“摇摆”选区的可能性也就越大。

此外，权力分立制度设计出的体制上的竞争，也有助于确保国会中总统所属政党不会把其所有权力都交给白宫中的同党总统。如颇有权势的民主党籍众议员戴维·欧贝在 2009 年说道，“我当然愿意与民主党籍总统合作。但我是与他合作，而不是为他工作”[②]。

对政府分裂的控制

如图 14-1 所示，当国会至少有一个院处于反对党控制之下时，总统得到的支持通常会少很多。令现代总统非常沮丧的是，分裂的政府已经成为过去 50 年的规律。几乎所有州在这一时期也都经历了对立法机构和州长职位的分裂的政党控制。

当政府处于分裂状态时，行政部门有两种主要选择。他们可以努力与另一政党的

---

① Jeffrey M. Jones, “Americans' Views of Obama More Polarized as Election Nears,” Gallup Poll, October 12, 2012, www.gallup.com/poll/158018/americans-views-obama-polarized-election-nears.aspx (accessed November 25, 2013).

② David Baumann, “At the Top of His Games,” *CQ Weekly*, May 18, 2009, pp. 1142-1143.

至少某些议员进行成功谈判——而且，实际上有些研究者发现，分裂的政府也很可能和统一的政府一样做出重大政策改变。[①] 或者，他们可以努力把另一政党丑化为“摇头党”（party of no）、进步道路上的障碍，期待选民对此做出反应，在下次选举中让总统所属政党成为多数党。

无论是在分裂的政党控制时期，还是在统一的政党控制时期，州长们在获得其立法机构政党的支持方面都比总统多一些优势。在不采用资历规则的州立法机构中，州长可以积极参与委员会主席和立法机构政党领袖的选择。大多数州长对政党的报酬和奖励都拥有比总统更大的控制权。另一方面，州长的知名度不及总统，因而他们所提供的帮助和声望通常也都不及总统的影响。

政党在行政部门的影响

白宫只是冰山一角。在其外表之下，是行政部门的其他规模巨大和强有力的部分。在诸如教育部和农业部等内阁级各部及在诸如环境保护局等其他机构工作的管理者和官僚们负责实施国会通过的法律。这些行政机构根据需要做出大量解释的国会授权管理着经济的众多领域，如污染、食品安全以及处方药。然后，执行这些法律的官僚们通过实施政策塑造了政策。是他们决定是否检查你们饮用的牛奶变质与否，或者你们的地方发电厂可以倾倒多少水银到大气当中。

政党倾向（或者白宫中的主要党派）会如何影响在这些行政机构工作的人？我们在联邦机构中发现党派行为的证据了吗？

总统或政党是如何施加影响的

政党倾向会影响联邦机构，因为最大机构的负责人——诸如教育部和农业部等内阁级各部——是由总统任命的，其职务也可能被总统解除。这些机构的负责人经常有长期参加政党活动的历史。奥巴马总统的大多数内阁成员都是长期忠诚于民主党的人

① David R. Mayhew, *Divided We Govern*, 2nd ed. (New Haven: Yale University Press, 2005).

士，就如同布什总统任命的都是共和党的长期拥护者一样。总统们不再用这些职位奖赏忠诚的政党服务；相反，他们在用来寻找对总统个人目的的忠诚。不过，总统任命的人士大多数是非常活跃的党员，他们的价值观和政治生涯已经在很大程度上被其政党塑造了。

然而，现代的总统只能做出数千个这种高层次的政治任命——比某些州长所能任命的职位还要少——以努力控制雇用了 270 万名文职人员的行政部门。这些被政治任命的人当中有许多是新手，很少有时间去“熟悉新工作”，也没有太多想法去赢得服务于他们的职业官僚的必要支持。① 各行政机构高层之下的官员不太可能拥有政党经验。这些官员的遴选通常都是依据其行政管理技能，其政治信任只是居于次要地位。各机构大多数其他雇员是通过公务员考试而非政党筛选程序选出的。

行政部门另一有强大影响力的部分是大量像食品和药物管理局这样的联邦监管机构。这类机构多是在 19 世纪后期和 20 世纪初期进步主义时代建立的。进步主义者竭力限制政党在这些机构的影响，包括总统的影响。例如，许多监管机构都必须由包括两党成员的委员会领导。

和内阁级各部一样，这些机构处理的是高度复杂的技术性问题。例如，为确定可以往你们社区的大气中排出多少水银，环境保护署的工作人员必须能够理解关于水银对人类健康之影响和清理成本对发电厂最终赢利之影响的复杂的科学研究成果。政党忠诚无法提供这种技术能力（尽管它可能会影响机构首脑对技术研究成果的解释）。

总统或政党对官僚机构施加影响面临的另一局限是，就像议员个人注意其选民的需要一样，行政官员也要面对要求苛刻的选民。② 环境保护局与由它监管的许多行业以及各种专业和公民组织进行着密切合作。如果环境保护局执行《清洁空气法案》(Clean Air Act) 时的裁决激怒了电力公司或大的环境组织，它将会遇到政治上的麻烦。总统们可能会为他们的机构负责人提供保护罩，但他们无法一直抵制资金充沛的选民组织的影响。

---

① Hugh Heclo，*A Government of Strangers*（Washington，DC：Brookings Institution，1977).

② Hugh Heclo，“Issue Networks and the Executive Establishment，”参见：Anthony King，ed.，*The New American Political System*（Washington，DC：American Enterprise Institute，1979)，pp. 87-124.

联邦官僚机构中正在变化的党派看法

尽管政党和总统的控制面临这些局限，但长远来看，联邦官僚机构（和许多州官僚机构）确实对党派因素做出了反应。随着联邦政府在 20 世纪 30 年代的扩张，富兰克林·罗斯福总统把致力于其计划的人吸收进了职业官僚机构。后来，特别是随着这些人在其机构中升到更高职位上，就更抵制削弱这些计划的努力。

数十年之后，联邦官僚机构依然存在一种亲民主党的倾向。到 1970 年，乔尔·阿伯巴齐（Joel Aberbach）和伯特·罗克曼（Bert Rockman）发现，这些职业官僚中的大多数都说他们通常是投票支持民主党的，说投票给共和党的只占 17%。在联邦社会服务机构中，甚至不是民主党人的管理人员也说他们支持自由主义政策。因而，共和党总统理查德·尼克松在任时面对的是一个对其保守议程毫无同情心的联邦官僚机构。尼克松政府花费了大量时间，试图通过把他的忠诚者任命到官僚机构最高位置上来控制它。[①]

然而，到 1992 年，官僚机构的环境已经发生了变化。在 1972 年和 1992 年之前，除 4 年外，白宫在其他时间里都是由共和党控制着的。当阿伯巴齐和罗克曼重新对处于与他们在 1970 年访谈时的类似职位的职业管理人员进行访谈时，他们发现共和党已占到微弱多数。随着老一代公务员的退休，不那么积极致力于“新政”和“伟大社会”计划的新一代公务员已被补充到高级管理人员职位上。公务员法的改变进一步使得以前留给职业雇员职位被经由白宫仔细筛查的政治任命填补了。官僚机构也不再强烈反对共和党的倡议了。[②] 里根、克林顿和乔治·W. 布什政府都做了重要努力，以给联邦官僚机构打上他们自己的烙印，有时甚至引起人们对联邦机构的活动中党派偏见的抱怨。[③]

总之，政党倾向确实影响着行政部门各机构。但大多数总统和州长可以利用他们

---

① Joel Aberbach and Bert A. Rockman, “Clashing Beliefs Within the Executive Brach,” *American Political Science Review* 70 (1976): 456-468.

② Joel D. Aberbach and Bert A. Rockman, “The Political Views of U. S. Senior Federal Executives, 1970-1992,” *Journal of Politics* 57 (1995): 838-852.

③ Sanford C. Gordon, “Assessing Partisan Bias in Federal Public Corruption Prosecutions,” *American Political Science Review* 103 (2009): 534-554.

作为政党领袖的角色，推动他们自己的计划并谋求连任，而不是推动其政党的计划。只有在行政长官的目标与他或她的政党的目标类似时，政党的计划才会受益。然而，对于大多数美国行政官员来说，相对于他们自己的政策目标和政治生涯，其政党的目标和利益是次要的。

政党在法院中的踪迹

法院和法官也受到政党政治的影响。美国大多数法官——甚至美国最高法院的多数大法官——都是在他们从事了涉入党派政治的职业之后就任法官的政治人物（见专栏《美国最高法院法官的党派背景》）。政党冲突在法官的任命和选举中发挥的作用越来越大。然而，由于司法系统的性质，政党的影响可能是非常微妙的。

美国最高法院法官的党派背景

共和党总统任命的大法官：

约翰·罗伯茨（John Roberts）：（首席大法官，G. W. 布什总统时期）里根政府时期任司法部长助理和白宫法律顾问。在共和党的 G. H. W. 布什政府中任司法部副诉讼长。

安东尼·斯卡利亚（Antonin Scalia）：（里根总统时期）在共和党的尼克松政府内被任命为电信政策办公室法律总顾问，后在共和党的杰拉德·福特（Gerald Ford）任内被任命为助理司法部长。

安东尼·肯尼迪（Anthony Kennedy）：（里根总统时期）加利福尼亚州共和党积极分子和竞选捐助者。是里根任州长时的法律顾问。

克拉伦斯·托马斯（Clarence Thomas）：（G. H. W. 布什总统时期）先任密苏里州司法部工作人员，后在共和党的里根政府内任负责公民权利问题的助理国务卿和平等就业机会委员会主席。托马斯夫人是共和党前众议院多数党领袖迪克·阿米（Dick Armey）的高级助理。

小塞缪尔·阿利托（Samuel A. Alito，Jr.）：（G. W. 布什总统时期）在共和党里根政府任内担任美国司法部副部长助理和司法部长副助理。

民主党总统任命的大法官

露丝·巴德·金斯伯格（Ruth Bader Ginsburg）：（克林顿总统时期）在被提名到最高法院之前无正式政党职位或任命。

斯蒂芬·G. 布雷耶（Stephen G. Breyer）：（克林顿总统时期）曾任民主党总统林登·约翰逊政府助理司法部长的特别助理，后任民主党领导的参议院司法委员会首席顾问。

索妮娅·索托马约尔（Sonia Sotomayor）：（奥巴马总统时期）曾任纽约县助理地方检察官，由一位民主党籍州长任命。被一位民主党籍参议员推荐为联邦法官并受到共和党总统（G. H. W. 布什）和民主党总统（克林顿）的提名。

埃琳娜·卡根（Elena Kagan）：（奥巴马总统时期）由民主党总统奥巴马任命为美国司法部副部长，之前由民主党籍总统比尔·克林顿任命为国内政策顾问。她曾任民主党籍法官的书记员，还为两位民主党籍众议员服务。

根据政党立场进行的司法投票

在公民权利与自由、犯罪、劳工问题以及商业规范（regulation of business）等问题上，民主党籍总统任命的法官往往比共和党籍总统任命的法官更加倾向自由主义立场。① 一份环境研究小组的报告认为，民主党籍总统任命的联邦法官比共和党籍总统任命的法官更可能做出有利于环保主义者的裁决。② 美国地区法院法官一直倾向于更支持其所属政党制定的选区重新划分方案，而不是反对党制定的方案。③ 法院关于各州选民身份证件法（见第 8 章）的裁决很大程度上反映出法院的大多数法官是否是由民主党或共和

① Lee Epstein，William M. Landes，and Richard A. Posner，*The Behavior of Federal Judges* (Cambridge：Harvard University Press，2013).

② Juliet Eiperin，"Environmental Group Cites Partisanship in the Judiciary，" *Washington Post*，October 9，2004，p. A2.

③ 参见：Randall D. Lioyd，"Separating Partisanship from Party in Judicial Research，" *American Political Science Review* 89 (1995)：413-420.

党官员提名的。[①] 这些都是我们在比较法院外民主党和共和党的看法时预期会发现的各种差异。

把法官的政党倾向的影响与其他影响，包括他们的职业目标、法学院的训练以及保护他们的职业声誉等区别开来，是不容易的。与议员相比，法官表现出的政党凝聚力更弱。然而在某些情况下，民主党籍法官的裁决明显不同于他们的共和党籍同僚。

什么导致了法院中的党派行为

这种明显的党派偏见很少是由于民主党和共和党领袖积极影响法院裁决的努力造成的。现在，这种做法在大多数社会群体中都是无法接受的。关于政党对法官行为的影响，一种更好的解释只是，就和官僚的做法一样，法官在把法律适用于具体案件时也有某种自由裁量权。法官，和我们中的其他人一样，已经形成了对政治议题及法律应该有多大弹性等的看法。在这些看法中，最根本的是政党认同。

就如同两党反映了不同的价值观一样，它们的认同者，包括成为法官者，也反映着不同的价值观。两位法官可能一起就商业规范进行投票，因为他们在政府的适当作用这个问题上拥有共同的价值。这些价值观可能在几年前已引导他们认同同一政党，或者是在参与这一政党的经历中形成的。这些带有党派偏见的价值观越来越多地塑造着法官的环境。例如，现在最高法院大法官更可能聘用与他们的党派偏见一致的法官助理——完成最高法院的大量工作并帮助形成了其裁决的律师：保守派大法官聘用共和党籍助理，自由派大法官则聘用民主党籍助理。[②]

在总统和州长提名或任命法官时，他们心目中最重要的是被提名者的价值体系。他们知道，法官在裁决某些案件时是有弹性的，他们做出的选择可能会反映，至少是部分反映法官自己的信仰和经验。在奥巴马总统提名索妮娅·索托马约尔（Sonia Sotomayor）为最高法院大法官时，她认为自己作为拉美裔女性的生活经历可以增加对最高法院广泛的理解，批准其提名的听证会集中关注的也是她的背景和信仰。在关于

---

① Robert Barnes, "Partisan Fissures over Voter ID," *Washington Post*, December 25, 2007, p. A1.

② Adam Liptak, "Clerks Highlight Supreme Court's Polarization," *New York Times*, September 6, 2010, p. A1.

司法提名的大多数争论中，特别是关于承接最棘手的案件的高级法院提名时，国会议员和利益集团现在都会把主要注意力放在可能被提名者的价值观和态度上。

联邦法官

如果你是总统，你会希望提名能够支持而不是破坏你的政策的联邦法官和最高法院大法官。有望成为法官者所属的政党以及他们的意识形态是你可以用来预测他们一旦就任后会如何判决案件的部分线索。因此，过去一个世纪中，每一位美国总统做出的司法人士提名都至少有80%来自他自己的政党内部。平均数超过了90%。

里根总统和两个布什政府都对候选人进行了特别仔细的筛查，以确保他们能够致力于保守主义原则。① 结果，他们任命的法官在意识形态上的差异（而且在政党政治中可能更活跃）甚至比最近几位总统任命的法官的差异还要大——比如，比克林顿政府任命的法官差异更大。② 这已经造成了布什任命的保守派法官与民主党籍总统任命的自由派法官之间激烈的意识形态斗争。使用诸如"违背良心"、"荒唐无稽"以及"令人恐慌"等词语，互相攻击对方在他们自己的裁决中做出的判决，已成为民主党和共和党各自任命的上诉法院法官习以为常的做法。③

关于总统对联邦法官的提名，参议院的行动也已变得更加充满政党倾向。早期的冲突在20世纪80年代和90年代初已经开火了，当时参议院民主党籍议员及其盟友对两位最高法院法官被提名人——罗伯特·博克（Robert Bork）和克拉伦斯·托马斯——的确认发起大规模争论（实际上，前面的例子导致出现了一个新动词。当一场激烈的、带有政党倾向的运动被发动起来反对一位被提名人时，他或她就被说成是"被诋毁"）。到克林顿政府结束时，政党对司法人士任命的敌意已达到了如此之高的程度，以至于参议院共和党领袖一直拒绝安排对总统提名的某些人选进行辩论。④ 随着各种类型的意识形态集团利用这些提名在公众中发动其核心支持者，围绕着司法任命的氛围已变得越来越充满敌意了。正是由于共和党籍参议员反复阻挠奥巴马总统

---

① Sheldon Goldman, "The Bush Imprint on the Judiciary," *Judicature* 74 (1991), 294-306.

② Sheldon Goldman, Elliot Slotnick, Gerard Gryski, and Gary Zuk, "Clinton's Judges," *Judicature* 84 (2001): 244, 249.

③ R. Jeffrey Smith, "The Politics of the Federal Bench," *Washington Post*, December 8, 2008, p. A1.

④ Daniel J. Parks, "Senate Judicial Nominations Spat Again Frustrates Appropriators," *CQ Weekly*, October 20, 2001, pp. 2470-71. 另参见：Sarah A. Binder and Forrest Maltzman, "Senatorial Delay in Confirming Federal Judges, 1947-1998," *American Journal of Political Science* 46 (2002): 190-199.

提名的联邦法官候选人，才导致民主党控制的参议院多数在2013年结束了这些案例中阻挠议事的行为，只在最高法院法官提名问题上保留该规则。

州法院法官

相反，州法院法官经常是选举产生而非任命的——世界上几乎没有其他地方采用这种办法。在大约1/3的州，至少某些类型的法官候选人必须参与带有党派色彩的选举。有些州的法官竞选采用的是超党派的投票选举制度，尽管政党组织仍然可以公开支持它们自己的候选人。在这些选举中，法官候选人通常会接受将会把案件提交他们所在法院进行裁决的律师和团体的竞选献金。这些竞争已变得越来越昂贵。有些竞争已经和美国最高法院的提名一样激烈。

即便是在法官已被任命到其位置上，政党倾向依然能够发挥作用。在很多州，政党领袖可能会就可能的法官人选提供建议。许多州已经采用了"贤能任命"制度（"merit appointment" system），即提名委员会筛查有望成为法官者，或给州长或另一官员提供一个简短的建议名单。在这些例子中，被提名人通常必须在他或她被任命的4～12年内参加留任选举（见专栏《高风险的司法选举》）。改革者们希望，这些较长任期以及被提名者可能连任的可能性（基于现任者优势）将会使法官免受来自政党甚至来自州长或总统的压力。但是，政党倾向通常已经内化为法官的价值观和偏好，长期的法官职位只能让政党偏见"茁壮成长"。①

高风险的司法选举

利益集团在2010年花费了数百万美元用于广告活动，以击败州最高法院法官寻求留任（连任）的努力。这让佛罗里达州三位最高法院法官身心俱疲。在佛罗里达州，和在其他州一样，州长任命法官，但法官在6年内必须争取留任。"佛罗里达州三位法官"（The Florida Three）中每一位都没有进行竞选活动就轻而易举地赢得了留任选举。但在2012年，他们花费了100多万美元，用于咨询、拍摄广告以及会见选民。为什么呢？因为一个保守派利益集团"美国人追求繁荣"组织（Americans

---

① Melinda Gann Hall, "State Supreme Courts in American Democracy," *American Political Science Review* 95 (2001): 315-330.

for Prosperity，AFP），正在花费数百万美元登载广告，批评他们拒绝同意在州投票中举行反对“奥巴马医改”的公民投票，以罢免他们。佛罗里达州共和党与“美国人追求繁荣”组织站在一起——这是它第一次在超党派选举中反对法官。如法官们的一位捍卫者所言，“一些非常聪明的人已经清楚，改变像佛罗里达州这样的一个州的政策，通过拔掉法官而不是通过担任州长或改变立法机构中的议员人数会容易很多”。所有三位法官都挺过了选举。但其他州的法官在仔细观察，他们未来也可能会成为目标。如果你是一位州最高法院的法官，而且在准备做出一项可能会冒犯一个强大利益集团的裁决，你会再三考虑吗？

资料来源：Robert Barnes，“Republicans Target Three Florida Supreme Court Justices，” *Washington Post*，October 30，2012，p. A1；Brady Dennis，“Super PACs，Donors Turn Sights on Judicial Branch，” *Washington Post*，March 29，2012，p. A1.

许多欧洲国家选择法官的方式与美国不同。人们通过学习与法官相关的信息，做学徒，然后在专门的考试中取得好分数，为成为一个法官做好准备。相反，在美国，法官没有特别的训练过程——不需要参加考试，不需要审判领域的高等学位。任何律师，如果他或她能够赢得选举或赢得这一职位的任命，都可以成为一名法官。但是，尽管在许多欧洲国家成为法官所必需的专业化训练过程限制了政党组织和党派选举的影响，那些成为法官者依然会有政治偏好，其中许多偏好将会被他们的党派偏见塑造。因此，尽管大多数法官可能会声称党派偏见在司法裁决中没有地位，但其影响几乎是不可避免的。

行政官员和法官内心的政党

关于政党对行政官员和法官的影响，最好的解释是：和其他官员一样，行政官员和法官都有政治信仰，法官和行政管理人员在运用法律时必须解释法律这一事实，使得这些信仰能够影响他们在任时的行为。对于政府和经济，民主党人通常持有不同于共和党人的信仰；同样，民主党籍的法官和官僚与共和党籍的法官和官僚也持有不同的看法。政党间的这些差异因总统和州长、高级别行政官员以及大多数法官选择过程中党派方面的影响而强化了。我们几乎不可能看到政党组织对官僚机构和法院施加直接影响的太多证据。政党没有办法在行政部门或司法部门实施政党纪律。

可以理解的是，改革者们已试图把党派考虑从法官和官僚的遴选过程中剔除出去。当公民怀疑党派因素正在影响法院和行政机构时，比如，当争取连任的法官从他们之后将要裁决其诉讼的律师和团体那里得到大额竞选献金时，公众对法院和行政管理机构的信任就会下降。但是，把他们个人的信仰和价值观，包括他们的党派偏见，从其作为行政官员或法官的选择过程中或者从他们在任时的行为中清除出去是不可能的。

第 15 章

半负责的政党

从 1492 年之前很久起，美国人就已经开始处理移民问题了。2013 年，针对生活在美国但不是美国公民的 1 100 万人，再次爆发了激烈争论。许多公司希望引入更多移民并使之合法化，以满足它们的商业需要。大量工人阶级的美国人担心移民会与他们竞争工作机会并压低工资。在数月里，在一个代表两党的所谓参议员帮秘密谈判可能的移民改革时，国会的政党领袖们一直袖手旁观。当僵局被打开得仅仅足以让某些法案通过时，这主要是因为在商业游说团体与工会之间达成了协议，而不是由于立法机构政党自己达成了协议。

政党是我们拥有的让民选官员共同为其行为负责的最佳途径。如果美国的政党不能让其候选人清楚地阐明在这一重要议题上的立场，公开讨论它们，并在投票时与他们公开的立场保持一致，那么，公民如何才能保护他们的利益呢？如果我们不能让政府令人敬畏的权力对公民的愿望负责，那么民主至少是在很大程度上，就会处于危险之中。

其他人对政党有不同的抱怨。对有些人来说，民主党和共和党的政纲太相似了，太偏向中间立场，对重大议题阐述得不够清晰。博主们和其他评论者指责两党是被富有的特殊利益集团控制着的。他们认为，其结果是政府服务于资金充沛的少数群体（大公司、工会、单一议题组织）而不是服务于人民的。

这些批评者（支持责任政党的学者和意识形态导向的积极分子）有不同的看法，但在内心深处他们的看法是一样的。他们都希望政党阐明关于各议题的更清晰和更详细的立场，希望获胜的政党把其承诺变成现实的公共政策。一种可能的答案是，创立一种真正的“责任政党”制度。[1] 在这种制度下，执政党会把一种一贯的政治哲学转变成政府行动，并对其结果承担责任。

在某种程度上，他们的要求已经得到了满足。在一些重要议题上，现在各政党的立场是明显不同的。与几十年前相比，民主党的自由主义倾向现在更加一致了，共和党的保守倾向也更加一贯。事实上，许多美国人认为，政党间的鸿沟已变得太大了；几乎一半美国人说共和党“太极端”，较小的一部分人这么看民主党。[2] 这种政党极化使民主党和共和党成为“负责任的”政党了吗？提高了它们服务于民主之需求的能力了吗？

支持责任政党政府的理由

责任政党（也被称为**政党政府**）的观念提供了一种非常不同于传统上美国人对有限政府的信奉和对强大政党的敌视的民主愿景。支持政党政府者认为，我们需要强大和坚决果断的政府，以解决社会和经济问题。他们认为，我们的政治体制可能非常适合美国历史早期的有限统治，但当我们现在需要更果断的政府行动来应对从恐怖主义到气候变化等挑战时，它已不能很好地为我们服务了。

然而，公众必须能够控制这种强大政府。个人几乎没有时间、信息或愿望去发挥积极的政治作用，甚或去弄清他们选出的代表在做什么。以候选人为中心的选举也会降低公众的控制；对于选民来说，监督数百个不同的候选人比评判一个执政党的表现会更加困难。

政党政府（责任政党）会如何运作

为解决这些问题，政党政府支持者说，我们必须重新改组政党，让它们责成民选

---

① Committee on Political Parties of the American Political Science Association，*Toward a More Responsible Two-Party System*（New York：Rinehart，1950）.

② CNN/ORC Poll. March 15 – 17，2013，www. pollingreport. com/dvsr. htm（accessed November 25，2013）.

官员承担责任。[①] 政党在组织政府方面要发挥领导作用，并在这一过程中重振大众民主的其他机制（institutions）。这里将说明政党政府如何运作：

● 每一政党都将拟订一份阐明其支持的原则与计划的清晰、详细的声明。一政党如果胜选，将会承诺实施这些计划。

● 各政党会提名忠于其政党的计划并愿意在当选后使党的计划成为公共政策的候选人。

● 每一政党都会举行竞选活动，说明两党之间的政策差异，以便选民能够理解这些差异并以此为基础进行投票。

● 一旦当选，政党将会让它的官员对实施的党的计划负责。然后，选民会决定他们是否认可其成绩，并决定在下次选举中维护或击败执政党。

那么，在这种责任政党制度中，赢得选举不会成为结果本身。政党将会主要集中关注它已承诺付诸实施的政策。提名和选举只不过是实现特定公共政策目标的一种手段。*为使这些成为现实，所有由选举产生的政府部门在特定时期都必须处于同一政党控制之下*。该政党要把分裂的政府机构联合成一个有机运行的整体，就和在议会制民主国家出现的情况一样。

什么使政党能够发挥这种至关重要的作用？一位著名政党学者写道："政党对美国人民的忠诚的要求远优于任何其他形式的政治组织的要求……政党是适合动员大多数人的特殊形式的政治组织。"[②] 因此，与它们作为公民与政府之间媒介的主要竞争对手利益集团相比，政党在政治中占有优势地位。[③]

对于他们所认为的一个强大的联邦政府应该服务的目标，支持政党政府者的看法并不总是一致的。许多保守派人士曾经对强大的中央政府持怀疑态度，但当保守派的里根总统和布什总统利用它们的权力督促国会清除自由主义计划时，又变得更喜欢它了。对权力分立深感沮丧的自由主义者，当国会被证明能够平衡里根和布什的某些倡议时，也更加热情地捍卫这一原则。政党政府听起来是一种更好的想法，当你的政党负责时，似乎是这样的。在任何情况下，政党政府支持者都认为，由强大政党团结起

① Austin Ranney, *The Doctrine of Responsible Party Government* (Urbana: Univeristy of Illinois Press, 1964), Chapters 1 and 2.

② E. E. Schattschneider, *Party Government* (New York: Rinehart, 1942), p. 208.

③ E. E. Schattschneider, *The Semi-Sovereign People* (New York: Holt, Rinehart, and Winston, 1960).

来的政府都能让公民在投入更少时间和精力的情况下比现在更有效地控制着他们的政府。

反对政党政府的理由

大多数美国政治学家依然对政党政府的好处持怀疑态度。他们的担心有两种。其中许多人认为，政党政府不会产生称心如意的结果。其他人则声称，只是它在美国的环境中行不通。①

它会增加冲突

怀疑论者担心，政党政府的本质（致力于在重要议题上提供清晰的选择方案）甚至可能会在政治中激起更多冲突。他们说，议员不得不坚持固定的政党立场，不再能自由地代表他们自己的选民并谈判得出相互都能接受的解决办法。这会削弱美国立法机构的协商性这一特征。

政党政府的批评者还担心，一种使政党成为政治代表的主要途径的制度可能会削弱现存的各种利益集团。没有其他这些代表各种集团和看法的选择，两大党可能会面临过重的负担。小党可能会突然涌现出来，进一步使美国政治碎片化。简言之，批评者担心，立法机构会被僵化、教条、不能解决问题的政党操纵——甚至比现在还要严重。

它在美国政治中行不通

反对责任政党的人认为，这种想法与美国政府的设计是冲突的。责任政党模式为多数统治铺平了道路。但美国立国者建立的是以重要方式限制多数统治的制度。为防

---

① John Kenneth White and Jerome M. Mileur, eds., *Challenges to Party Government* (Carbondale: Southern Illinois University Press, 1992).

止出现独裁，他们运用权力分立和联邦主义原则，在政府各个层次和各个部门之间划分了宪法权力。权力分立使得选民可以让一个政党控制行政部门，而另一政党控制立法部门。联邦主义使不同政党可以在不同的州处于支配地位。各州在美国参议院平等的代表权有利于小州的居民。美国政府的这些及其他反多数主义特征的任何改变，都会要求从根本上修改美国宪法。弗朗西丝·李（Frances Lee）也指出，为通过政策，参议院规定的绝对多数和美国宪政体制的其他方面要求的绝不仅仅是形成多数。①

美国选民近年来非常热衷于利用权力分立原则。从1950年起，不同于更早些时期，我们在大多数时间里经历的是分裂的政府，因而总统一直面临着国会至少一个院被另一政党控制的情况（见表15-1）。从20世纪80年代初以来，大多数州政府也是如此。②

表15-1 政党对联邦政府的控制（1951—2014年）

政党控制	年数
统一的政党控制	*24*
民主党控制总统和国会众参两院 1951—1952年(杜鲁门)，1961—1968年(肯尼迪、约翰逊)，1977—1980年(卡特)，1993—1994年(克林顿)，2009—2010年(奥巴马)	18
共和党控制总统和众参两院 1953—1954年(艾森豪威尔)，2003—2006年(G. W. 布什)	6
分裂的政党控制	*40*
民主党的总统，共和党控制众参两院 1995—2000年(克林顿)	6
共和党的总统，民主党控制众参两院 1955—1960年(艾森豪威尔)，1969—1976年(尼克松、福特)，1987—1992年(里根、G. H. W. 布什)，2007—2008年(G. W. 布什)	22
总统的政党控制着国会两院之一 1981—1986年(里根)，2001—2002年(G. W. 布什)*，2011—2014年(奥巴马)	12

注：括号内是这些年份期间总统的名字。

*2001年前5个月，参议院由共和党控制，直到参议员詹姆斯·杰福兹（James Jeffords）离开共和党和民主党实现多数控制。

资料来源：Updated from Harold W. Stanley and Richard G. Niemi, *Vital Statistics on American Politics 1999-2000* (Washington, DC: CQ Press, 2000), pp. 34-38.

---

① France E. Lee, "Parties as Coordinators: Can Parties Unite What the Constitution Divide?" 参见：Marjorie Randon Hershey, ed., *Guide to U. S. Political Parties* (Los Angeles: Sage, 2014), Chapter 3.

② Malcolm E. Jewell and Sarah M. Morehouse, *Political Parties and Elections in American States*, 4th ed. (Washigton, DC: CQ Press, 2001), p. 222.

分裂的政府使责任政党政府不可能行得通。当政府中民主党控制的部分和共和党控制的部分会染指每一个重要法案时，选民会发现很难确定哪一个政党对糟糕的政策负有责任。没有这种能力，选民就无法赶走有过失的政党，用反对党来取而代之。

在政党政府支持者看来，分裂的政府有助于解释联邦政府为何未能对从预算议题到竞选经费等许多重要关注做出有效反应。批评者不这么看。他们认为，统一的政党政府并不必然会导致更重要的立法行动，联邦政府要投入大量工作来处理共同的政党权力，① 甚至美国选民也更喜欢这样。②

金里奇经验：短暂的责任政党

从 20 世纪 90 年代中期起，美国人至少感受到了政党责任的一点味道。在众议院共和党籍少数党领袖纽特·金里奇领导下，1994 年绝大多数竞选众议院席位的共和党人签署了一个名为《与美国的契约》的声明。它承诺，如果选民让共和党成为众议院多数党，对于体现保守主义原则的所有 10 个法案，他们将确保每一个都能在下一届国会的第一个百日内得到投票支持。用一种能让政党政府支持者心情愉悦的措辞，该声明在结尾处表示："如果我们违背这一契约，就把我们赶出去。我们是认真的。"

共和党确实在 1994 年赢得了众议院多数席位。他们兑现了诺言；一旦就任，新的共和党领袖就利用其对众议院议程的铁腕控制，在自己规定的最后期限之前对每一个议案进行投票表决。众议院共和党人在这些议案上比他们在过去几十年里都更加团结。但是，这也是政党政府被搁置的时候。参议院多数共和党人并未对《与美国的契约》做出承诺，也不认为一定要迅速审议这些议案或通过它们。众议院共和党人的努力因分裂的政府而进一步受到阻碍，民主党籍的总统有权否决两院通过的任何法案。

---

① John J. Coleman，"Unified Government，Divided Government，and Party Responsiveness，" *American Political Science Review* 93 (1999)：821-835，and David R. Mayhew，*Divided We Govern*，2nd ed.，(New Haven，CT：Yale University Press，2005).

② Richard Born，"Split-Ticket Voters，Divided Government，and Fiorina's Policy-Balancing Model，" *Legislative Studies Quarterly* 19 (1994)：95-115.

我们从这一经验中能够学到什么？如我们所见，权力分立是通往责任政党道路上的巨大障碍。只要总统和国会另一院不愿意采取一致行动，即使一个立法机构的政党致力于一系列清晰和一致的原则，也不足以产生责任政党政府。也有理由怀疑大多数选民会欢迎这种经验；尽管共和党在下一个选举年依然保持了众议院的多数，但没有签署《与美国的契约》的参议院共和党人也保持了在参议院的多数，而且民主党籍的总统也连任了。

即使在同一政党控制白宫和国会两院时，实现政党政府依然面临障碍。因为政党的候选人是由选民在初选中选出来的，政党不能迫使其候选人对党的计划保持忠诚。在重要议题上与政党决裂的候选人仍然可以参加竞选并获得胜利，只要其选民继续投票支持他们。责任政党模式的批评者还认为，美国选民以议题为导向的程度还不足以使他们仅仅通过意识形态棱镜看待政治，主要政党集权化（centralized）的程度也不足以把单独的一些理想强加到它们所有官员身上，美国人对政党的不信任太严重以至于不会让它们进行尝试。简言之，责任政党的想法，在其批评者看来，对选民、政党以及美国政府的体系要求得太多。

政党的凝聚力和意识形态

尽管名副其实的政党政府在美国是不可能的，但逐步推动各政党更加负责任还是可能的。有些观察家表示，这种现象正在以唯一一种与美国分权制度一致的方式发生，政府中的政党、政党选民以及政党组织已变得更愿意自愿就清晰的政党计划达成一致。但政党在各种议题上的凝聚力依然存在局限。

美国政党是意识形态型的吗

意识形态型政党是在从政府的目的到人性的本质等广泛议题上坚持清晰和一贯的原则的政党。意识形态型政党的原则为诸如此类的问题提供了答案：一个政府应该努力实现哪些价值？谁值得拥有权力以及他们在什么情况下失去这种权力？

然而，在其长期的历史中，美国政党往往是更加实用主义而非意识形态化的，集中关注具体问题而非其原则的纯洁性。从它们成立起，每一个政党就一直是它自己的最初传统（民主党的平等主义传统和共和党的秩序与工业资本主义传统）与由于个人联系、地理邻近或对政治收益的简单期望而与它联系在一起的其他集团的传统的混合物。①

为何主要的美国政党在意识形态上不是“纯洁的”？最重要的是，只有他们中的两个政党来瓜分美国政治中巨大的利益。在存在几个政党的制度中，一个政党可以迎合投票民众中的一种意识形态神龛而且依然有希望幸存下来。在一个多元化的两党制中，有许多不同的、应该被代表的利益集团和人，只有小党——或愿意冒自毁之风险的大党才可能提出这种专门的诉求。

它们是否至少提供了清晰的选择

然而，即使两大党不像其他许多民主国家的政党那样具有较强的意识形态色彩，它们在具体议题上的立场也有明显的差异。这可以提高选民让它们承担责任的能力。从它们每四年举行的全国代表大会采纳的政纲（见专栏《政党在重要议题上的差异：2012 年党纲》）以及它们赢得选举后采取的政策中，我们可以看到这些差异。例如，不难区别 2012 年米特·罗姆尼和其他共和党候选人在税收、医疗保健及枪支权利等议题的立场和奥巴马总统及其他民主党人在这些议题上表达的立场。“共和党人大都相信，政府的作用是促进更大的个人经济成就，即便这会导致更大的经济不平等。”一位富有洞察力的分析家写道：“民主党的哲学是，政府应该提供一种安全保障，即使这会导致经济效率低下。”② 自“新政”以来，这些差异，特别是民主党致力于为联邦社会项目进行拨款和共和党期望对其进行限制，一直激励着两大政党。

---

① A. James Reichley, *The Life of the Parties* (Lanham, MD: Rowman & Littlefield, 2000), Chapter 6.

② David E. Rosenbaum, “Bush to Return to ‘Ownership Society’ Theme in Push for Social Security Changes,” *New York Times*, January 16, 2005, p. 20.

政党在重要议题上的差异：2012 年党纲

堕胎问题

民主党：“民主党坚定而明确地支持罗伊诉韦德案（*Roe v. Wade*）和妇女就其怀孕以及安全和合法堕胎做出决定的权利，无论是否有能力支付。”（52）

共和党：“我们坚定地主张人的生命的神圣性并重申未出生婴儿享有不可侵犯的、基本的个人生命权。”（13-14）

教育问题

民主党：“公共教育是我们的一项至关重要的民主制度（democratic institutions）……我们将……致力于为低收入年轻人*扩大公共学校选择*……”（36）

共和党：“学校选择——无论是通过特许学校（charter school）、开放入学申请（open enrollment requests）、高等实验学校（college lab schools）、网络学校（virtual schools）、职业与技术教育项目、*教育补助金券（vouchers），还是通过税收抵免（tax credits）*——对所有孩子都是很重要的……”（36）

环境问题

民主党：“像氮氧化物、二氧化硫、颗粒性物质以及汞等污染物都会威胁人类健康。为了环境和公众健康，民主党将会继续反对污染者。”（55）

共和党：“经验已经表明，在土壤和水资源保护方面，私有制一直是尽责管理工作的最佳保证。”（18）

枪支管制

民主党：“我们认为，拥有枪支的权利应服从于合理的管制。”（53）

共和党：“我们支持个人拥有和携带枪支的权利。”（13）

医疗保险

民主党：“今天，作为我们（在《平价医疗法案》上）努力的结果，进入劳动力市场的年轻美国人可以继续留在其父母的（医疗保险）计划中。保险公司不再拒绝涵盖具有先天疾病（pre-existing medical conditions）的儿童。”（34-35）

共和党：“奥巴马医改——永远不是真正关于医疗保险的……从其开始起，它就是关于权力的，政府控制扩张到占我们经济 1/6 的部分……”（32）

移民问题

民主党："这个国家急需全面的移民改革，让非法（undocumented）移民走出阴影并要求他们遵守法律（get right with the law）、学会英语并纳税，以走上入籍之路。"（46）

共和党："我们反对对故意违犯法律、使守法者处于不利地位者进行任何形式的赦免。"（25）

工会

民主党："我们将继续为所有组织和加入工会的工人的权利而斗争……我们将继续坚定地反对制定《工作权利法案》和《薪资支票保护法案》的努力……"（42）

共和党："我们支持各州制定《工作权利法案》的权利，并鼓励它们这么做以推动更大的经济自由。"（8）

同性婚姻

民主党："我们支持婚姻平等，并支持根据法律确保同性伴侣获得平等对待。"（3）

共和党："我们重申我们对把婚姻界定为一个男人和一个女人的结合的宪法修正案的支持。"（10）

税收问题

民主党："我们支持……关上最大公司和收入最高的纳税人的漏洞并取消其扣除额。"（38）

共和党："税收，就其本质而言，会降低公民的自由……我们呼吁降低公司的税率，以保持美国公司在国际上的竞争力。"（2）

资料来源："Moving America Forward：2012 Democratic National Platform，" http://assets.dstatic.org/dnc-platform/2012-National-Platform.pdf；"2012 Republican Party Platform：We Believe in America，" www.gop.com/wp-content/uploads/2012/08/2012GOPPlatform.pdf（两份资料都查询于 2018 年 11 月 25 日）.

在过去几十年里，各大党的立场都已变得更加统一了，与另一政党的差异也更大了。促成这种结果的一个重要因素是民权议题。当 20 世纪 60 年代种族平等作为全国政策的一个重要关注出现时，全国民主党采取了支持民权法的非常清晰的立场，全国共和党采取了相反立场。作为对此的反应，越来越多的南方白人种族隔离主义者抛弃了传统上对民主党的忠诚，其在其他许多议题上更保守的看法也随着他们加入共和党而被带入其中（这一点已在第 7 章做了更充分的说明）。这减少了民主党内部在若干议题上团结的最大障碍。[1]

20 世纪 80 年代罗纳德·里根总统任内进一步使政党极化了。强烈认同共和党的宗教和新保守派的里根展现出对基于一种重要观念——更少的政府——的简单愿景的诉求。他对“新政”以来形成的政府作用的攻击，给美国政治增添了一种过去几十年从未有过的更浓厚的意识形态色彩。从这时起，两党都选择了更加倾向议题导向的领导人，[2] 政治议题——目的性诱因——对于促使人们积极参与政党活动变得更加重要。如第 13 章所示，与过去几十年相比，现在两个国会政党对各种议题的投票都更团结了。州政党正在以类似的方式日益极化，[3] 特别是自 2010 年起，数位新当选的共和党籍州长和州立法机构推动大幅削减社会项目和限制州雇员的集体谈判。

但内部分裂依然存在

然而，在主要议题上的这些明显差异，并不代表真正的意识形态型政党包罗万象的政治哲学。例如，我们可以思考每个政党在经济政策上的立场与它在诸如堕胎和淫秽作品等议题上的立场之间的有趣关系。如第 1 章已提及，民主党长期以来一直主张联邦政府应积极促进个人的社会福利，但却主张政府对个人的堕胎决定只拥有有限的权力。共和党一般希望放松联邦政府对经济和环境监管的控制，但却力主政府在禁止堕胎方面采取积极行动。聪明的支持者可能能够编出理由，说明为何这么多套立场实际上是一致的。但现实中，这些立场共存于每一政党的党纲中，是因为大党要调整其政策立场以吸引众多潜在支持者——当共和党与基督教保守派找到共同的目标以及民主党向赞成堕胎的妇女伸出橄榄枝时，都属这种情况——甚至以牺牲内部一致性为代价，而政党常常如此调整。

---

① Edward G. Carmines and James A. Stimson, *Issue Evolution* (Princeton, NJ: Princeton University Press, 1989)；另参见：Geoffrey C. Layman and Thomas M. Carsey, “Party Polarization and ‘Conflict Extension’ in the American Electorate,” *American Journal of Political Science* 46 (2002): 786-802.

② Jason M. Roberts and Steven S. Smith, “Procedural Contexts, Party Strategy, and Conditional Party Voting in the U. S. House of Representatives, 1971-2000,” *American Journal of Political Science* 47 (2003): 305-317.

③ Charles Barrilleaux, Thomas Holbrook, and Laura Langer, “Electoral Competition, Legislative Balance, and American State Welfare Policy,” *American Journal of Political Science* 46 (2002): 415-427.

此外，由于美国主要政党都是实用主义的，首先是追求选票的，没有哪一个政党完全真实地坚持它明确表达的原则。① 比如，共和党党纲长期以来一直承诺建立更小的政府。然而在1994年赢得对国会的控制和2000年赢得总统职位之后，共和党在国会推动了一些大政府计划，从联邦医疗保障津贴的庞大（5 000亿美元）扩张到政治分肥开支的大量增加。它们的目的是抓住看重实实在在的经济利益而非抽象原则的选民的选票。尽管民主党长期以来一直与资源贫乏者保持一致，但民主党籍国会议员在支持为他们选区的公司和富人利益集团减税时也从未觉得不好意思。两党都要继续处理内部的不同意见。②

政党选民怎么看待这些？真的像某些理论家指责的那样，大多数美国人都是信奉意识形态原则并希望民主党和共和党提供界定更清晰的选择吗？或者是政党选民对许多政党积极分子的实用主义考虑感到厌烦，甚或是对此感到气愤吗？

意识形态与美国选民

媒体对选举结果的报道经常使用“自由主义”（liberal）和“保守主义”（conservative）等词描述选民的选择。对于长期争论公民政治态度之结构的政治学家来说，问题是更加复杂的。

美国公众在多大程度上是意识形态型的

意识形态型选民，和意识形态型政党一样，不会仅仅对某些单个议题持清晰态度，还会把这些态度与一种合乎逻辑的结构连接起来。然而，对美国人政治态度的认真研究，使人们对大多数选民是“意识形态的”甚或其政治信仰是一致的这种看法提出了严肃质疑。

---

① David Karol, *Party Position Change in American Politics* (New York: Cambridge University Press, 2009).

② Robin Kolodny, “Moderate Party Factions in the U. S. House of Representative,” 参见：John C. Green and Daniel M. Shea, eds., *The State of the Parties*, 3rd ed. (Lanham, MD: Rowman & Littlefield, 1999), pp. 271–285.

比如，许多对政府开支持保守态度的个人对诸如同性恋权利或环境等其他议题可能会表达温和或自由主义态度。[①] 人们并不必然坚持一套固定的立场，比如无条件地“支持”（yes）堕胎权利和坚定地“反对”（no）税收政策。相反，他们可能会认为，税收是一种巨大的负担，但有时可能是必要的。他们在某些情况下可能会受到这些观点中某一种的吸引，其他情况下又会受到另一种观点的吸引。因而，大多数人对各种议题的反应是带有一定程度的矛盾的[②]——与意识形态色彩更浓的思想家明显不同。

这种矛盾使我们中的许多人都有多套或许能够让理论家感到困惑的信仰。比如，大量的调查对象表示，他们希望有一个收税更低的更小的政府和一个能够在诸如医疗保险和教育等领域提供更多服务的政府。这是可以理解的：大多数人愿意付出更少而得到更多。但这不是前后一致思维的一种可能的基础。[③]

即使是在选民被提供了清晰选择的选举中，许多选民仍然倾向于集中关注更实用主义的考虑。里根在 1980 年作为一名原则坚定的保守派人士竞选总统，但许多选民支持他，并不理会他的保守主义政策，支持他不是因为这些政策。实际上，在 1980 年和 1984 年的选举中，大多数选民更喜欢里根的对手支持的政策立场，尽管里根轻而易举地赢得了两次选举。[④] 选民的判断更多依赖他们对总统表现——其对最近的总统任期内是否变好的感受——的回溯性评价而不是里根在具体议题上的立场。因为许多选民往往都是结果导向的，所以政党和候选人都试图通过诉诸一系列特性——候选人的个人特质、群体的利益以及对执政党的感受等——而非通过强调意识形态差异来凝聚制胜联盟。

然而，指出这一点也是很重要的，意识形态在近期的选举中已发挥了更大作用。对于这种变化的本质，分析家们有不同的看法。有些分析家认为，美国人的看法已变得更极端了，持温和看法者更少了，持保守和自由主义看法者更多了。[⑤] 其

---

① The seminal study is Philip E. Converse，“The Nature of Belief Systems in Mass Publics，”参见：David Apter，ed.，*Ideology and Discontent*（New York：Free Press，1964），pp. 206–261.

② John Zaller and Stanley Feldman，“A Simple Theory of the Survey Response，”*American Journal of Political Science* 36（1992）：579–616.

③ Kathleen A. Frankovic and Monika L. McDermott，“Public Opinion in the 2000 Election，”参见：Gerald M. Pomper，ed.，*The Election of* 2000（New York：Chatham House，2001），pp. 76–78 and 88–89.

④ Paul R. Abramson，John H. Aldrich，and David W. Rohde，*Change and Continuity in the* 1984 *Elections*（Washington，DC：CQ Press，1986），Chapter 6.

⑤ Alan I. Aramowitz，*The Disappearing Center*（New Haven：Yale University Press，2009）.

他分析家声称，选民一直和过去一样是实用主义的和非意识形态的，但现在由于“政党划分”（partisan sorting），这种政治辩论看起来似乎更加意识形态化了，在这种重组过程中，大多数自由派共和党人转向了民主党，大多数保守派民主党人成为共和党人。①

毫无疑问，政党划分已经发生了。在第 7 章我们已看到，自 20 世纪 60 年代以来，南方白人保守派和东北部及西部的自由派已在极大程度上转移到“正确的”政党一方。图 15－1 显示的是现在民主党人称自己为自由主义者和共和党人认为自己是保守主义者的程度。两党的积极分子之间的差异甚至更大。② 尤其是对于税收、环境政策以及政府的社会服务等问题，政党认同者的态度差别很大。比如，在 2013 年一个关于收入分配的民意测验中，所有受访者中有 59％认为应该更平等地分配美国的金钱和财富，有 33％的受访者认为目前的分配是公平合理的。在民主党人当中，支持更平

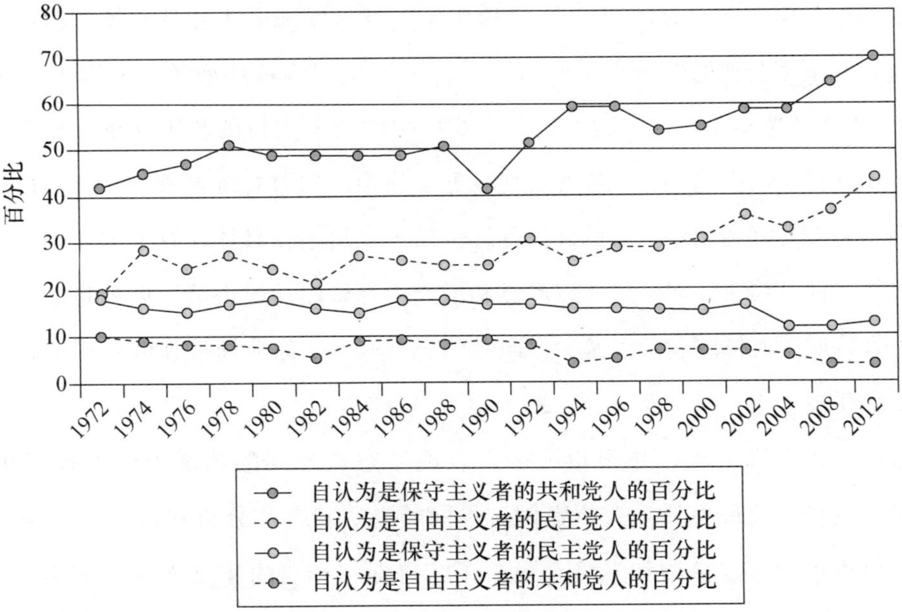

图 15－1　民主党和共和党日益加深的极化（1972—2012 年）

说明：这些线是此处所列出的每年民主党人和共和党人（包括“倾向于各政党者”）将自己划分为自由主义者（1 到 7 分自由主义到保守主义量表中的 1－3 分）或保守主义者（5－7 分）的百分比。

资料来源：2012 American National Election Study，Univeristy of Michigan；数据来自：Inter-University Consortium for Political and Social Research.

① Matthew Levendusky，*The Partisan Sort*（Chicago：University of Chicago Press，2009）.

② Kyle L. Saunders and Alan I. Aramowitzm “Ideological Realignment and Active Partisans in the American Electorate,” *American Politics Research* 32（2004）：293.

等的分配的比例上升到83%；在共和党人当中，只有28%。[1] 这种差距日益扩大主要是因为共和党认同者日益增长的保守主义，民主党人的转变不是那么明显。认为政府应该照顾贫困人口的共和党人的比例，最近降到20年来的最低水平。[2]

这种"划分"大部分来自选民对政党领袖和政党政纲日益加深的极化的反应。[3] 现在美国人更可能看到政党间在重大议题上的差异（见图15-2），他们对候选人及议题的态度也更可能是根据政党划分的。[4] 他们更可能认为其政党的意识形态与他们自己的意识形态是非常类似的，而其他政党的意识形态却完全不同（见图15-3）。与数年前相比，他们更可能不喜欢，甚至鄙视另一政党。[5]

媒体的变化也发挥了作用。更多可资利用的媒体，使得政治迷们可以选择支持其个人信仰的节目和博客。[6] 观看福克斯新闻的保守主义者和阅读《赫芬顿邮报》（*Huffington Post*）的自由主义者可能会相信，他们观看和阅读的大多数内容与自己的看法是一致的。人们更可能记住与他们的政党倾向一致的事实，而抵制挑战其先入之见的信息。[7]

但是，变化并不局限于政党划分。美国大选研究中心中称自己是保守主义者或极端保守主义者和自由主义者或极端自由主义者的比例，从1972年的19%上升到2012年的高达33%。这些选民往往对政治更感兴趣，参与也更多，因此我们可以猜测，这些说法对他们是有某些意义的。实际上，大多数共和党支持者愿意看到他们的政党领袖在保守立场上变得更加与众不同，而大多数民主党人则更愿意看到其政党领袖变得更加温和。[8] 这些变化提高了许多选民满足责任政党模式之需要的能力。[9]

---

① Frank Newport, "Majority in U.S. Want Wealth More Evenly Distributed," Gallup Poll, April 17, 2013, www.gallup.com/poll/161927/majority-wealth-evenly-distributed.aspx (accessed November 25, 2013).

② Pew Research Center for the People & the Press, "Partisan Polarization Surges in Bush, Obama Years," June 4, 2012, www.people-press.org/2012/06/04/partisan-polarization-surges-in-bush-obama-years (November 25, 2013).

③ Jacob S. Hacker and Paul Pierson, "Abandoning the Middle," *Perspectives on Politics* 3 (2005): 33-53.

④ Logan Dancey, "Party Identification and Issue Attitudes," 参见：Hershey, ed., *Guide to U.S. Political Parties*, Chapter 19.

⑤ Shanto Iyengar, Gaurav Sood, and Yphtach Lelkes, "Affect, Not Ideology," *Public Opinion Quarterly* 76 (2012): 405-431.

⑥ Markus Prior, *Post-Broadcast Democracy* (New York: Cambridge University Press, 2007).

⑦ Jennifer Jerit and Jason Barabas, "Partisan Perceptual Bias and the Information Environment," *Journal of Politics* 74 (2012): 672-684.

⑧ Pew Research Center, "Low Marks for the 2012 Election," November 15, 2012, www.people-press.org/2012/11/15/low-marks-for-the-2012-election (accessed November 25, 2013).

⑨ David R. Jones and Monika L. McDermott, "The Responsible Party Government Modle in House and Senate Elections," *American Journal of Political Science* 48 (2004): 1-12.

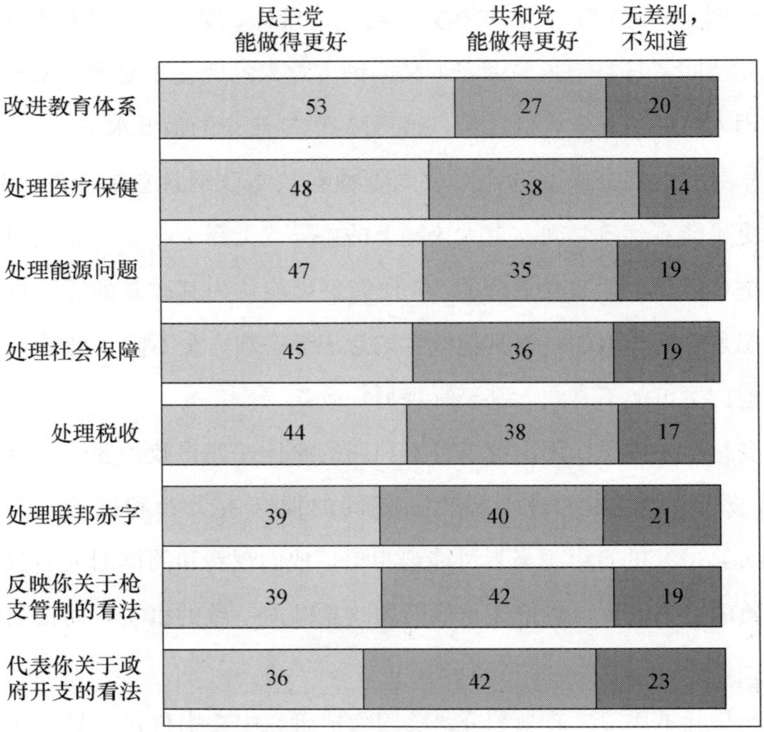

图 15－2　选民对各种议题之政党差异的看法（2013 年，百分比）

说明：由于舍入误差，各行加起来并不总是等于 100%。自诉为“二者相等”“两者都不”或“不知道”的受访者都被列为“无差别，不知道”。

资料来源：Pew Research Center for the People & the Press, Jan. 9－13, 2013; December 5－9, 2012, and May 1－5, 2013, all at www. pollingreport. com/dvsr. htm (accessed November 25, 2013).

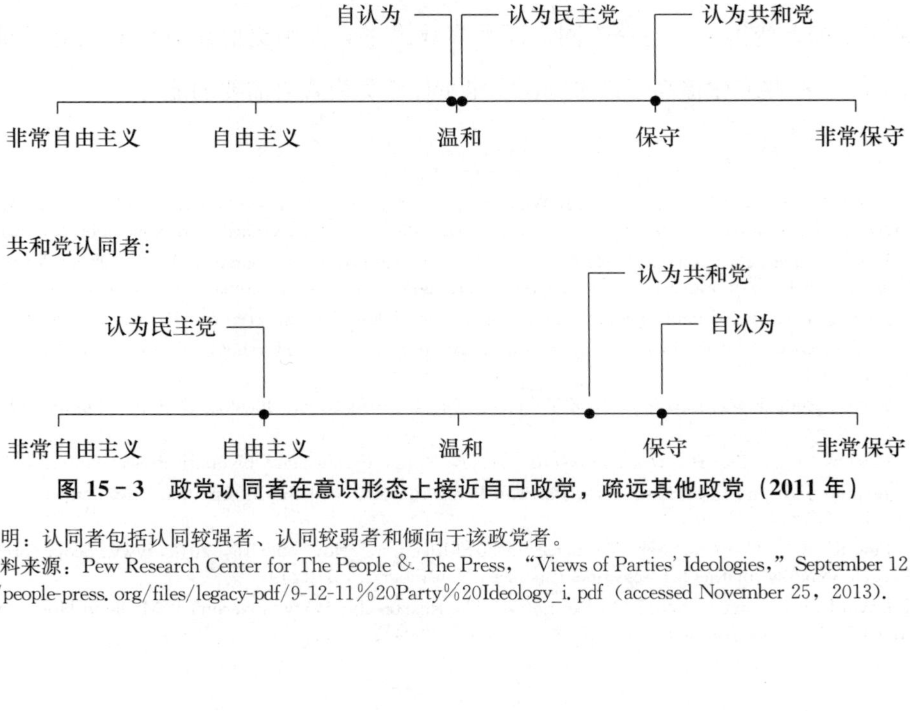

图 15－3　政党认同者在意识形态上接近自己政党，疏远其他政党（2011 年）

说明：认同者包括认同较强者、认同较弱者和倾向于该政党者。

资料来源：Pew Research Center for The People & The Press, “Views of Parties' Ideologies,” September 12, 2011, http://people-press. org/files/legacy-pdf/9-12-11%20Party%20Ideology_i. pdf (accessed November 25, 2013).

即使如此，到目前为止，许多美国人也都设法置身于这种极化之外。保罗·艾伦·贝克（Paul Allen Beck）提到“两种选民——一种是具有党派倾向、大致平均分为两部分的，另一种是脱离了政党政治的”。[①] 极化的这部分选民已经大到足以支撑走向更大程度的责任政党制度了吗？

选民、积极分子及候选人之间的差异

在许多议题上，政党领袖和积极分子的立场比政党选民的立场更极端。[②] 有些候选人和官员发现自己处于二者之间：比政党选民更接近左派或右派的立场，但又不像其积极分子那么极端。这会把候选人置于一种困难的境地。他们如果试图掩饰自己的保守主义或自由主义观点，就会冒疏远其政党的积极分子的风险。[③] 但如果他们坦率表达这些看法，更温和的选民在下一次选举中可能会选择不支持他们。[④] 毫不奇怪，许多候选人在选举中被问及各种议题时，至少在对普通民众发表演说时，更愿意保持模糊态度。

这些差异会加剧政党组织、政府中的政党以及政党的选民之间的紧张。两党的理论家都抱怨，至少是政府中的政党的某些部分，太温和了。自由派民主党人反对他们认为的、奥巴马总统在气候变化和预算削减问题上的“背叛”，茶党保守派也因某些众议院共和党领袖不愿像他们已承诺的那样深度削减联邦开支而感到被背叛了。一个政客的两党合作行为似乎会赶走坚定的政党支持者（他们最可能参加投票），而政党认同较弱者和独立选民会要求奖励他们选举的官员的两党合作行为。[⑤]

因而，意识形态的困境不是美国政党是否会成为真正的意识形态政党。这是不可

① Paul Allen Beck，“A Tale of Two Electorates，”参见：John C. Green and Rick Farmer，eds.，*The State of the Parties*，4th ed.（Lanham，MD：Rowman & Littlefield，2003），pp. 38－53.

② 比如，见：Seth E. Masket and Hans Noel，“Serving Two Masters，”*Political Research Quarterly* 64（2011）：1－20. See also Marjorie Randon Hershey，Nathaniel Birkhead，and Beth C. Easter，“Party Activists and Political Polarization，”参见：Mark D. Brewer and L. Sandy Maisel，eds.，*The Parties Respond*，5th ed.（Boulder，CO：Westview Press，2013），pp. 75－102.

③ Seth E. Masket，“It Takes an Outsider，”*American Journal of Political Science* 51（2007）：482－497.

④ Brandice Canes-Wrone，David W. Brady，and John F. Cogan，“Out of Step，Out of Office，”*American Political Science Review* 96（2002）：127－140.

⑤ Laurel Harbridge and Neil Malhotra，“Electoral Incentives and Partisan Conflict in Congress，”*American Journal of Political Science* 55（2011）：494－510.

能的。问题是，它们的积极分子以及它们选出的许多官员对日益强化的意识形态的坚持能否在不疏远其更务实的支持者的情况下得以维持。政党已经面临着公众的严重怀疑。由于政党对有组织的利益集团的依赖、对负面选举的青睐以及未能兑现承诺，许多公众都有疏离感。① 正如一位作家所言，温和派可能会更加确信，“政治不再对他们说话，它已成为一种聋子的对话、永不妥协的极端者的咆哮”。②

政党政府在何时是最可能的

责任政党制是难以实现的。即使是经常被引为政党政府典范的英国议会，也不是经常有“纯粹的”责任政党政府所要求的凝聚力和有约束力的政党纪律。③ 在什么条件下美国政党最接近责任政党的理想型？

在有强有力的总统领导时

有时，一位强有力的总统——第一个任期中的罗纳德·里根和乔治·W. 布什就是很好的例子——能够推动国会就他竞选总统所依赖的政纲的重要部分进行立法。当然，特别是在总统的政党控制着国会两院时，这种情况更可能发生。以政党为导向的总统还可以引起选民对政党差异的注意。但结果将很可能是“总统的政府”，而不是政党政府，选民可能会对总统的表现而不是作为整体的政党的表现做出反应。

在危机时期

在美国历史上的重大时期，政党的分裂，如果不是以真正的意识形态的方式，至少也是以非常具有政策导向的方式进行的。比如，在 1936 年的总统选举中，民主党

---

① John R. Hibbing and Elizabeth Theiss-More, “Process Preferences and American Politics,” *American Political Science Review* 95 (2001): 145-153.

② David Von Drehle, “Political Slit Is Pervasive,” *Washington Post*, April 25, 2004, p. A1.

③ Leon D. Epstein, “What Happened to the British Party Model?” *American Political Science Review* 74 (1980): 9-22.

和共和党为深受“大萧条”（Great Depression）破坏的国家提供了截然不同的解决办法。经济崩溃造成的困难，很可能把选民的注意力异乎寻常地集中到政府可以提供的可能的补救办法上。与以对罗斯福的经济变革计划的赞成与反对为中心的竞选结合在一起，这本可能在选举中为总统和国会创造接近一种授权的东西。当强大的总统领导与危机状况结合在一起时，可能在一定时期内实现一定程度的责任政党政府。

当政党的支持联盟重组时

当社会团体构成的政党支持联盟发生重大变化——有时被称为“重组”——时，美国政治看起来最接近政党政府的要求。在这些时候，政党往往是更清晰地根据一系列简单、吸引人的议题划分的，政党领袖、积极分子和选民相互之间已达成了高度的共识，而与另一政党形成了巨大差异（见第 7 章）。

政党体制的这些变化，通常会形成一个统一的联邦政府，一个政党控制着国会两院、总统职位以及通过总统的任命权控制反映新的多数的司法机构。在美国历史上，存在一个政党连续控制国会和总统职位超过 10 年的情况只有 5 次；每一次，这种控制都是首先在重组时期形成的。国会中政党的凝聚力在新的政党体制开始时是特别强的。因此，毫不奇怪，紧随内战后以及大萧条期间政党联盟的重组的，是突然的全面政策变化。

即使是在这些时期，也很难把美国政党看成完全的责任政党。在罗斯福新政时期及现在，即使在两党能够在一些中心目标上团结起来时，它们依然都有各种不同的利益。

政党政府和大众控制

与过去很长一段时期——或有史以来——相比，现在美国主要政党的行为更像责任政党了，也就是每一个政党在国会团结得更加紧密了。对于公共政策的基本原则，共和党的组织及积极分子与民主党的组织及积极分子之间在联邦层次及越来越多的州都持有明显不同的看法。许多改革者认为，这是值得庆贺的。他们认为，当政党在选举中倡导清晰的原则并为选民提供清晰的选择时，公民能更好地让政府对其制定的政策负责。这可能会让民主变得更加强大、更加有活力。

然而，让美国政党和选民都满足责任政党模式的所有要求是不可能的。如果要让政党变得更加负责任，更像政党政府体制中的责任政党，仅有对各种议题的不同看法及更强大的组织力量是不够的。还必须有能够为每一个政党把不同议题连接到一种单一逻辑结构当中的某些基本原则，以及使选民和政党领袖能够把大量政策议题提炼成一个或几个重要层面，以便选民可以很容易地理解和预测政党立场的某些方法。

太多强有力的因素阻碍着政党体制中这种结构和凝聚力的实现。由于权力的分立和政府的联邦体制，选民将总是能够在政党间分配权力。无论它们募集多少经费，美国的政党组织仍然不能选择它们自己的候选人，仍然是选民在初选中做出这一选择。因此，候选人将总会在某种程度上独立于他们的政党组织。只要没有美国政治结构的基本改变，特别是没有走向议会体制，各政党仍将是半负责的。其结果是，美国政府对其公众仍将会是半负责的。

第 16 章

政党在美国政治中的地位

民主党和共和党对每一项重要的公共政策都留下了其影响。因而，它们影响了你们以及你们的朋友和家庭的生活机会。自建立之日起，各政党已发生了许多变化。托马斯·杰斐逊和安德鲁·杰克逊所处的政治环境与巴拉克·奥巴马或特德·克鲁兹（Ted Cruz）所处的环境是不同的。但各政党已经做出调整来适应这种不断变化的环境，以保持其在美国政治生活中的基本地位。

本章将总结这些与一个简单但重要的事实有关的变化：政党不但受到其领导者和参与者强有力的塑造，还受其活动的环境的强有力的塑造。它们深受选举和竞选经费规则、利益集团、公民、立法机构和法院的影响，就如同它们影响这些力量一样。为理解不同时期政党权力和行为的变化，我们需要研究政党与其所处环境之间的关系。

政党及其所处的环境

政党以各种方式影响其环境。它们推动公共政策，回应公民的信仰、要求和担心。它们征募众多个人，使之在政治和政府中发挥积极作用。通过它们的沟通和表现，政党可以影响公众对民主党和共和党以及对更广泛的政治的态度。政党组织和政府中的政党对构建其自身环境所发挥的作用甚至更加直接：它们制定规则，管理政党候选人的提名及对他们的资助，并规定哪些人有机会参加投票。

反过来，政党所处的环境帮助塑造了政党的本质、活动及效率。三种类型的环境因素对于美国政党的影响特别重要，这和在其他西方民主国家一样：选民的性质、国家的基本政府制度和规则以及影响更广泛的社会的因素（见表 16－1）。①

表 16－1　影响美国政治的环境因素

影响的类型	举例
1. 选民的性质	选举权的扩大、公民的政治兴趣和知识、选民的社会特征（年龄、种族、收入）
2. 政治制度和规则	
制度	联邦主义、分权、单一席位选区
选举过程	直接初选、超党派选举
法律和规范	管理竞选经费的法律、政党组织的结构、选民身份法
3. 社会因素	
全国性事件和条件	经济状况、战争
其他政治中介	其他有组织利益集团的类型、媒体、独立顾问
政治文化	对政党和政治的态度

选民的性质

投票人口的性质和关注是影响政党制度的至关重要的因素。把选民分成对立集团的社会“断层线”——种族是美国政治中最清晰和最持久的例子之一——有助于界定政党的议题日程。促使某些群体比其他群体更可能投票的社会特征也发挥着这样的作用。

在美国，立法机构和法院已大大扩大了投票权。选举权从极其有限——一小部分拥有财产的白人成年男子——到现在已包括 18 岁以上的绝大多数公民。政治资讯也扩展了。大众媒体和计算机使获取政治资讯更加容易。更多公民有机会享受高等教育，这有助于他们发现和理解政治资讯。现在我们可以通过初选、全民公决、罢免选举以及通过互联网联系官员等方式影响政治。然而，大多数人对政治的兴趣以及他们对政治效率与信任的感受并未提升。因此，在这些参与机会扩展的同时，投票率下降了。在美国，投票率一直比大多数其他工业化民主国家要低。

① 经典之作为：Robert Harmel and Kenneth Janda，*Parties and Their Environments*（New York：Longman，1982）.

投票率在所有群体中下降的程度并不一样。低收入美国人的投票率比拥有更多财富的美国人的投票率下降的幅度更大。[①] 同时，非常富有者与其他民众之间的收入差距在美国比在大多数其他工业化民主国家变得更大了。[②] 如我们在第 8 章所见，大学年龄段的美国人的投票率，尽管在最近的选举中上升了，依然比 65 岁以上成年人的投票率要低很多。因而，毫不奇怪，社会保障和医疗保险比大学贷款更频繁地成为竞选议题。参与者的诉求更可能被倾听。

政治制度和规则

影响政党的第二组环境因素包括国家政治制度的基本框架：政府是联邦制的还是中央集权制的、它是议会制的还是分权制的，以及其权力地位是如何构成的。然后是规范政党的法律，从无记名投票和超党派的地方选举到规范竞选开支的联邦法律。

美国的政治制度在很多方面不同于其他大多数民主国家。[③] 大多数民主国家没有如此显著地在不同政府部门之间和不同层次的政府之间划分政府权力。很少有其他民主国家在采用简单多数规则选举官员的单一席位选区选择其大多数领导人，或者错开不同类型官员的任期。直接初选限制政党组织在候选人选择中之作用的程度，在大多数其他民主国家都是不存在的。与其他国家政党所受到的监管相比，美国政党组织受到的监管更加严厉。这种监管的效果——以及它在大多数情况下的目标——就是限制政党组织的发展。一个意想不到的效果是，政府中的政党的权力相对于政党组织的权力的增长。

因此，美国主要政党在重要方面与大多数其他民主国家的政党不同。[④] 特别是，美国政党是更加分权的，就像州和地方政府拥有独立于全国性政府的权力，州和地方的政党组织也是相对独立于全国性政党的。两党制在很大部分是由于美国政治制度的

---

① Ruy A. Teixeira，*The Disappearing American Voter*（Washington，DC：Brookings Institution，1992），Chapter 3.

② Kay Lehman Schlozman，Sidney Verba，and Henry E. Brady，*The Unheavenly Chorus*（Princeton：Princeton University Press，2012）.

③ Stephen K. Medvic，*Campaigns and Elections*（Boston：Wadsworth，2010），pp. 312−314.

④ Paul Allen Beck，"Parties in the American Political Environment，"参见：Marjorie Randon Hershey，ed.，*Guide to U. S. Political Parties*（Los Angeles：Sage，2014），Chapter 5.

影响。政府中的政党的力量意味着，政党组织的领袖几乎没有有效的手段让本党议员和其他民选官员按照党的立场行动。为独立于强大的政党组织而幸存下来，候选人必须从私人利益集团募集比其他民主国家的候选人募集的数量更多的金钱，并把更多开支用于竞选。然而，由于直接初选和不公开投票这些重要例外，这些规则并不像选民的性质那样随着时间推移发生巨大变化，因而它们也不能很好地解释政党的变化。

社会因素

第三组环境影响指的是在更大范围社会内发生的、在特定时间影响政治的事件。"9·11"恐怖袭击引起的恐怖、美国产业向墨西哥和中国的转移以及妇女角色的变化等已强有力地影响了国家的议程。因而，它们已成为政党议程的一部分。它们影响了政党的政纲、竞选诉求以及支持联盟。

这些社会力量还包括全国范围内有组织的利益集团的数量和特性、媒体的本质和行为以及代表各种利益的其他途径。如果个人找到似乎比政党更加有效的追求其政治目标的替代途径，他们就会利用这些途径。如果一份地方报纸的"服务热线"能够更好地追查一位读者的社会保险支票或者如果一个利益集团能更直言不讳地反对堕胎，个人为何还要通过一个政党来实现其政治目标呢？因而，政党的本质在任何特定时期都部分取决于可以利用的替代政党的选择以及它们之间的竞争。

美国政党所处环境中所有这些因素造成了其独一无二的特征。因而，在本章总结过去40年间政党的结构、支持联盟及力量的巨大变化时，我们需要特别注意政党所处环境的影响以及选民的变化。

20世纪60年代和70年代政党的衰落

美国政党的一个基本特征是，三个部分的政党只是很松散地联系在一起的。政党组织一直无法使大量政党认同者卷入其结构和活动之中，也未能控制竞选或政府中的政党的政策制定。20 世纪 60 年代正变得很明显的政党衰落对这三个部分产生了非常不同的影响。

选民中的政党

从美国生活的许多方面来看，20 世纪 60 年代末期和 70 年代都是一个巨变的时代，选民对政党的忠诚减弱了。什么导致了这种衰落？在这一时期，许多选民，特别是南部以及东北部和西部山区的选民，开始回应政党在种族及其他议题上的立场变化。这种转变削弱了南方白人对民主党的强烈忠诚。很多人开始视自己为独立的"有政党倾向者"而不是强烈的政党认同者。全国共和党日益增长的保守主义使许多新英格兰人强烈的共和党倾向（Republicanism）变得松动，并吸引了西部一些人。简言之，早期阶段这种重要的联盟变化削弱了许多以前具有强烈政党倾向者的政党忠诚，政党自己也发现忠诚度较低的认同者的数量也更少了。

仍然认同某一政党的人们在选举中也不再像以前那样经常采纳其政党的建议。分裂投票现象大量出现了。到 1968 年为止，全国性民意测验中几乎一半受访者说他们在州和地方选举中曾投票支持不止一个政党的候选人，1974 年这一数据最高达到 61%。1964 年选择一个政党的总统候选人和另一政党的国会候选人的国会选区的数量在历史上第一次超过 30%，并在随后 10 年的早期达到了 44%。①

在这一动荡的时代，有些选民对这一时期以议题为导向的候选人的反应变得更加积极。巴里·戈德沃特（Barry Goldwater）在 1964 年、尤金·麦卡锡（Eugene McCarthy）和乔治·华莱士（George Wallace）在 1968 年以及乔治·麦戈文（George McGovern）在 1972 年的竞选都激发了许多人对政治议题的关注。随着电视更多地运用于竞选，观众被吸引到候选人的媒体形象上。电视屏幕传达的富有吸引力的表情和生动的动作唤起了政党标志曾经博得的一些支持。

因而，与过去相比，选民在更大程度上变得更加倾向于对作为个人而非作为一政党之成员的候选人做出反应。竞选总统和州长的独立候选人取得了某些成功。由于候

---

① Harold W. Stanley and Richard G. Niemi, *Vital Statistics on American Politics* 1999−2000 (Washington, DC: CQ Press, 2000). pp. 44 and 133.

选人和议题变化得远比政党变化得快，结果产生了一种不太稳定的投票模式。

政党组织

到20世纪60年代和70年代时，庞大政党机器的延续正逐步淡化。芝加哥著名的戴利政治机器（Daley machine）在一系列混乱的斗争中变得支离破碎了。政党组织再也不能依赖对征募政党积极分子曾经至关重要的委任和肥缺了。相反，由于它们对特定议题的关注，更多人被吸引到政党活动之中。这些人都受过良好的教育，要求更多地参与政党的决策。这些新的积极分子中，有些认为坚持原则比赢得一次选举更重要。如果他们的政党不能满足其意识形态目标，他们随时会离开它，加入其他组织——候选人的竞选团队和单一议题组织——这些都是符合他们需要的针对性更强的组织。

政党组织的其他方面也面临着压力。随着直接初选开始控制总统提名，政党组织放弃了它们对提名的控制，把控制权转给了在初选中参加投票的人。到初选季结束时，政党的总统候选人已经确定，因而其提名大会就不再发挥真正独立的作用了。草根积极分子从政党领袖手中夺走了政党组织的大部分决策权力。对于民主党人来说更是如此，1972年和1976年他们就在其自己政党的主流之外提名了总统候选人。

除了对提名的影响日益衰落外，到20世纪60年代和70年代，政党组织还更普遍地失去了其在竞选中的中心地位。为参加初选，现在候选人必须建立他们自己的竞选组织并募集他们自己的竞选经费。之前他们从地方政党组织获得的知识和资源，现在可以直接从民意测验专家或实际上是“租赁政党”代理机构（“rent-a-party” agencies）的竞选咨询公司获取。这些专业人士提供的竞选技巧比政党组织能够提供的更为成熟老练。全国性政党在20世纪70年代开始开发新型竞选技术中的专门技能，并与州和地方政党分享它们的资源，但竞选顾问们早已建立了滩头阵地。竞选经费改革为候选人募集党外资金提供了一种激励，这时技术已经使募集党外资金变得更加高效。

即便是在全国委员会面临新力量时，政党组织在20世纪70年代依然保持着比美国的生活和政治更加分散的状态。选民正越来越多地依赖全国性政党领袖和标志，但政党组织往往依然是州和地方积极分子的集合。

政府中的政党

在 20 世纪 60 年代和 70 年代，民选官员开始比过去更多依赖直接吸引选民。有了足够的经费，候选人可以直接得到媒体的报道。在初选中，由于在大选中业已增加的分裂投票现象，候选人不能再依靠政党认同来动员支持了。通过个人风格、个人魅力以及个人募集的经费，他们培育了独立于政党的“个人选票”。①

个人魅力发挥了作用。现任者的连任率上升了。这阻止了有吸引力的挑战者参加竞选。当他们参加竞选时，政党组织并未强大到足以为挑战者提供他们那么急需的竞选资源的程度。担任公职更多成为一种职业——一生的事业——甚至在州和地方层次也是如此，专业政客在这里以前是很少见的。

随着现任者胜选可能性更大（尽管许多并未这么认为），国会议员从他们的政党组织那里获得了更大的自由。立法机构政党领袖发现，很难说服他们的成员投票支持国会政党的法案。国会中的民主党是特别多元的，剩下的南方保守派和北方温和派及自由派之间存在着分歧。这使国会的民主党人不愿授予他们立法机构的政党领袖太多权力；无论是南方民主党人还是北方民主党人都不会相信，立法机构的政党领袖会满足国会政党所有成员的需要。参议院和众议院共和党人也是一个多样化的群体。因而，国会中以政党划线的投票在这一时期降到新低。然而，这是一种有悖常理的自由。免除了政党领袖的要求，议员们更多面临其他压力，主要是来自数量日益增加的利益集团的压力。

没有来自统一的立法机构政党的太多竞争，总统和州长可以发挥更大的领导作用。总统在大部分时间里都不依赖他们的政党组织；实际上，1974 年之后在联邦竞选资金帮助下，总统候选人可以自己组织竞选活动，在任何层次都不承担对其政党组织的责任。然而，到这时，分裂的政府已成为常态。允许反对党阻止它们的倡议，削弱了行政部门的权力。

---

① Bruce E. Cain，John Ferejohn，and Morris P. Fiorina，*The Personal Vote*（Cambridge，MA：Harvard University Press，1987）.

政党内部不断转变的权力中心

这些变化已经导致了政党内部重要的权力转移。政党组织的权力不但转移到政府中政党成员个人手中，还转移到其他中介机构，特别是利益集团和媒体那里。政党组织和政党领袖变得甚至更容易受到怀疑，被认为是受到在烟雾缭绕的屋子里进行密谋的老板控制的。“老板统治”的想象在20世纪60年代和70年代与20世纪初是一样存在的，尽管令人讽刺的是，政党组织不再拥有能够使“老板统治”成为可能的资源了。

结果产生了一种特殊类型的政党。政党组织是政党唯一的、其利益超越了赢得个人选举胜利的部分。当其候选人在他们的选举中失败时，是政党组织维持了政党的存在。是政党组织把政党的官员与谋求官职者联系起来，并呼吁他们采取创立政党所欲实现的那种集体行动。没有政党组织，政党候选人就成为在一种要求做出集体决策的政治制度中追求个人目标的个体户。政党组织的衰落是更广泛意义上的政党衰落的一个主要因素。

政党的复兴

然而，这种显著的衰落并不是历史的终结。美国政党对这些挑战做出了反应，就如同它们在其他时间做出调整以适应不断变化的环境一样。政党稳定的衰落停止了并出现了逆转，但即便到现在也留有20世纪60年代和70年代发生的某些改变的印记。政党必须做出调整以适应其在美国政治中的新角色。

政党的选举联盟的变化

20世纪60年代以来政党的支持联盟缓慢、稳定的变化（见第7章）还改变了政党制度的性质。这种联盟变化最引人注目的部分是南方白人加入了共和党，这导致了民主党在南方的力量明显下降（见图16-1），以及几乎清一色的美国黑人对民主党认同的增长。通常与政党分裂无关的其他人口统计上的特点，都已呈现出党派色彩。宗教保守派，无论是天主教的还是基督教新教的，现在都是共和党内的主要力量。婚姻状况和性别认同对于政党倾向已变得非常重要，多数未婚者（特别是女性）和同性恋者现在绝大多数认同民主党。

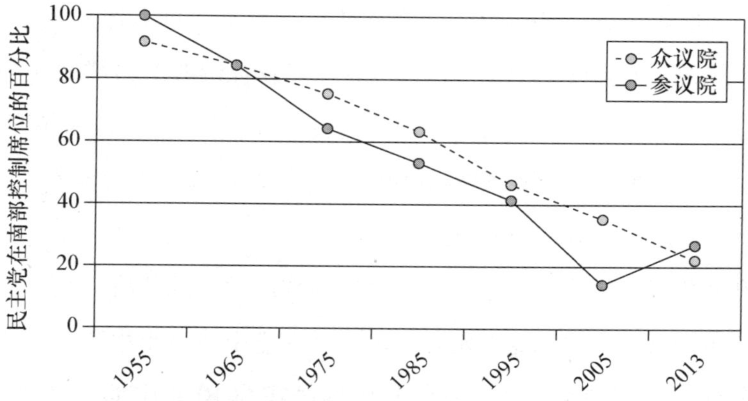

图 16－1　民主党在南部逐渐削弱的力量：在美国众参两院的席位（1955—2013 年）

说明：数据点为来自 13 个南部州（亚拉巴马、阿肯色、佛罗里达、乔治亚、肯塔基、路易斯安那、密西西比、北卡罗来纳、俄克拉何马、南卡罗来纳、田纳西、得克萨斯、弗吉尼亚）美国参议员和众议员的百分比。

资料来源：1955—1995 年数据来自 Congressional Quarterly Weekly Report，November 12，1994：3231. 2005 年和 2013 年数据为 www. Senate. gov 和 www. House. gov 之作者编制。(accessed November 2，2013).

这些联盟变化已经把民主党主导的政治环境转变成激烈政党竞争的政治环境。1980 年共和党赢得了总统选举和参议院选举，1994 年赢得对参众两院的控制——1954 年以来共和党第一次在国会两院占据多数。在 20 世纪 90 年代和进入 21 世纪后的这些年，共和党在政党认同和选举结果方面与 20 世纪 30 年代起相比都更接近于与民主党匹敌了。2010 年中期选举以后，共和党重新赢得众议院选举，占据了比 1929 年以来任何时候都要多的州立法机构席位，并控制了绝大多数州立法机构，但民主党的巴拉克·奥巴马总统在 2012 年连任了。

哪个政党会获得优势

全国层次非常接近的政党分裂已使选举结果非常不稳定。在 2002 年和 2004 年赢得胜利后，共和党候选人在 2006 年和 2008 年遭遇了惨败。即便是在南方，奥巴马在北卡罗来纳州和弗吉尼亚州许多郊区县也获得胜利，这里的教育水平在上升，高技术工作在经济中的比重也在日益增长。民主党候选人提升他们在所有地区受教育程度更高和收入更高的人群中的优势、吸引选民中增长最快的部分（年轻人和拉美裔）的能力导致了这样的说法：共和党处境艰难。[①]

共和党急切地争论是哪里出了问题。保守的共和党人指责他们的党在获得权力后牺牲了自己的原则（特别是小政府），以及为赢得持久的共和党多数而迎合选民追求眼前实际利益的愿望。数量日益减少的温和共和党人不同意这种看法。许多人警告，共和党在社会议题上的强硬立场——白人福音派基督徒内心所珍视的立场——正限制着它对独立选民的吸引力。他们认为，为了改善其前景，特别是为了吸引更多年轻人、拉美裔和女性，共和党必须变得更加包容。他们认为，民主党在 2006 年、2008 年以及 2012 年再起的原因就是包容性。

但对共和党积极分子来说，这个处方是一剂难以吞下的苦药。吸引更广泛的民众所必需的措施可能会疏远共和党的基础选民。受茶党中热衷于小政府者的激励和对奥巴马总统的公开敌视的推动，共和党的基础选民在 2010 年中期选举中占据了优势，促成 60 年来共和党在众议院取得的最大多数。在随后分裂的政党政府时期，茶党支持者甚至敦促共和党国会领袖避免与奥巴马进行用于加强他们自己多数党地位之手段的合作。

另一方面，构成共和党基础的群体——已婚白人基督徒——作为全体选民的一部分正在缩小。非白人往往更支持政府的社会项目和服务，他们在投票民众中的比例从 1992 年的 13%上升到 2012 年的 26%，增加了一倍。[②] 除非共和党找到与非白人和年轻选民共鸣的议题，或者除非在巴拉克·奥巴马不再是候选人之后民主党在这些群体中的力量下降，否则，“基础选民战略”（base strategy）将会成为一种充满风险的选择。

无论如何，很明显我们现在所处的政党体制不同于新政时期的政党体制。这种所谓第六种政党体制（sixth party system）的出现与新政时期的政党体制不同。不同于伴随着 20 世纪 30 年代大萧条的迅速政治变化，随后政党联盟的转变经历了几十年并持续演进。近年来，两党中没有一个能够长期处于支配地位。民意测验显示，公众对主要政党或因而对美国政治中其他许多方面的热情是非常低的。

---

① Philip A. Klinkner and Thomas Schaller, “LBJ's Revenge,” *The Forum* 6 (2008), issue 4, article 9.

② CNN 所做的民意测验，见：www. cnn. com/election/2012/results/race/president (accessed November 25, 2013).

因而，20 世纪 60 年代和 70 年代的事件对政党忠诚造成了持续的挑战。现在大量选民依靠诸如有线电视、博客以及单一议题集团等来源而非政党获取政治资讯。有时，这些信息来源强化了党派看法，其他情况下则不然。[1] 然而，尽管存在这种强大的竞争，政党依然是大多数人的政治地图上的重要里程碑。政党认同的水平在 20 世纪 90 年代又开始反弹了，现在党派偏见对人们的投票行为的影响至少和 20 世纪 60 年代之前一样强大。[2] 分裂选票（split-ticket）的投票，特别是用投票支持一个政党的总统候选人和另一政党的国会候选人的选区的数量来衡量，在 2012 年达到了 50 年来的最低水平。[3]

更有凝聚力的政府中政党的兴起

就在当前政党认同在选民中复兴之前——也是它复兴的一个可能的原因——政府中的政党已开始了其自身的复兴。到 20 世纪 70 年代中期，国会中政党团结的长期衰落已停止了，孕育更大政党力量的组织种子已经被播下。到 20 世纪 80 年代，国会政党正变得比过去一个世纪里更具凝聚力。选民从民主党的“牢固的南方”缓慢、稳步地移向很大程度上是共和党的南方，使两个国会政党更加同质了，这反过来使每个政党更容易在重大议题上提供清晰的选择。

人口统计上的变化以及选区重划，使得越来越多的国会选区成为一个政党的安全选区。到 2014 年，剩下的代表其政党处于少数地位的州或选区的国会议员已经为数不多了。[4] 结果，对他们连任的主要威胁将来自他们自己政党内部更极端的因素，而不是来自另一政党。推动现任者变得更加极化——共和党变得更加保守，民主党变得

---

① 参见：Robert Huckfeldt and Paul Allen Beck，“Contexts，Intermediaries，and Political Activity，”参见：Lawrence C. Dodd and Calvin Jillson，eds.，*The Dynamics of American Politics*（Boulder，CO：Westview Press，1994），Chapter 11. 另一方面，自从里根执政后，政党的组织化利益就变得更加极化了。参见：Jack L. Walker，Jr.，*Mobilizing Interest Groups in America*（Ann Arbor：University of Michigan Press，1991），Chapter 8，媒体报道也更频繁地关注政党；参见：Marjorie Randon Hershey，“If‘The Party's in Decline，’Then What's That Filling the News Columns?”参见：Nelson W. Polsby and Raymond E. Wolfinger，eds.，*On Parties*（Berkeley：Institute of Governmental Studies，1999），pp. 257－278.

② Larry M. Bartels，“Partisanship and Voting Behavior，1952－1996，”*American Journal of Political Science* 44（2000）：35－50.

③ 感谢布鲁斯·奥本海默统计收集这些信息。

④ Alan I. Abramowitz，*The Polarized Public*（Boston：Pearson，2013），p. 94.

更加自由——的力量超过了对两党合作与温和的诉求。特别是“对于绝大多数众议院共和党人来说，米特·罗姆尼所依赖——结果表明是过度的——的大部分白人、坚定的保守派选民，正是他们确保连任”众议院席位“所需要的”。[①] 州立法机构政党在各种议题上也变得更加团结和极化了。

在行政部门中，政党也变得更加重要了。作为数十年里意识形态上最坚定的政府，里根政府在 1981 年上台。在里根的领导下，保守主义原则被置于共和党议程最重要的位置上，他的这种类型的保守主义对政党的控制也得以巩固。民主党在做出反应时也变得更加团结。到 20 世纪 90 年代中期，在程序上非常坚定的、共和党领导的国会与积极的克林顿领导的白宫之间存在着激励的党派冲突。斗争一直在继续，导致了一定程度不文明的言行和危及国会效率的僵局。请看看一位众议院成员对一个新成员培训项目的回忆。在该培训项目中，一位民主党领袖的工作人员表达了逐步了解共和党籍议员的重要性。一位民主党籍新成员的反应是：“我们为何想这么做?”[②]

新的“服务型政党”

政党组织已经以同样迅速的速度复兴了。面对以候选人为中心进行竞选的环境，两党重组了其全国组织，以为本党候选人提供服务。与 20 世纪 60 年代和 70 年代相比，政党组织已经利用其业已增加的经费和工作人员帮助州和地方政党，征募候选人，提供资源，并因而确立了它们在竞选活动中地位。

然而，新的服务型政党与早期的草根组织有很大不同。由于其主要作用是支持候选人，这种政党在选民中的能见度并不是很高，对选举活动往往也无法产生重要影响。竞选经费开支巨大，政党组织无法提供充足的经费，因而无法控制政治竞选活动。服务型政党是试图赢得候选人的注意、影响民选官员以及动员公民的许多力量中的一种。

总之，现在政党组织比多年前更加有活力了。现在在全国与州及地方政党之间权

---

① Alex Isenstadt, “Logic of House GOP Intransigence,” Politico, December 28, 2012, www.politico.com/story/2012/12/the-logic-of-house-gop-intransigence-85546.html? hp=110 (November 25, 2013).

② Rep. Daniel Lipinski, “Navigating Congressional Policy Processes,” in Lawrence C. Dodd and Bruce I. Oppenheimer, eds., *Congress Reconsidered*, 9th ed. (Washington, DC: CQ Press, 2009), p. 344.

力更加平衡。通过采用新形式——服务型政党，政党组织已做出调整，以适应新情况。但是，作为服务型政党，在提供任何其他组织都无法提供的竞选资源方面，政党组织已不再像过去那样与众不同了。

美国政党政治的未来

这些趋势对我们来说是至关重要的，因为政党有可能为一个民主国家做大量的事。随着时间的推移，它们能够使政治领袖合作实现共同利益成为可能。它们能够为选民提供线索，使他们能够在仅付出相对较少努力的情况下做出关于候选人和各种议题的决定。政党可以吸引选民参加投票，这有助于使民主合法化。最重要的或许是，政党可以组织多数，这对于治理是必要的。诸如超级政治行动委员会等利益集团可以有效地代表意见强烈的少数群体，但对于组织持久和可预见的多数来说，没有太多可以取代政党的选择。

不断变化的中介作用

选举需要选民做出大量的选择，即使大多数选民对大多数候选人的了解并不多。政党成为有效的指南。在大众选民只是刚刚开始形成并且急需资讯时，政党标签在选举中的价值可能是最大的。随着选民逐步成熟，它的需要也会发生变化。美国选民在 19 世纪 60 年代和 70 年代对政党忠诚的依赖下降，对这一现象的一种解释是，这时的选民比 20 世纪初期的选民受到了更好的教育，在不需要政党标签作为指南的情况下即可筛选更广泛的政治信息。①

然而，非常有意思的是，尽管自 20 世纪 60 年代以来教育水平在不断提高，但政党认同重新确立了对选民的选择的影响。为何政党认同可以帮助拥有那么多关于候选人和议题的信息来源的公民？或许是因为他们接触到的信息太多。没有这种简单的指南，大量政治信息可能会让选民感到困扰而不是使他们了解得更清楚。同时，对于参

① Ronald Inglehart, *Culture Shift* (Princeton, NJ: Princeton University Press, 1990), Chapters 10 and 11.

与政治的公民来说，两大党在重要议题上的分歧进一步扩大这一事实，甚至为政党标签增添了更多价值。加上21世纪第一个10年里加剧的政党竞争以及由此产生的竞选信息的强度，个人的政党联系对他或她个人而言可能会变得更有意义。

现在，各政党面临着有组织的利益集团和媒体的更大竞争。一个世纪之前，某位关心环境质量的人士可能不得不通过一个政党来实现他或她的目标，那时没有几个专门关注能源或水污染的组织。然而现在，随着政府日益进入私人生活的大多数方面，大量有组织的利益集团已经得到发展，这使得个人能够与政治制度建立一种“设计者链接”（designer link）。如果某人更愿意完全从环境权利或财产权的角度看待政治，那么就存在一些使之成为可能的组织。而且，没有必要像政党忠诚所鼓励的那样，对其他组织之联盟的需要和一些候选人做出让步或支持他们。

在这种破碎的政治世界中，作为一种扩展个人视野和提高他们让民选官员负责的能力的一种手段，政党发挥着更大的作用。长期以来，政党一直在与充满敌意的环境力量进行斗争，这些力量包括从对强大政党不友好的分权制度到怀疑一切政党的政治文化。然而，如同我们在本书各处所看到的，政党是有适应能力的。它们现在已经不是20世纪初或20世纪50年代那样的中介组织，但对于大量美国人和政策制定过程来说，主要政党依然是最重要的中介组织。

强大政党的必要性

尽管我们需要政党，但我们并不喜欢它们。我们甚至不愿意承认政党影响了我们。我们中大多数人宣称，议题和候选人的个人品质对我们投票的影响最大。然而，很明显，政党倾向与我们对议题和候选人的态度是有密切关系的，而且也是它们能够产生影响的根源。

没有政党，民主是行不通的。[①] 美国或许已经比任何其他民主国家都更接近实地地检验了这一原则；大部分美国地方政治在一些时候是超党派的，至少从法规上来看是如此。但当政党在政治中只能发挥更小的作用时，民主的质量就会被削弱。

---

① John H. Aldrich, *Why Parties? A Second Look* (Chicago: University of Chicago Press, 2011), p. 3; Nancy L. Rosenblum, *On the Side of the Angels* (Princeton: Princeton University Press, 2008).

请思考一下强大的政党可以在国会和州立法机构中发挥的作用。作为一个代表机构，国会的组织结构使议员们能够为其选民提供他们想要的东西：诸如灾难救济、扩大的医疗保障利益、联邦计划中的就业机会等短期、看得见的利益。面临连任压力的议员们会寻求选民服务的圣杯（Holy Grail）：比如一个能够为他们自己的选民提供看得见的利益但其花费却由全国的纳税人承担的新的大坝或高速公路项目。但是，如果选民个人和议员们个人只愿意密切关注他们能够为自己的选区争取的利益，那么谁会愿意关注集体成本呢？极少有选民支持课征自己的税而为别人的福利埋单的想法，他们甚或不愿为支付自己的福利而征自己的税。

强大的立法机构政党具有为集体代价承担责任的动力。[①] 通过成为他们的国会政党的领袖，有些立法机构政党的成员可以获得个人职业优势。当国会中政党的成员是从类似选区选出并持有类似看法时，他们可以把更大的权力托付给立法机构的这些政党领袖，精心组织他们将要做出的选择。国会议员们认识到，尽管他们自己的连任是首要的，但为通过法案和帮助完成立法机构中没完没了的工作，他们也需要立法机构内部的协调。

运用第 13 章讨论的“胡萝卜加大棒”的做法，立法机构的政党领袖可以劝说他们的党内同僚制定真正全国性的政策，而不仅仅是由政府开支为每个国会选区购买的饰品组成的“圣诞树”（Christmas tree）法案。通过确保让它们的议员支持该政党的计划，他们可以为自己的政党在选举中创造一种有利的品牌名称，选民能够识别它并把它与他们自己选区的候选人联系起来。在没有强大政党的情况下，很难设想这种集体责任可能从哪里来。没有强大的政党，国会议员和州立法机构议员个人有各种理由以与他们的集体利益以及他们选民的集体利益相冲突的方式行事。[②]

在一个由利益集团及其他中介组织控制的社会中，大多数人无法很好地被代表。在公民与政府之间的许多联系纽带中，只有政党具有为在较长时期内赢得广泛选举而创造多数的动力。反过来，这又使各政党比利益集团甚或民选官员更有理由关注那些既非积极分子也非大额选举献金捐助者的公民。政治科学家沃尔特・迪安・伯纳姆（Walter

---

① David R. Mayhew，*Congress：The Electoral Connection*（New Haven：Yale University Press，1974），pp. 141-149.

② Marjorie Randon Hershey，“Political Parties as Mechanisms of Social Choice，”参见：Richard S. Katz and William Crotty，eds.，*Handbook of Party Politics*（London：Sage，2005），pp. 75-88.

Dean Burnham）写道，政党是“能够代表许多无能为力的个人、形成对抗性的集体权力、反对数量相当少但权势相当大的个人或组织的”唯一工具。①

只有政党才能动员数量众多的民众，反对控制着其他政治资源的、组织起来的少数人。政党只有在数量众多的民众最能产生影响的政治舞台——选举——中才能做到这些。正是由于这一点，政党传统上一直是新获得选举权但除此以外依然无能为力的群体在美国生活中获得立足点的途径。例如，老派的城市政党机器为移民提供了用来从更成熟的盎格鲁-撒克逊清教徒精英手中赢得对其城市的控制的工具。

在较少政党驱动的政治中，拥有重要资源——金钱、内部消息以及专门技术——组织良好的少数可能会拥有比现在更大的优势。如我们从对超党派选举的研究中所看到的，清除政党标志经常会使公民更难以让他们的代表承担责任。② 这可能是最近几十年里更贫穷、受教育程度更低的美国人的参与率明显下降的一个原因；他们可能认为，政党在其中不再重要的政治不能很好地代表他们。③

最后，虚弱的政党会使政治制度丧失有效的统治手段。没有至少是适度强大的政党，动员多数以通过法案会更加困难。不受政党忠诚制约的候选人个人，将不得不为每一个新的立法提案重新创造多数。结果甚至可能是更大的僵局，立法机构分裂成相互冲突、不愿妥协的集团。

最近在解决充满争议的议题时，国会政党确实没有把它们自己区分开来。弗朗西丝·李指出，国会中频繁变化的政党控制与更严重的极化结合在一起，已经导致了国会政党不负责任的行事方式，只是表达观点而不制定政策。④ 但实际上，很难设想535位众议员和参议员能够在没有政党的情况下达成任何协议。只有通过民选官员、竞选献金捐助者及利益集团的不断变化的联盟，才能不断制定出法律和政策。因为这些联盟不会是持久的，对于公众来说也不那么容易确认，所以公民也更难拿它们问责。

---

① Walter Dean Burnham，*Critical Elections and the Mainsprings of American Politics*（New York：Norton，1970），p. 133.

② Gerald C. Wright and Brian F. Schaffner，“The Influence of Party，” *American Political Science Review* 96（2002）：367—379.

③ Steven J. Rosenstone and John Mark Hansen，*Mobilization，Participation，and Democracy in America*（New York：Macmillan，1993），Chapter 8.

④ Frances E. Lee，“Parties as Coordinators：Can Parties Unite What the Constitution Divides?，”参见：Hershey，ed.，*Guide to U. S. Political Parties*，Chapter 3.

如何使政党更强大

由于政党对于美国的民主制度如此重要，一些分析家已经考虑扩大政党在政治生活中的作用的方法了。最有效的解决办法——结束权力分立、直接初选以及浸染到政治文化之中的反政党情绪——当然是不可能的。但也有一些不太引人注目的加强政党的方式。

一份调查报告显示，大多数受访者希望政党在帮助人们应对政府方面更加积极。另外，该调查报告作者建议，政党组织可以创设“机动部队”，帮助一些地区的公民；在这些地区，全国的（也可能是州的）代表来自另一政党。这将使政党组织，而不仅仅是政府中政党的成员，能够开展选民服务。他们指出，这种想法对于认为自己与政治疏离的受访者特别有吸引力。[①]

通过提供诸如低成本健康保险等富有吸引力的非政治性的好处，就像许多利益集团现在提供的，政党可以在其志愿者中确立长期的忠诚。[②] 政党还可以通过播送把政党作为一个整体进行推销而不仅仅是推销候选人个人的竞选广告，更新它们与公民的联系。通过强调政党的立场与个人的日常生活之间的联系，这些竞选广告可以强化政党的意义。更多的州可能会加入允许州纳税人通过州的税收制度为一政党组织提供献金的行列中。

---

① Larry J. Sabato and Bruce Larson, *The Party's Just Begun* (New York: Longman, 2002), pp. 156-157.

② Ibid., pp. 159-160.

结论

政党的前途

美国政党从未缺少过有意思的挑战。选民已经变得越来越多样化了。有些传统的群体关系已经瓦解了。新的群体，从反堕胎组织到动物解放组织，在耕耘着曾经属于主要政党的土地。大多数选民仍然认同一个政党，但他们也对候选人、议题和国家趋势做出反应。结果是一种让民选官员、政党领袖、选民以及不投票者感到沮丧的更加多元、复杂的政治。

政党不可能满足所有的政治需要。如果我们选出的候选人为他们拒绝妥协而自豪，我们就不能期望政府中的政党相处融洽。各政党发现，在没有卷入许多美国人认为非常令人反感的冲突的竞选中，是难以提供政策选择的。对于各政党来说，在给予候选人选择他们自己的诉求以及满足他们自己选区之需要的独立性的同时，在一个单一议程上把官员和谋求官职者团结起来是非常困难的。政党无法为希望自己选择候选人的公众承担责任。

我们将继续用这些矛盾的期望和批评考验政党。政党独特的特征已使它们比民主政治的任何其他工具都支撑得更长久。为了代表、有效的政策制定以及治理中的问责等缘故，即使是最有独立见解的公民在维持美国富有活力的政党政治方面都有重要利益。

Party Politics in America，16e by Marjorie Randon Hershey，foreword by John H. Aldrich
ISBN：9780205992096

北京市版权局著作权合同登记号：01-2021-3463

图书在版编目（CIP）数据

驴象之争：美国政党政治：第十六版 /（美）玛乔丽·兰登·赫希（Marjorie Randon Hershey）著；仇朝兵，宋红美译. --北京：中国人民大学出版社，2023.9
（人文社科悦读坊）
ISBN 978-7-300-31616-1

Ⅰ.①驴… Ⅱ.①玛…②仇…③宋… Ⅲ.①政党—政治制度—研究—美国 Ⅳ.①D771.264

中国国家版本馆 CIP 数据核字（2023）第 078630 号

人文社科悦读坊
驴象之争：美国政党政治（第十六版）
[美] 玛乔丽·兰登·赫希（Marjorie Randon Hershey） 著
仇朝兵　宋红美　译
仇朝兵　校
Lü Xiang zhi Zheng：Meiguo Zhengdang Zhengzhi

出版发行	中国人民大学出版社		
社　址	北京中关村大街 31 号	邮政编码	100080
电　话	010－62511242（总编室）		010－62511770（质管部）
	010－82501766（邮购部）		010－62514148（门市部）
	010－62515195（发行公司）		010－62515275（盗版举报）
网　址	http://www.crup.com.cn		
经　销	新华书店		
印　刷	北京宏伟双华印刷有限公司		
开　本	787 mm×1092 mm　1/16	版　次	2023 年 9 月第 1 版
印　张	25.75 插页 1	印　次	2024 年11月第 2 次印刷
字　数	429 000	定　价	98.00 元